AF568405

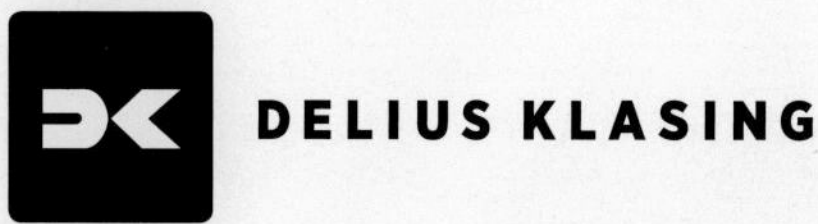

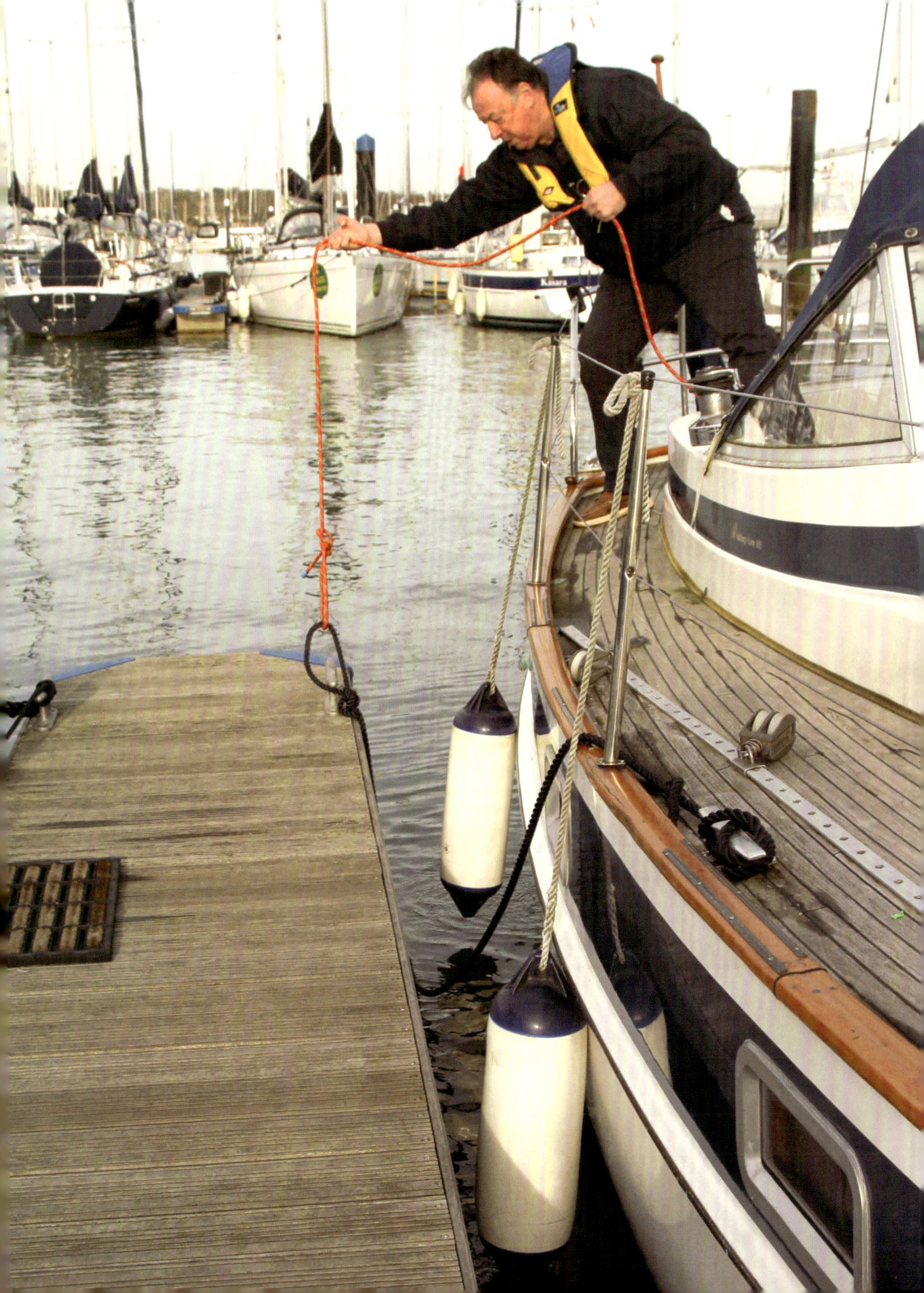

Duncan Wells

Stressfrei Segeln

Perfekte Manöver für Einhandsegler und kleine Crews

Delius Klasing Verlag

Für Sally, Katie und Ellie

© Duncan Wells 2015, originally published by Bloomsbury Publishing UK
Die englische Originalausgabe mit dem Titel »Stress-Free Sailing« erschien bei Bloomsbury Publishing Plc, London.

Bibliografische Information der Deutschen Nationalbibliothek
Die Deutsche Nationalbibliothek verzeichnet diese Publikation in der Deutschen Nationalbibliografie; detaillierte bibliografische Daten sind im Internet über http://dnb.dnb.de abrufbar.

6., überarbeitete Auflage
ISBN 978-3-667-11818-9
Die Rechte für die deutsche Ausgabe liegen beim Verlag Delius Klasing & Co. KG, Bielefeld

Aus dem Englischen von Egmont M. Friedl
Lektorat: Felix Wagner
Titelfoto: Klaus Andrews
Fotos: Alle Fotos stammen von Duncan Wells, sofern nicht anders angegeben.
Umschlaggestaltung: Gabriele Engel
Layout: Susan McIntyre
Satz: Bernd Pettke · Digitale Dienste, Bielefeld
Printed in China 2022

Die in diesem Buch enthaltenen Angaben, Erläuterungen und Empfehlungen sind vom Autor mit größter Sorgfalt zusammengestellt und geprüft worden. Eine Garantie für die Richtigkeit der Angaben kann aber nicht gegeben werden. Autor und Verlag übernehmen keinerlei Haftung für Schäden und Unfälle.

Alle Rechte vorbehalten! Ohne ausdrückliche Erlaubnis des Verlages darf das Werk weder komplett noch teilweise reproduziert, übertragen oder kopiert werden, wie z. B. manuell oder mithilfe elektronischer und mechanischer Systeme inklusive Fotokopieren, Bandaufzeichnung und Datenspeicherung.

Delius Klasing Verlag, Siekerwall 21, D - 33602 Bielefeld
Tel.: 0521/559-0, Fax: 0521/559-115
E-Mail: info@delius-klasing.de
www.delius-klasing.de

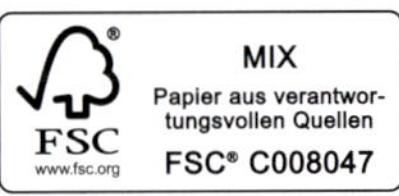

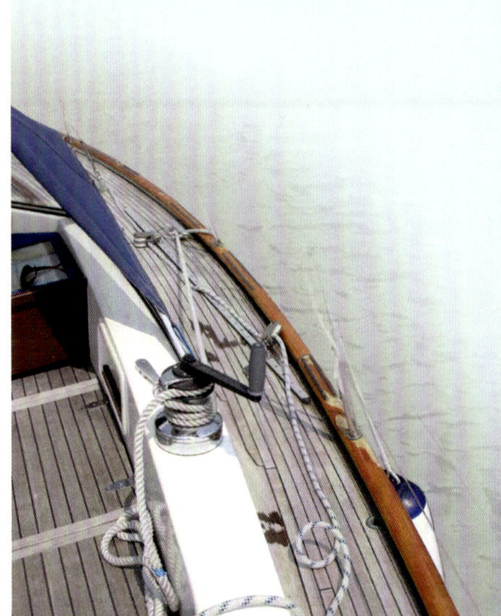

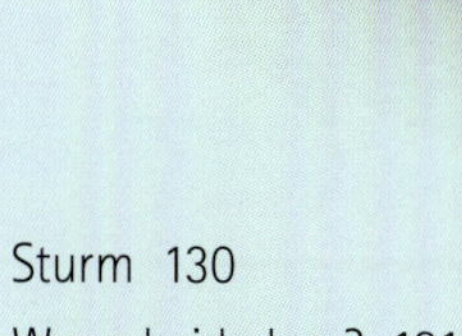

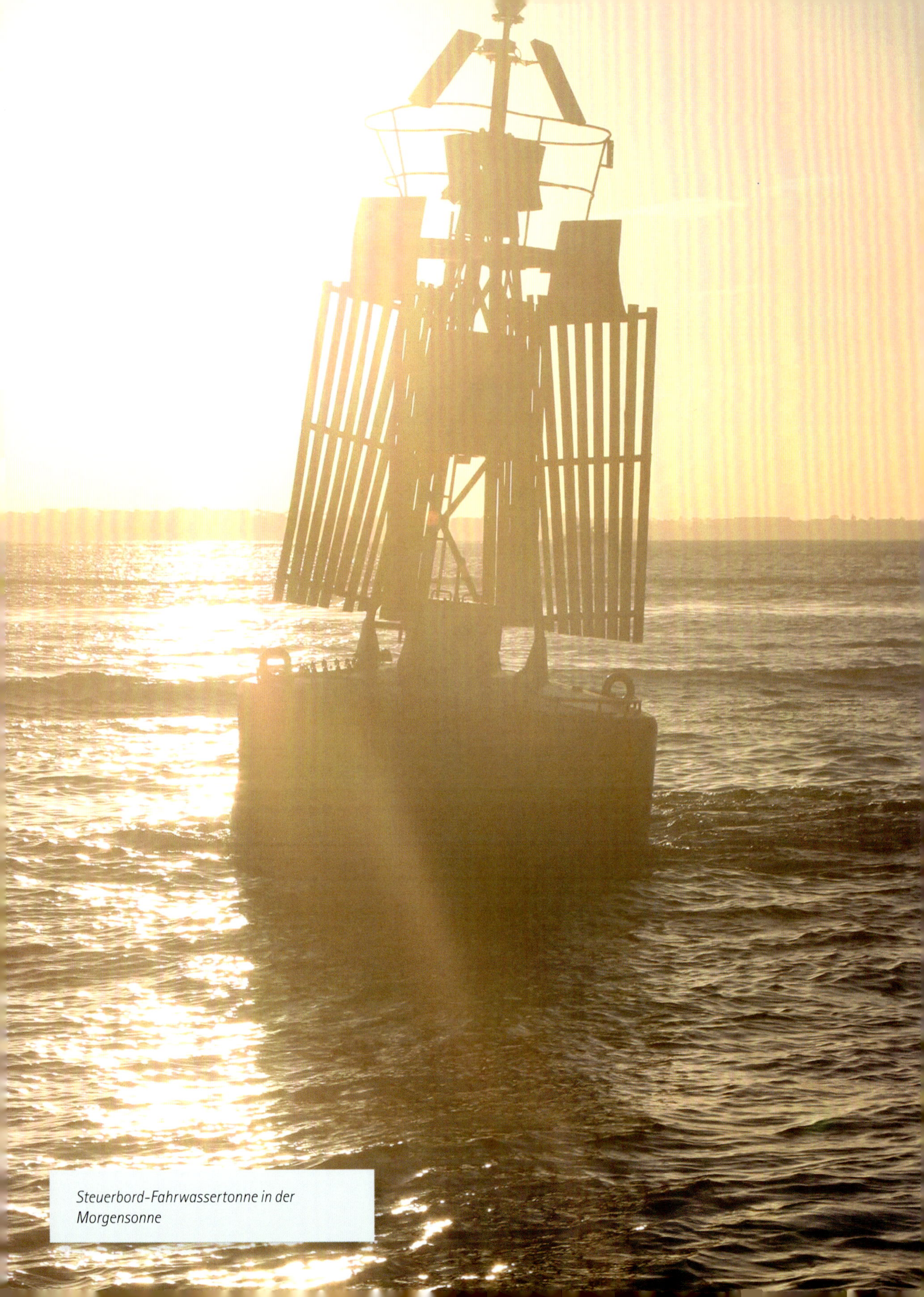

Steuerbord-Fahrwassertonne in der Morgensonne

Danksagung

Allen voran möchte ich Duncan Kent danken, ohne den es dieses Buch nicht gäbe. Vor einigen Jahren hatten meine Anfragen bei den britischen Segelmagazinen nicht gerade Stürme der Begeisterung ausgelöst, doch Duncan war es, der als Chefredakteur von *Sailing Today* schließlich einwilligte: »Okay, ich gebe dir jeden Monat zwei Seiten, um über Seemannschaft und Manöver zu schreiben.« Er war es auch, der mich bei einem Treffen der Yachtjournalisten in Trinity House Janet Murphy von Bloomsbury Publishing vorstellte.

Erst wollte ich Janet zu einer Veröffentlichung von »Just a Sharp Scratch« bewegen, meinem Bericht wie mir eine defekte Notsignalrakete fast das Leben kostete, als sie in meinen Bauch schoss und wie ich den Vorfall, sehr zum Verwundern der Ärzte, überlebte. Dieses Projekt bleibt noch in der Warteschleife, denn Janet war mehr an meinen Artikeln über Techniken für kleine Crews und Einhandsegler interessiert, die mittlerweile in *Yachting Monthly* erschienen, und gab mir den Auftrag zu dem nun vorliegenden Buch.

Mein Dank geht auch an John Goode, der für mich Vorträge auf der Londoner Bootsmesse arrangierte ebenso wie an die liebenswerte Jenny Clark bei Bloomsbury, die meine Texte präzise und einfühlsam überarbeitet und eindeutig verbessert hat. Es wundert mich nur, dass sie mir diesen Satz nicht gestrichen hat.

Dank auch an all die anderen, die eingesprungen sind und geholfen haben – die Unterstützung zu diesem Buch war einfach fantastisch. Welche Manöver ich mit Dorothy Lee auch ausprobierte, viele fragten nach, machten mit, halfen aus. Ihnen allen bin ich für immer dankbar.

So danke ich:

- Barrie Neilson von Sailing Holidays, den ich um Aufnahmen bat, wie im Mittelmeer angelegt wird. Er sagte nur: »Komm doch mit uns, wenn wir im Mai nach Korfu segeln, und wir machen alles klar für die Aufnahmen, die du brauchst.« – Fantastisch!
- Clinton Lyon von der Gillingham Marina, der mich überall herumführte, um Liegeplätze zu fotografieren. Dank an Peter und Christine von der Mandurah, ebenso wie an David und Ros von der Demon of Arun, die mich ihre Anlegetechniken in der Box fotografieren ließen.
- Universal Marina, wo man all meinen Wünschen nachkam, das ein oder andere an langen Schwimmstegen und Liegeplätzen auszuprobieren.
- Justin Hill von der Universal Marina
- Marina Chantereyne in Cherbourg
- Alan Barwell für den Austausch über Knotenkunde, besonders über den Prusik-Knoten, der mich wiederum den Klemheist-Knoten entdecken ließ.
- John Lewis Partnership Sailing Club, an dessen Yachten ich mit meinem Boot selbst in prekären Winkeln festmachen durfte.
- Allen Eignern, die mich zum Segeln mitnahmen oder deren Boote ich zur Erprobung mit unterschiedlichst angeordneten Festmachern schmücken durfte:
  Victor und Pat von der Layla Ann,
  David von der Elinor,
  Sue und Matthew von der Southern Cross,
  Ken und Barbara von der Capricorn,
  und ganz besonders Giles und Pauline von der Quintessence und ihrer Segelschule Ocean Adventures für die großartige Unterstützung.
- Alex Whitworth, der mich immer auf der rechten Bahn hält.
- Allen Freunden, die mit mir gekommen sind, Kameras gehalten oder ausgelöst haben und mit Rat und Tat zur Seite standen: Robert Chippett, Tony Hutson, Vladimir Chorbadzchiev, Richard Strange, Jan Bek, Jonathan Otter, Steve Barber, Jar Vahey, Andrew Rogers und Keith Bater. Nicht zu vergessen Andy Hobbs, der sein RIB zu Verfügung stellte und uns gelegentlich mit dem eindruckvollsten Foto-Boot der Welt begleitete, einer 23 Meter langen Princess. Die Fotos von der Flybridge aus sind so gut wie Luftaufnahmen!
- Steve Dunning, Derek Manning, Rick Buettner und Lesley France für ihre Hilfe bei den Fotoaufnahmen.
- Richard Glen für seine wertvollen Hinweise zum Bergen eines Spinnakers.

Schließlich danke ich meiner Familie, die mir die Zeit gönnt, in See zu stechen und all diese Erfahrungen zu machen.

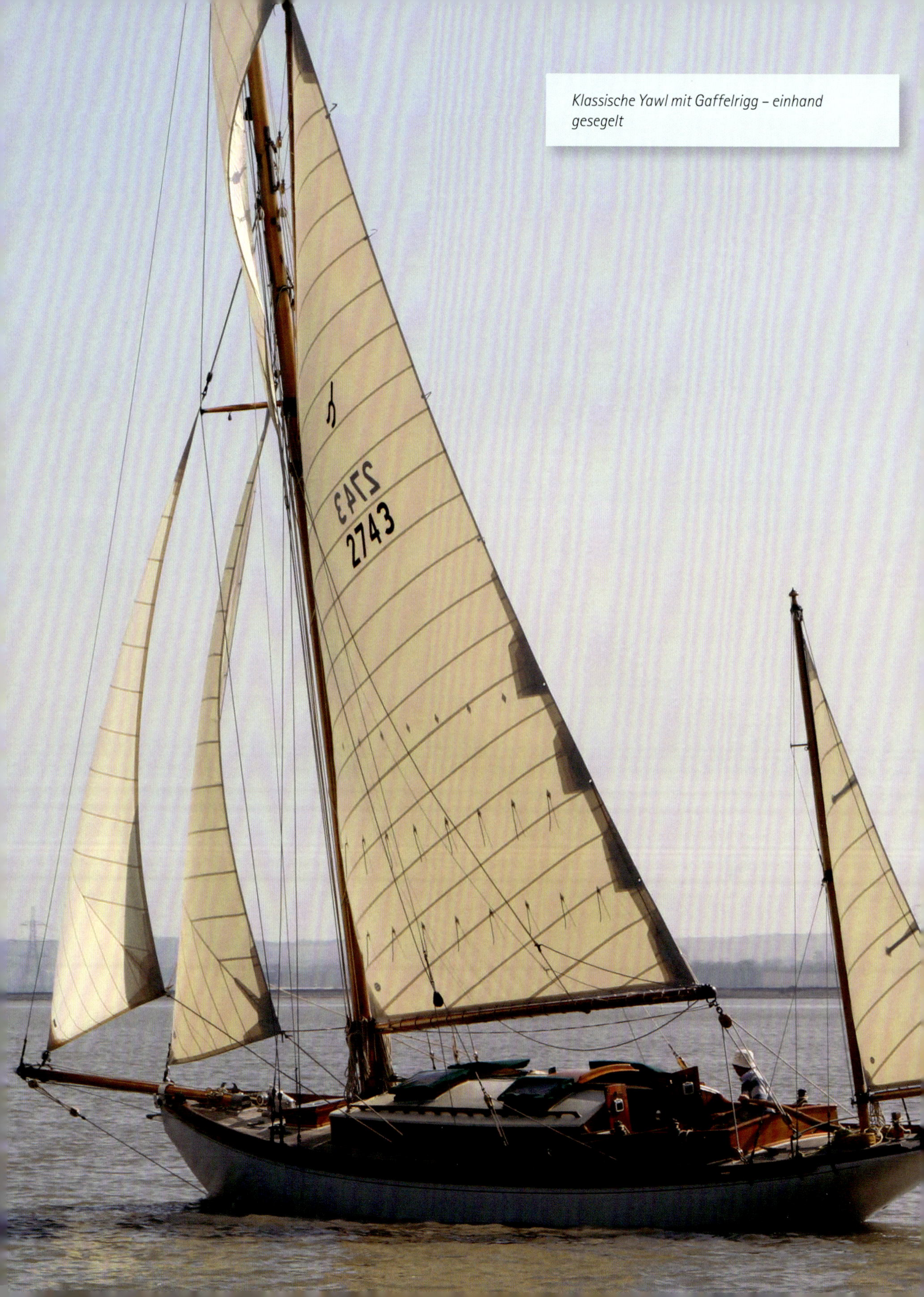

Klassische Yawl mit Gaffelrigg – einhand gesegelt

Vorwort

Dieses Buch ist anders. Nicht nur, weil völlig neue Einhand-Techniken zum An-und Ablegen selbst an kurzen, wackeligen Fingerstegen, in der Box sowie an der Boje gezeigt werden, sondern weil es auch die MOB Lifesavers von Duncan Wells (www.moblifesavers.com) vorstellt, mit denen ein Über-Bord-Gefallener zurück an Deck geholt werden kann und viele dieser Techniken sogar als Video gezeigt werden. Darauf verweisen an vielen Stellen im Buch das Symbol ▯ und der Satz: Scannen Sie diesen QR-Code, um ein Video zu sehen. Mit einem Smartphone oder Tablet und einer kostenlosen QR-App kann der Code eingescannt und das Video sofort gestartet werden. Alternativ können die Videos auch auf der Website www.delius-klasing.de/stressfrei-segeln aufgerufen werden.

Kurz zu mir selbst: Ich bin 65 Jahre alt und habe immer noch nicht herausgefunden, was ich einmal werden möchte. Ich fing in der Werbung an, arbeitete dann 35 Jahre lang als Synchronsprecher. In Jugendzeiten hatten wir eine Jolle, die zweimal im Jahr gesegelt wurde, ich lernte windsurfen, Freunde hatten ein sechs Meter langes Motorboot, mit dem wir auf Flüssen und dem Meer rund um Salcombe unterwegs waren. Ich hatte immer geschworen, eines Tages eine Princess Motoryacht zu kaufen, tat das nach vielen Jahren auch und führte die Familie so an den Yachtsport heran.

Als Teenager hing ich zur Genüge an der Luvkante der ein oder anderen Regattayacht, wurde mit Schokoriegeln bei Laune gehalten und konnte beobachten, wie der Skipper und seine Crew aus Experten oft genug unter Spinnaker in den Wind schossen, bis dieser zerriss. Das freute uns Neulinge immer besonders, denn damit war es vorbei mit den nervigen Sonnenschüssen.

Bevor ich mit der eigenen Familie in See stach, legte ich die Prüfung zum Day Skipper ab. Die Begeisterung für das Motorboot hielt sich jedoch in Grenzen, also tauschte ich es gegen eine Segelyacht ein, ließ einige Meilen im Kielwasser zurück und machte die Ausbildung zum Yachtmaster. Später wurde ich selbst Ausbilder bei der RYA und gründete meine eigene Segelschule, Westview Sailing. Ich sage oft, dass ich nur deshalb Ausbilder geworden bin, weil ich viel zu viel vom Stoff vergessen würde, wenn mich das Unterrichten nicht bei der Stange hielte.

Bei Filmaufnahmen im April 2006 schoss mir eine defekte Signalrakete durch den Bauch. Eigentlich wollte ich den korrekten Umgang mit Notsignalen demonstrieren – neun Monate im Krankenhaus waren die Folge. Der Signalkörper schoss auch durch meine rechte Hand, die aber wunderbar geflickt werden konnte. Wer mich heute sieht, merkt nichts Ungewöhnliches mehr – von meinem extremen Übergewicht einmal abgesehen. Der eigene Körper und die britische Krankenversicherung vermögen es, Wunder zu vollbringen.

Nun aber hoffe ich, dass Sie diesem Buch viel Nützliches entnehmen können. Ich selbst verwende die gezeigten Techniken jedesmal, wenn ich segeln gehe, freue mich aber auch über Verbesserungsvorschläge und Anregungen.

Duncan Wells

1 Wie und warum

Kein Meister ist je vom Himmel gefallen, und so finde ich es tröstlich in *Segeln über sieben Meere* von Eric Hiscock zu lesen: »Dass ich mein Boot an einem Mittwoch gekauft habe, an einem Donnerstag losgesegelt bin und am Freitag Schiffbruch erlitten habe, ist traurig, aber leider wahr.« Selbst Joshua Slocum schrammte an einen anderen, als er seine SPRAY aus dem Hafen steuerte, um zu einer dreijährigen Weltumsegelung aufzubrechen. Auch unsere Helden mussten aus Fehlern lernen, genau wie wir.

Ich habe kein Salzwasser im Blut, ebenso wenig verfüge ich über Unsummen an Geld. Folglich musste ich bei meinen Booten immer Vorsicht walten lassen und das, was ich anschaffte, habe ich versucht pfleglich zu behandeln. Viele Bücher der Blauwassersegler geben wertvolle Tipps, welche Ausrüstung sich bewährt hat, was man benötigt und was nicht. So sind die Bücher von Lin und Larry Pardey von unschätzbarem Wert, genauso wie auch Annie Hills *Mit kleinem Geld auf große Fahrt*. Ich ziehe oft Eric Hiscocks *Segeln in Küstengewässern* zurate, doch wer vom großen Ausstieg träumt, sollte unbedingt Bill und Laurel Coopers *Sell up and Sail* lesen. Besonders gefällt mir, was Lin und Larry Pardey angehenden Blauwasserseglern ans Herz legen: »Go small, go simple, go now.« – »Besser klein, besser einfach, besser nicht lange warten.«

Allerdings sollte man nie von vornherein groß ausposaunen, dass man um die Welt segeln oder auf großen Törn gehen wird, es sei denn, man hat beim OSTAR-Rennen gemeldet oder bei einer entsprechenden Regatta als Crew angeheuert. Wer da draußen plötzlich zur Einsicht gelangt, doch lieber auf festem Boden zu bleiben, steht sonst schnell etwas dämlich da. Auf Anhieb fällt mir ein halbes Dutzend Boote ein, das auf große Fahrt gehen wollten, aber immer noch fest vertäut im Hamble ruht. Weltumsegler und Mittelmeerträumer, die ihren Aufbruch immer weiter in die Zukunft verschieben. Wer also um die Welt möchte, sollte erzählen, bis Lissabon zu segeln und kann dann immer noch entscheiden. Ein einigermaßen entferntes Ziel sollte man angeben, denn wer anderen erzählt, nur eine Runde um die Bojen zu drehen, bekommt schnell die Rettungskräfte hinterhergeschickt, wenn er zum Fünf-Uhr-Tee nicht zurück ist. Doch greifen wir nicht zu weit vor.

Ich weiß, dass ich den erfahrenen Seglern unter Ihnen nichts grundsätzlich Neues präsentieren werde, vielleicht werde ich aber Vergessenes auffrischen und neue Aspekte ins Blickfeld rücken. Dem Neuling hoffe ich wertvolle Tipps an die Hand zu geben, um die Zeit auf dem Wasser noch angenehmer zu gestalten. Ich gehe davon aus, dass wir alle das Segeln an sich beherrschen und konzentriere mich auf die Techniken und Vorrichtungen, die dabei helfen können, Stresssituationen an Bord zu vermeiden. Auf alle Fragen weiß auch ich keine Antwort, und sicher führen immer mehrere Wege zum Ziel. Ich kann nur versichern, dass ich alles hier Gezeigte selbst ausprobiert habe und es sich für mich bewährt hat.

Zu meinen Schülern pflegte ich immer zu sagen, Segeln ist nichts anderes als von einer potenziellen Katastrophe in die nächste zu schlingern. Was wir vermeiden müssen, ist der Stress bei der ganzen Sache. Mittlerweile sage ich, Segeln kann uns vor eine mögliche Katastrophe nach der nächsten stellen, doch je erfahrener wir werden und je seemännischer unsere Herangehensweise wird, umso geringer wird die Wahrscheinlichkeit, dass wirklich etwas passiert. In diesem Sinne wollen wir beginnen.

Warum jeder Segler Einhand-Techniken beherrschen sollte

Jedem, der sich ernsthaft dem Segeln verschrieben hat, rate ich Einhand-Praktiken zu üben, denn so sicher, wie das Amen in der Kirche ist, wird man sich eines Tages allein an Bord befinden. Das kann gleich zu Anfang sein, nachdem man die gesamte Familie vergrault hat oder erst später, wenn auch der letzte Angehörige beginnt, Entschuldigungen vorzuschieben.

Bestes Beispiel

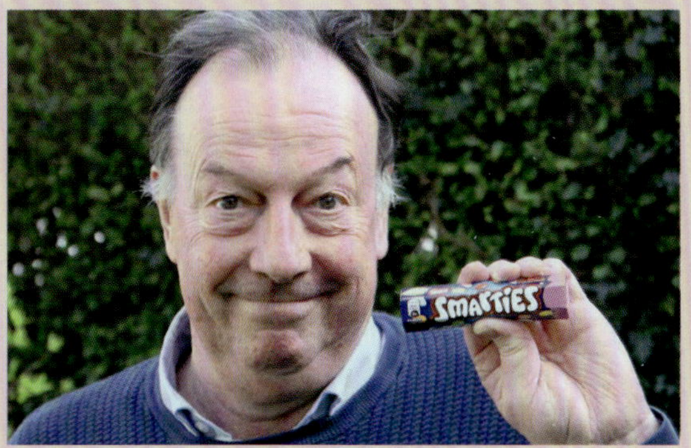

Dieser Mann hat seine Familie eingeladen, ein Wochenende mit ihm auf einem Charterboot zu verbringen. Zuvor hat er einen neun Tage währenden Intensivkurs mit praktischem und theoretischem Teil zum Day Skipper absolviert. Hier steht er also und sagt uns, dass wir ihm unser Leben draußen auf See anvertrauen können.

Dieses Selbstvertrauen rührt von den fünf Tagen praktischer Ausbildung her, an der noch vier weitere einsatzwillige Kandidaten teilnahmen und von einem Ausbilder, der einem stets sagte, was zu tun sei. Daraufhin will der frischgebackene Skipper mit seiner eigenen Dreier-Crew los – seiner Frau und zwei Kindern. Die wissen allesamt überhaupt nicht, wie ihnen geschieht, und jetzt ist kein Ausbilder mehr an seiner Seite.

Das Ergebnis ist eine halb zu Tode erschreckte Crew, die wahrscheinlich das letzte Mal an Bord war. Oft sehe ich Stegnachbarn ganz allein in meinen Heimathafen einlaufen. »Heute ohne Anhang?« frage ich dann. »Ja, weißt du, letztes Mal war's doch etwas stressig, das kam nicht so gut bei ihr an«, höre ich nur allzu oft.

Ich möchte darauf hinweisen, dass eine ordentliche Segelausbildung von unschätzbarem Wert ist. Jeder sollte so beginnen. Auch ich habe so angefangen, erst den Theoriekurs für den RYA-Day Skipper, dann den praktischen Teil und immer so weiter bis zum Yachtmaster.

Was hilft uns also, mehr Vertrauen im Umgang mit dem eigenen Boot zu erlangen? Nicht zu vergessen, dass das Gute an mehr Kompetenz und Vertrauen auch ist, dass es die Crew bestärkt und wir sie vielleicht dazu bringen können, länger mit uns zu segeln oder zumindest so lange, bis andere Dinge für sie wichtiger werden. Als Vater von zwei Töchtern kann ich nur sagen, dass der entscheidende Tag derjenige war, an dem ich ein Paar ungewohnt große Turnschuhe vor der Tür entdeckte. Dagegen kann Segeln kaum ankommen. Natürlich war nicht auszuschließen, dass man die ungewohnt großen Turnschuhe eines Tages mit an Bord einladen würde, doch von großem Erfolg war das nie gekrönt. Meine Tochter war ausschließlich damit beschäftigt, ihren Freundinnen zu simsen, wie cool ihr Mr. Turnschuh war. Der sonnte sich unterdessen untätig wie ein Sack Stroh in Bewunderung – als Crew unbrauchbar, alle beide.

Nur wer allein zurechtkommen kann, muss sich nicht sorgen. Einhandsegeln bedeutet autark zu sein, das Boot in jeder Situation zu beherrschen, ohne sich dabei auf die Hilfe anderer verlassen zu müssen. Wie viel leichter und angenehmer wird es dann erst, andere mit einzubeziehen, denn Einhand-Techniken zu beherrschen, bedeutet nicht unbedingt, allein an Bord zu sein. Es erlaubt aber, dass sich der Partner um die Kinder unter Deck kümmern kann, ein Essen zubereiten kann, dass wir allein klarkommen, wenn die Crew seekrank ist oder sich nach großer Anstrengung ausruhen möchte.

Welches Manöver kommt einem als erstes in den Sinn? Richtig, das An- und Ablegen. Hier starten wir mit unseren Einhand-Techniken. Diese Manöver finden natürlich immer unter allgemeiner Beobachtung statt, denn selbst wenn die Marina völlig verwaist erscheint, so muss nur irgendetwas schiefgehen und ringsum tauchen Köpfe aus Niedergängen auf, Fender werden eiligst klargemacht, um das eigene Boot vor der um sich greifenden Gefahr zu bewahren, zu der Sie selbst geworden sind.

Als erstes gilt: Nicht laut werden, niemanden anschreien, nicht unnötig Vollgas oder wie wild Bugstrahlruder geben. Auch »Liebling« mit gereiztem Unterton zu rufen, hilft jetzt nicht mehr. Wer plötzlich Bordwand an Bordwand an seinem Nachbarn liegt, sollte beide Boote mit einer kurzen Leine mittschiffs verbinden, damit der Tidenstrom das eigene Boot nicht weiter abtreiben lässt und so tun, als wäre alles in bester Ordnung und als hätte man absolute Kontrolle.

Das klappt nicht immer: Spätestens wenn durch das ungewollte Aufbrummen längsseits am Nachbarboot die Drinks vom Tisch kippen, wird es schwierig. Mit kühlem Kopf meistert man haarige Situationen jedoch am ehesten.

Wenn es bei mir mal nicht so klappt, wie es sollte, dann steige ich immer mit einer Leine in der einen und der Kamera in der anderen Hand vom Boot und beginne eifrig Aufnahmen zu machen. Abgesehen davon, dass ich sie vielleicht für einen künftigen Artikel verwenden kann, sieht es dann nämlich so aus, als ob mein Boot in voller Absicht so verquer an meinem Nachbarn festgemacht ist. Ich lasse mir eben nicht gern etwas anmerken. Je professioneller die Kamera aussieht, umso besser – und falls Mitsegler an Bord sind, können sie gleich als Statisten posieren. Dann treidele ich das Boot mit den Festmachern zurück an seinen richtigen Platz. Führen Sie dabei die Leine immer erst unter einer Klampe herum, um richtig dichtholen zu können, wenn Sie etwas Schweres wie ein Boot verholen wollen und es möglichst mühelos aussehen soll.

Von Techniken für kleine Crews oder Einhandsegler zu sprechen, kann etwas verwirrend sein. Einhand bedeutet, dass nur eine Person an Bord ist; bei einer kleinen Crew ist mindestens noch jemand an Bord, der wiederum zwei Hände haben sollte. Ein Paar Hände zusätzlich macht einen gewaltigen Unterschied. Zunächst werde ich reine Einhand-Techniken zeigen. Hat man die gemeistert, sind entsprechende Situationen zu zweit schon wesentlich einfacher, eigentlich sind sie dann nur noch ein Kinderspiel.

Ob allein oder mit kleiner Crew: Wir müssen sorgfältig planen, richtig vorbereitet sein und voraussehen können, was passieren wird. Beim Planen legen wir lediglich fest, was wir machen wollen. Die richtige Vorbereitung ist entscheidend. Bereiten Sie für einen reibungslosen Ablauf alles bis ins kleinste Detail vor. Wenn bei mir etwas nicht klappt, liegt es immer an mangelnder Vorbereitung. Abläufe im Vorhinein erkennen zu können ergibt sich zum einen aus guter Vorbereitung – man hat sich vorbereitet und alles gut durchgedacht –, zum anderen stellt sich diese Fähigkeit mit zunehmender Erfahrung ein.

Die Yachten für die Praxistests

Ich habe einige sehr unterschiedliche Boote für die Tests verwendet und die gezeigten Techniken bei verschiedenstem Wind und Tidenstrom auf allen getestet. Selbst wenn Ihr Boot andere Eigenschaften aufweist und sich die äußeren Bedingungen unterscheiden, glaube ich, dass die Techniken für Sie funktionieren werden. Und sollten sie eins zu eins angewendet nicht gleich perfekt klappen, rate ich dazu, mit kleinen Änderungen zu experimentieren und die Technik noch zu verfeinern. Zumindest hoffe ich, dass genügend Anregungen entstehen.

Als Beispiel für eine moderne Yacht diente uns eine neue Dufour 375 namens LAYLA ANN. Sie hat eine geringe Verdrängung und einen sehr hohen Freibord. Man steigt tief hinunter bis auf den Steg. Zurück an Bord zu kommen, kann bei dieser Höhe bereits schwerfallen – ein Fendertritt wäre hier empfehlenswert. Nach meinen Regeln wird grundsätzlich nicht von Bord gesprungen und bestimmt nicht von LAYLA ANN. Am anderen Ende der Skala haben wir die Techniken auf einigen traditionellen Langkielern getestet.

Diese Yachten kamen zum Einsatz:

- LAYLA ANN, Dufour 375: Kielbombe, Saildrive, Balanceruder, Freibord 120 cm
- DOROTHY LEE, Hallberg Rassy 352: gemäßigter Finnkiel, Wellenanlage, Ruder am Skeg, Freibord 110 cm, hohe Verdrängung
- QUINTESSENCE, Bavaria 42: gemäßigter Flügelkiel, Wellenanlage, Balanceruder, Freibord 120 cm
- CAPRICORN, Beneteau 321: gemäßigter Tiefgang, Finnkiel mit Ballastbombe, Wellenanlage, Balanceruder, Freibord 110 cm
- ELINOR, Contessa 26: Langkiel, Freibord 60 cm
- SOUTHERN CROSS, Rustler 36: Langkiel, Freibord 80 cm

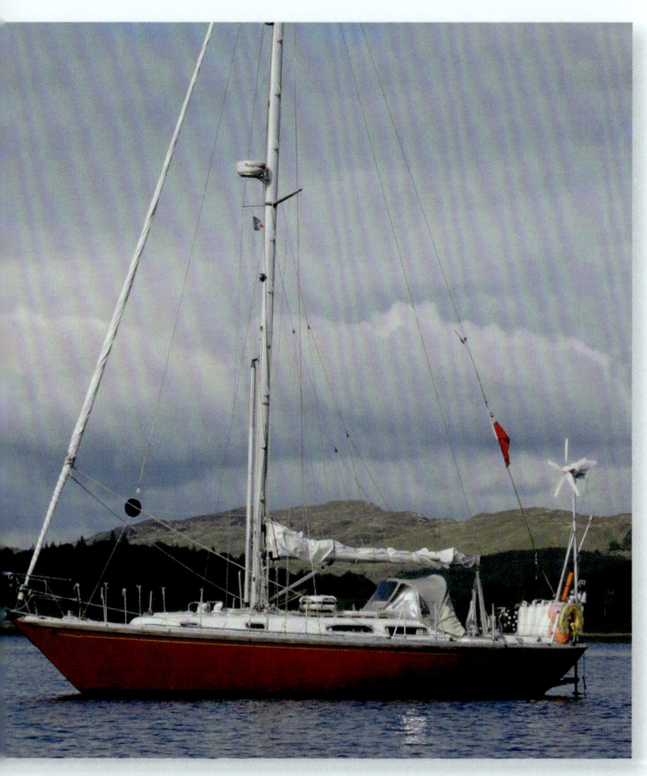

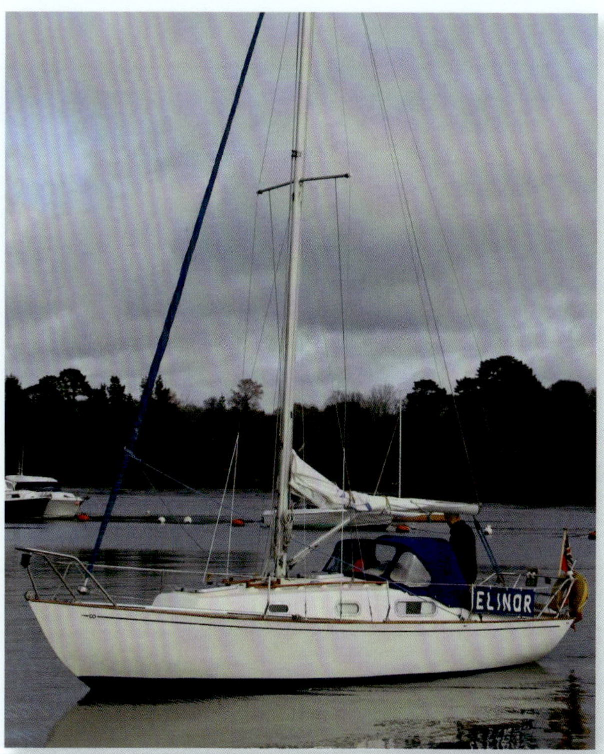

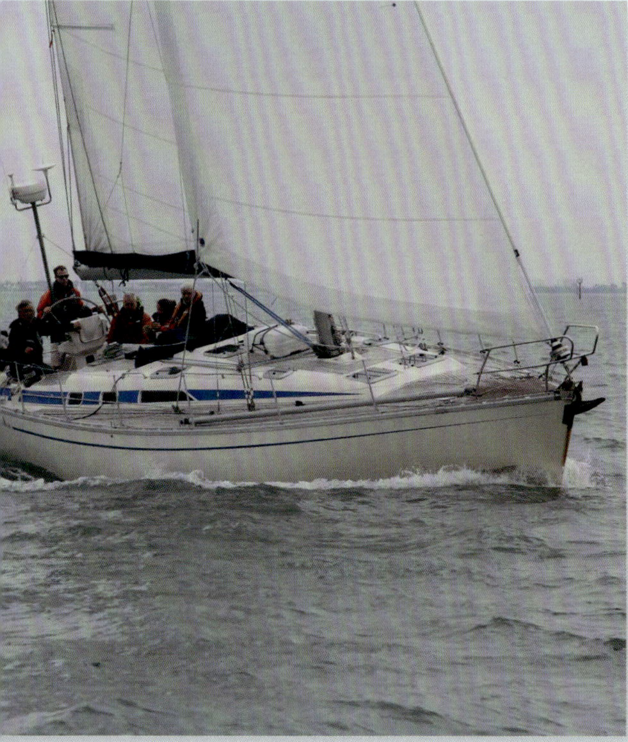

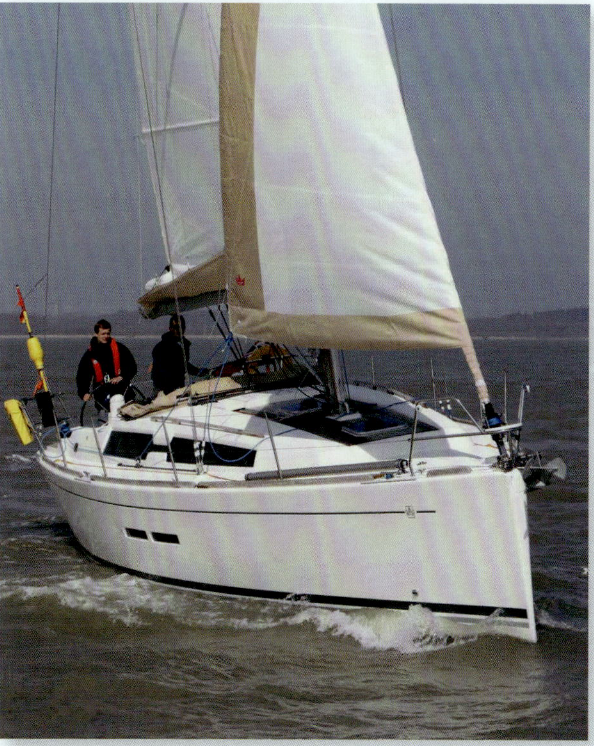

Vier der Testboote: Southern Cross, Elinor, Layla Ann, Quintessence (im Uhrzeigersinn von oben links)

2 Ordnung und Fertigkeiten

Wer eine Yacht allein oder mit kleiner Crew beherrschen möchte, muss über eine Vielzahl von Kenntnissen und Fähigkeiten verfügen, um das Bordleben zu vereinfachen. Dabei sind oft die schnellsten und effektivsten Methoden gefragt, um eine bestimmte Aufgabe zu bewältigen. Beginnen möchte ich mit den grundlegenden Fertigkeiten, die man benötigt. Richtiger Umgang mit Tauwerk ist an Bord immer wichtig.

Tauwerk

Auf Segelbooten gibt es jede Menge Tauwerk. Mit Schoten und Fallen bedient man die Segel, mit anderen Leinen macht man das Boot fest. Welche Arten von Tauwerk gibt es, was setzt man wofür ein, und wie unterscheiden sich diese?

Pflege von Tauwerk

Grundsätzlich sollte Tauwerk vor UV-Strahlung geschützt aufbewahrt werden. Meine Fockschoten aus geflochtenem Polyester hängen allerdings das ganze Jahr über am Bugkorb. Obwohl sie das schon seit zehn Jahren tun, scheinen sie immer noch in gutem Zustand zu sein. Sie sind sehr UV-resistent, wie auch aus der Tabelle ersichtlich ist. Polypropylen bleicht dagegen in der Sonne schnell aus und wird spröde. Das laufende Gut ist natürlich immer der Sonne ausgesetzt, ohne dass man etwas dagegen tun kann, außer es regelmäßig auf Abnutzung und Abrieb zu überprüfen.

Festmacher

Früher hieß es immer, Festmacher sollten aus Polyamid (Nylon) sein, weil es mehr Reck hat. Doch das ist nicht wirklich nötig, und Polyester ist viel widerstandsfähiger. Aus diesem Grund sind auch die mit einem Augspleiß fertig konfektionierten Festmacher meist aus Polyester. Neuerdings werden geflochtene Festmacher, die eine größere Elastizität bieten, mit einem Kern aus Polyester und einem lose geflochtenen Mantel aus Polyester angeboten.

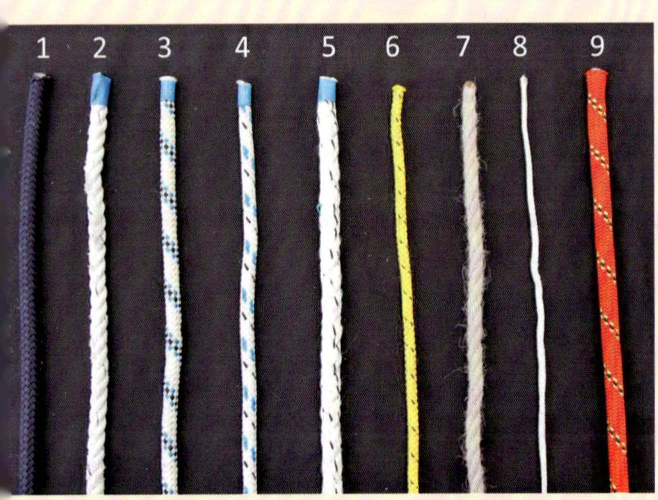

1 Geflochtene Leine aus Polyester speziell für Festmacher: viel Reck und sehr abriebfest
2 Dreischäftig geschlagene Leine aus Polyester für Festmacher
3 Geflochtene Leine aus Polyester für Fallen und Schoten
4 Doppelt geflochtene Leine aus Polyester für Fallen und Schoten
5 Quadratgeflochtene Leine aus Polyamid für Ankertrossen
6 Geflochtene Leine aus Polypropylen für Sport- und Sicherheitsausrüstung
7 Geschlagene Leine aus Polypropylen, das wie Hanf aussieht
8 Einfach geflochtene Leine aus Dyneema für Fallen und Schoten
9 Doppelt geflochtene Leine mit einem Kern aus Dyneema und einem Mantel aus Polyester für Fallen und Schoten

Tauwerk Übersicht

Bezeichnung	Elastizität	Einsatz	UV rating	Sinks/floats
Polyester Festmacher	hoch	Festmacher	5	geht unter
Polyester dreischäft. geschl.	gering	Festmacher	5	geht unter
Polyester geflochten Standard	gering	Fallen und Schoten	5	geht unter
Polyamid dreischäftig geschlagen	hoch	Ankertrossen und Festmacher	4	geht langsam unter
Polyamid quadrat-geflochten	sehr hoch	Ankertrossen und Festmacher	4	geht langsam unter
Polypropylen	gering	Sport- und Sicherheitsausrüstung	2	geht nicht unter
Kevlar	sehr gering	Fallen und Schoten	3	geht unter
Dyneema/Spectra	sehr gering	Fallen und Schoten	5	geht nicht unter, außer bei Ummantelung mit Polyester
Vectran	sehr gering	Fallen und Schoten	3	geht unter
UV-Beständigkeit 5 = hoch, 1 = gering				

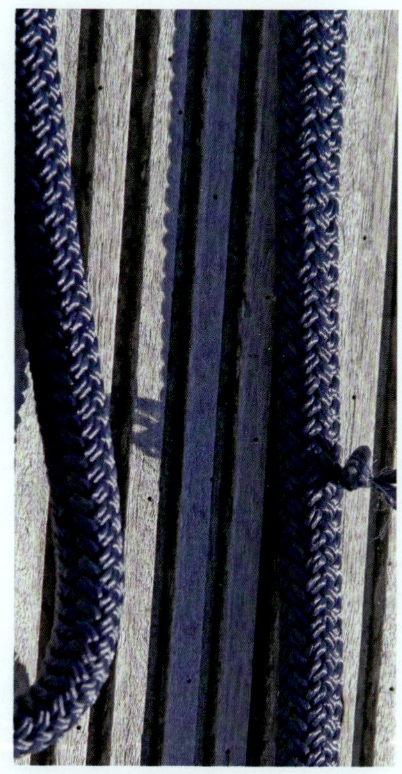

Moderne Polyesterleinen liegen gut in der Hand, kinken allerdings leicht. Ein schöner Anblick sind sie aber allemal.

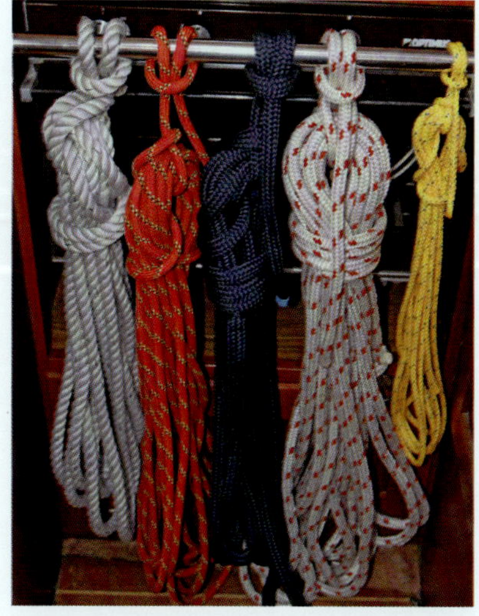

▲ Aufschießen und Aufhängen
Nasse Leinen trocknen schneller, wenn man sie aufhängt.

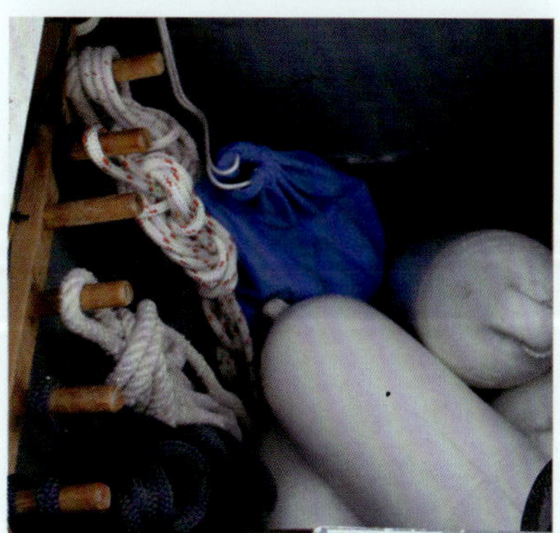

▲ Hier hat sich jemand eine praktische Vorrichtung zum Aufhängen der Leinen in der Backskiste geschaffen. Auf diese Art kann das Wasser aus den Leinen abtropfen und sich in der Bilge sammeln. Außerdem ist diese Methode viel ordentlicher, als die Leinenbunde übereinander zu stapeln.

Tauwerk reinigen

In Nordeuropa regnet es zum Glück häufig genug, damit das Salz regelmäßig aus dem stehenden Gut gewaschen wird. Einmal im Jahr stecke ich meine geflochtenen Polyester-Fockschoten in die Waschmaschine. Das kann man nach Expertenmeinung machen, sofern man ein Pflegeprogramm einstellt. Ich gebe die Fockschoten in einen Kissenbezug, den ich zuknote, damit die Leinen nicht in der Waschmaschine umherschlagen. Verwenden Sie Feinwaschmittel, um die Leinen besonders geschmeidig zu machen.

Beim Umgang mit Tauwerk merkt man schnell, dass sich Leinen an allen möglichen Gegenständen verhaken können. Sie verdrehen sich und kinken, wenn sie nicht sorgfältig aufgeschossen oder ausgelegt werden. Als Einhandsegler muss man besonders sorgsam sein, denn nichts kann soviel Zeit kosten wie unklare Leinen. Man steht am Bug und will die Fockschoten abschlagen, aufschießen und am Bugkorb aufhängen, da kinkt die Leine und läuft nicht mehr durch den Block an der Genuaschiene. Jetzt muss man nach achtern und aufklaren. Auch bei bester Vorbereitung hat Tauwerk die Eigenschaft sich zu verheddern. Wir müssen daher alles in unserer Macht stehende tun, damit die Leinen klar laufen können. Gute Vorbereitung ist der Schlüssel dazu.

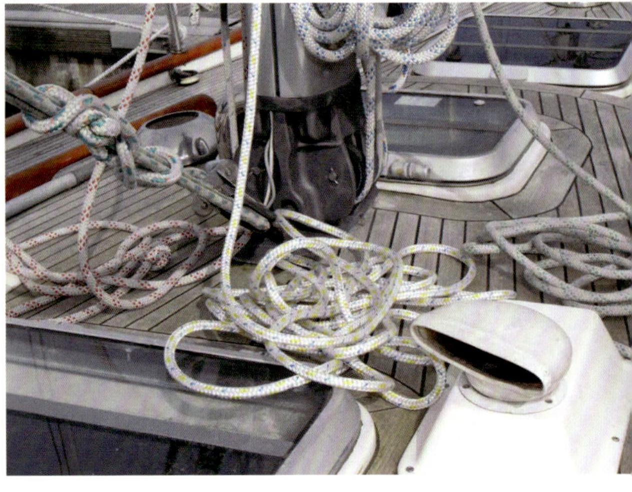

Mit dem Ende zuerst und somit richtig herum abgelegte Leinen.

Klar zum Ausrauschen

Eine Leine, die klar laufen soll, kann an Deck gelegt werden. Vergewissern Sie sich, dass keine Knoten oder Verdrehungen in der Leine sind und legen Sie sie, wie ich zu sagen pflege, richtig herum. Dabei kommt das Ende nach unten, das man zuletzt braucht. So wird die Leine immer klar laufen. Das kann man bei Reffleinen, Fallen, der Großschot und einfach bei jeder Leine anwenden, die ungehindert ausrauschen können muss.

Man kann eine Leine auch in Achten auf dem Deck auslegen. Wieder kommt das zuletzt benötigte Ende nach unten, und man legt die Leine von Hand achtförmig darüber. Dazu kann auch eine Winsch oder das Ankerspill zu Hilfe genommen werden – siehe Abbildung gegenüber.

Auf größeren Yachten werden die langen Leinen immer in Achten ausgelegt, weil das die zuverlässigste Methode ist. Legt man Tauwerk einfach irgendwie übereinander, kann es durcheinander geraten und dann nicht mehr frei laufen. Beim Auslegen in Achten kann das nicht passieren. Zudem ist es seemännischer, eine Leine so zum Ausrauschen vorzubereiten.

Tipp

Ein Knoten schwächt eine Leine viel mehr als ein Spleiß

Macht man einen Knoten, schwächt man die Leine dadurch erheblich. Mit einem Palstek am Ende einer Leine gehen 40 % der Festigkeit verloren. Spleißt man dagegen ein Auge, sind es nur 10 %.

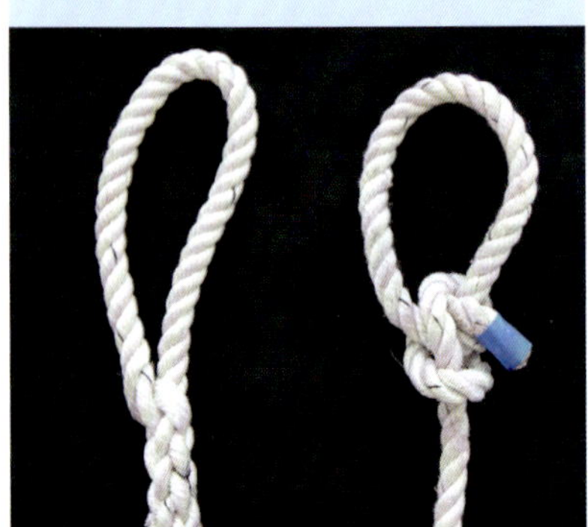

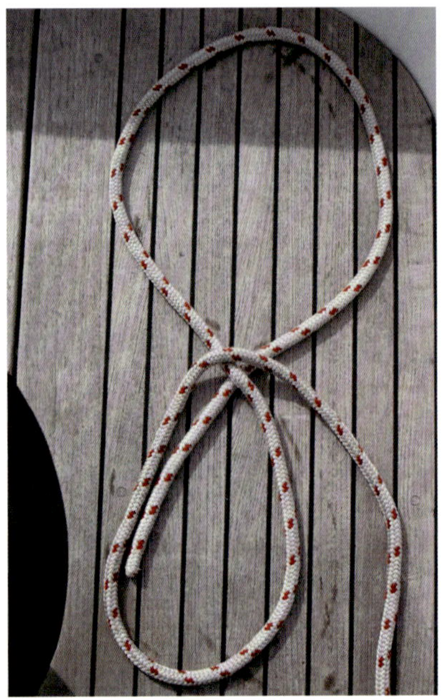

So beginnt man, eine Leine in Achten auszulegen.

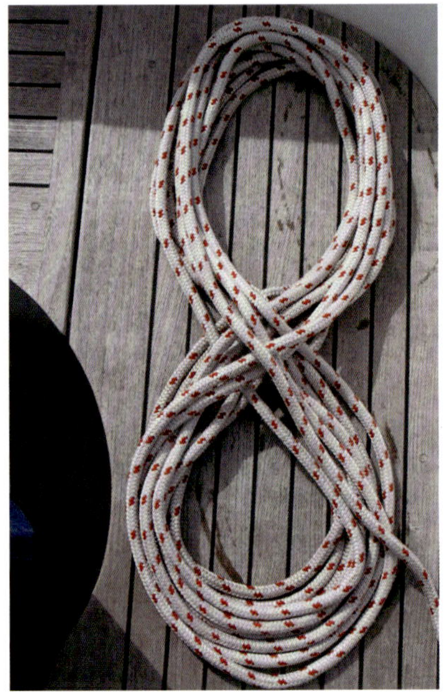

Läuft klar: fertig ausgelegte Leine.

Aufschießen in Achten mithilfe einer Winsch oder des Ankerspills

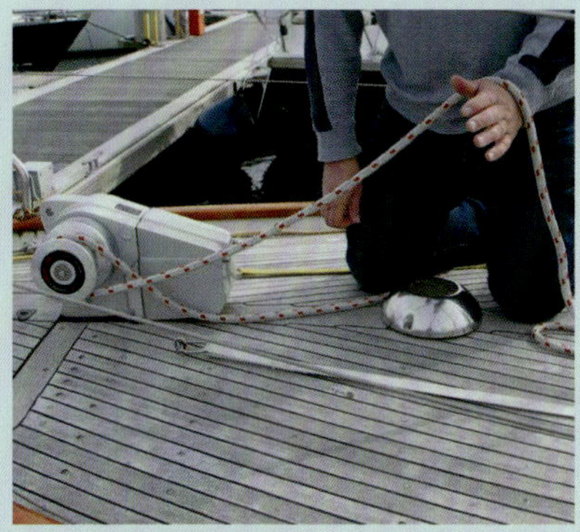

Führen Sie die Leine gegen den Uhrzeigersinn um die Winschtrommel und über ihre linke Hand. Das zuletzt benötigte Ende der Leine liegt auf Deck.

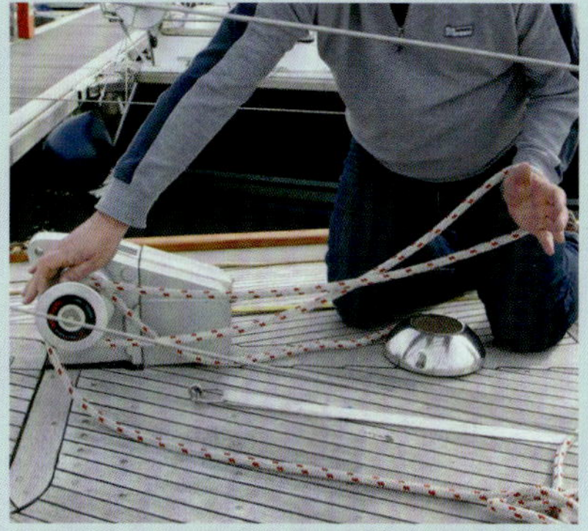

Legen Sie die Leine im Uhrzeigersinn um ihre Hand herum und zurück zur Winschtrommel. Dort geht es wieder gegen den Uhrzeigersinn herum. So entsteht ein Bund in Achten.

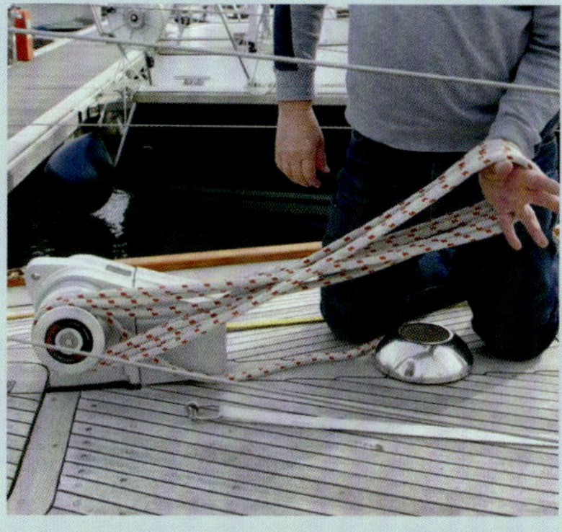

Perfekt aufgeschossener Seilbund, der klar ausrauschen kann.

Aufschießen ohne Kinken

Es gibt zwei Arten, einen Seilbund aufzuschießen – die Segler-Methode und die Kletterer-Methode. Bei der Kletterer-Methode ist das Risiko einer Wuhling am geringsten, wenn der Bund an Deck abgelegt wird.

Die Segler-Methode

Beginnen Sie immer mit dem Ende, das einen Spleiß oder Schäkel hat. Es sollte der Ordnung halber innen liegen. Machen Sie die Buchten mindestens so groß wie in den Abbildungen. Alle Leinen müssen im Uhrzeigersinn aufgeschossen werden, egal ob geschlagenes oder geflochtenes Tauwerk. Schießt man gegen den Schlag auf, besteht die Gefahr, die Kardeele zu öffnen. Korrekt aufgeschossen hat der Bund keine Spannungen, fühlt sich richtig an und hängt in ordentlichen Buchten.

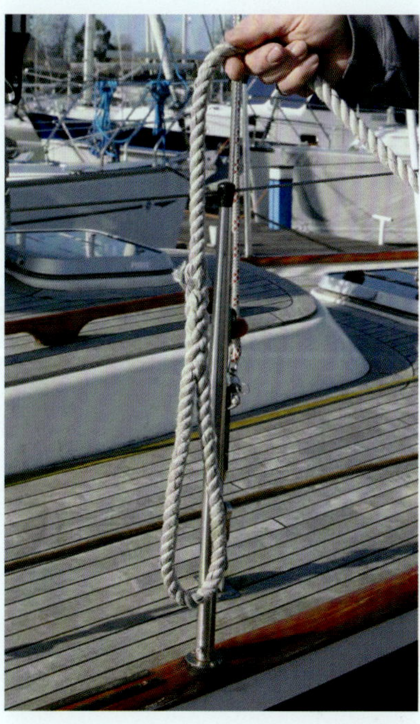

Beginnen Sie den Bund mit dem Augspleiß an der Innenseite.

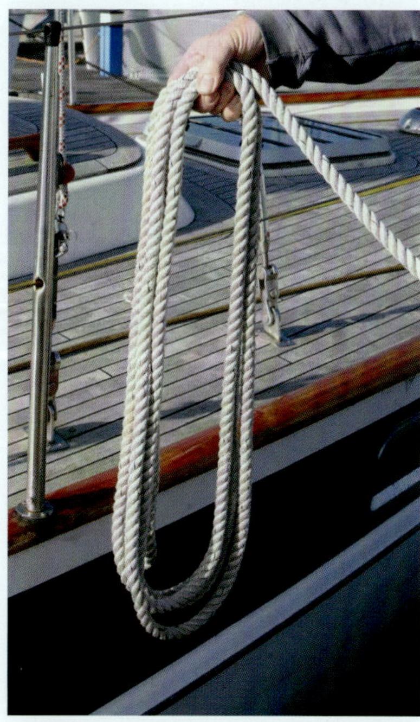

Schießen Sie die Leine im Uhrzeigersinn und in gleich großen Buchten auf.

Damit ein Bund aus geschlagenem Tauwerk ordentlich liegt, verdreht man die Leine beim Aufschießen der einzelnen Buchten mit einer halben Drehung der Hand. Man spürt, dass sich die Leine von selbst so verdrehen möchte, also folgt man der Richtung dieses Twists. Mit dem Ende legt man einige Wicklungen um die Buchten und steht nun vor der Frage, wie man den Bund abschließt. Es gibt die Navy-Methode, die klassische Methode und die Segler-Methode (siehe Abbildungen).

Beim Aufschießen von geflochtenen Leinen merkt man, dass sie sich oft ganz von allein in Achten legen. Kämpfen Sie nicht dagegen an, lassen Sie die Buchten vielmehr die Form annehmen, die sie möchten.

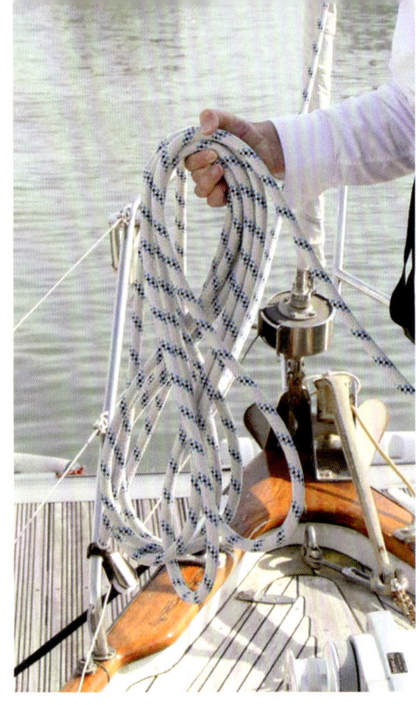

Geflochtene Leinen legen sich oft von allein in Achten.

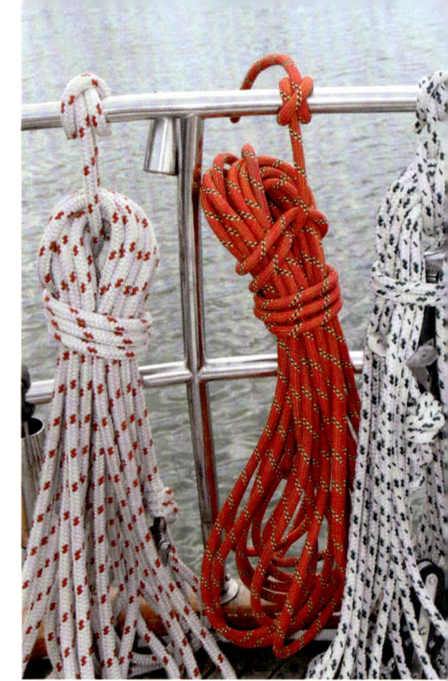

Navy-Methode, klassische Methode, Segler-Methode – man beachte, dass der klassische Seilbund nicht sehr schön hängt.

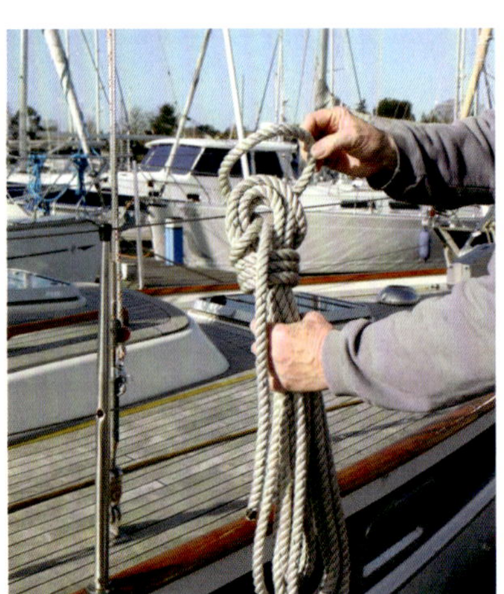

▲ Klassische Methode

Führen Sie das Ende der Leine mit einer Bucht durch die Mitte des Bundes. Stülpen Sie die Bucht über den Bund und ziehen Sie sie fest. Diese Methode hält gut, und der Bund löst sich auch nicht, wenn er lose in der Backskiste liegt. Allerdings sieht er nicht sehr elegant aus, wenn man ihn aufhängt. Deshalb verwende ich zum Aufhängen immer die Segler- oder die Navy-Methode.

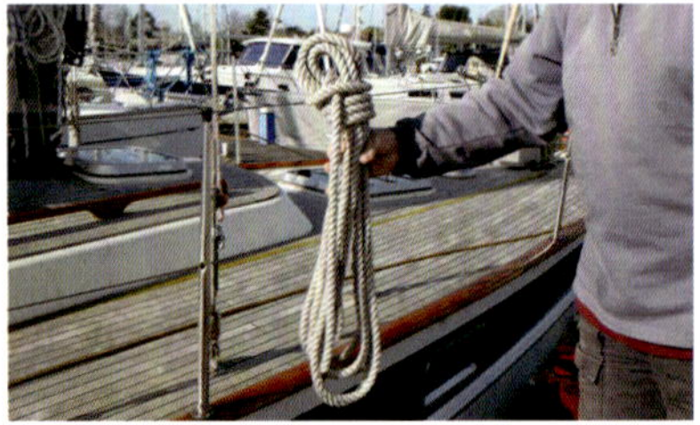

Klassisch aufgeschossener Seilbund

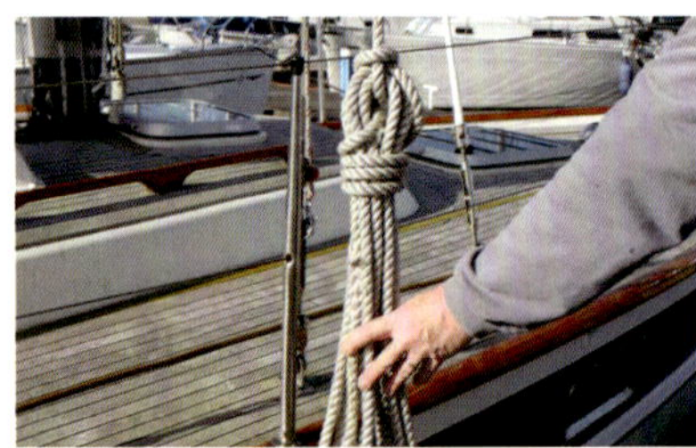

Ein Bund mit der Segler-Methode

▲ Segler-Methode

Führen Sie die Leine mit einer Bucht durch die Mitte des Bundes wie zuvor, stülpen Sie sie aber nicht über den Bund, sondern stecken Sie das lose Ende durch diese Bucht.

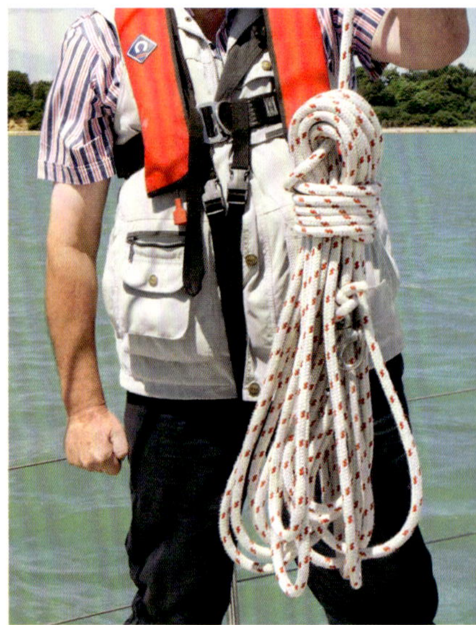

Mit der Navy-Methode abgeschlossener Seilbund

▲ Navy-Methode

Stecken Sie das lose Ende einfach oberhalb der Wicklungen durch die Mitte des Bundes.

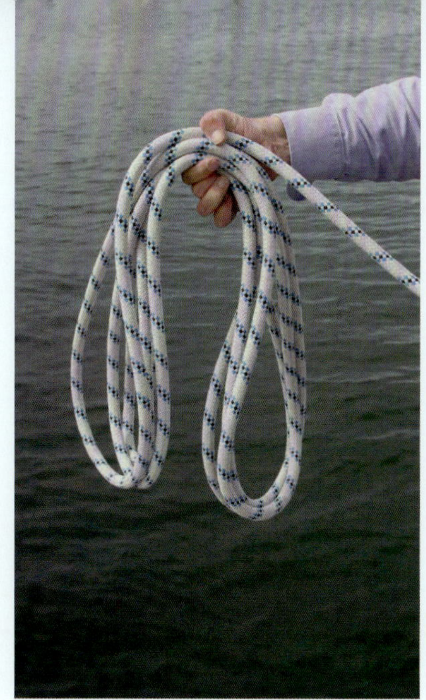

Aufschießen mit der Kletterer-Methode

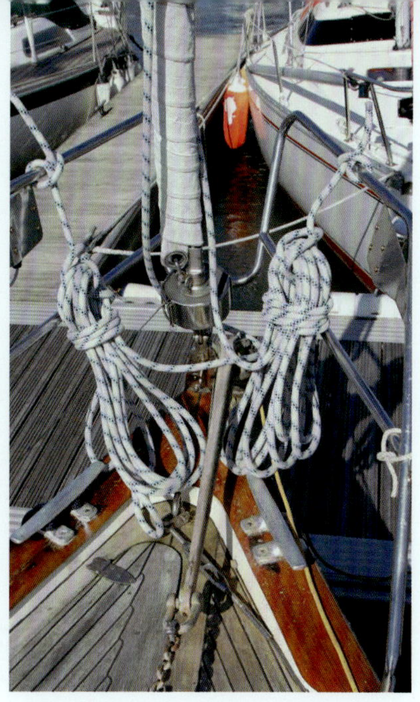

Die Fockschoten – mit der Kletterer-Methode aufgeschossen und mit der Segler-Methode abgeschlossen.

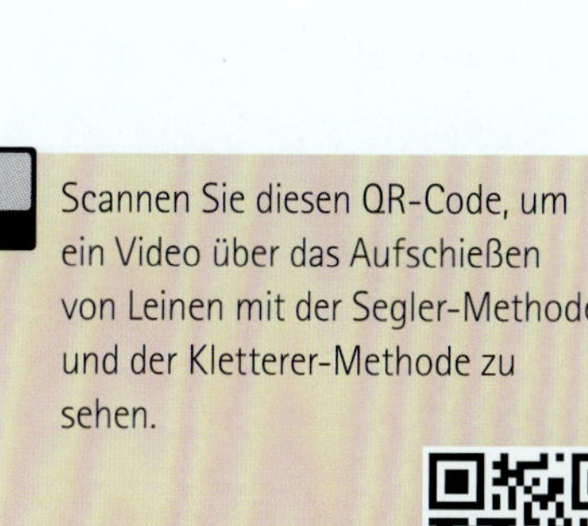

Scannen Sie diesen QR-Code, um ein Video über das Aufschießen von Leinen mit der Segler-Methode und der Kletterer-Methode zu sehen.

Die Kletterer-Methode

Die erste Bucht wird in der Hand zum Körper hin gemacht, die zweite Bucht wird zwischen Daumen und Zeigefinger gelegt. Fahren Sie so fort, entstehen Buchten beiderseits ihrer Hand. Ich verwende diese Methode bei meinen Fockschoten, die ich am Bugkorb aufhänge. So liegen sie nicht an Deck, können keinen Schmutz ansammeln, und ich kann sie mit dem Schlauch abspritzen und das Salz gut auswaschen. Ein einfacher Webleinstek hält sie am Platz, natürlich an der Innenseite des Bugkorbs – man will schließlich nicht, dass irgendetwas versehentlich über Bord geht.

Einen Bund an eine Mastklampe hängen

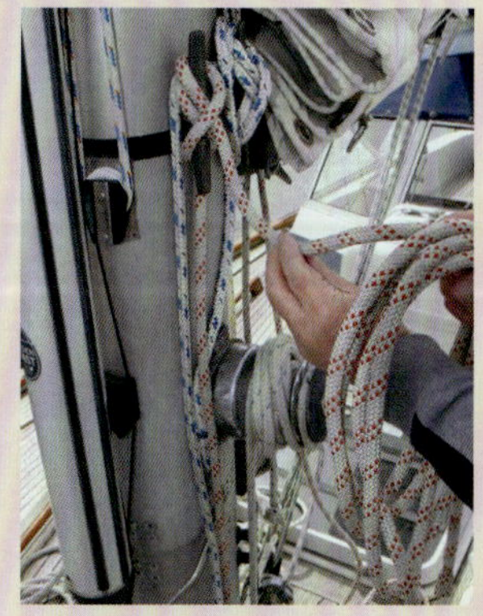

Schießen Sie einen Bund ganz normal mit der Segler-Methode auf, belassen Sie aber einen halben Meter an der stehenden Part.

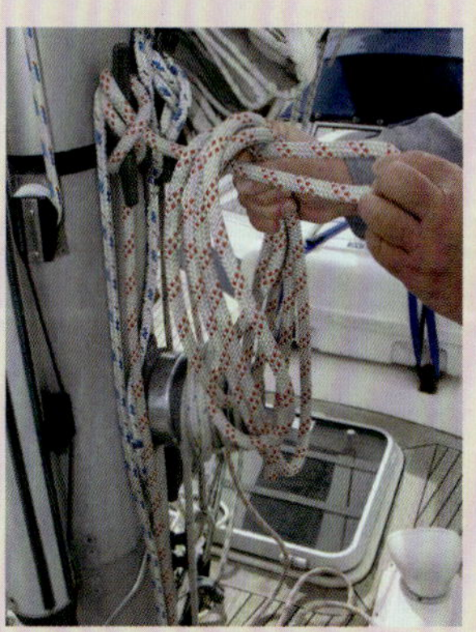

Führen Sie die stehende Part mit einer Bucht durch den Bund.

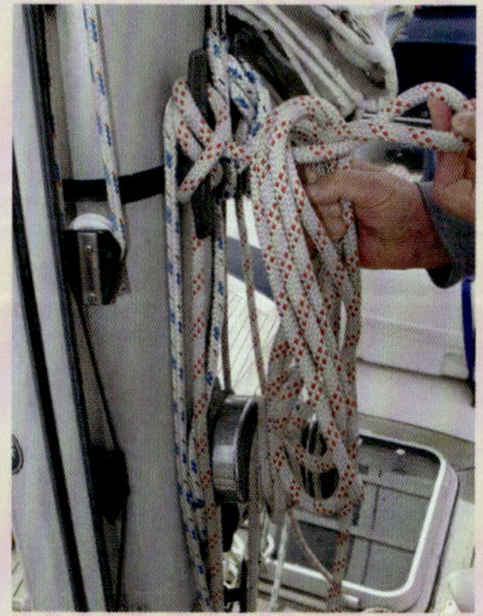

Verdrehen Sie diese Bucht einmal.

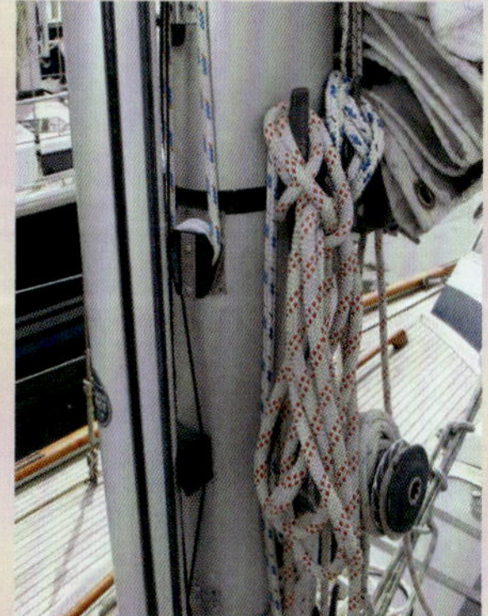

Hängen Sie sie über die Klampe. So ist das Fall ordentlich am Mast gestaut.

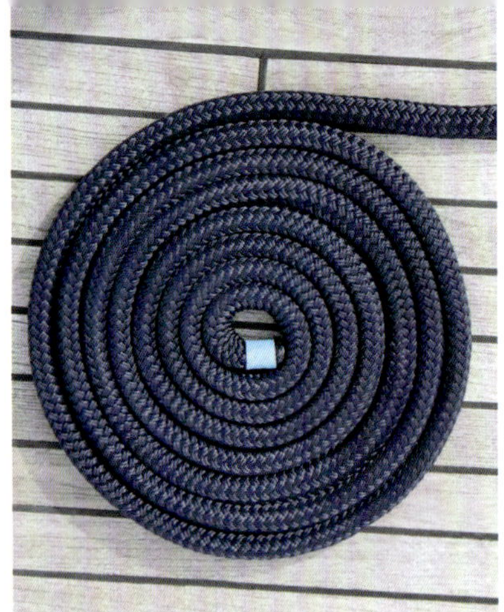

Tauwerkschnecke

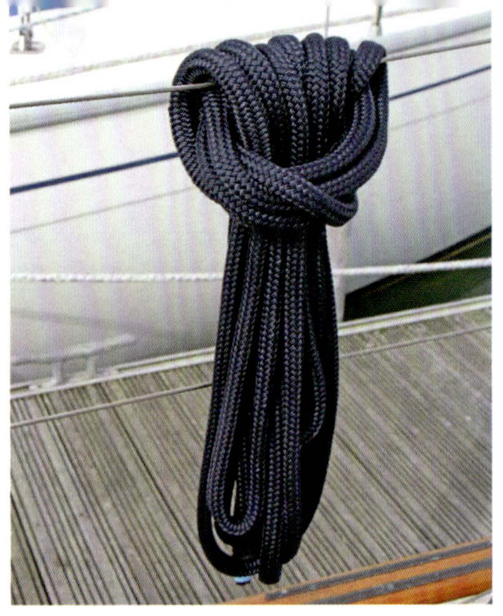

Reserveleine über die Reling geschlauft

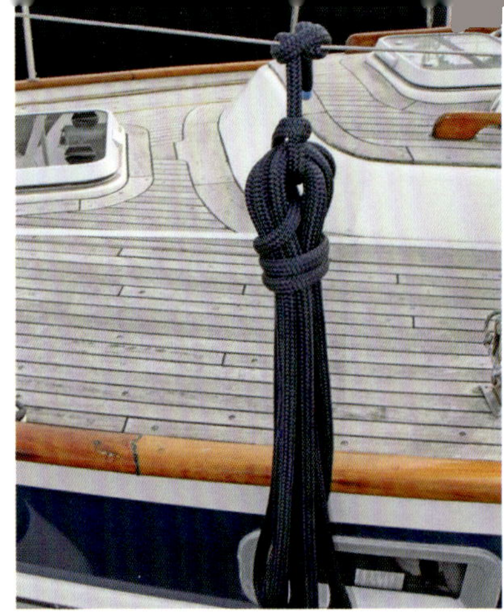

Aufgehängte Reserveleine

Reserveleinen aufklaren

Leinen und Festmacher, die nicht in Gebrauch sind, können auf verschiedene Arten aufgeklart werden. Man kann Tauwerkschnecken bilden, die Leinen aufhängen oder über die Reling schlaufen.

Tauwerkschnecken sehen sehr hübsch aus, aber jede Leine, die längere Zeit an Deck liegt, wird nass und sammelt Schmutz an. Ich bin der Meinung, dass Tauwerkschnecken zu einer Superyacht passen, wo eine Crew durchgehend mit Putzen und Polieren beschäftigt ist. Sowohl aufhängen als auch über die Reling schlaufen funktionieren gut, obwohl sich ein durchgeschlaufter Bund nie ordentlich ablösen lässt. Ein normaler Bund kann gut abgenommen werden und läuft klar, bei einem durchgeschlauften Bund habe ich immer den Eindruck, dass ich nochmal von vorn anfangen muss.

Belegen

Das gespleißte Auge eines Festmachers bleibt immer an Bord. Nur das freie Ende wird zum Steg oder an die Mole ausgebracht. Das ist der Schlüssel zu einer guten Vorbereitung. Alle Enden müssen frei laufen können. Festmacher mit einem Augspleiß oder einer Schlaufe verfangen sich oder kommen irgendwo fest, wenn man sie zurück an Bord einholen will – garantiert. Also Augen immer an Bord belassen.

Selbst das einfache, freie Ende kann sich beängstigend schnell um eine Klampe am Steg wickeln, wenn man es zu schnell einholt oder wenn man versucht, es von einer Klampe loszuwerfen. Loswerfen funktioniert nie, wenn es darauf ankommt. Statt es zu versuchen, sollte man Festmacher besser gleichmäßig einholen. Wenn Sie jemals Festmacher verbinden oder auf Slip setzen, sodass eine größere Länge der Leine beim Einholen über Deck laufen wird, sollten Sie darauf achten, dass das Deck so frei wie irgend möglich von Hindernissen ist, an denen die Leine festkommen könnte.

Belegen Sie also das gespleißte Auge an der Klampe an Bord. Das ist das stehende Ende der Leine. Wer Festmacher ohne Augspleiß hat, kann mit einem Palstek eine Schlaufe bilden. Oder man verwendet die OXO-Methode, um an der Klampe an Bord festzumachen (siehe Abbildung gegenüber).

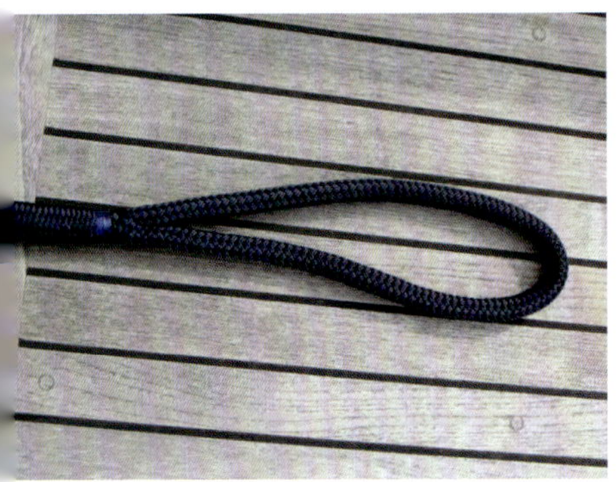

Augspleiße bleiben immer an Bord.

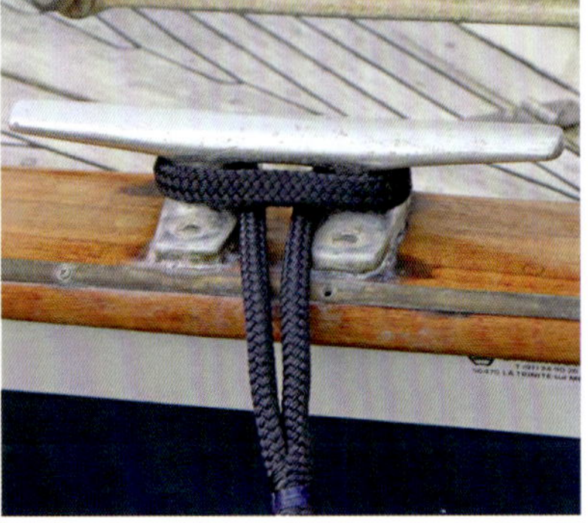

Der Augspleiß des Festmachers gehört an die Klampe am Boot.

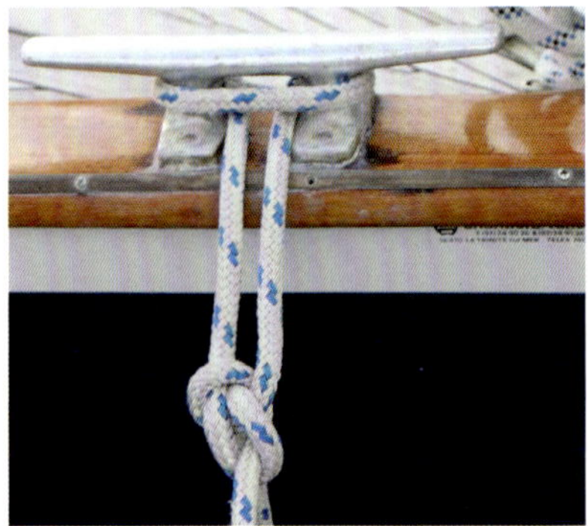

Hier bildet ein Palstek die Schlaufe, mit der an Bord an der Klampe festgemacht wird.

Die OXO-Methode

Diese Methode funktioniert wirklich gut, ist einfach und sieht auch gut aus.

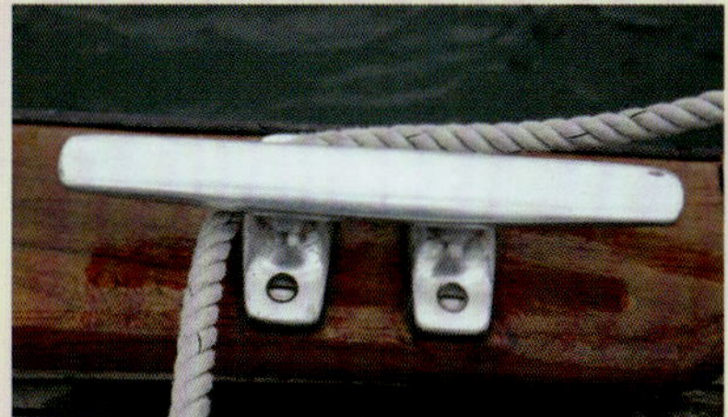

Führen Sie die Leine um die Klampe.

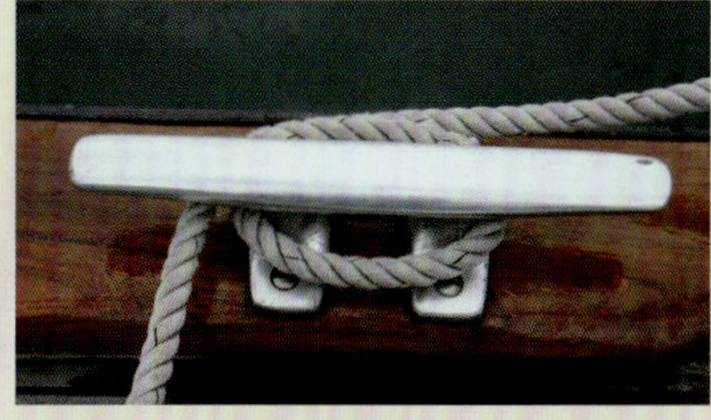

Legen Sie einen kompletten Rundtörn um die Klampe, das ist das »O«.

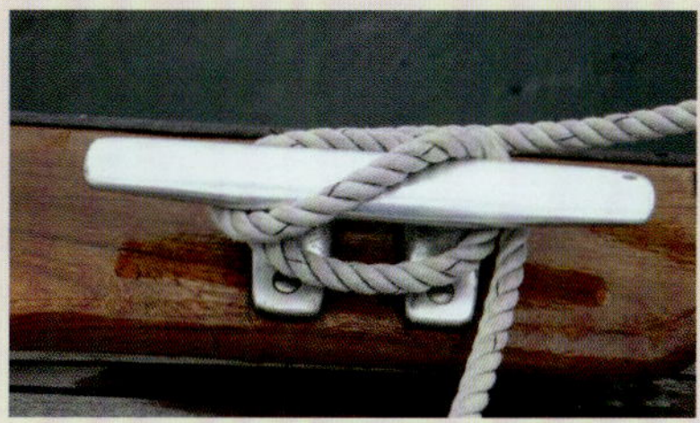

Machen Sie den ersten Kreuzschlag, die erste Hälfte des »X«.

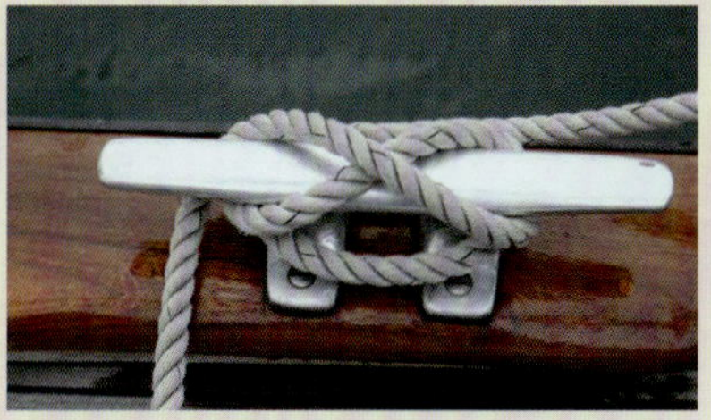

Der zweite Kreuzschlag macht das »X« komplett.

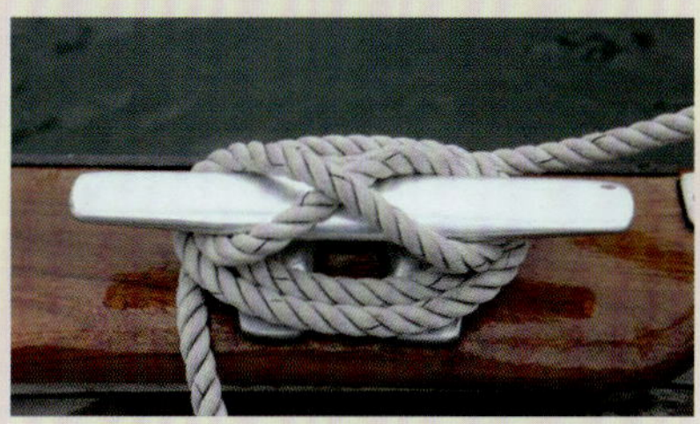

Schließen Sie mit einem Rundtörn für das zweite »O« ab. Glattes Tauwerk benötigt eventuell noch einen Kopfschlag.

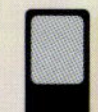

Scannen Sie diesen QR-Code, um ein Video über die OXO-Methode an einer Klampe zu sehen.

Mit der OXO-Methode belegte Leinen halten zuverlässig, bekneifen sich auch über längere Zeit nicht zu stark und können auch unter Last gelöst werden. Natürlich möchte man seinen ganzen Stolz sicher vertäut wissen. Also ist gegen einen zusätzlichen Kopfschlag nichts einzuwenden, auch wenn er nicht nötig ist. Die OXO-Methode ist bei fast allen Leinen absolut sicher, nur einige Mantelgeflechte, wie die bei Dyneema-Leinen, könnten slippen und erfordern daher zwingend einen Kopfschlag als Abschluss. Man wird allerdings kaum hochpreisige Dyneema-Leinen als Festmacher einsetzen. Bei einem Kopfschlag sollte das Ende parallel zum letzten Kreuzschlag liegen – so ist es seemännisch richtig.

Ich habe erfahren, dass sich die Festmacher sehr großer Yachten bei der OXO-Methode von unten her bekneifen können, wenn durch Tidenstrom große Lasten auftreten. Genauso kann sich auch ein Kopfschlag festsetzen. Ich selbst kann das nicht bestätigen, denn eine so große Yacht habe ich nie besessen. Das ist jedoch der Grund, warum auf großen Booten und Schiffen niemals mit einem Kopfschlag an einer Klampe abgeschlossen wird. Dort legt man einfach noch einen Rundtörn. Oft wird nach dem zweiten Kreuzschlag anstelle des Rundtörns ein Kopfschlag gesetzt. Diese Methode sieht sehr ordentlich aus und mir ist nicht bekannt, dass sie jemals versagt hätte.

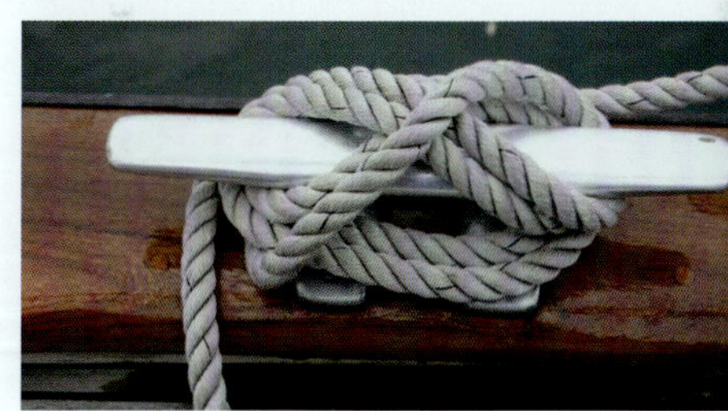

OXO-Methode mit zusätzlichem Kopfschlag

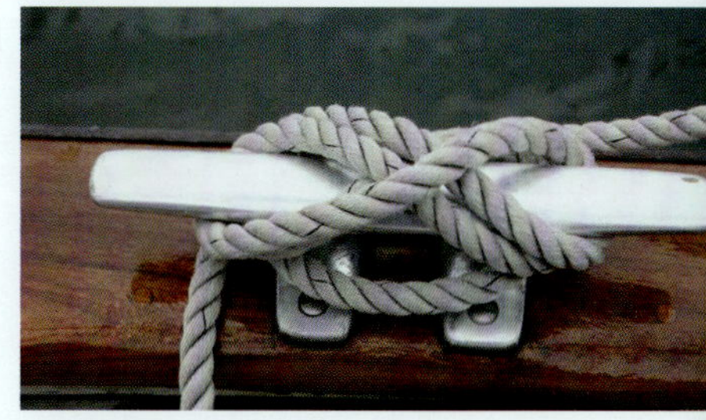

Die übliche Methode mit zwei Kreuzschlägen und einem Kopfschlag

Vertäuen

Man benötigt eine Bugleine, eine Heckleine und zwei Springleinen – eine Vorspring, die verhindert, dass sich das Boot nach vorn bewegen kann und eine Achterspring, die verhindert, dass es sich nach hinten bewegen kann. Puristen sagen, jede Leine hat genau eine Aufgabe. Falls Sie eine sehr große Yacht besitzen, ist diese Aussage auch absolut sinnvoll. Puristen würden ebenso fordern, dass man jede Leine von jeder Seite unter Last lösen kann. Da bin ich mir nicht so sicher und mache mir deswegen auch keine Sorgen. Das mag für große Boote gelten, auf meiner 35-Fuß-Yacht war es noch nie nötig.

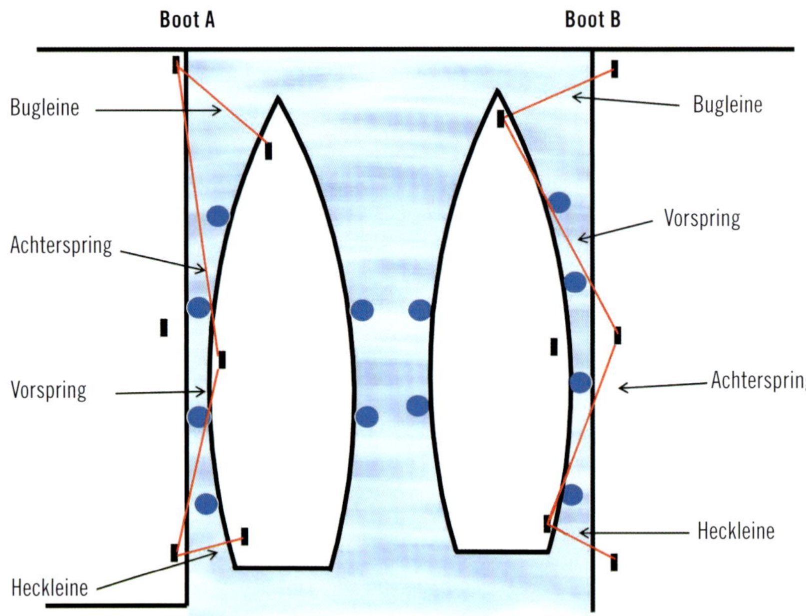

Zwei unterschiedliche Methoden zum Vertäuen

Es gibt zwei unterschiedliche Anordnungen der Festmacher, egal ob man zwei oder vier Leinen verwendet. Bei der einen Methode bringt man Bug- und Heckleinen aus und führt diese weiter zu einer Springklampe mittschiffs an Bord wie bei Boot A. Bei der anderen führt man die Springleinen von Bug und Heck zu einem Punkt an Land, der auf Höhe der Bootsmitte liegt wie bei Boot B. Dabei hat man den Vorteil, dass man beim Ablegen eine der Springleinen auf Slip legen und, nachdem man die anderen Leinen gelöst hat, zum Eindampfen verwenden kann, um das Heck oder den Bug vom Steg abzudrücken. Zudem tragen die Springleinen bei Boot B mit dazu bei, dass Bug und Heck besser am Steg gehalten werden als bei Boot A.

Leinen auf Slip

Bei Leinen auf Slip gibt es drei Punkte zu beachten:

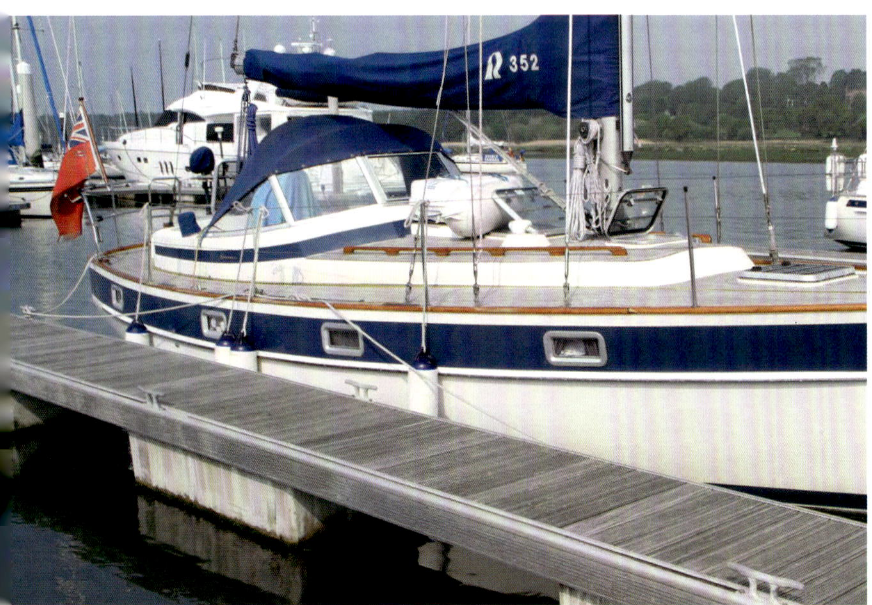

◀ *Vertäuen mit zwei Festmacherleinen, die als Spring zur Klampe mittschiffs weitergeführt sind.*

▼ *Wie lang die Crew wohl braucht, um das wieder zu lösen?*

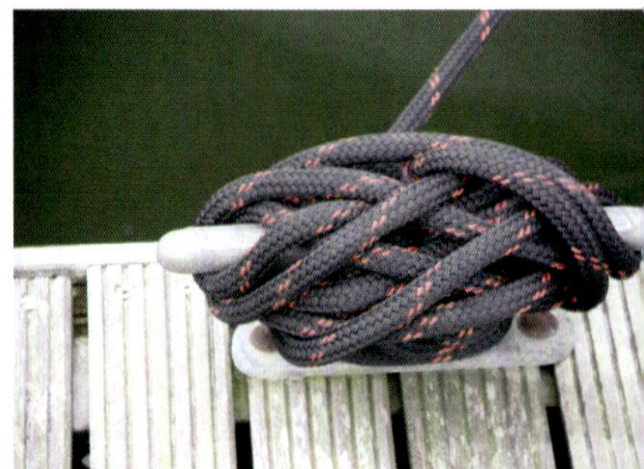

- Stellen Sie sicher, dass das einzuholende Ende so kurz wie möglich ist.
- Vergewissern Sie sich, dass sich das Ende beim Einholen nirgends verfangen kann.
- Bringen Sie die Leine sorgsam aus, sodass sich die beiden Parten beim Einholen nicht berühren und aneinander reiben.

Vertäuen an einer Mole in Tidengewässern

Verwenden Sie Festmacher, die das Vierfache des Tidenhubs lang sind, um mit der Tide steigen und fallen zu können. Ich führe die Festmacher immer zum Boot zurück, setze sie also auf Slip, um alles vom Boot aus kontrollieren zu können. Habe ich nicht genug Länge gesteckt, kann ich die Festmacher immer noch fieren, wenn die Tide weiter fällt. Macht man sie dagegen an der Mole fest und das Boot fällt so tief, dass man nicht mehr auf die Mole klettern kann, lassen sie sich für den Fall, dass man ablegen möchte, nicht mehr lösen.

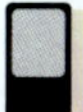

Scannen Sie diesen QR-Code, um ein Video über Leinen auf Slip zu sehen.

i

Festmacher doppeln oder auf Slip legen?

Wird ein Festmacher um eine Klampe am Steg oder durch einen Ring und dann wieder zurück an Bord geführt, ist er auf Slip gelegt. Oft wird er fälschlicherweise als gedoppelt bezeichnet. Unter dem Doppeln der Festmacher versteht man auf großen Schiffen, dass eine zweite Bugleine, eine zweite Vorspring, eine zweite Heckleine und eine zweite Achterspring ausgebracht werden. Vor dem Ablegen befiehlt der Kapitän dann, erst auf einfache Festmacher zu gehen, dann eventuell Bug- und Heckleinen zu lösen und nur noch an den Springleinen zu liegen. Bittet man also seine Crew die Festmacher zum Steg und zurück zum Boot zu führen, um sie von dort schnell lösen zu können, so heißt das Kommando: »Festmacher auf Slip, bitte.« »Bitte« macht sich übrigens immer gut bei der Crew!

Ein Boot mit dem Festmacher an den Steg ziehen

Es ist unbedingt nötig, die Leine unter eine Klampe zu führen, um ordentlich dichtholen zu können. Wir haben alle schon Segler gesehen, die sich nach hinten stemmen wie beim Wasserskilaufen und versuchen, ein sieben Tonnen schweres Boot gegen 20 Knoten Wind und Tidenstrom zu sich zu ziehen. Es ist entscheidend, den Festmacher unter die Klampe zu führen oder bei großer Last unter ein Horn der Klampe und auch noch über das andere. Dann zieht man an der Leine

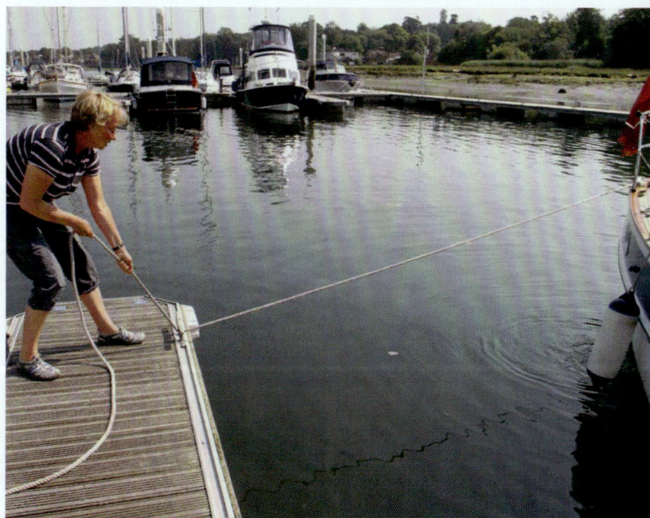

Führen Sie die Leine unter eine Klampe, wenn Sie ein Boot heranziehen.

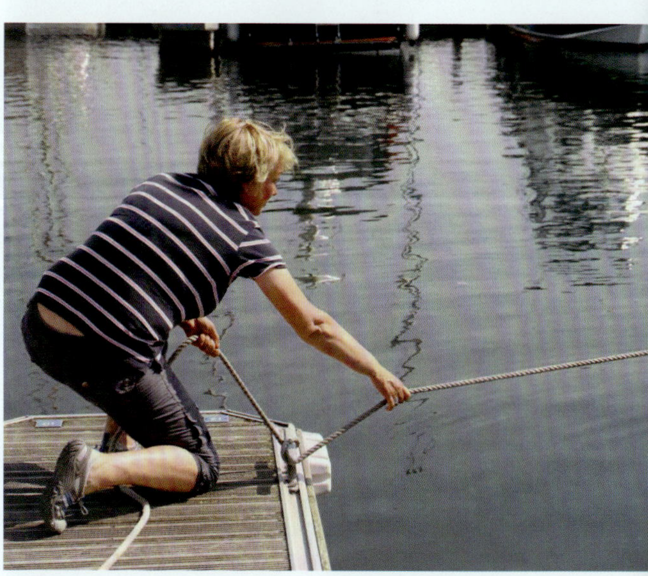

Holen Sie die Lose immer wieder dicht, bis das Boot längsseits liegt.

zwischen Boot und Klampe mit Körperschwung und holt die Lose immer wieder dicht. Arbeiten Sie so Schritt für Schritt, bis das Boot längsseits ist.

Lasso

Wer die Lasso-Technik beherrscht, ist klar im Vorteil. Belegen Sie das stehende Ende an Bord, schießen Sie die Leine sorgfältig auf, teilen Sie den Bund in zwei Hälften – die eine Hälfte der Buchten in der einen, die andere Hälfte in der anderen Hand. Vergewissern Sie sich, dass zwischen den beiden Hälften nur eine einzelne Part verläuft. Halten Sie das lose Ende des Lassos in der Wurfhand. Die Buchten sollte man immer noch gut aus dieser Hand werfen können. Hat man jedoch eine sehr lange Leine, können beide Enden an Bord belegt werden. Man benötigt nur genug Länge, um mit den Buchten in der Hand schwungvoll ausholen zu können.

Liegt die Leine dann hinter der Klampe auf dem Steg, muss man der Versuchung widerstehen, sie schnell einzuholen. Allzu leicht springt sie über die Klampe , die man per Lasso-Technik einfangen möchte. Holen Sie die Leine behutsam ein, und achten Sie darauf, dass sie sich unter beide Hörner der Klampe legt. Wirft man von einer erhöhten Position aus, muss man vorsichtig sein, um die Leine nicht nach oben von der Klampe abzuziehen.

Ich habe echte Könner beobachtet, die aus 20 Schritten Entfernung eine Klampe von Bord aus erreicht haben. Man braucht natürlich eine lange Leine, besser zu lang als zu kurz. Eine Boje per Lasso-Technik einzufangen ist schwierig, wenn man von oben wirft, denn die Leine kann dabei sehr leicht abgleiten. Bessere Erfolgsaussichten bestehen, wenn man mehr von der Seite wirft. Halten Sie deshalb etwas Abstand zur Boje, damit sich die Leine besser herumlegen kann.

Der Trick ist, dass der Schwung aus dem Handgelenk kommen muss. Üben Sie das, wenn das Boot am Steg liegt, und probieren Sie, bis zu welcher Entfernung Sie eine Klampe erreichen können.

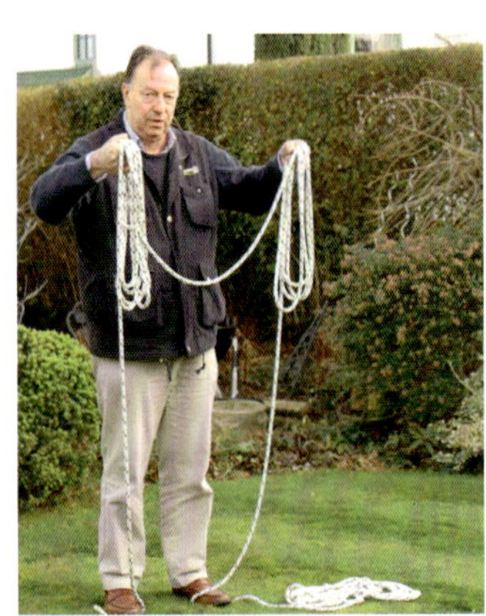

▶ Leine in kurzen Buchten aufgeschossen.

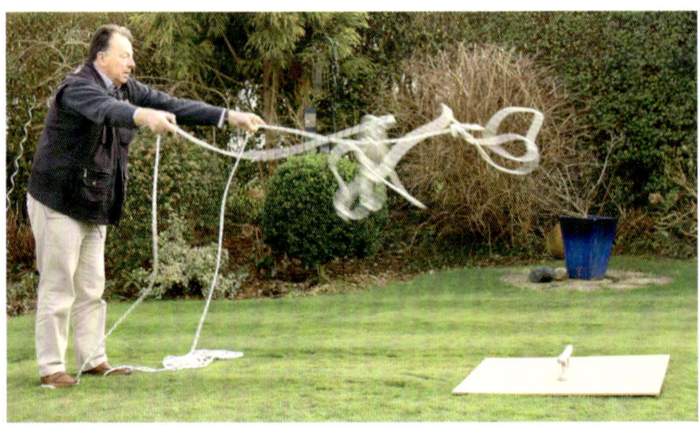

▲ Aus dem Handgelenk hoch und weit werfen.

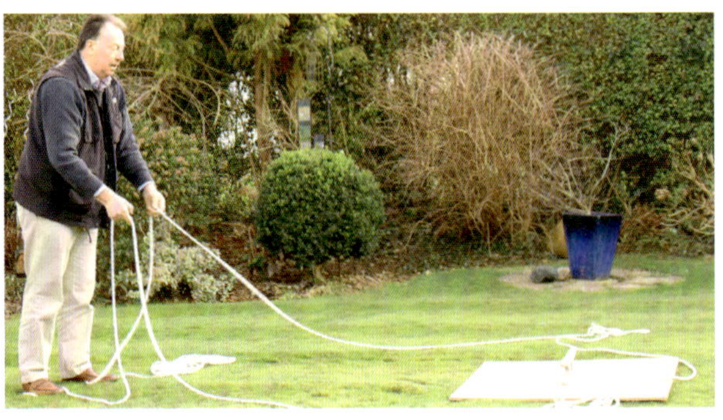

▲ Die Leine liegt hinter der Klampe.

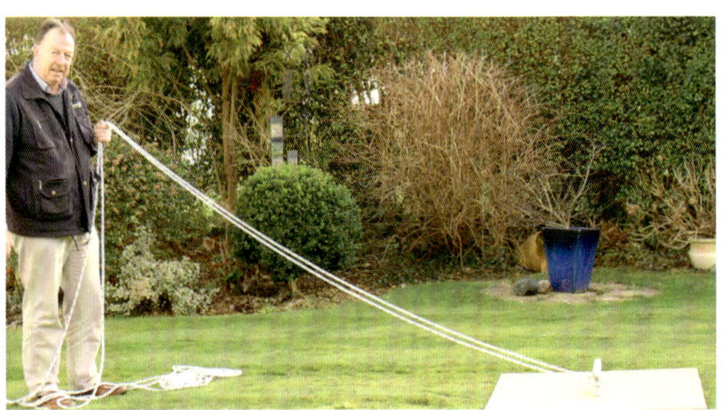

▲ Meine Trockenübung im Grünen mag etwas albern wirken, aber so ist ein guter Lasso-Werfer aus mir geworden.

Eine Leine werfen

Meiner Erfahrung nach klappt es selten beim ersten Mal, jemandem eine Leine zuzuwerfen. Sie landet meist im Wasser, und beim zweiten Wurf klappt es dann immer. Warum ist das so? Weil die Leine beim zweiten Wurf nass ist. Durch das größere Gewicht kann man sie weiter werfen. Eine Lösung schon beim ersten Wurf erfolgreich zu sein, ist, weit über das Ziel hinaus zu werfen, dann erreicht man es auch sicher.

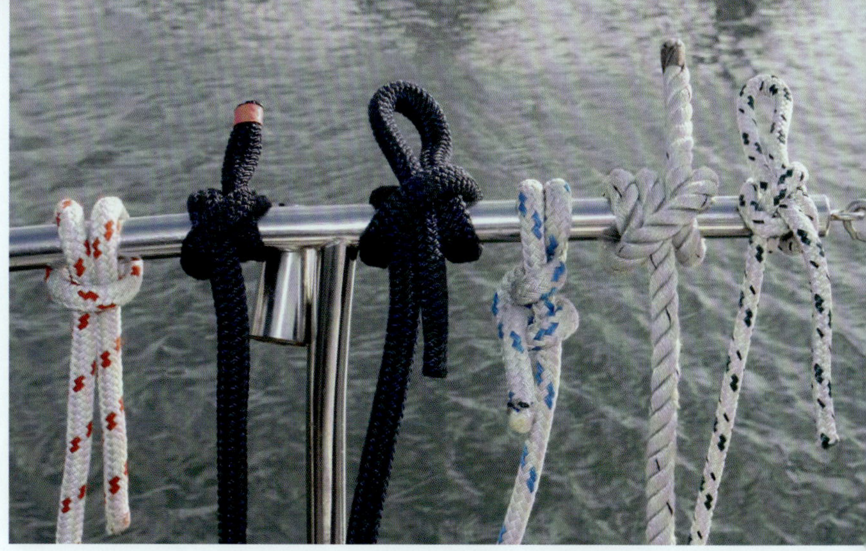

Hier sind einige der Knoten in der Gegenüberstellung: Kuhstek, Webleinstek, Webleinstek auf Slip, Rundtörn mit zwei halben Schlägen, Stopperstek und Straßenräuberstek.

Knoten

Einige Knoten muss man beherrschen. Im Internet findet man brillante Videos und Animationen über alle möglichen Knoten. Ich beschreibe hier nur die, die ich bevorzuge, oder für die ich einen praktischen Trick kenne, um sie sich zu merken.

- **Wichtige Seemannsknoten**
  Palstek
  Webleinstek
  Stopperstek
  Einfacher und doppelter Schotstek
  Doppelter Spierenstich
  Rundtörn mit zwei halben Schlägen
  Kuhstek
  Slipknoten
  Achtknoten
  Schauermannsknoten
- **Einige praktische Knoten der Kletterer**
  Doppelter Achtknoten
  Prusik-Knoten
  Klemheist-Knoten
- **Der beste Knoten der Welt und mein Lieblingsknoten**
  Straßenräuberstek
- **Ein Trickknoten, um ein bisschen anzugeben**
  Eilige Anglerschlaufe

Der Palstek

Der Palstek ist der wohl am häufigsten verwendete Knoten beim Segeln. Er bildet ein festes Auge am Ende einer Leine, das sich nicht zu sehr bekneift und auch nach großer Belastung gut zu lösen ist, indem man die Rückseite des Knotens umbiegt. Ohne Last kann er durch Hin- und Herschlagen von allein aufgehen. Der Palstek kann für unzählige Aufgaben dienen, vom Anschlagen der Schoten bis zum Befestigen eines Tampens an der Pütz. Ganz streng genommen heißt es, dass der Palstek nicht für Festmacher verwendet werden soll, weil er unter Last nicht lösbar ist. Das stimmt zwar, aber solange das andere Ende des Festmachers unter Last lösbar ist, sehe ich kein Problem mit einem Palstek an einem Ende.

Der Webleinstek

Mit dem Webleinstek hängt man die Fender an die Reling, ich lege ihn dazu auf Slip. So kann man ihn mit einem Ruck lösen, was für Einhandsegler oder kleine Crews äußerst praktisch ist. Ich nehme die Fender ab, sobald sie nicht mehr gebraucht werden. Das ist seemännisch, und wenn ich allein an Bord und in einem engen Fahrwasser bin, übergebe ich das Steuer kurz an George, meinen Autopilot, steige an Deck und hole die Fender rein. Sie sollen nicht länger als unbedingt nötig an der Reling hängen, deshalb der Webleinstek auf Slip. Mit einem normalen Webleinstek würde ich ungleich länger brauchen.

Palstek

Wer sich die Geschichte von der Schlange, dem See und dem Baum merken kann, ist im Geschäft. Allerdings kommt es darauf an, wie man den See macht.

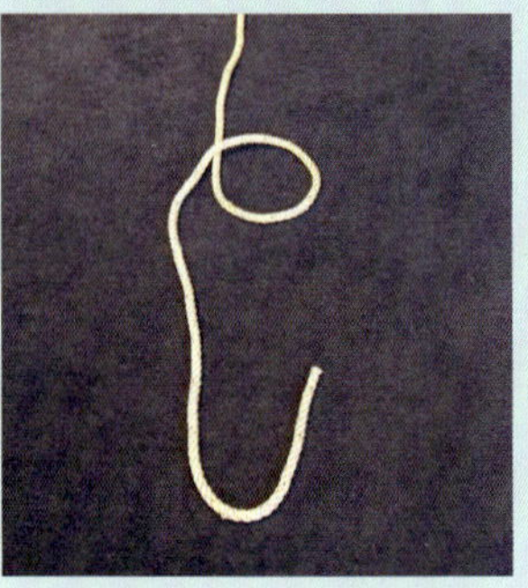

Bilden Sie mit dem Ende der Leine die Form einer »6« und somit den See.

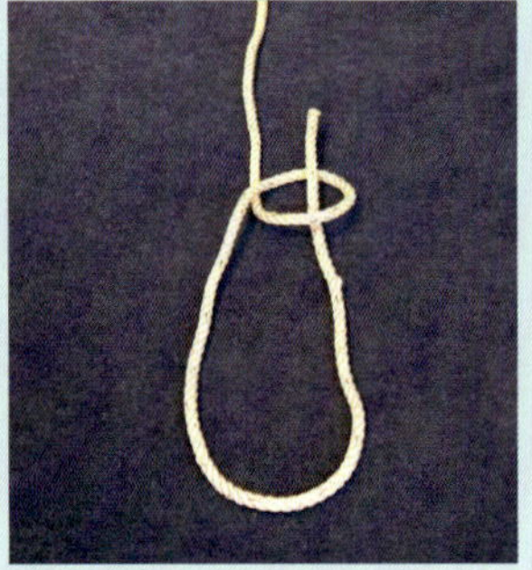

Führen Sie dann das lose Ende, die Schlange, von unten durch den See nach oben.

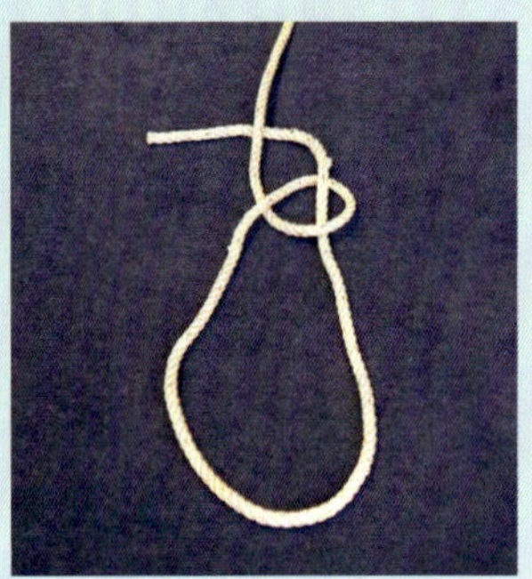

Führen Sie das lose Ende um die stehende Part, den Baum, herum ...

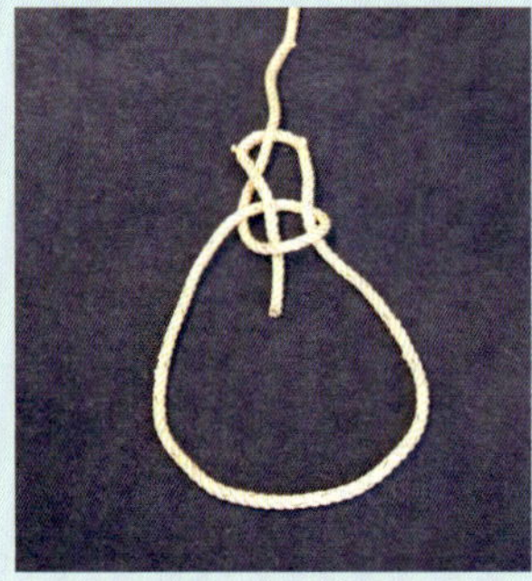

... und wieder in den See hinein. Ziehen Sie an allen drei Parten fest, fertig ist der Palstek.

Webleinstek über ein Objekt gelegt

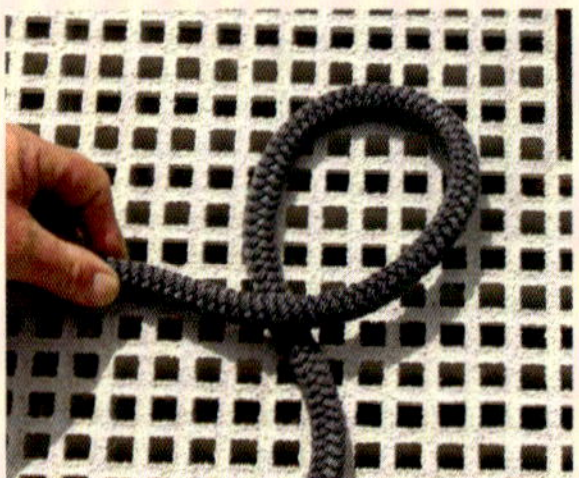

Legen Sie zwei Augen in die Leine. Für das erste wird die Leine gegen den Uhrzeigersinn verdreht.

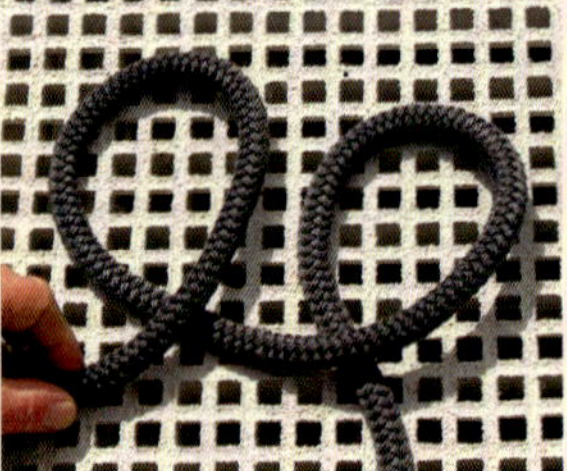

Verdrehen Sie die Leine noch einmal gegen den Uhrzeigersinn, um das zweite Auge zu bilden.

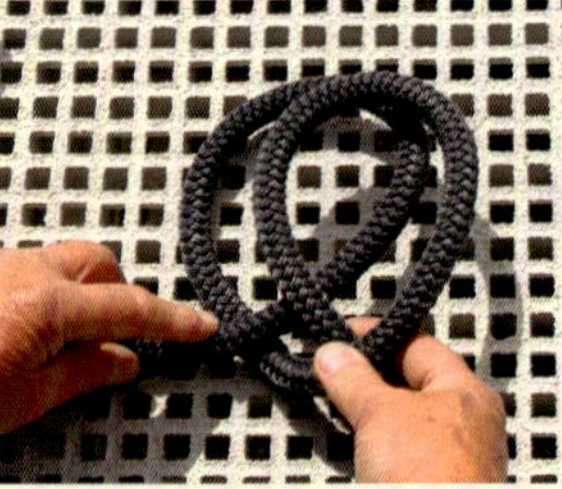

Schieben Sie das zweite Auge über das erste.

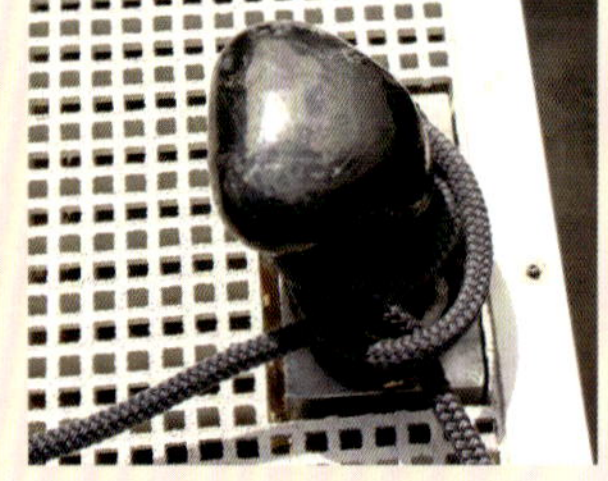

Beide Augen werden nun über das Objekt gelegt und festgezogen.

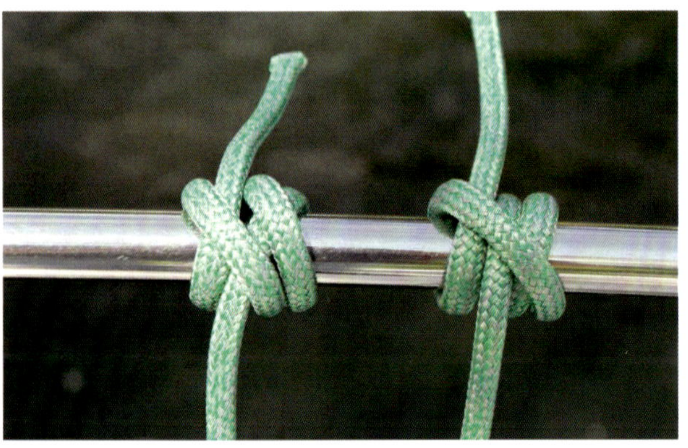

Links Stopperstek, rechts Rollstek.

Stopperstek und Rollstek

Beides sind Knoten, die sich eng zusammenziehen. Damit kann ein Überläufer von einer Winsch gelöst oder ein Stropp an einer Ankerkette angeschlagen werden. Der Stopperstek bekneift sich stärker, da die zweite Umwicklung über die erste Umwicklung kreuzt. Beim Rollstek liegen die Wicklungen dagegen parallel.

Schotstek, einfach und doppelt

Mit dem Schotstek werden Leinen unterschiedlichen Durchmessers verbunden. Ich verwende immer den doppelten Schotstek, der im Gegensatz zum einfachen Schotstek auch bei Entlastung nicht aufgehen kann.

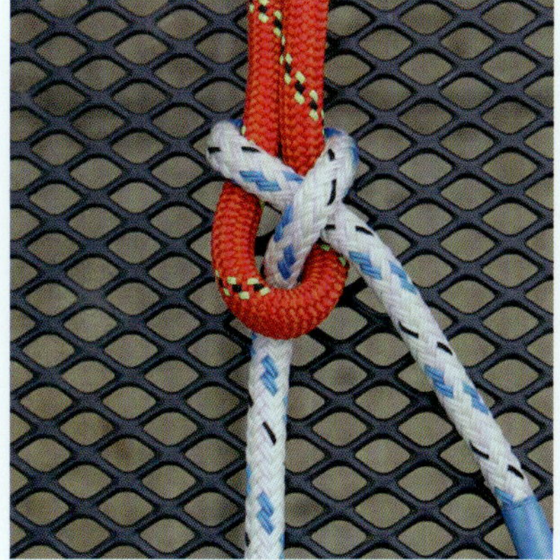

Einfacher Schotstek

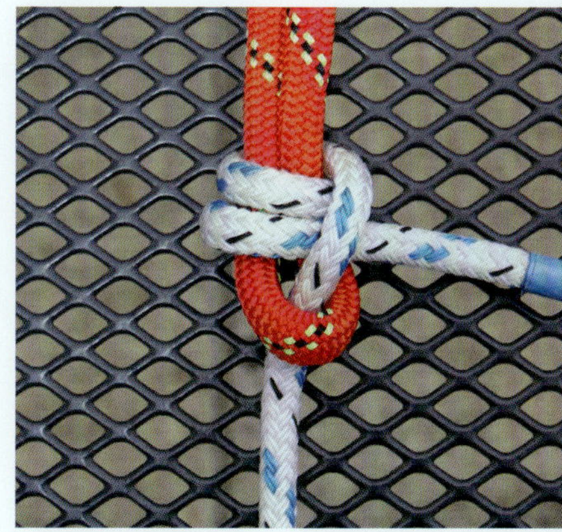

Doppelter Schotstek

Doppelter Spierenstich

Das ist ein sehr guter Knoten zum Verbinden zweier Leinen oder um feste Schlaufen herzustellen.

Rundtörn mit zwei halben Schlägen

Dieser Knoten ist gut für Festmacher geeignet, da er unter Spannung hält. Auch Fender lassen sich damit an den Relingsstützen festmachen. Macht man sie am Relingsfuß fest, hält das Gewicht des Fenders das Ende des Knotens unter Spannung. Das ist besonders an Liegeplätzen mit viel Schwell von Vorteil.

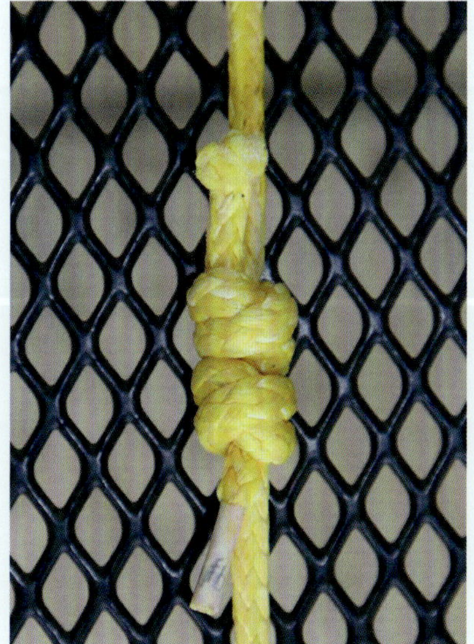

Doppelter Spierenstich

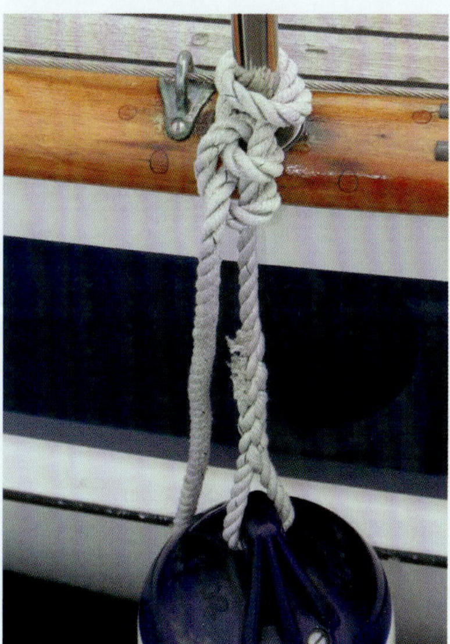

Rundtörn mit zwei halben Schlägen, um einen Fender zu befestigen.

Kuhstek

Ein sehr hübscher Knoten, aber das ist auch schon alles, denn er kann nachgeben. Ich hänge damit nasse Leinen auf, um klar Schiff zu machen, aber ich habe ihn auch schon zum Anschlagen der Vorsegelschot in Gebrauch gesehen, ohne dass er nachgab. Auch da sah er sehr schön aus.

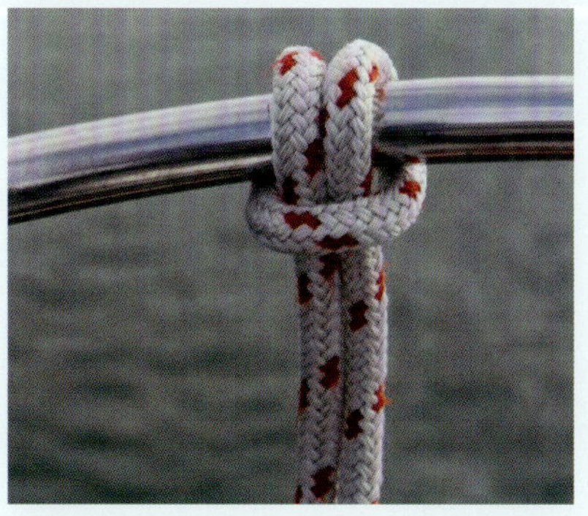

Kuhstek

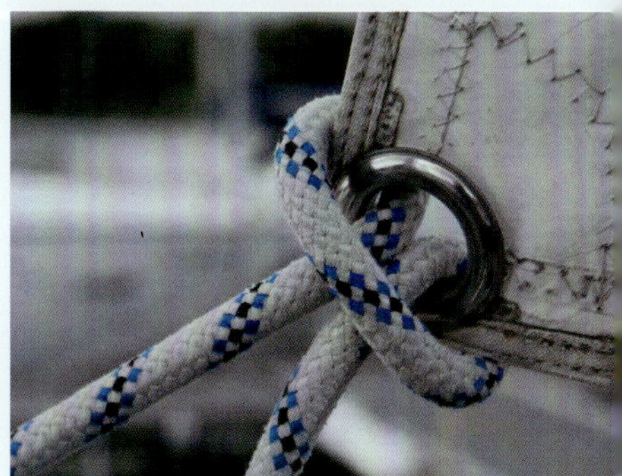

Kuhstek zum Anschlagen der Fockschot am Segel

Slipknoten

Es gibt zwei Methoden, einen Slipknoten zu bilden. Die erste ist die klassische, bei der zweiten kann man mit etwas Übung aus dem Slipknoten einen Palstek zaubern.

Achtknoten

Als Stopperknoten nur für Vor- und Großsegelschot. Man sollte keine Stopperknoten in die Schoten und Fallen von Spinnaker oder Gennaker machen, denn bei diesen zugstarken Segeln könnte der Fall eintreten, dass man sie komplett loswerfen muss, und dann sollen die Schoten und Fallen durch die Blöcke ausrauschen können.

Schauermannsknoten

Dieser Knoten ähnelt dem Achtknoten. Man beginnt ihn mit einem Rundtörn um die stehende Part. Er kann allerdings manchmal nur schwer lösbar sein.

Doppelter Achtknoten

Dieser Sicherheitsknoten kann am Bootsmannstuhl angeschlagen werden, wenn jemand in den Mast muss. Anstatt den Schnappschäkel des Spifalls am Bootsmannstuhl einzupicken, sollte man einen doppelten Achtknoten stecken, denn er ist wesentlich sicherer. Der Schnappschäkel kann an anderer Stelle am Bootsmannstuhl zur zusätzlichen Absicherung festgemacht werden.

▲ *Slipknoten*

Scannen Sie diesen QR-Code, um ein Video über folgende wichtige Seemannsknoten zu sehen: Palstek, Webleinstek um ein Stange gesteckt, Webleinstek über ein Objekt gelegt, Stopperstek, Schotsek, doppelter Schotstek, doppelter Spierenstich, Rundtörn mit zwei halben Schlägen, Kuhstek, Slipknoten erste Methode, Slipknoten zweite Methode zu Palstek, Achtknoten und Schauermannsknoten.

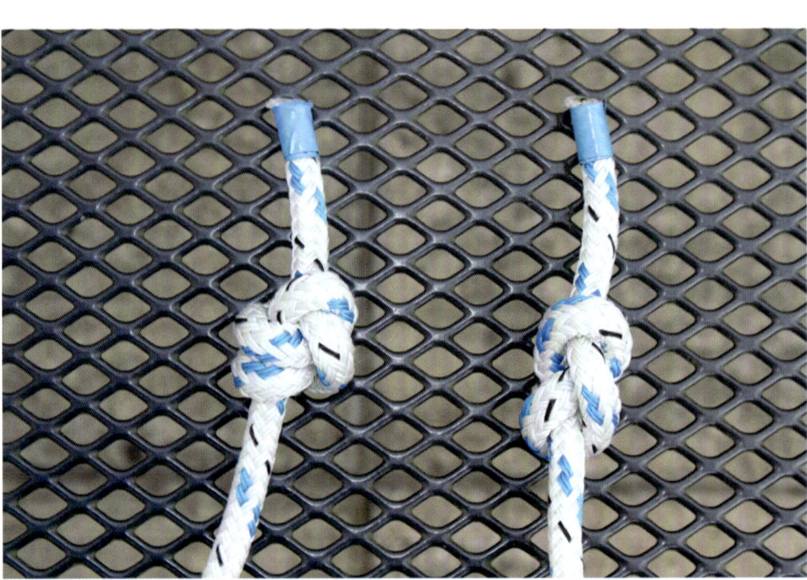

▲ *Links ein Schauermannsknoten, rechts ein Achtknoten*

Prusik-Knoten

Das ist ein Klemmknoten, der sich fest um einen Gegenstand herum zuzieht. Probieren Sie ihn am Wantendraht aus: Nehmen Sie dazu ein paar Meter Leine, und verbinden Sie die Enden zu einer Schlaufe. Führen Sie die Schlaufe mit einer Bucht hinter das Want, und stecken Sie das andere Ende der Schlaufe durch die Bucht. Machen Sie noch drei weitere Umwicklungen, und ziehen Sie den Prusik-Knoten fest. Unter Spannung hält der Knoten sowohl nach oben als auch nach unten und bekneift sich. Ohne Spannung kann der Knoten auf dem Wantendraht verschoben werden. Ein nützlicher Knoten, um eine Leine an einer glatten Stange festzumachen.

▶ *Prusik-Knoten*

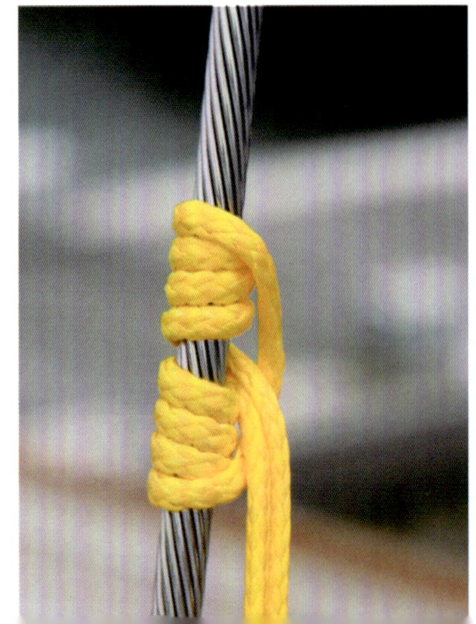

Doppelter Achtknoten am Bootsmannstuhl

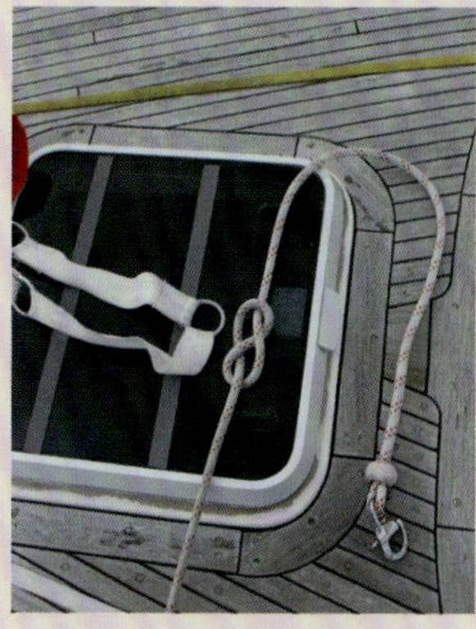

Machen Sie einen Achtknoten, und lassen Sie das Ende der Leine lang.

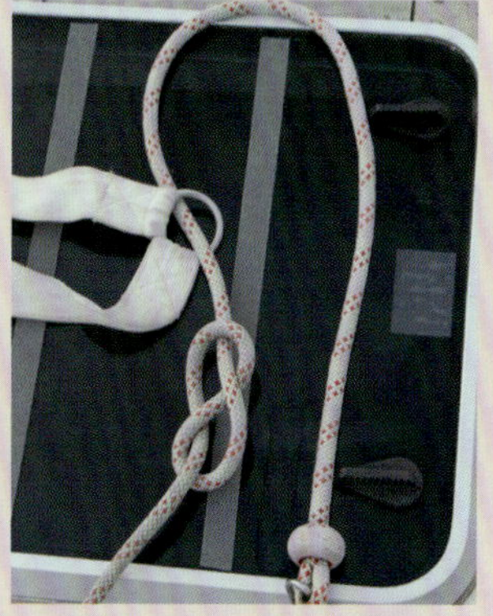

Führen Sie das Ende durch den Befestigungsring am Bootsmannstuhl und zurück zum Achtknoten.

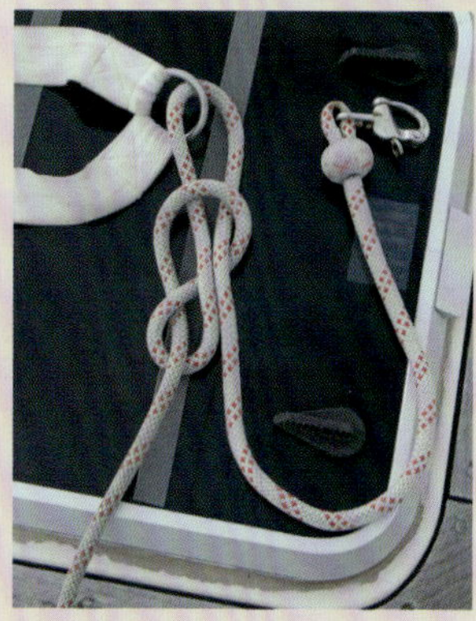

Beginnen Sie, das Ende durch den Achtknoten zurückzuführen, und verdoppeln Sie den Knoten dadurch.

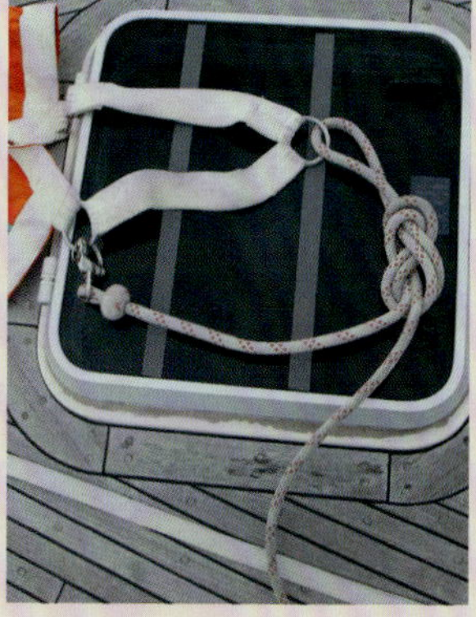

Der fertige doppelte Achtknoten. Als zusätzliche Absicherung ist der Schnappschäkel an einer anderen Stelle am Bootsmannstuhl eingepickt.

Scannen Sie diesen QR-Code, um ein Video über den doppelten Achtknoten zu sehen.

Scannen Sie diesen QR-Code, um eine Video über den Prusik- und den Klemheist-Knoten zu sehen.

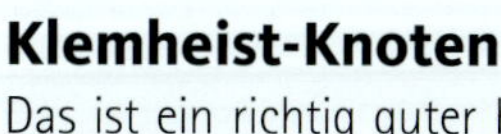

Klemheist-Knoten

Das ist ein richtig guter Klemmknoten, der zuverlässig hält, wenn er unter Last gesetzt wird und bei Entlastung mühelos verschoben werden kann. Er wird ebenfalls mit einer festen Schlaufe gebildet, die man von oben nach unten fünfmal um das Want wickelt. Stecken Sie das untere Ende der Schlaufe durch die obere Bucht der Schlaufe. Achten Sie darauf, dass sich die Wicklungen nicht überkreuzen. Ziehen Sie den Knoten nach unten fest, sodass er sich am Wantendraht bekneift.

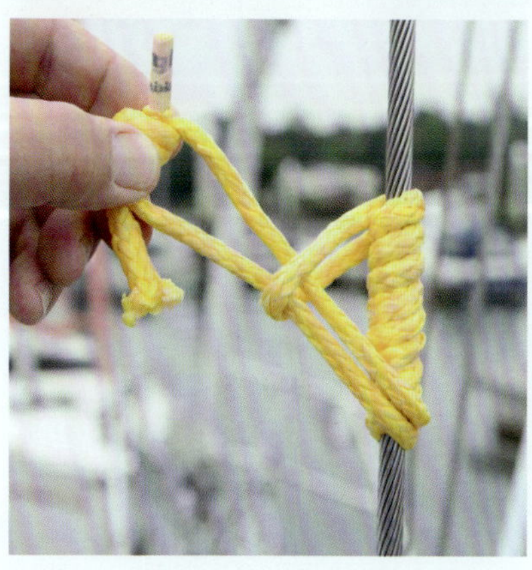

▲ Wickeln Sie die Schlaufe fünfmal von oben nach unten um das Want, und stecken Sie das Ende durch die obere Bucht.

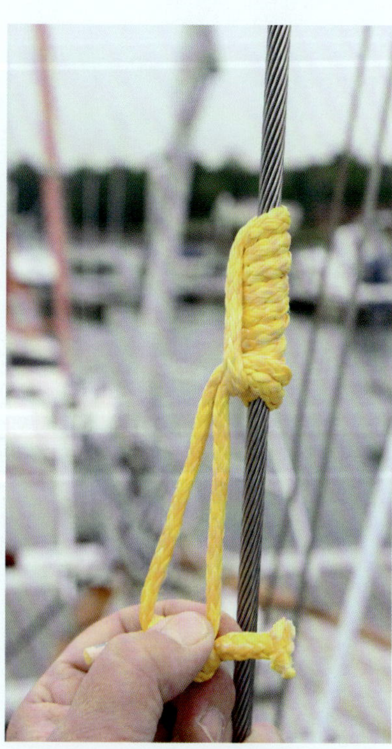

▲ Ziehen Sie die Wicklungen eng um das Want und das Ende der Schlaufe nach unten – fertig ist der Klemheist-Knoten.

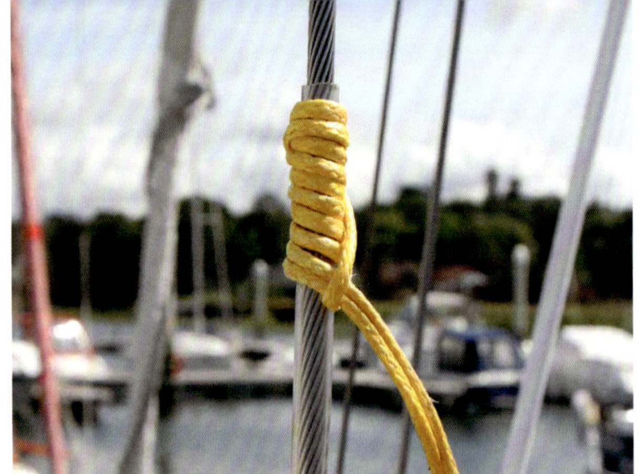

Mit einer PVC-Ummantelung am Want hat der Knoten eine gleichförmige Auflagefläche, um sich festzuklemmen.

Klemmknoten wie Prusik- und Klemheist-Knoten halten an glatten wie an rauen Oberflächen. An den gedrehten Litzen eines Drahtseils können sie jedoch verrutschen, wenn die Last langsam einsetzt, bei abrupter Belastung klemmen sie sich fest. Ich verwende ein Stück PVC-Ummantelung am Wantendraht, um dem Knoten eine glatte, gleichmäßige Oberfläche zu bieten und ein Verrutschen zu verhindern.

Straßenräuberstek

Dieser Knoten ist ideal, um eine Leine oder einen Gegenstand wie einen Fender sicher festzumachen und dennoch blitzschnell lösen zu können. Das Raffinierte am Straßenräuberstek ist, dass die Leine nicht in ihrer ganzen Länge um den Gegenstand herum abgezogen werden muss. Der Knoten wirkt unscheinbar, ist aber so praktisch, dass ich ihn ständig verwende.

Der Name des Knotens stammt aus Zeiten, als man noch zu Pferd unterwegs war. Ich sage immer: Wenn man eine Bank ausrauben wollte, müsste man sein Pferd draußen vor der Bank sicher festmachen, kommt man aber mit der Beute herausgerannt, hat man keine Zeit einen Webleinstek oder einen Rundtörn mit zwei halben Schlägen zu lösen. Da braucht man den Straßenräuberstek, der mit einem kurzen Ruck zu lösen ist. Wie sicher hält dieser Knoten? Meine Dicke Bertha, das ist der große Fender, den ich immer in Bereitschaft habe, wenn ich über den Ärmelkanal segele, hat sich damit zumindest noch nie über Bord verabschiedet.

Straßenräuberstek

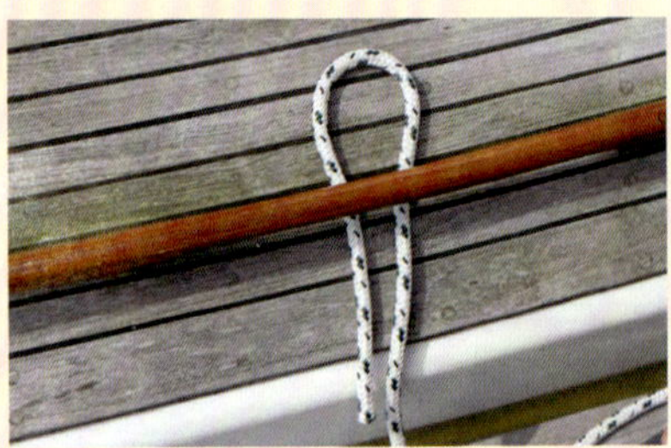

Führen Sie die Leine mit einer Bucht unter dem Befestigungspunkt durch.

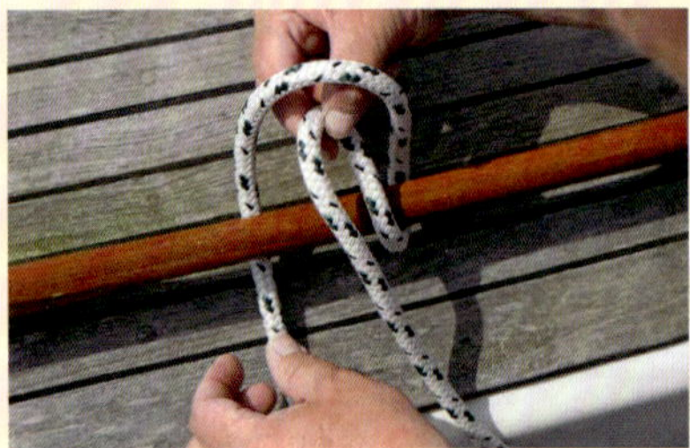

Greifen Sie durch die Bucht und nehmen Sie die stehende Part.

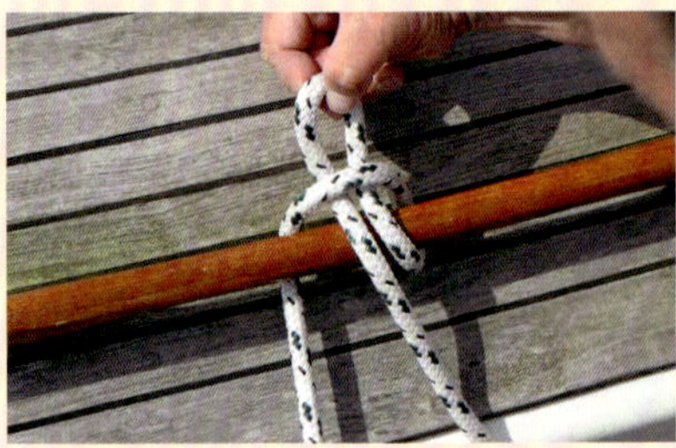

Ziehen Sie die stehende Part durch die Bucht und ziehen Sie das lose Ende stramm.

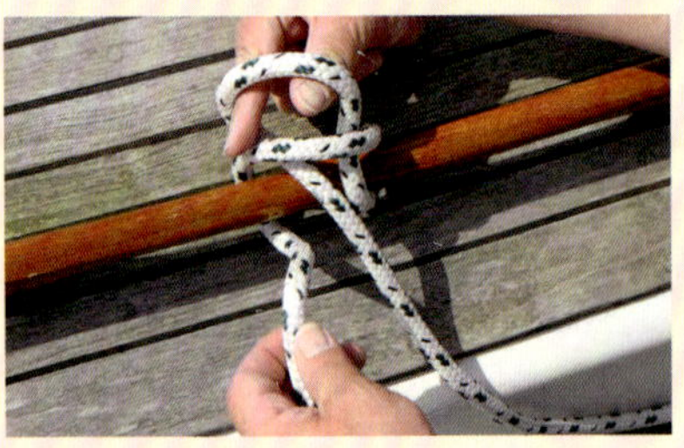

Greifen Sie durch die neu entstandene Bucht.

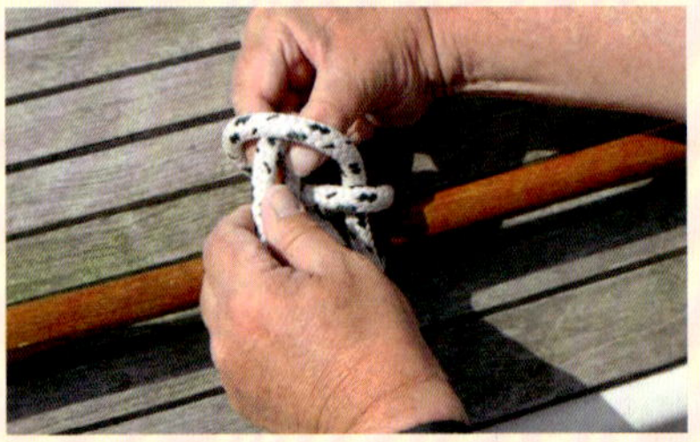

Nehmen Sie das lose Ende, ziehen Sie es wiederum als Bucht durch die Bucht, und ziehen Sie an der stehenden Part fest.

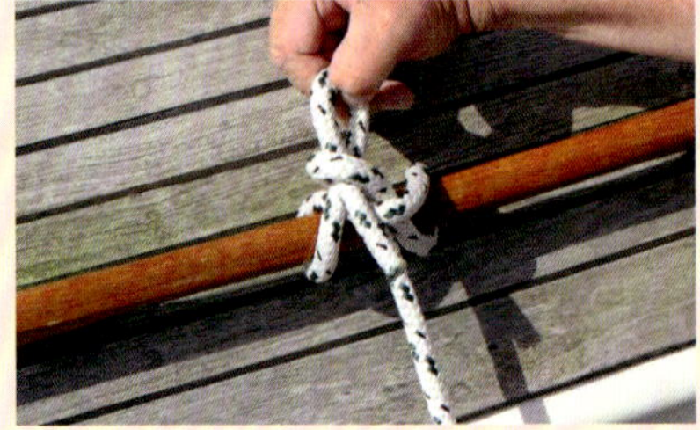

Das »Pferd« ist nun sicher fest, aber ein kurzer Ruck am losen Ende genügt – und schon ist der Knoten wieder gelöst!

Ich verwende den Straßenräuberstek sogar beim Eindampfen in eine Spring. Wer alles ganz streng nach den alten Regeln macht, bekommt dabei wahrscheinlich einen Herzinfarkt, aber mir hat es schon aus der Not geholfen.

Scannen Sie diesen QR-Code, um ein Video über den Straßenräuberstek zu sehen.

Eilige Anglerschlaufe

Eine schnelle Wurfbewegung genügt, und schon hat man mit diesem Knoten eine feste Schlaufe am Ende einer Leine gemacht. Es entsteht zwar kein Palstek, aber der Knoten sieht ähnlich aus. Sehen Sie sich das Video an, und beeindrucken sie Ihre Crew.

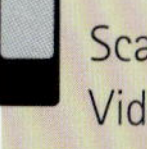

Scannen Sie diesen QR-Code, um ein Video über die Eilige Anglerschlaufe zu sehen.

Kreuzknoten / Diebesknoten

Der Kreuzknoten wird an Bord kaum gebraucht. Ich verwende ihn lediglich, um den Anker an der seitlichen Führung der Bugrolle festzubinden. Wussten Sie aber, dass es einen Knoten gibt, der dem Kreuzknoten zum Verwechseln ähnlich sieht? Das ist der Diebesknoten, mit dem man sein Hab und Gut verschnüren kann. Sollte ihn jemand öffnen, um heimlich etwas zu entwenden, wird er anschließend einen Kreuzknoten machen und denken, alles sehe so aus wie zuvor. Man kann aber erkennen, dass sich jemand an den eigenen Sachen zu schaffen machte. Ich habe das bei meinem letzten Flug nach Korfu ausprobiert und die Griffe meiner Reisetasche verschnürt. Ich bekam sie samt intaktem Diebesknoten wieder – wer muss heute schon eine Tasche öffnen, wenn sie durchleuchtet werden kann?

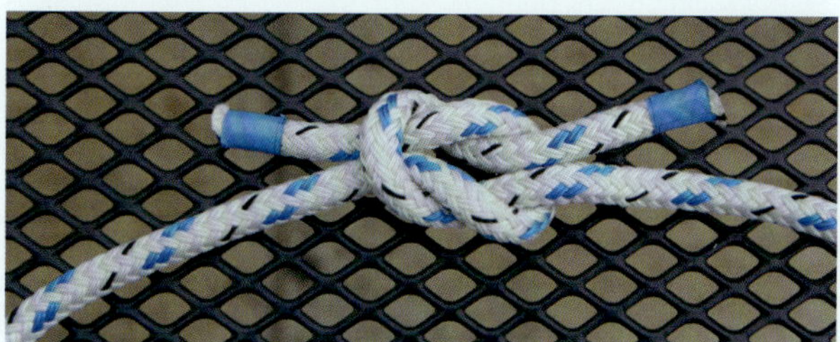

Der Kreuzknoten hat beide Enden auf der gleichen Seite.

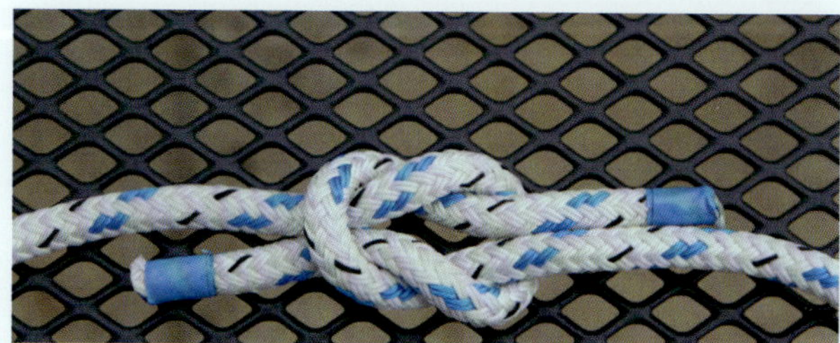

Beim Diebesknoten treten die Enden an gegenüberliegenden Seiten aus.

Bootshaken

Wie man einen Bootshaken verwendet, erscheint selbsterklärend, aber einige Punkte möchte ich dennoch ansprechen. Erstens dient der Bootshaken nur dazu, Gegenstände aus dem Wasser zu fischen und nicht etwas als Mittel zur Kollisionsvermeidung. Ein stabiler Bootshaken mit Metallspitze und starkem Holzstiel bohrt sich durch das dünne GFK moderner Boote, wenn er als Lanze eingesetzt wird. Zum Glück haben moderne Bootshaken eine Spitze aus Plastik und einen Stiel aus dünnem Aluminium. Sie brechen, bevor sie GFK durchdringen können. Halten Sie bei einem unausweichlichen Aufprall besser einen Fender über Bord, als zu versuchen, sich mit einem Bootshaken abzuhalten. Der zweite Punkt ist, dass man beim Aufholen einer Leine oder einer Boje mit dem Bootshaken über das Objekt hinaus langt und es dann mit dem zu sich gerichteten Haken heran und nach oben zieht, damit es sicher klappt. Hält man den Bootshaken dagegen so, dass der Haken nach außen zeigt und man unter den Gegenstand greift, bekommt man ihn nicht immer zu fassen. Wenn doch, kann man leicht den Bootshaken beim Aufholen schwerer Gegenstände verbiegen.

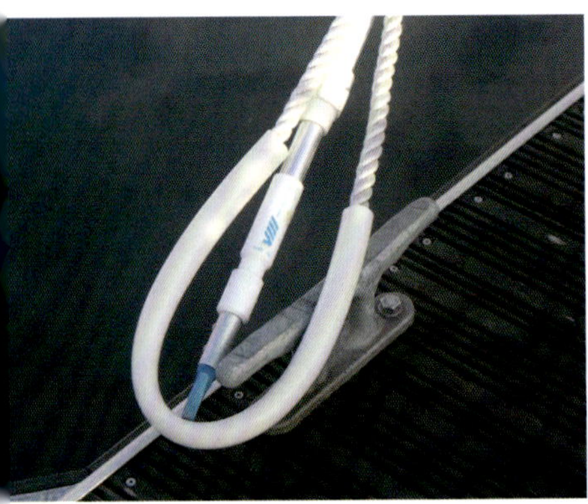

▲ Auch eine Bucht oder ein Auge mit Schamfilschutz kann per Bootshaken ausgebracht werden.

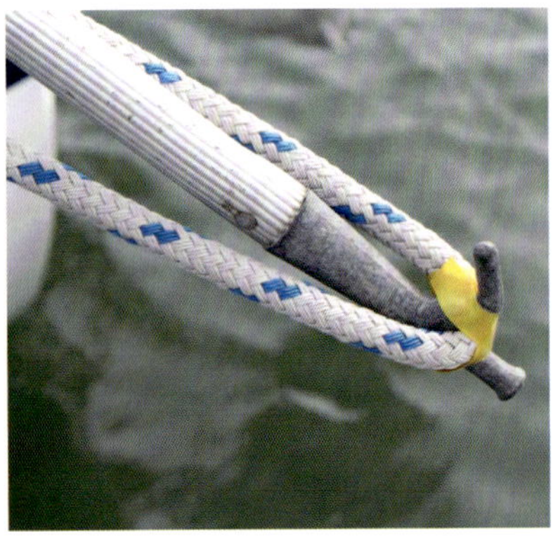

▲ Damit die Leine nicht vom Bootshaken abrutschen kann, ist sie mit Isolierband fixiert.

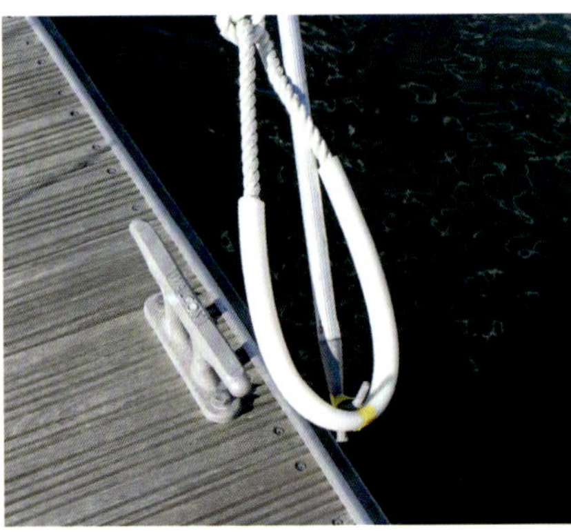

▲ Der Trick mit dem Klebeband funktioniert selbst dann, wenn die Leine einen Schlauch als Schamfilschutz hat.

Mit einem Bootshaken kann man auch einen Festmacher zu einer Klampe ausbringen. Man sollte das aber nicht übertreiben, denn hält man den Bootshaken mit ausgestrecktem Arm, hat man kaum noch Kontrolle über ihn. Verwenden Sie den Bootshaken, wenn die Klampe circa eineinhalb Meter entfernt ist. Damit die Leine nicht von der Spitze des Bootshakens abfällt, kann sie mit etwas Isolierband fixiert werden.

Sobald der Festmacher über der Klampe liegt, zieht man den Bootshaken ruckartig zurück, und das Klebeband reißt. Eine Umwicklung Klebeband genügt bei diesem Manöver völlig: Befestigen Sie die Leine nicht zu gut, sonst lässt sich der Bootshaken nicht lösen. Das macht in diesem Fall allerdings nicht viel, denn man ist ja am Steg fest und kann den Bootshaken auch später ohne Probleme abnehmen. Statt mit Klebeband kann man die Leine auch mit ein paar Wicklungen Baumwollschnur fixieren. Gerade bei Yachten mit hohem Freibord ist das Ausbringen der Festmacher mit dem Bootshaken sehr praktisch.

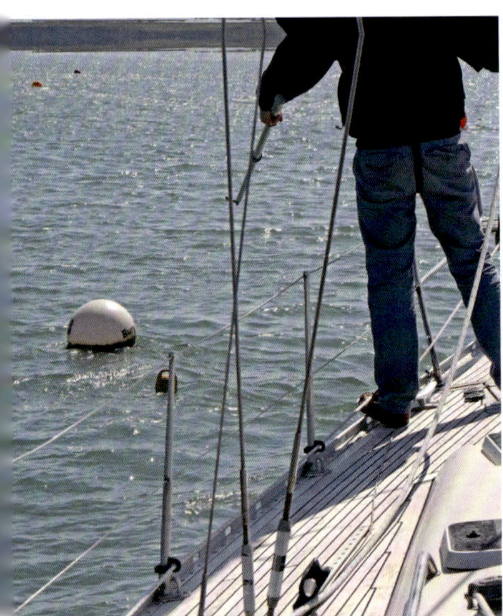

▲ Mit dem Bootshaken kann die Richtung zur Boje deutlich angezeigt werden.

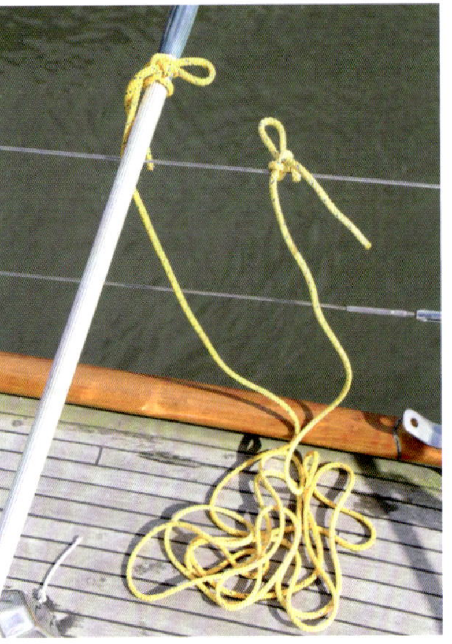

▲ Mit Straßenräuberstek und langer Leine gesicherter Bootshaken, der von Bug bis Heck einsatzklar ist.

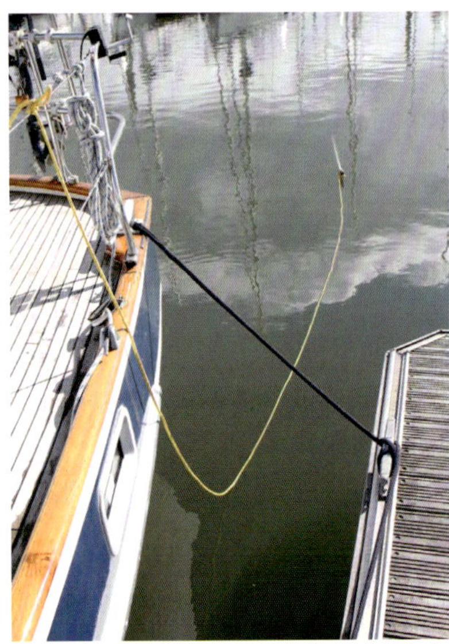

▲ Der Bootshaken ist über Bord gefallen, aber nicht verloren.

Der Bootshaken dient sogar der besseren Verständigung, denn mit ihm kann eine Person am Bug dem Steuermann sehr deutlich die Richtung zu einer Boje weisen. Beim Näherkommen gerät die Boje für den Steuermann außer Sicht, aber mit dem Bootshaken kann direkt auf sie gedeutet werden.

Bei Teleskop-Bootshaken ist darauf zu achten, dass sie schnell verlängert werden können und nicht blockieren. Sich bei einem Mensch-über-Bord-Manöver den Bootshaken zu schnappen und ihn nicht ausfahren zu können, ist mehr als ärgerlich. Silikonfett hält den Bootshaken stets einsatzbereit.

Natürlich sollte man vorbereitet sein, falls der Bootshaken ins Wasser fällt. Mit einem Slipknoten kann man ihn wieder einfangen oder besser, man sichert ihn mit einer Leine, die sowohl an Bord als auch am Bootshaken mit je einem Straßenräuberstek befestigt sein könnte. So wäre die Leine bei einem Notfall schnell lösbar. Zu guter Letzt gilt natürlich auch, dass der Bootshaken jederzeit griffbereit sein muss.

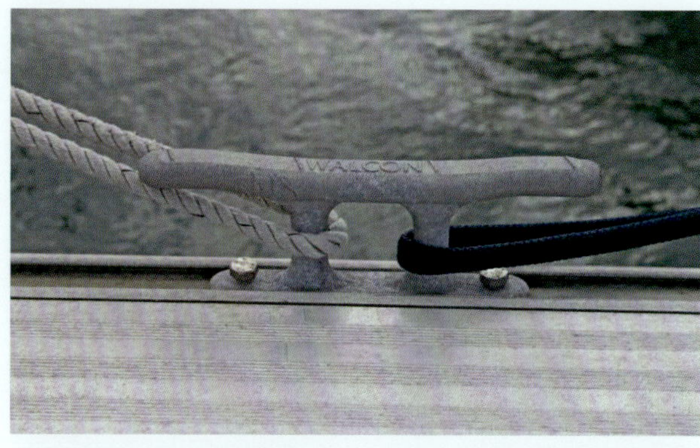

So teilt man sich eine Klampe.

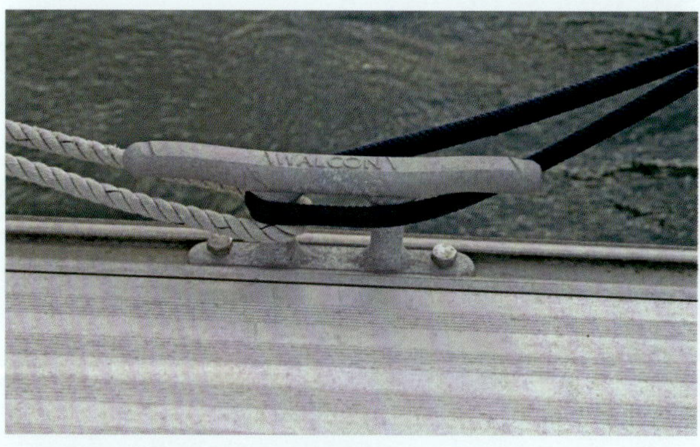

So teilt man sich eine Klampe nicht.

Eine Klampe teilen

Die typische Klampenform bietet drei Befestigungspunkte für eine Leine: den waagrechten Steg und die zwei senkrechten Stützen. Bringt man einen Festmacher vom Bug nach vorn am Steg aus, belegt man ihn so an der Klampe, dass sie auch von anderen noch genutzt werden kann.

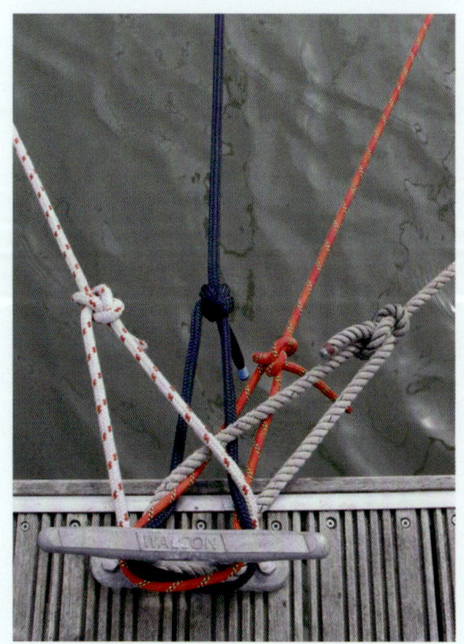

▲ Manchmal muss an einer vielbelegten Klampe noch Platz für den eigenen Festmacher gefunden werden.

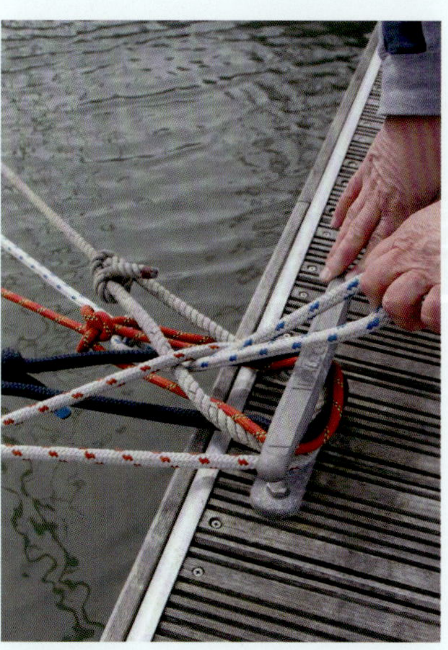

▲ Machen Sie einen Palstek ans Ende ihrer Leine, stecken Sie sie unter den anderen durch und legen Sie sie dann über die Klampe.

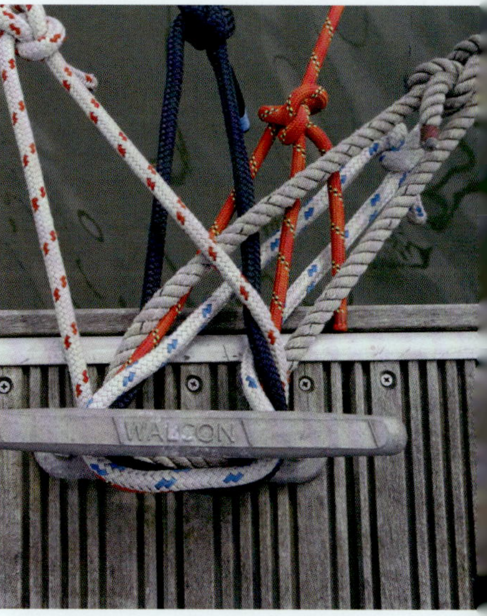

▲ Wer so belegt, gestattet anderen, ihre Festmacher leichter zu lösen.

Lange Landleinen

Liegt man außen im Päckchen und möchte eine lange Landleine zu einer Klampe ausbringen, an der bereits viele andere Festmacher belegt sind, macht man einen Palstek ans Ende der Leine, steckt sie unter allen anderen Leinen durch und legt sie dann über die Klampe. So können die anderen Festmacher leichter abgenommen werden, und jede einzelne Leine bleibt besser bedienbar. Legt jemand weiter innen im Päckchen ab, wird man allerdings so oder so mithelfen müssen.

Seglers Schuhwerk

Wer das erste Mal auf einem Boot mitsegelt, fragt meist ganz besorgt: »Welche Schuhe soll ich anziehen?« Am besten solche, die man nicht verliert und ohne hohe Absätze! Natürlich trug auch ich anfangs ganz schicke Segelschuhe und wechselte später zu den sportlicheren Modellen, die man ordentlich zuschnüren kann. Bald fand ich heraus, dass normale Sportschuhe mindestens ebenso viel Halt an Deck bieten und dass sich deren Sohlen auch nicht gleich in Luft auflösen. Angegriffene oder abgewetzte Sohlen können allerdings gefährlich sein. Der Punkt ist, dass es keine so große Rolle spielt, was man im Bordalltag trägt. Den besten Halt an Deck hat man wahrscheinlich barfuß, und bei Kälte und Nässe braucht man gute Seestiefel.

Tipp

Hält garantiert

Kennen Sie das Problem, dass Schnürsenkel von allein aufgehen? Probieren Sie die folgende Methode, und es wird nie wieder passieren. Gehen Sie dazu zunächst nicht nur einmal, sondern zweimal über Kreuz und machen Sie dann zwei Schlaufen. Jetzt geht es wie bei einem Kreuzknoten: erst die linke Bucht hinter die rechte und unten durch, dann die rechte hinter die linke und unten durch und festziehen. An einem der beiden Enden genügt immer noch ein Zug, um den Knoten zu lösen, aber von allein wird er nicht mehr aufgehen. Diese Methode funktioniert besonders gut bei Schnürsenkeln aus Leder.

Tipp

Mit etwas Lederpolitur lassen sich die Schnürsenkel nicht nur besser festziehen, sondern sie halten auch besser.

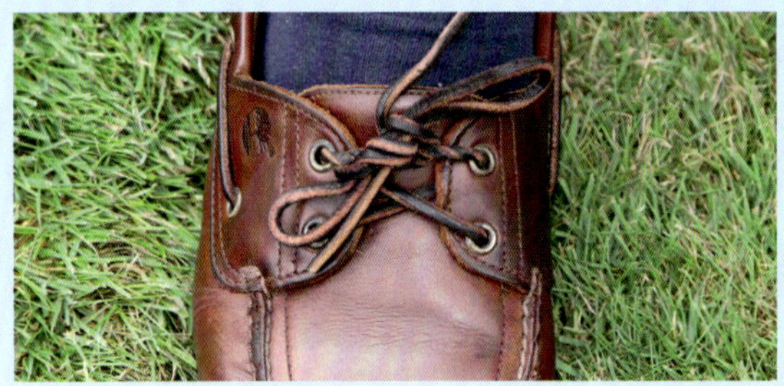

Tipp

Treten Sie an Bord immer leise auf wie eine Katze. Jemand, der mit lautem Poltern im Cockpit landet, zeigt wirklich wenig Verständnis, weder für das Boot noch für die Besatzung unter Deck. Kein Krach an Bord – das ist seemännisch.

Scannen Sie diesen QR-Code, um ein Video über die Schnürsenkel-Methode zu sehen.

Sauberkeit an allen Orten

Den Unterschied zwischen einem Boot, auf dem ich segeln möchte und einem, das ich möglichst schnell verlassen möchte, macht oft die Toilette. Damit bei mir an Bord alles frisch bleibt, lasse ich kein Wasser in der Toilettenschüssel stehen und mische auch nichts bei. Wenn ich in der Naßzelle dusche, wird alles gut abgespritzt und anschließend reinige ich sie mit normalem Badreiniger.

Manche, die es ebenso machen, erzählen, dass nur beim ersten Mal Pumpen immer ein unangenehmer Geruch auftritt. Der stammt von abgestandenem Wasser aus dem Einlassschlauch der Toilette. Ich habe dieses Problem nicht, aber zur Abhilfe schließt man das Einlassventil, pumpt das

Wasser erst aus dem Schlauch in die Schüssel und pumpt dann die Schüssel leer.

Hat sich der Geruch allerdings bereits in den Schläuchen selbst festgesetzt, ist es Zeit, sie zu wechseln. Wer es gewohnt ist, immer etwas Wasser in der Toilettenschüssel zu haben und auf das trockene System umsteigt, wird feststellen, dass die Pumpe anfangs etwas quietscht, doch das gibt sich mit der Zeit, auch ohne Olivenöl, Silikonfett, WD40 oder andere Wundermittel beizumischen.

Ich lege keinen Wert darauf, meine biologischen Hinterlassenschaften weite Strecken zu transportieren, weshalb es bei mir an Bord auch keinen Fäkalientank gibt. Wer aber im Mittelmeer oder in Binnengewässern segelt, wird einen brauchen. Bald werden die Bürokraten darauf bestehen, dass wir alle so ein Ding einbauen. Ich bin jedoch der Meinung, dass ich keinen Fäkalientank brauche. An meinem Liegeplatz mit drei Meter Tidenhub wird alles gründlich genug fortgeschwemmt und das schließlich zweimal am Tag. Innerhalb der Marina müssen ohnehin die sanitären Einrichtungen an Land benutzt werden.

Tipp

Grüne Verfärbungen an Sprayhood und Baumpersenning können sehr gut mit Salz entfernt werden.

Fachbegriffe	
Achterspring	Eine Leine, die verhindert, dass sich das Boot am Liegeplatz nach hinten bewegen kann.
Anschlagen	Einen Gegenstand, z. B. ein Segel, einen Block oder eine Leine festmachen.
Auf Slip legen	Eine Leine um einen Befestigungspunkt herumführen und mit beiden Enden an Bord belegen.
Auge	Beim Binden eines Knotens ein Ring, der durch Überkreuzen der Parten gebildet wird.
Belegen	Mit einer Leine festmachen, z. B. an einer Klampe.
Bucht	U-förmiger Abschnitt in einer Leine, in der sich diese nicht überkreuzt.
Festmacher	Leine, mit der ein Boot am Steg, an einer Mole oder einer Boje vertäut wird.
Lose	Das Durchhängen einer Leine.
Loses Ende	Das Ende einer Leine, das beim Binden eines Knotens verwendet wird.
Schamfilen	Abnutzung und Beschädigung von Tauwerk durch Scheuern oder Reiben.
Stehendes Ende	Das Ende einer Leine, das beim Binden eines Knotens nicht verwendet wird.
Stehende Part	Die gesamte Leine beim Binden eines Knotens außer dem losen Ende.
Vorspring	Eine Leine, die verhindert, dass sich das Boot am Liegeplatz nach vorn bewegen kann.
Warpen	Ein Boot von Bord oder von Land aus mit Leinen (Warpleinen) bewegen.

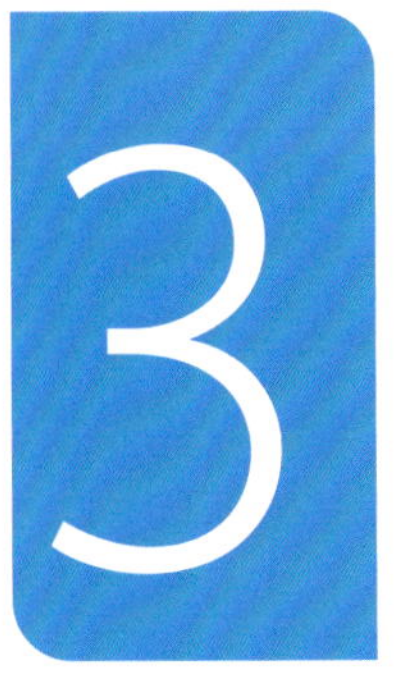

3 Den eigenen Liegeplatz einrichten

Am häufigsten wird man in der eigenen Marina an- und ablegen. Deshalb sollte man sich den Liegeplatz dort so gut und praktisch wie möglich einrichten.

Bei Klampen, Pollern oder Pfosten sind alle Methoden geeignet, bei denen die Lasso-Technik eingesetzt wird.

Bei Bügeln oder Ringen ist es dagegen oft ratsam, eine Leine an diesen Beschlägen dauerhaft festzumachen und diese Leine an einer hohen Stange abzulegen, damit sie beim Anlegen leichter von Bord aus aufgenommen werden kann. Aber eine Leine aufzunehmen und an Bord zu belegen, ist wesentlich einfacher, und man kann zudem direkt in diese Leine eindampfen und so das Boot längsseits halten, ohne überhaupt an Land steigen zu müssen.

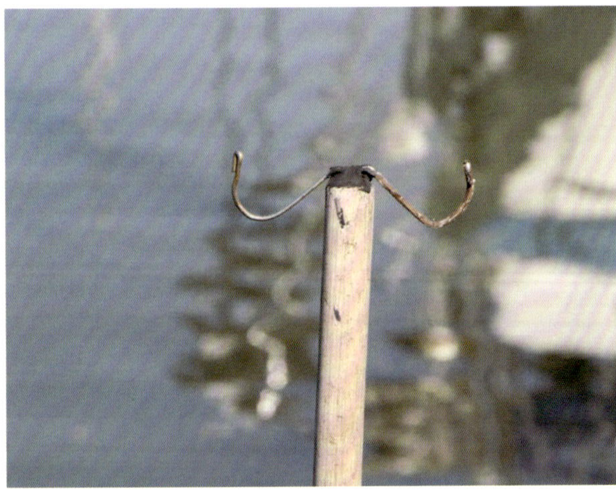

▲ *Diese Leine ist an einer Stange abgelegt und kann leicht von Bord aus aufgenommen werden.*

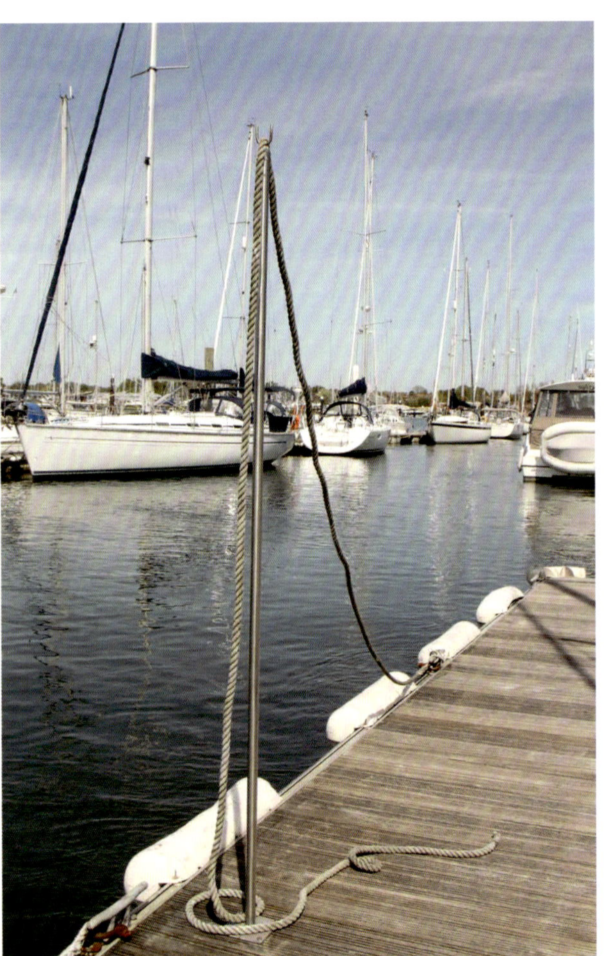

▲ *Stange zum Ablegen einer Leine.*

Festmacher

Warum sollte man die Festmacher nicht gleich in der passenden Länge vorbereiten, wenn man am eigenen Liegeplatz anlegt? Hier wird man immer in der gleichen Position festmachen und kann die Festmacher schon im Vorfeld in der perfekt passenden Länge belegen, um so das Anlegen zu erleichtern. Meine Heckleine ist in passender Länge belegt, meine Bugleine und die Vorspring ebenso. Nur meine Achterspring habe ich so ausgebracht, dass ich sie noch in der Länge verstellen und gegen die Vorspring dichtholen kann, obwohl das kaum nötig ist.

Beim Ablegen vom eigenen Liegeplatz könnte man die angeschlagenen Festmacher auch am Steg zurücklassen, bis man wiederkommt. Ich ziehe es aber vor, die Festmacher an Bord mitzunehmen.

Vorwärts oder rückwärts?

Soll man mit dem Bug oder mit dem Heck voraus anlegen? Bedenken Sie, zu welcher Seite der Radeffekt bei Rückwärtsschub das Heck versetzt. Zudem haben moderne Boote mit Doppelruderanlage den Motorschalthebel oft nur an einer Seite. All diese Überlegungen bestimmen, ob man vorzugsweise mit Backbord oder Steuerbord anlegt.

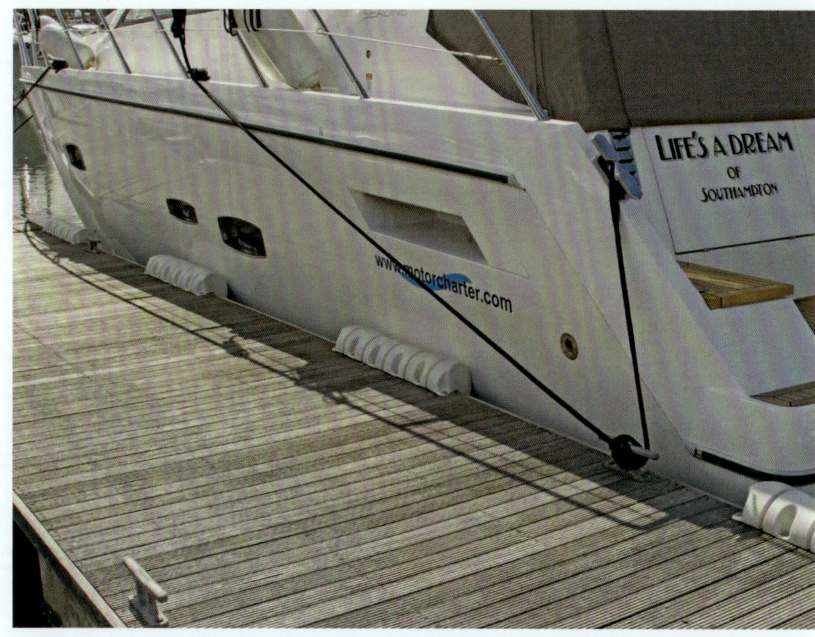

▲ *Nehmen Sie sich an diesem Skipper ein Beispiel, auch wenn es sich hier um ein Motorboot handelt, und rüsten Sie Ihren Liegeplatz mit Stegfendern aus. So brauchen Sie am eigenen Liegeplatz nie wieder Fender auszubringen.*

Beschläge am Steg

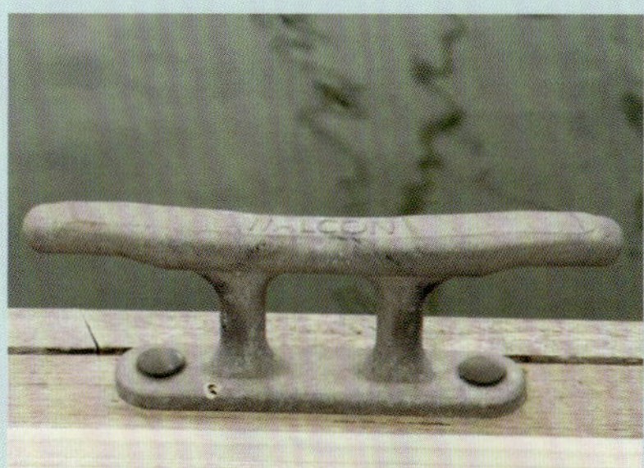

Standard-Klampe.

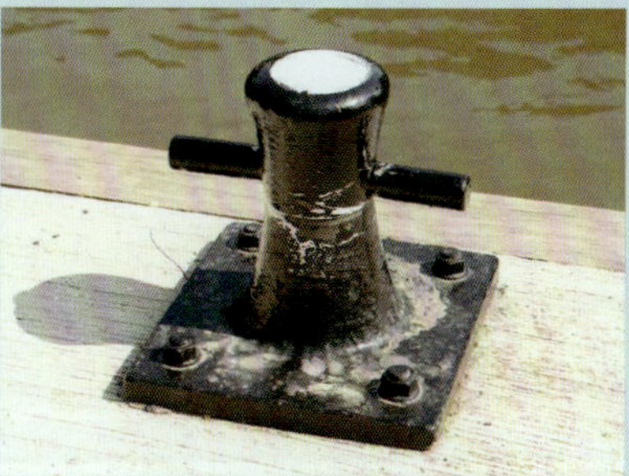

Kreuzpoller.

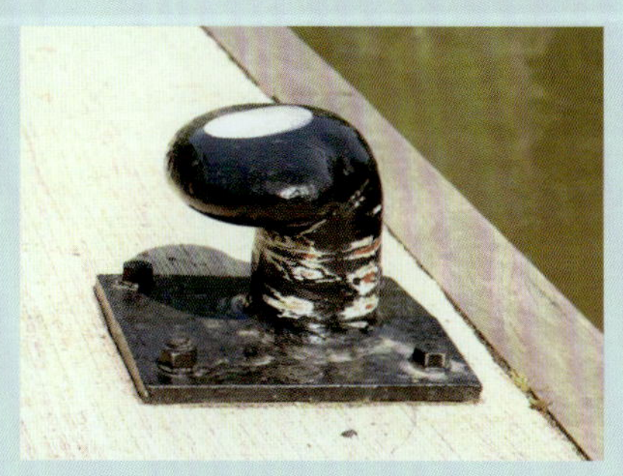

Poller.

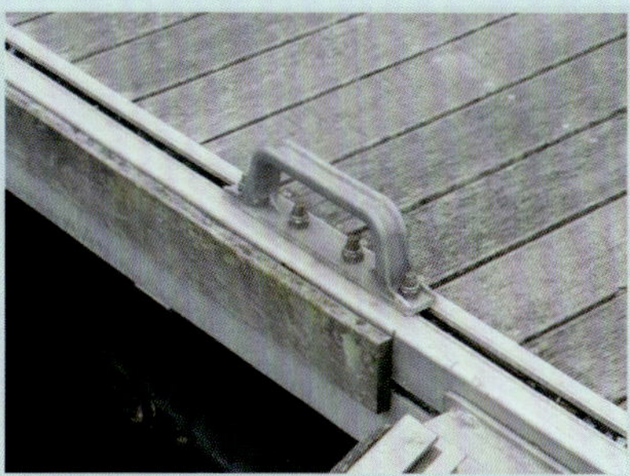

Bügel sind besonders in Frankreich verbreitet und werden dort »taquet d'amarrage cercle« genannt.

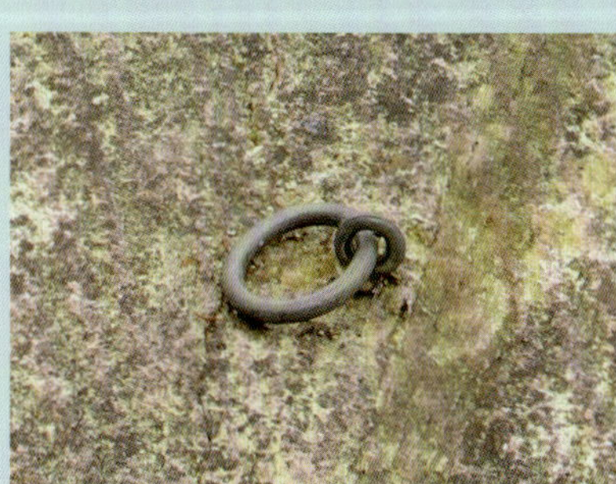

Ring zum Festmachen.

4 Von einem Liegeplatz ablegen

Das ist der Moment, den wir alle, mich eingeschlossen, als den stressigsten empfinden. Noch bevor ich von zu Hause aufbreche, habe ich bereits über der Wetter- und Windvorhersage gebrütet, die Höhe der Gezeit und den zu erwartenden Strom berechnet. Nähere ich mich dann dem Boot, schaue ich auf Bäume und Flaggen, um den tatsächlichen Wind abzuschätzen. Wird mir dieser Wind gnädig sein oder wird er mich auf meinen Stegnachbarn drücken? Was die Tide anstellen wird, kann man vorher wissen und zu seinem Vorteil nutzen, aber beim Wind ist man sich nie ganz sicher. Am Liegeplatz habe ich dann eine ganz gute Vorstellung, aber selbst wenn durch 20 Knoten Wind Unheil droht, kann man auf ein Windloch warten. Lässt der Wind kurz nach, heißt es, die Gelegenheit beim Schopf zu packen.

Der erste Schritt ist also, sich über die vorherrschenden Bedingungen zu informieren und abzuschätzen, was passieren wird, wenn man die Verbindung zum Land kappt.

Wind und Tidenstrom

Am Boot angekommen liest man die Windstärke und die Windrichtung an den Bordinstrumenten und mit einem Blick in den Masttopp ab. Man sollte auch auf Stärke und Richtung des Windes an Deck achten, die von den Werten an der Mastspitze abweichen können. Es ist der Wind an Deck, der uns in erster Linie beeinflussen wird. Ist die Windrichtung schwer erkennbar, muss man nur auf die Möwen auf den Dalben achten. Sie richten den Kopf immer in den Wind.

Ein Blick über Bord wird die Erwartungen über Tidenstand und Strom bestätigen. Ein Blick auf die Festmacher lässt erkennen, welche im Moment wirklich gebraucht werden. Durchhängende Festmacher könnten genauso gut entfernt werden, das Boot würde an Ort und Stelle bleiben. Die meisten Liegeplätze sind in Richtung des Gezeitenstroms ausgerichtet, sodass immer nur eine Spring auf Spannung ist. Das ist die, die einen gegen den Strom oder bei Hoch- und Niedrigwasser gegen den Wind hält. Achterspring auf Spannung? Dann hängt die Vorspring in der Regel durch – und umgekehrt. Es kann aber auch sein, dass einen der Wind in die eine und der Strom in die andere Richtung drückt.

Heben sich beide auf, so können sogar beide Springs durchhängen, genauso wie bei Windstille und gleichzeitigem Hoch- oder Niedrigwasser. Dann fällt das Ablegen besonders

Geschwindigkeit nach Augenmaß berechnen

i

Stoppt man die Zeit, die ein Gegenstand benötigt, um an der Wasseroberfläche vom Bug bis zum Heck zu treiben, kann man auf die Geschwindigkeit des Gegenstandes schließen.
Werfen Sie ein kleines, zusammengeknülltes Stück biologisch abbaubare Küchenrolle am Bug ins Wasser und zählen Sie die

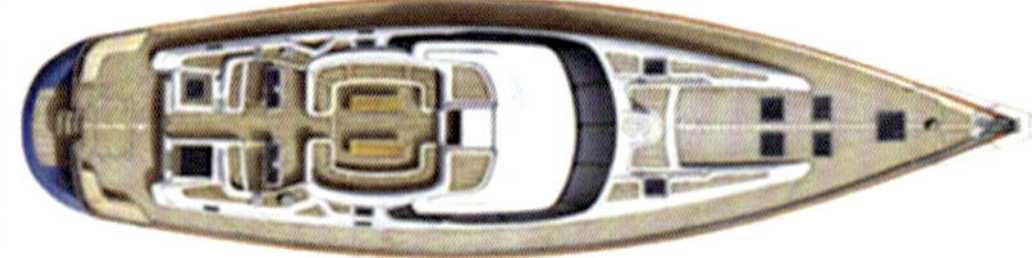

3 × Bootslänge in Fuß

÷ 5 × Zeit genommen in Sekunden
= Geschwindigkeit in Knoten

Sekunden, die es bis zum Heck braucht. Küchenrolle ist gut geeignet, weil sie nur langsam untergeht und im Wasser gut sichtbar bleibt. Kleine Zweige sind ebenfalls brauchbar.
Die Bootslänge in Fuß mal drei, geteilt durch das Fünfache der gezählten Sekunden, ergibt die Bootsgeschwindigkeit in Knoten. Oder die Bootslänge in Meter, geteilt durch die Hälfte der gezählten Sekunden, ergibt ebenfalls die Geschwindigkeit in Knoten.

Beispiel zur Kontrolle der Bootsgeschwindigkeit oder der Anzeige der Logge:

35 Fuß x 3 = 105 ÷ 20 (4 Sekunden x 5) = 5,25 Knoten

oder

10 Meter ÷ 2 (4 Sekunden ÷ 2) = 5 Knoten

Beispiel zur Bestimmung des Gezeitenstroms vor dem Ablegen:

35 Fuß x 3 = 105 ÷ 100 (20 Sekunden x 5) = 1,05 Knoten

oder

10 Meter ÷ 10 (20 Sekunden ÷ 2) = 1 Knoten

leicht. Auf jeden Fall kann man an den Festmachern bereits erkennen, was passieren wird, wenn man sie löst.

Als Nächstes gilt es zu überlegen, wie sich das Boot unter Maschine verhalten wird und wie es der Wind beeinflusst, wenn man unterwegs ist. Drückt der Wind den Bug schnell nach Lee? Einfach treiben gelassen, dreht sich der Bug eines Bootes etwas nach Lee und der Wind kommt schräg über das Heck. Bei Rückwärtsfahrt will sich jedes Boot zunächst mit dem Heck zum Wind drehen, bevor es Fahrt aufnimmt und Ruderwirkung entsteht. Aber es gibt noch einen weiteren Faktor zu berücksichtigen.

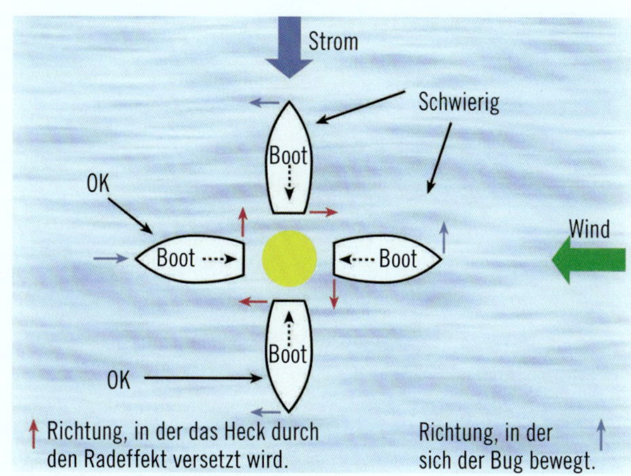

Radeffekt bei Rückwärtsfahrt nach Steuerbord

Radeffekt

Alle Boote mit einem Propeller haben einen sogenannten Radeffekt. Nimmt man Fahrt voraus auf, entsteht ein Radeffekt, den man kaum wahrnimmt, schaltet man dagegen auf Rückwärtsfahrt kann sich der Radeffekt viel stärker bemerkbar machen. Es gibt Boote, die auch bei Rückwärtsfahrt nur einen sehr geringen Radeffekt zeigen. Sie lassen sich rückwärts genauso leicht steuern wie vorwärts. Das sind meist modernere Boote mit Finnkiel und Saildrive. Am anderen Ende der Skala liegen die Langkieler mit hoher Verdrängung und starkem Radeffekt. Dabei versetzt der Propeller das Heck zu der Seite, zu der er sich dreht, bevor das Boot Fahrt aufnimmt. Bei Fahrt durchs Wasser hat man wieder Ruderwirkung. Das Diagramm oben rechts zeigt, was Wind und Tide mit meinem Boot machen, wenn man rückwärts fährt.

Zu welcher Seite versetzt der Radeffekt ihr Boot? Linksdrehende Propeller drehen sich bei Vorwärtsfahrt gegen den und bei Rückwärtsfahrt im Uhrzeigersinn. Sie versetzen das Heck bei Rückwärtsfahrt nach Steuerbord. Bei rechtsdrehenden Propellern ist es umgekehrt. Bei Rückwärtsfahrt versetzen sie das Heck also nach Backbord. Wie aber stellt man fest, welche Art Propeller man hat? Wenn Sie sicher vertäut am Steg liegen und eine Achterspring ausgebracht haben, können Sie auf Rückwärtsfahrt schalten. Achten Sie auf das Heckwasser: Auf einer Seite zeigen sich Turbulenzen, und auf der anderen Seite bleibt es glatt. Der Radeffekt versetzt ihr Boot zu der Seite, wo das Wasser glatt ist.

Auf dem Teller drehen

Durch den Radeffekt kann ein Boot zu einer Seite enger wenden als zur anderen. Geht der Radeffekt bei Rückwärtsfahrt nach Steuerbord, kann man nach Backbord enger wenden. Mithilfe des Radeffekts kann man sogar fast auf der Stelle drehen – auf dem Teller, wie wir Segler sagen. Dazu beginnt man die Drehung aus dem Stand heraus mit dem Ruder hart Backbord und gibt einen Schub voraus. Das Schraubenwasser trifft auf das Ruder, wird abgelenkt, und der Bug dreht sich nach Backbord. Man gibt nur so viel Schub, dass sich der Bug dreht und das Boot noch keinerlei Fahrt nach vorn aufnimmt. Dann gibt man einen Schub zurück. Der Bug dreht sich weiter nach Backbord, während das Heck nach Steuerbord versetzt wird. So macht man weiter, bis sich das Boot ganz herumgedreht hat. Versucht man das Gleiche in die andere Richtung, würde sich das Boot lediglich zur Seite bewegen. Boote, die bei Rückwärtsfahrt nach Steuerbord versetzt werden, können also nach Backbord auf dem Teller drehen. Die, die bei Rückwärtsfahrt nach Backbord versetzt werden, können entsprechend nach Steuerbord auf dem Teller drehen. Mit dieser Technik kann man sich aus so manch schwieriger Lage befreien. Das funktioniert bei allen Booten mit einem Kiel und einem vom Propeller angeströmten Ruder. Bei Langkielern muss man nur öfter Schub voraus und Schub zurück geben, bis man sie ganz gedreht hat. Bei Kimmkielern ist mir Unterschiedliches zu Ohren gekommen. Manche, wie die Sadler 29, verhalten sich wie ein Finnkieler, andere sind weniger kooperativ. Auf jeden Fall muss man das Manöver mit dem eigenen Boot ausprobieren.

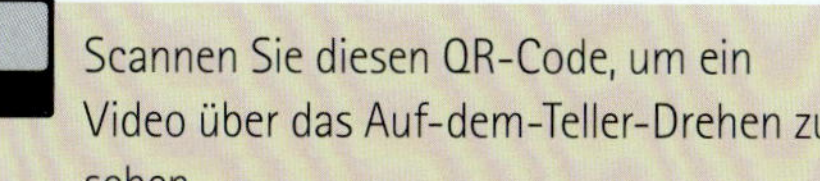

Scannen Sie diesen QR-Code, um ein Video über das Auf-dem-Teller-Drehen zu sehen.

Einsatz der Fender

Wenn man nun alle Informationen eingeholt und sich vorbereitet hat, muss man noch die Fender richtig einsetzen. Diese sollen vor möglichen Kollisionen schützen und müssen an richtiger Stelle und in richtiger Höhe angebracht werden. Zu hoch angebracht können sie bei einem Schwimmsteg nach oben auf den Steg rutschen, zu tief angebracht können sie bei etwas Krängung des Bootes durch den Wind unter den Steg geraten. In einer Doppel-Box mit Fingerstegen muss man die Fender auf einer Seite auf Steghöhe haben und auf der anderen Seite dort, wo ein Nachbarboot liegen könnte.

Immer wenn ich einen Hafen oder eine Marina anlaufe und noch nicht weiß, ob ich an einem Steg oder im Päckchen festmachen werde, bringe ich drei Fender auf Steghöhe an

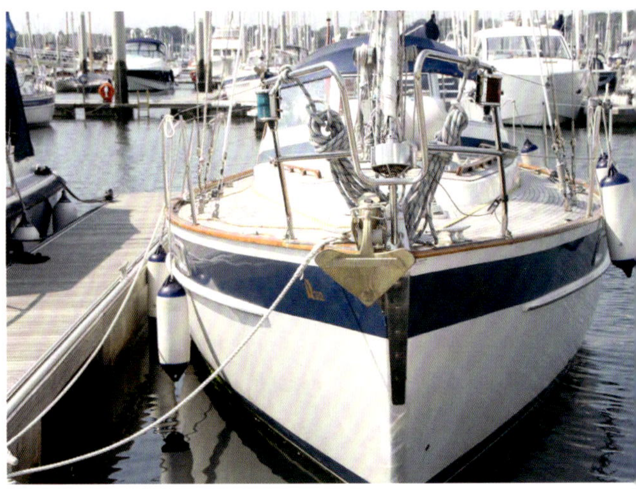

Fender auf Steghöhe auf der einen, auf Höhe der Deckskante auf der anderen Seite

Fender blitzschnell verstellen

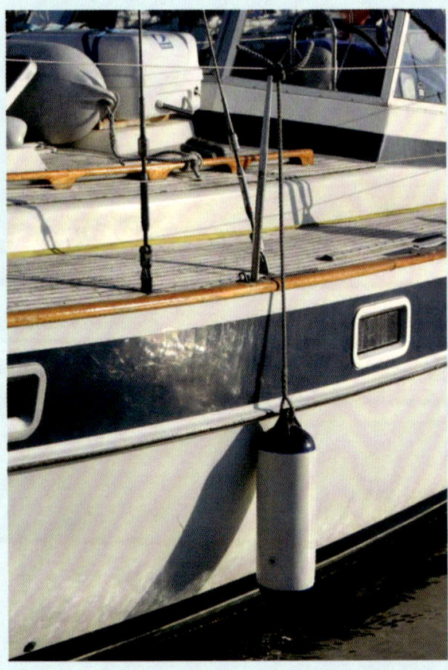

Knapp über dem Wasser hängt der Fender für die meisten Schwimmstege in der richtigen Höhe.

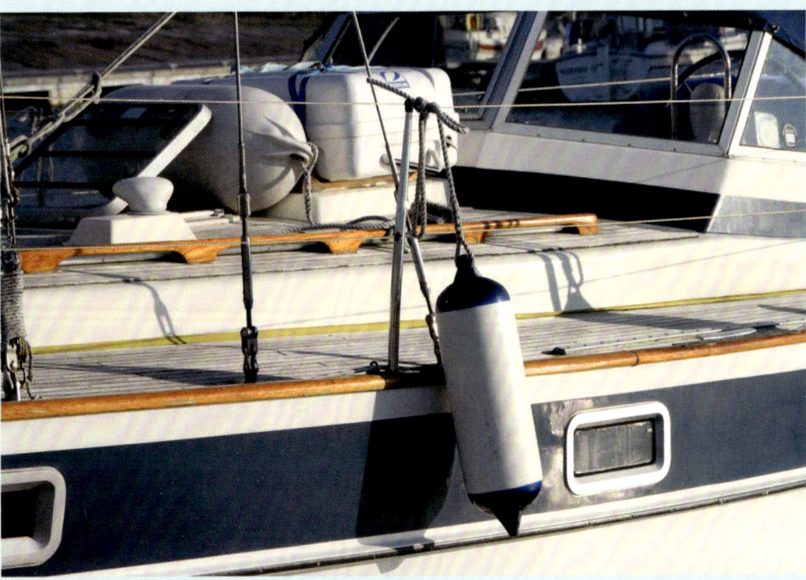

Einmal unter dem unteren Relingsdurchzug herum und wieder über Bord gehängt, ist ein Fender auf den meisten Booten in der richtigen Höhe, wenn ein anderes Boot längsseits liegt.

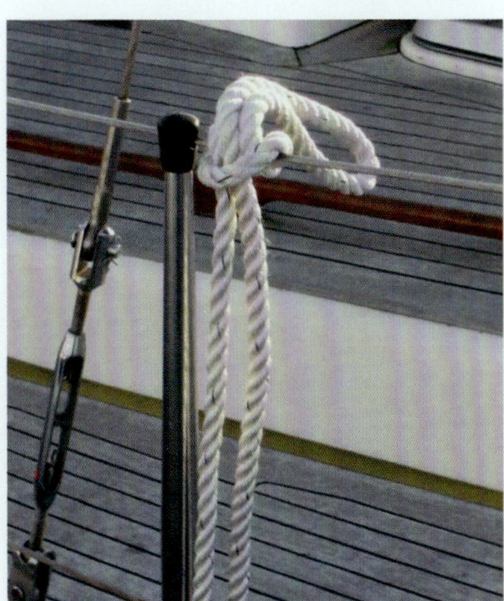

Fenderleine mit Webleinstek auf Slip festgemacht

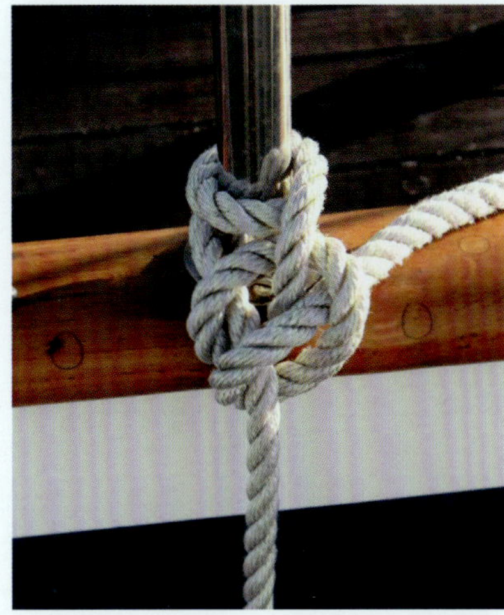

Fenderleine am Fuß der Relingsstütze mit einem Rundtörn mit zwei halben Schlägen befestigt

Tipp

Bei quietschenden Fendern wirkt etwas Spülmittel Wunder. Ich vermute, Silikonfett würde auch funktionieren, aber ich bevorzuge normales Spülmittel, weil es die Fender gleichzeitig schön sauber hält.

jeder Seite aus. Die kann ich blitzschnell auf Höhe der Deckskante bringen. Bug- und Heckleinen bereite ich ebenfalls an Steuerbord und Backbord vor.

Bei Fendern verwende ich zwei Knoten, entweder den Webleinstek oder den Rundtörn mit zwei halben Schlägen. Ich binde sie immer nah an eine Relingsstütze, damit der Fender beim An- oder Ablegen nicht am Relingsdraht entlang verrutschen kann. Den Webleinstek setze ich oft auf Slip, damit er schnell verstellbar ist.

Bei Schwell in der Marina, wenn die Fender wirklich im Einsatz sind, binde ich sie am Fuß der Relingsstützen mit einem Rundtörn mit zwei halben Schlägen fest. Da die halben Schläge durch das Gewicht des Fenders gut am Rumpf anliegen, können sie kaum von allein aufgehen.

Das Wichtigste ist in jedem Fall, dass sich der Fender nicht von allein löst – es sei denn, man ist unermesslich reich und kann es sich leisten, jede Woche neue Fender anzuschaffen. Ich habe schon oft beobachtet, wie anstelle des altgedienten Webleinsteks neue und ausgefallene Knoten eingesetzt wurden, mit dem Ergebnis, dass die Fender jedes Mal verloren gingen. Doch kaum einer scheint den Verlust des Fenders in Zusammenhang mit einem unkonventionellen Knoten zu bringen. Ein Kuhstek mag funktionieren, wenn man sich sicher ist, dass die Leine an der Reling oder dem Relingsdraht nicht durchrutscht. Im Zweifel sollte die Wahl immer auf den bewährten Webleinstek oder den Rundtörn mit zwei halben Schlägen fallen.

Zu guter Letzt muss man vorausdenken, wo man die Fender brauchen wird. Liegt man zusammen mit einem Nachbarboot in einer Box, ist es beim An- und Ablegen ratsam, auch auf der Seite des Nachbarbootes ein paar Fender auszubringen.

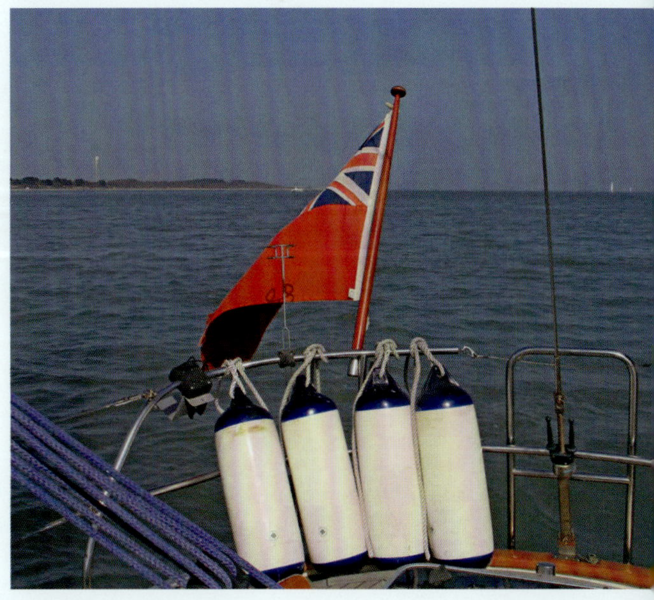

Unterwegs staue ich meine Fender an der Innenseite des Heckkorbs. Ich habe noch nie einen Fender verloren.

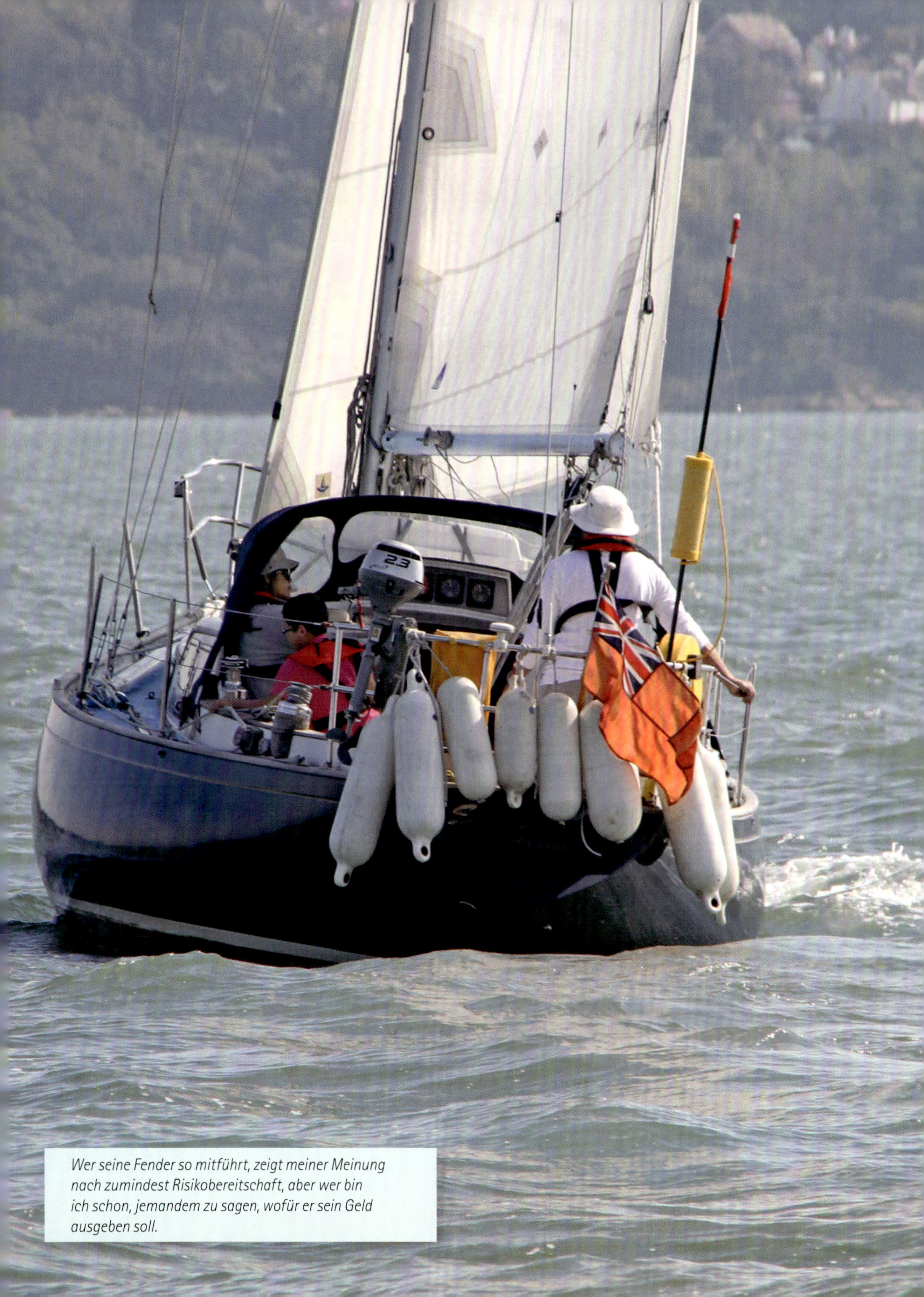

Wer seine Fender so mitführt, zeigt meiner Meinung nach zumindest Risikobereitschaft, aber wer bin ich schon, jemandem zu sagen, wofür er sein Geld ausgeben soll.

Plan B

Für den Fall, dass etwas schiefgeht, braucht man immer einen zweiten Plan, auf den man zurückgreifen kann. Den Liegeplatz zu verfehlen und an einem Nachbarboot zu landen, passiert eher beim An- als beim Ablegen. Ist dies der Fall, und man wird beim An- oder Ablegen vom Gezeitenstrom gegen ein Nachbarboot gedrückt, muss man sich schnell mit einer Leine mittschiffs am anderen Boot festmachen, damit der Strom das Boot nicht weiter an der Seite entlangschrammen lässt. Selbstverständlich hat man vorsorglich auch an der Seite des Nachbarbootes bereits Fender ausgebracht. Unter Umständen müssen jedoch noch zusätzliche Fender zwischen den Booten eingesetzt werden. Dann bringt man eine Leine nach vorn und eine nach achtern zu Klampen am Steg aus und löst die Leine, die einen mittschiffs mit dem Nachbarboot verbindet. Mit den Leinen zum Steg kann das Boot zurück an den Liegeplatz verholt werden.

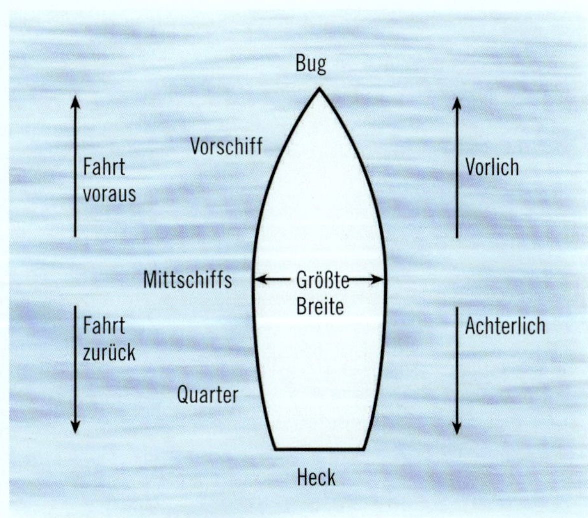

Was ist wo auf einem Boot

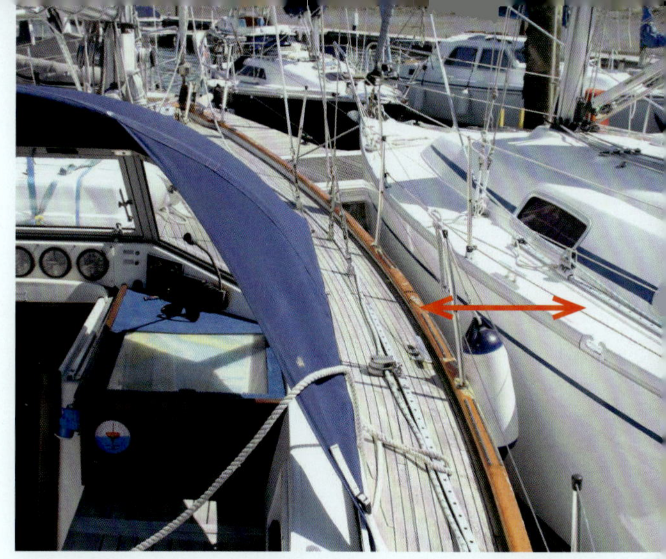

▲ Bringen Sie mittschiffs eine Leine zum Nachbarboot aus.

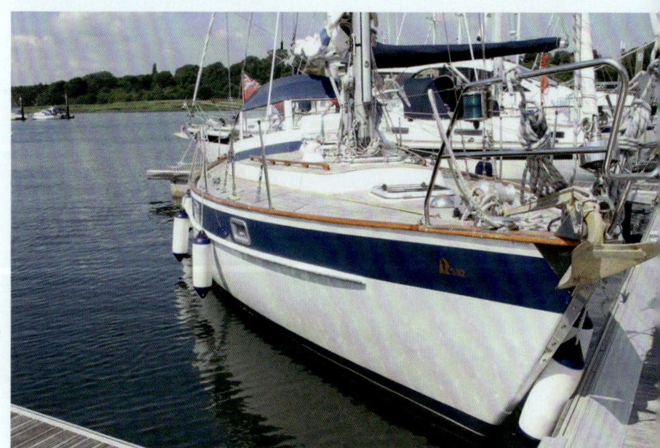

▲ Bringen Sie Fender überall dort aus, wo Sie mit dem Nachbarboot oder dem Steg in Berührung kommen könnten.

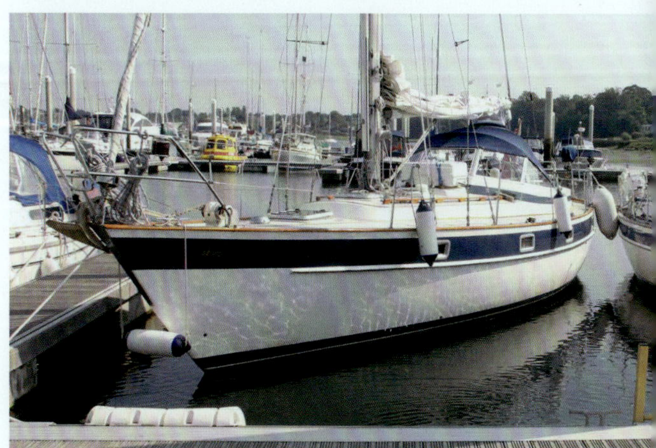

▲ Machen Sie anschließend eine Leine nach vorn zu einer Klampe am Steg fest.

Strömung an Rumpf und Ruder

Ein Teil der Vorbereitungen ist es, sich im Klaren darüber zu sein, wie viel Strömung an Rumpf und Ruder anliegt und wie viel oder wie wenig Kontrolle man dadurch hat. Setzt der Strom zum Beispiel mit einem Knoten gegen die Fahrt durchs Wasser mit einer Bootsgeschwindigkeit von zwei Knoten, so bewegt man sich mit nur einem Knoten über Grund und hat Kontrolle.

Fährt man dagegen mit gleicher Geschwindigkeit durchs Wasser, aber mit dem Strom, liegt nach wie vor eine Strömung von nur zwei Knoten an Rumpf und Ruder an. Man bewegt sich aber mit drei Knoten über Grund – viel zu schnell, um Kontrolle zu haben. Deshalb steuert man eine Boje oder einen Liegeplatz (sofern möglich) immer, wirklich immer, gegen den Strom an. Wer meint, das anders machen zu können, den lehren die Gezeiten schnell eines Besseren.

Bevor ich mich den unterschiedlichen äußeren Bedingungen zuwende, die man beim Ablegen antreffen kann, heißt es wieder, gut vorbereitet zu sein. Ich werde Leinen verwenden, die umgelenkt werden, Springleinen, mit denen ich mich abdrücke und geslippte Leinen, die man von Bord aus lösen kann.

Man kann einen Festmacher auf Slip vom Cockpit aus lösen, aber man sollte eine Leine verwenden, die wenig Reibungswiderstand hat und sich leicht durchziehen lässt. Ein alter, aufgerauter geschlagener Festmacher ist nicht das Gleiche wie eine neuwertige geflochtene Polyesterleine. Für die meisten Aufnahmen habe ich eine gelb-rote Polyesterleine mit Dyneema-Kern verwendet, da sie gut zu sehen ist und sich leicht abziehen lässt, aber auch geschlagene und andere geflochtene Leinen kamen zum Einsatz. Ich habe sie über Lippklampen, durch D-Ringe, um Relingsstützen herum, durch Blöcke an der Fußreling und eine Vielzahl weiterer Umlenkpunkte abgezogen, ohne dass die Leine jemals unklar kam. Vielleicht bin ich übervorsichtig, wenn ich besonders glattes Tauwerk empfehle, aber Vorsicht ist bekanntlich besser als Nachsicht.

Bevor Sie ihr Boot mit allerlei Hilfsleinen zum Ablegen bestücken, überprüfen Sie bitte, ob Wind und Strom Sie wirklich so schnell abtreiben lassen, dass es nicht möglich ist, die Festmacher von Land aus zu lösen, an Bord zu steigen und ganz normal abzulegen. Meist ist das nämlich der Fall.

Wenn nicht, gibt es eine Reihe von Techniken, mit denen man bei unterschiedlichen Bedingungen und verschiedenen Arten von Liegeplätzen loskommen kann. Wobei ich von

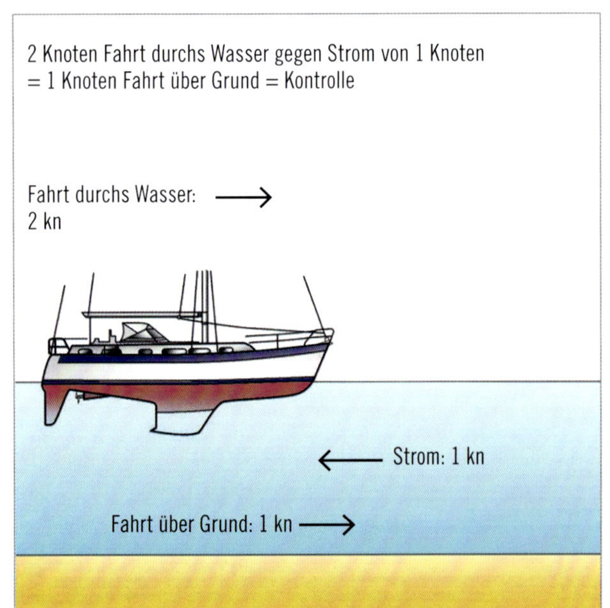

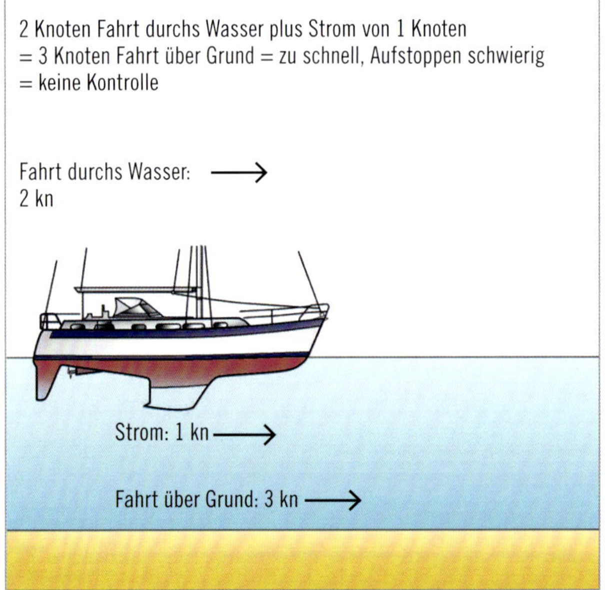

leichtem Wind (0–5 kn), mittlerem Wind (5–15 kn) und stärkerem Wind (15–25 kn) spreche. Bei Wind über 25 kn wird es etwas schwieriger. Deshalb sollte man besser warten, bis es etwas abflaut. Boote werden zudem ganz unterschiedlich vom Wind versetzt. So treibt ein modernes Boot mit hohem Freibord viel schneller ab als ein schwerer Langkieler mit geringem Freibord. Auch die Windrichtung spielt eine Rolle: Seitenwind macht sich stärker bemerkbar als Wind von vorn oder achtern.

Wind gegen Strom – was ist stärker?

Das hängt auch von der Höhe der Aufbauten ab und wie viel Angriffsfläche das Boot dem Wind insgesamt bietet. Moderne Segelyachten haben viel höhere Rümpfe und Aufbauten als ein klassischer Langkieler. Ein hoher Freibord, ein hoher Aufbau und eine große Sprayhood ergeben einen hohen Windwiderstand. Allgemein gilt, dass ein Knoten Gezeitenstrom etwa vier Windstärken (4 Bft. oder 11–16 Knoten) entspricht. Setzt der Strom mit weniger als einem Knoten, hat der Wind ab Stärke vier einen größeren Einfluss auf das Boot. Bei Wind unter 4 Bft. wirkt sich dagegen ein Gezeitenstrom von einem Knoten stärker auf das Boot aus als der Wind.

Tipp

Kuppeln Sie den Propeller ein, wenn Sie längere Zeit bei laufender Maschine längsseits liegen. Ein laufender Dieselmotor sollte nicht zu lange ohne Last im Leerlauf bleiben, da die Zylinderwände verglasen können.

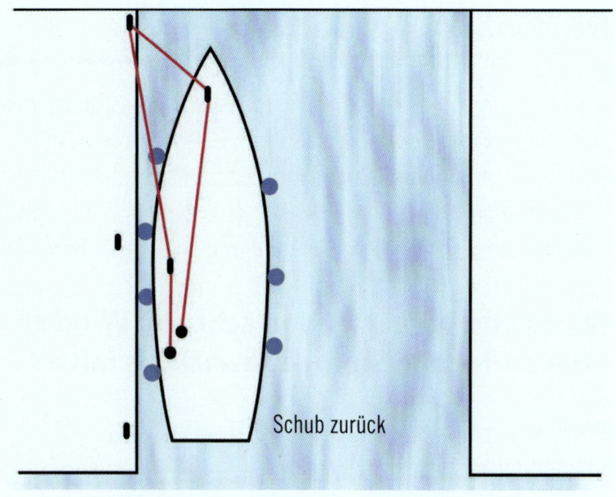

▲ *Umgelenkte Bugleine*

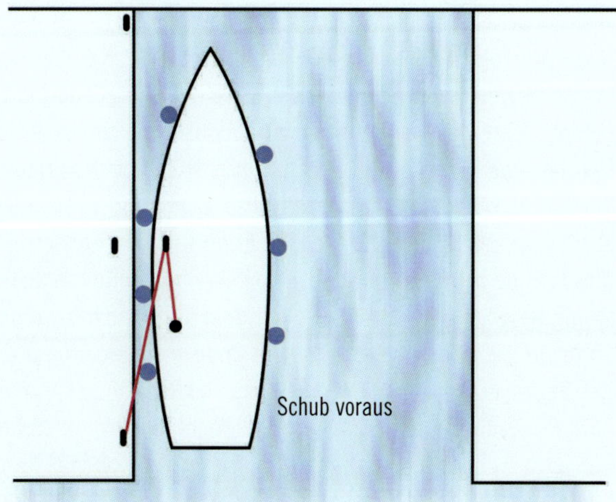

▲ *Eindampfen in eine Spring*

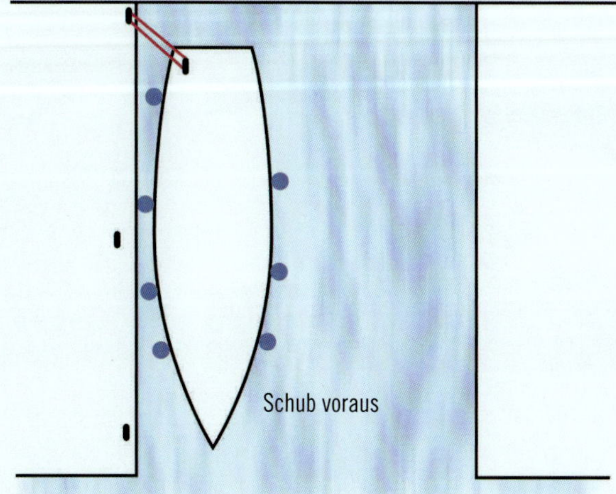

▲ *Festmacher auf Slip*

Rückwärts aus der Box

Man kann die Festmacher nicht vom Steg aus lösen, wenn niemand sonst an Bord ist. Andernfalls würde das Boot durch Strom und Wind vertreiben. Deshalb ist eine Ablege-Technik nötig, bei der man das Boot längsseits am Steg halten kann, während man Bug- und Heckleinen sowie die Springs einholt und von Bord aus die letzte Verbindung zum Land löst.

Strom von vorn oder von achtern, Wind ab- oder auflandig, Stärke schwach bis mittel

Methode: umgelenkte Bugleine auf Slip

Während das Boot noch mit Bug- und Heckleine sowie Spring vertäut ist, wird eine lange Leine – beispielsweise eine Spinnakerschot – im Cockpit an einem starken Punkt festgemacht. Das kann mit der OXO-Methode an einer Klampe erfolgen oder mit einer Palstek-Schlaufe, die über eine Winsch gelegt wird. Somit ist ein Ende der Leine innenbords belegt. Führen Sie dann die Leine über das Deck innerhalb der Wanten nach vorn bis zum Bug, um eine Bugklampe herum zur Klampe am Steg, dort ebenfalls herum und mittschiffs zurück an Bord. Belegen Sie das Ende auf der Winsch. Da dieses Ende beim Ablegen losgeworfen wird, sollte möglichst wenig Restlänge übrigbleiben, nachdem die Leine mit einigen Törns um die Winsch gelegt und das Ende in die Klemmbacken des Selftailers gezogen wurde. Bei zu viel Restlänge kann am anderen Ende innenbords weiter eingeholt werden. Geben Sie jetzt Schub zurück, und überprüfen Sie, ob das Boot längsseits am Steg ausgerichtet bleibt, bevor Sie die Bug- und Heckleine sowie die Spring lösen.

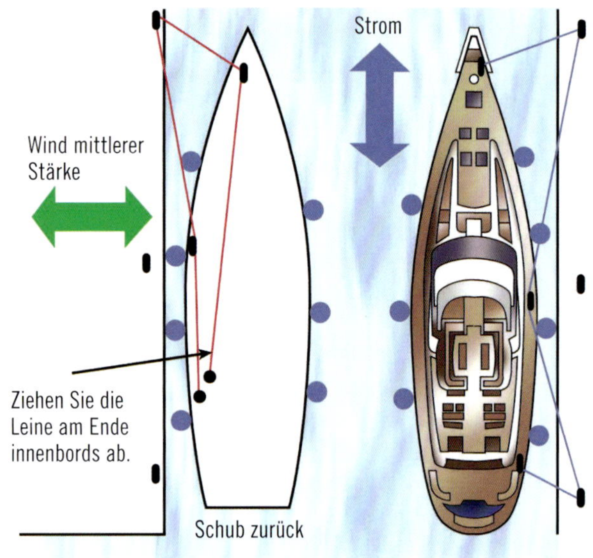

Rückwärts in eine umgelenkte Bugleine eindampfen

Möglicherweise wird der Bug durch den Radeffekt gegen den Steg gedrückt. Dagegen hilft, dass man die Heckleine bis zuletzt beibehält, um das Heck nah am Steg zu halten. Legen Sie dazu die Heckleine auf Slip.

Mit der Maschine auf Rückwärtsschub nimmt man die Leine von der Winsch und holt sie gleichmäßig an dem Ende innenbords ein. So fährt das Boot rückwärts aus.

Vergewissern Sie sich, dass Sie die Leine komplett eingeholt haben, am besten bis ganz ins Cockpit.

Man kann den Propeller auch auskuppeln, bevor man die Leine slippt. Ich ziehe es allerdings vor, rückwärts eingekuppelt zu bleiben, während mein Boot ausfährt.

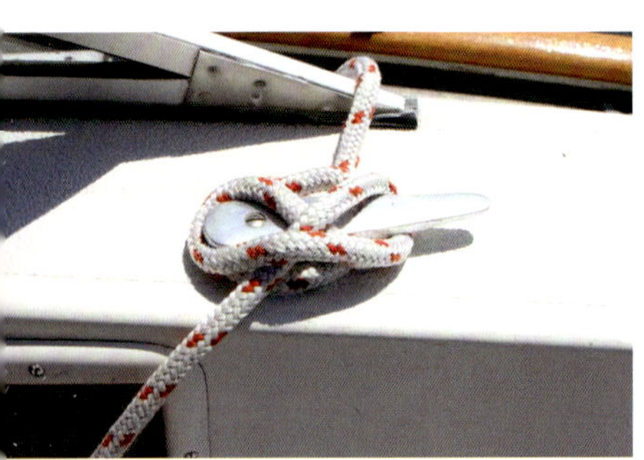

▲ Hier ist eine Spischot im Cockpit belegt, um als umgelenkte Bugleine zu dienen. Der Schäkel am Ende der Schot befindet sich innenbords.

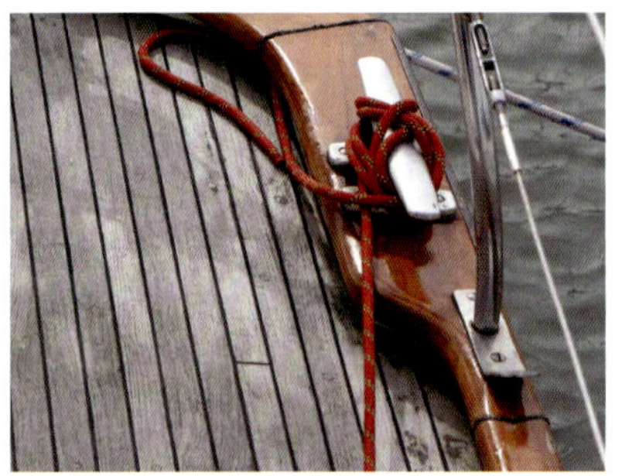

▲ Hier ist die umgelenkte Bugleine mit ihrem Ende innenbords an einer Heckklampe festgemacht.

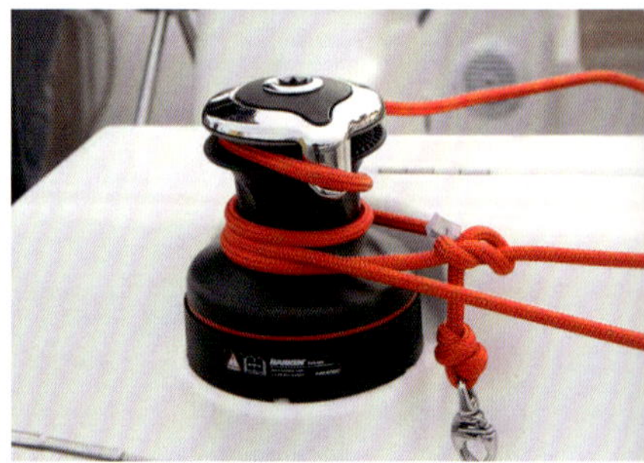

▲ Auf Layla Ann sind beide Enden der umgelenkten Bugleine auf einer Winsch belegt. Beachten Sie den Schnappschäkel am Ende innenbords.

Umgelenkte Bugleine – Schritt für Schritt

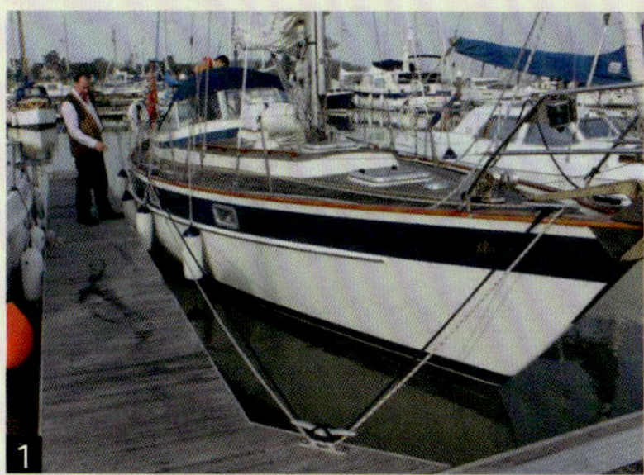

Führen Sie die Leine über das Deck zwischen den Wanten nach vorn zum Bug, um die Bugklampe herum zur Klampe am Steg, dort herum und zurück mittschiffs an Bord.

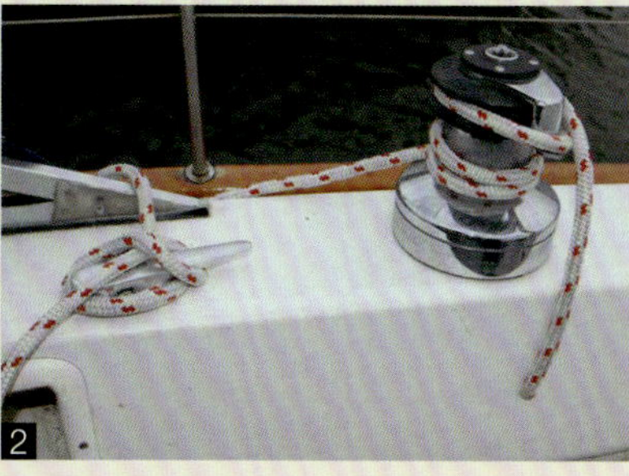

Machen Sie das Ende an der Winsch fest.

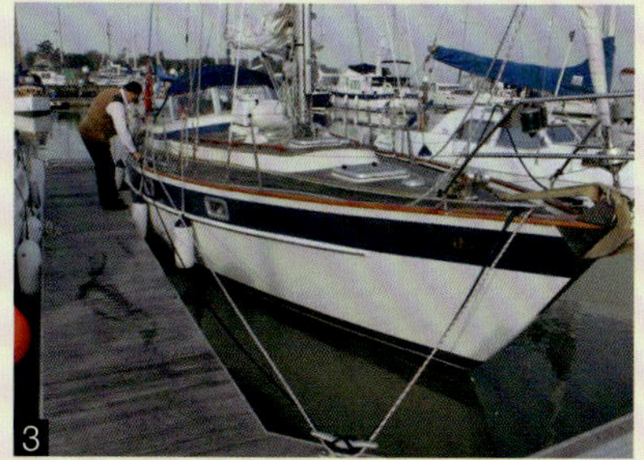

Geben Sie Schub zurück und überprüfen Sie, ob das Boot längsseits am Steg ausgerichtet bleibt, bevor Sie Bug-, Heck- und Springleinen lösen.

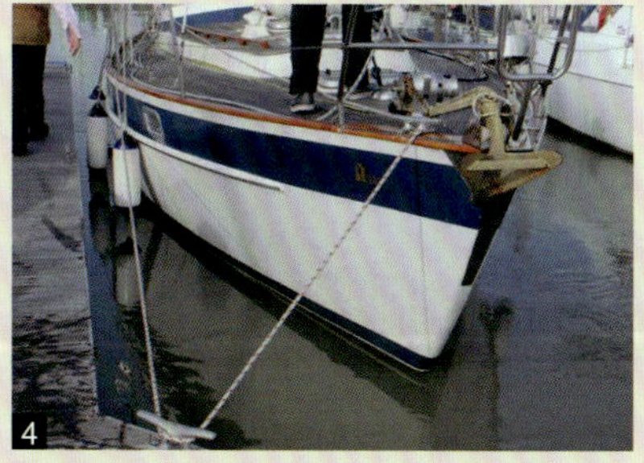

Wird das Boot vom Steg weggedrückt, erhöhen Sie die Motordrehzahl, damit das Boot an den Steg zurückkommt.

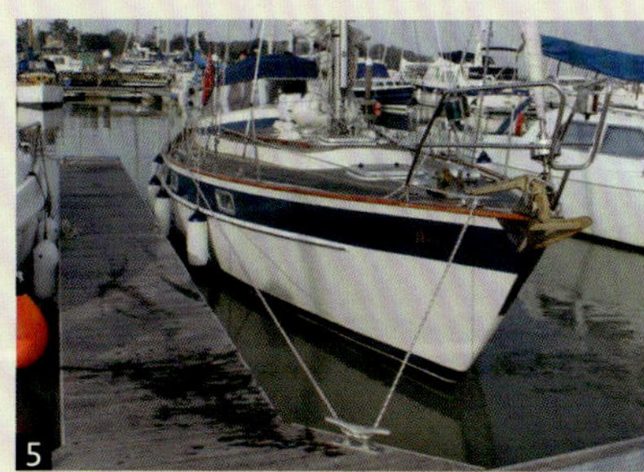

Die Maschine läuft auf Rückwärtsfahrt.

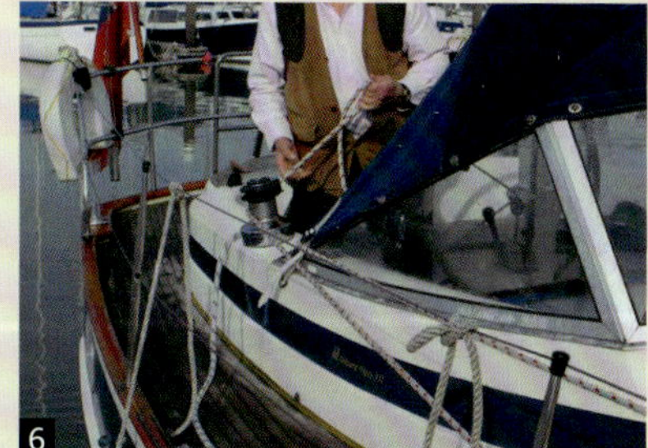

Nehmen Sie das Ende der umgelenkten Bugleine von der Winsch, und holen Sie sie vom Ende innenbords her ein.

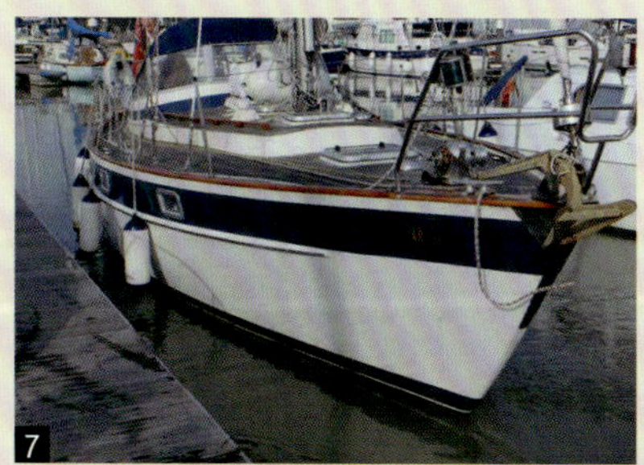

Leinen sind los! Beachten Sie, wie das Ende über den Bug an Deck geholt wird. Nach dem Loswerfen fällt das Ende weit vorn ins Wasser, wo keine Gefahr droht.

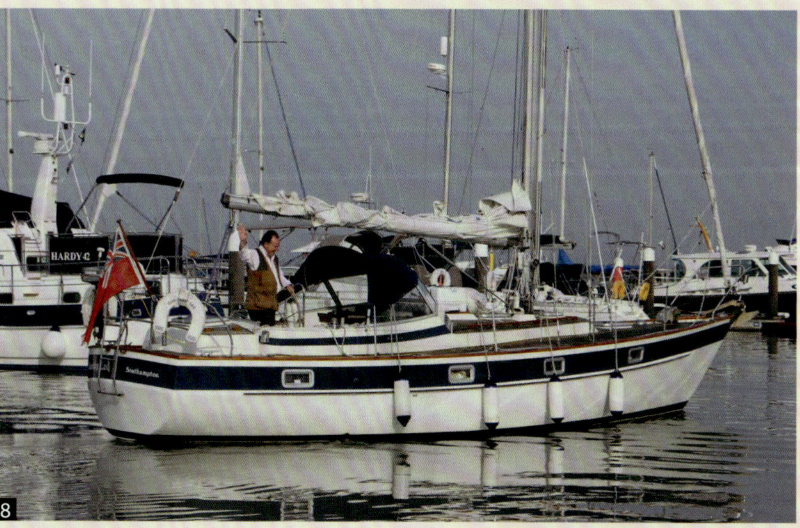

Das Boot ist frei!

Methode: feste Mittschiffspring

Um das Boot während der Vorbereitung in Position zu halten, wird mittschiffs ein Festmacher um eine Klampe am Steg auf Slip ausgebracht. Jetzt können die regulären Festmacher gelöst und die feste Mittschiffspring zusammen mit einer Hilfsleine zu einer Klampe am Ende des Stegs ausgebracht werden. Dampfen Sie mit Schub voraus in diese Mittschiffspring ein, und entfernen Sie den Festmacher mittschiffs. Geben Sie dann Schub zurück, und kuppeln Sie die Maschine nochmals aus, wenn Sie auf Höhe der Klampe am Ende des Stegs sind. Heben Sie die Schlaufe der Mittschiffspring mit der Hilfsleine von der Klampe, und fahren Sie vom Liegeplatz aus.

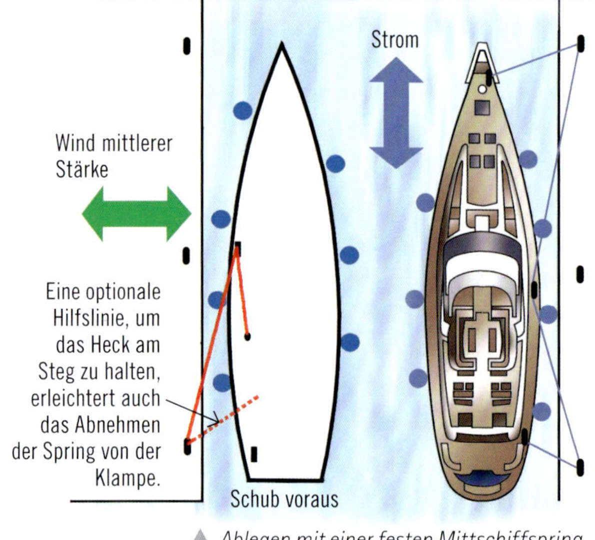

▲ *Ablegen mit einer festen Mittschiffspring.*

▼ Ein kurzer Festmacher mittschiffs auf Slip hält das Boot längsseits, während man die regulären Festmacher löst oder eine Ablege-Technik vorbereitet.

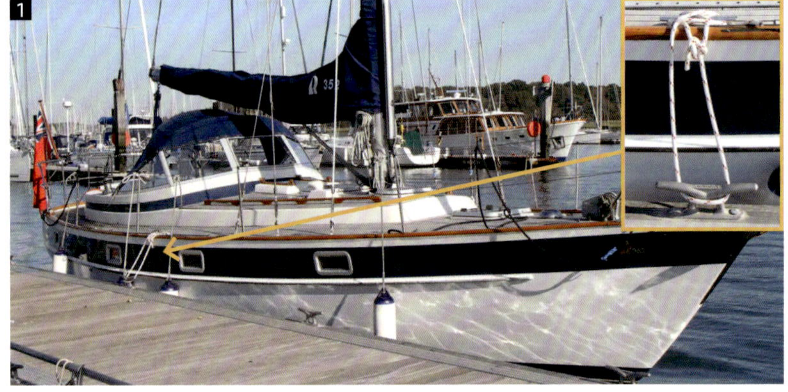

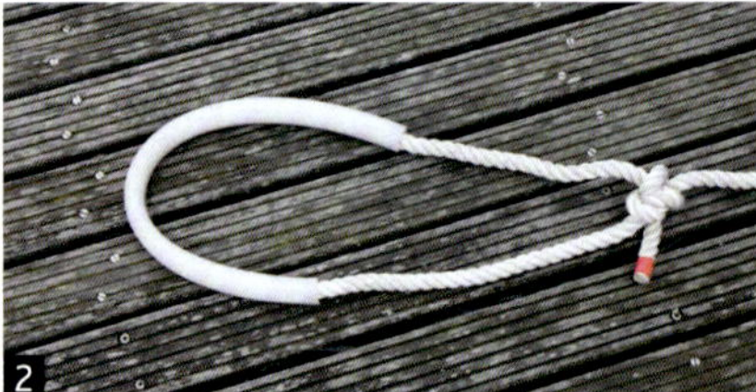

▲ Ein Stück Schlauch schützt den Festmacher nicht nur vor Abrieb, sondern hält auch die Schlaufe offen.

3

◀ Beim Ablegen wird die Schlaufe der Mittschiffspring mit der Hilfsleine von der Klampe gehoben.

▶ Die Southern Cross dampft in eine feste Mittschiffspring ein. Dabei dient die Hilfsleine dazu, das Heck nah am Steg zu halten. Wenn das Boot später rückwärts ausfährt, kann die Schlaufe mit der Hilfsleine leichter von der Klampe abgehoben werden.

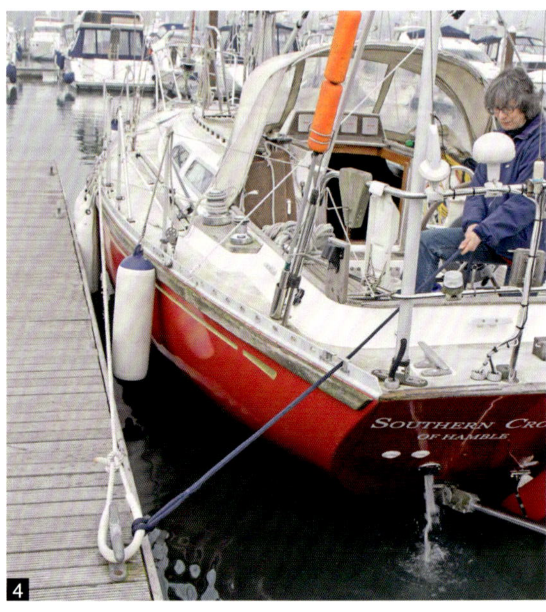

Oder…

Hat man das Boot mit vier Festmachern vertäut – jeder Festmacher für nur eine Aufgabe – kann man folgende Ablege-Technik vorbereiten. Dabei sollten die Festmacher mit Palstek-Schlaufen über die Klampen am Steg ausgebracht sein, und zwar so, dass die Vorspring unter der Heckleine liegt.

Belegen Sie das andere Ende der Vorspring mit der OXO-Methode an einer Klampe mittschiffs, und belegen Sie dann erst die Achterspring mit der OXO-Methode an derselben Klampe. Die Vorspring liegt dabei unter der Achterspring.

Befestigen sie eine Hilfsleine mit einem Palstek an der Schlaufe der Vorspring, die über der Klampe am Steg liegt. Geben Sie etwas Schub voraus, und das Boot wird längsseits am Steg gehalten. So können Sie Bugleine, Achterspring und Heckleine abnehmen. Falls das Heck vom Steg weggedrückt wird, kann es mit der Hilfsleine gehalten werden.

Um abzulegen, gibt man Schub zurück, bis das Boot Fahrt aufnimmt und kuppelt gleich wieder aus. Wenn man auf Höhe der Klampe am Steg ist, hebt man die Schlaufe der Vorspring mit der Hilfsleine von der Klampe und fährt aus.

▶ Mit vier Festmachern vertäut: Bugleine, Heckleine, Vorspring und Achterspring.

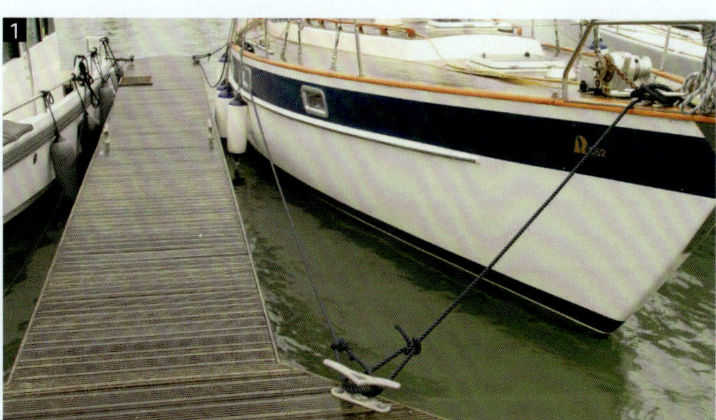

▼ Befestigen Sie eine Hilfsleine mit einem Palstek an der Schlaufe der Vorspring, die über der Klampe liegt.

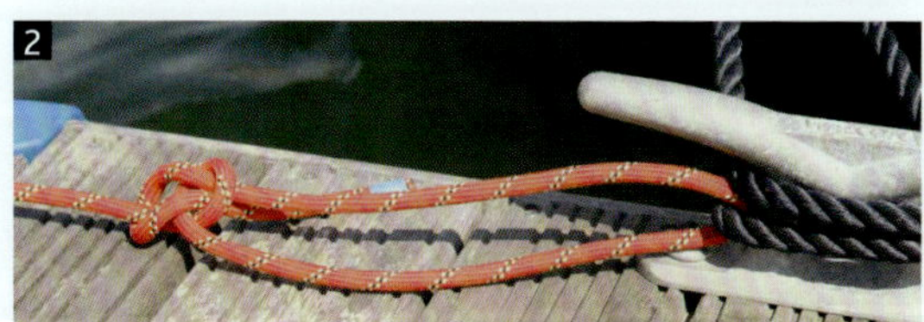

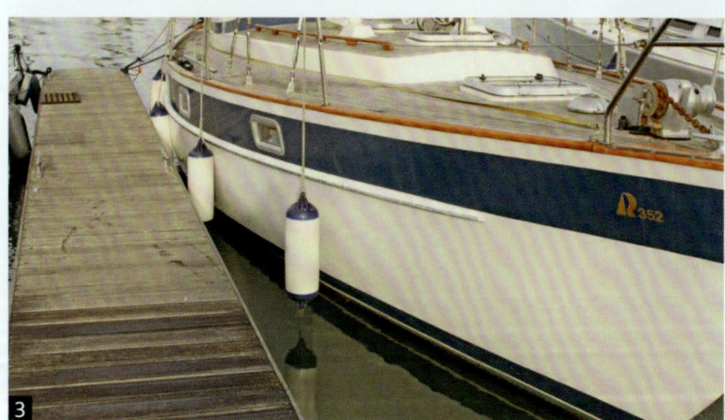

▲ Geben Sie Schub voraus, und dampfen Sie in die Vorspring ein, um das Boot längsseits am Steg zu halten. Nehmen Sie die Festmacher ab. Hier muss noch die Heckleine abgenommen werden.

▶ Falls nötig, kann die Hilfsleine (blau) vorübergehend als Heckleine verwendet werden. Hier wurde die Heckleine an der Schlaufe der Vorspring befestigt und dient als Hilfsleine.

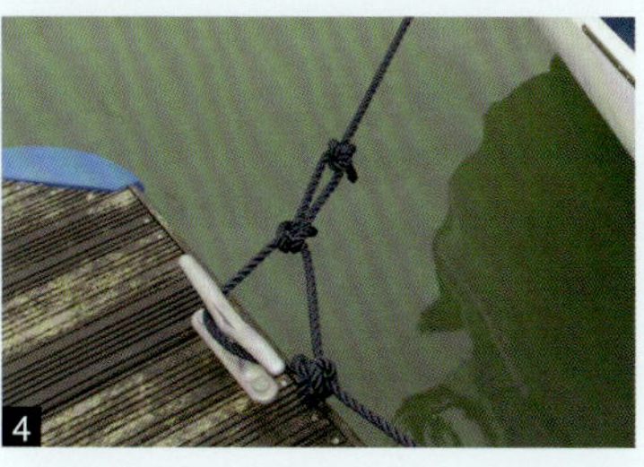

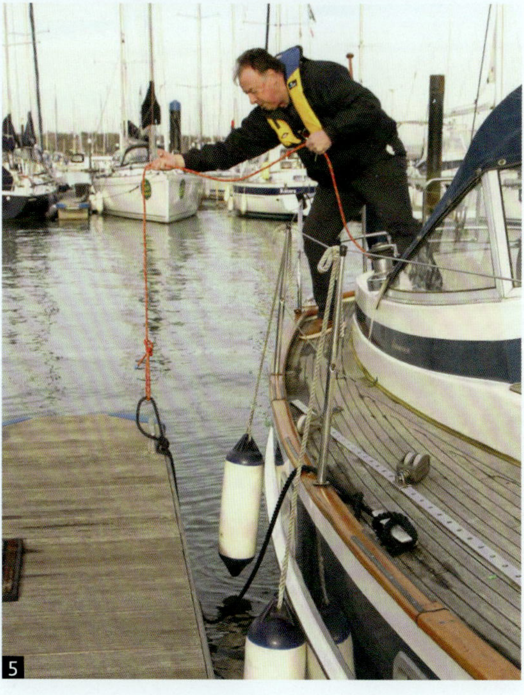

▲ Heben Sie die Schlaufe der Vorspring von der Klampe am Steg, wenn Sie auf deren Höhe sind.

Methode: Vorspring mit Straßenräuberstek

Machen Sie als Erstes die Vorspring und die Achterspring an Bord los, und machen Sie eine kurze Leine von der Mittschiffsklampe an Bord zu einer Klampe auf gleicher Höhe am Steg fest, um das Boot in Position zu halten. Nehmen Sie dann die Leine, die als Heckleine und Vorspring dient, kurz von der Klampe am Steg ab, um sie mit einem Straßenräuberstek wieder an der Klampe festzumachen. Der Straßenräuberstek sollte so gemacht werden, dass er mit der Zugrichtung vom Boot aus gelöst werden kann. Machen Sie die Vorspring mit einem Palstek oder einem Rundtörn mit zwei halben Schlägen unterhalb des kurzen Festmachers an der Mittschiffsklampe fest. Geben Sie dann etwas Schub voraus. Überprüfen Sie, ob das Boot längsseits am Steg gehalten wird, und nehmen Sie die Bugleine ab. Falls der Wind das Boot vom Steg wegdrückt, kann man, während man das Ablegen vorbereitet, noch Bug- und Heckleinen auf Slip beibehalten, bis man Schub voraus gibt, um in die Vorspring einzudampfen. Unter Umständen kann man durch vorsichtigen Zug an der Leine das Heck von Hand etwas zum Steg ziehen, muss aber aufpassen, dabei den Straßenräuberstek nicht schon zu früh zu lösen. Kuppeln Sie dann den Motor ein, und geben Sie leichten Schub zurück, um

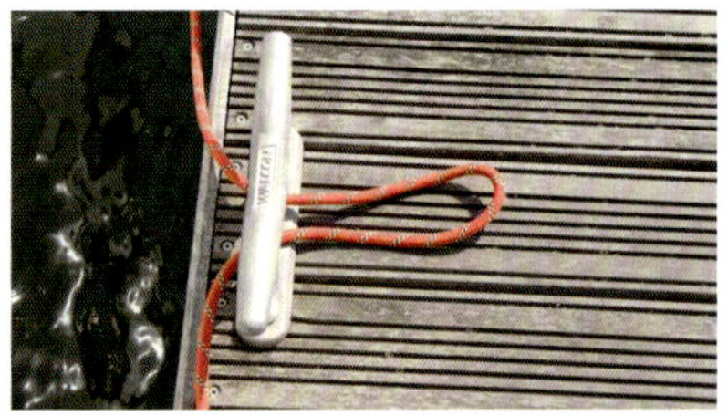

Beginnen Sie den Straßenräuberstek mit der ersten Bucht, die von der Seite des Bootes aus um die Klampe gelegt wird.

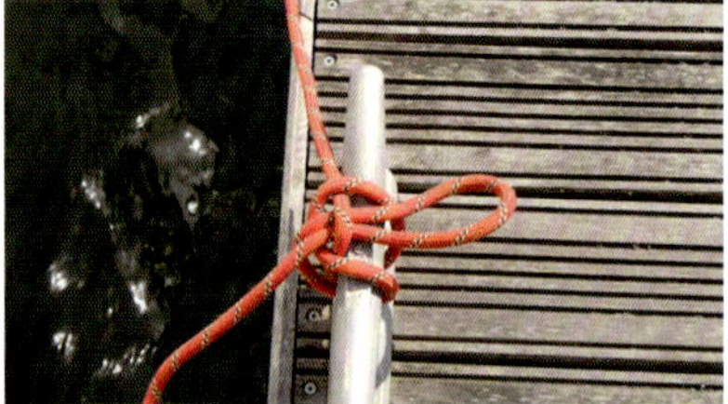

Der fertige Straßenräuberstek: Das eine Ende hält, durch Zug am anderen Ende kann er gelöst werden.

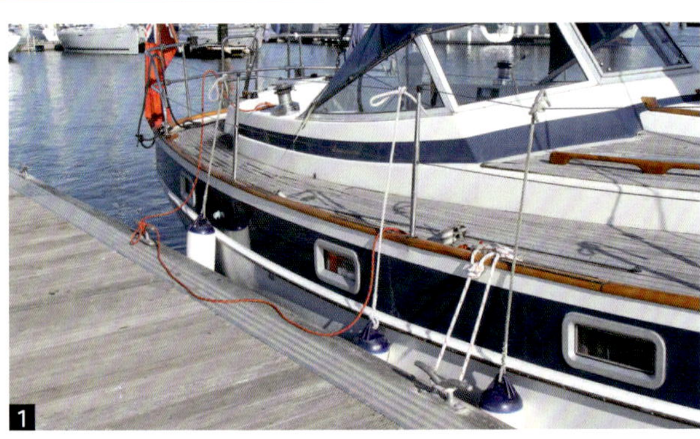

▲ Das Boot wird vom Festmacher mittschiffs gehalten. Die Vorspring ist mit einem Straßenräuberstek angeschlagen.

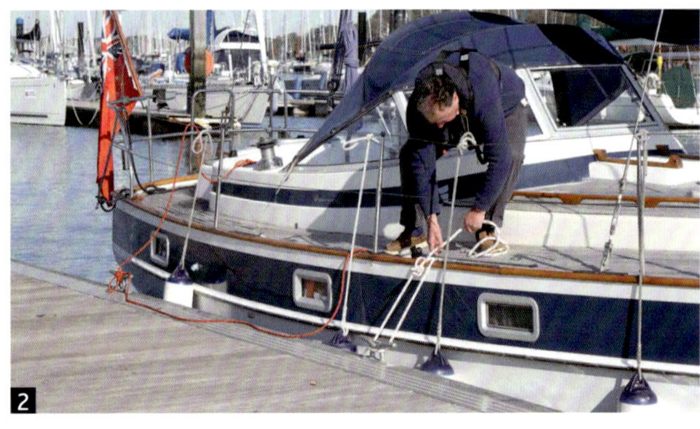

▲ Der Festmacher mittschiffs wird abgenommen.

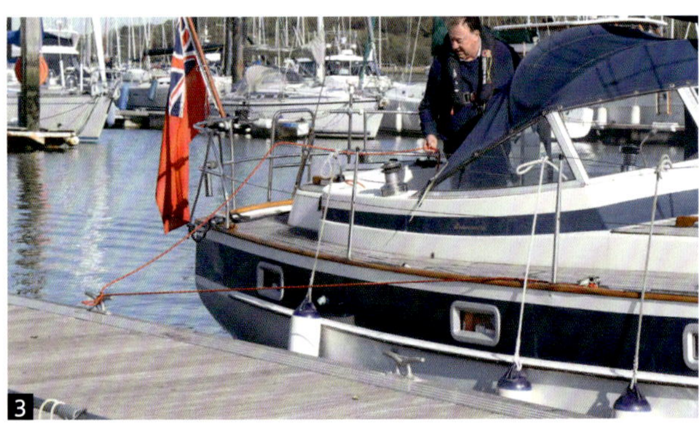

▲ Beim Eindampfen in die Vorspring wird das Boot längsseits am Steg gehalten.

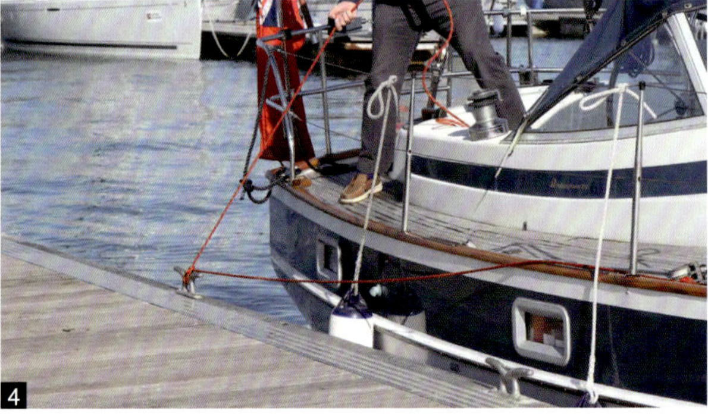

▲ Durch leichten Zug am anderen Ende kann das Heck am Steg gehalten werden.

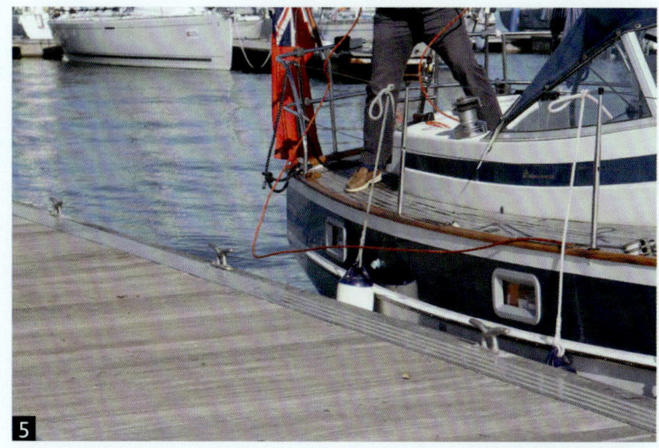

▲ Mit einem kurzen Ruck geht der Straßenräuberstek auf und löst sich von der Klampe.

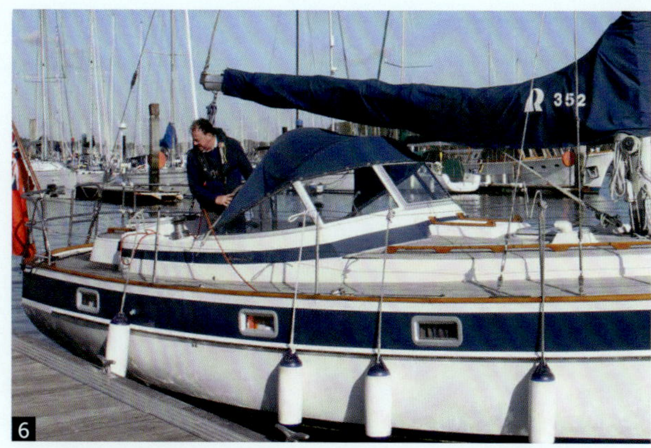

▲ Alle Leinen sind los – Vorsicht und Ruder mittschiffs, damit das Heck beim Anfahren nicht gegen den Steg kommt.

die Vorspring zu entlasten. Kuppeln Sie dann wieder aus. Lösen Sie den Straßenräuberstek mit einem kräftigen Zug an der Leine. Holen Sie die Leine an Bord, und fahren Sie vom Liegeplatz ab.

Diese Hilfsleine hält das Heck am Steg. Um abzulegen, kuppelt man den Propeller aus, damit sich der Bug nicht mehr weiter zum Steg dreht, und nimmt die Spring von der Klampe am Steg ab – nur dass man dazu gleich die Hilfsleine verwenden kann. Das Gleiche kann man auch bei einer auf Slip gesetzten Spring machen und die Hilfsleine ebenfalls auf Slip setzen.

Ich möchte allerdings darauf hinweisen, dass man all diese Techniken erst ausprobieren sollte. Schützen Sie ihr Boot rundum mit Fendern und lösen Sie die Bug-, Heck- und Springleinen erst, wenn das Boot ganz ruhig an dem neuen Festmacher liegt.

Bei starkem Wind, der das Boot in die Box drückt, kann man sich mit einer festen Mittschiffspring erst so weit wie möglich aus der Box ziehen, bevor man sie löst. Kuppeln Sie abwechselnd ein und aus und winschen Sie die Spring langsam dichter.

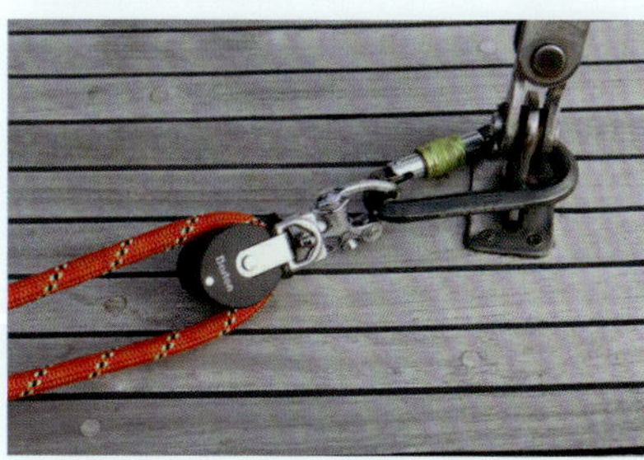

▲ *Karabiner und Fußblock am Pütting.*

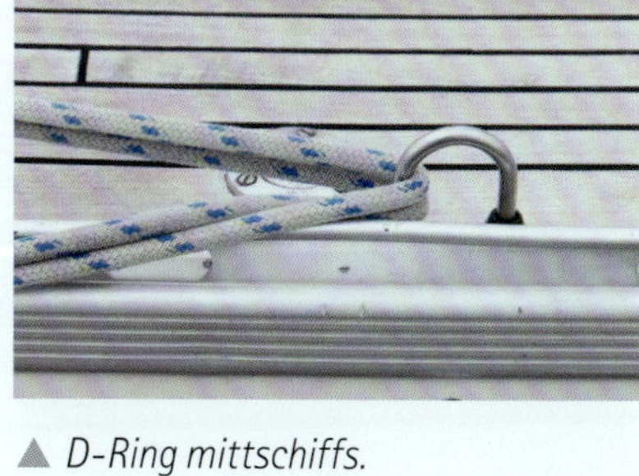

▲ *D-Ring mittschiffs.*

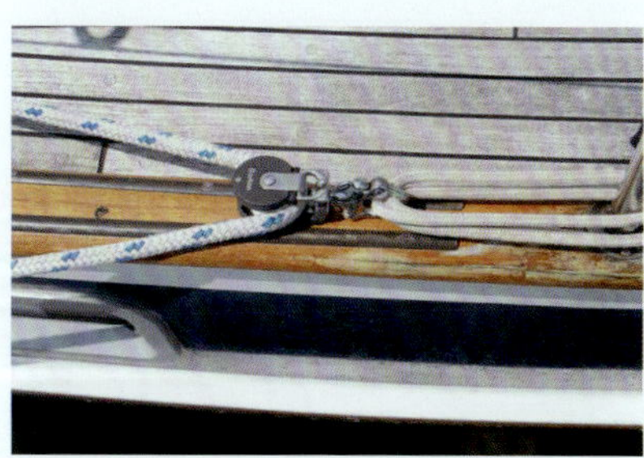

▲ *Block an der Relingsstütze angeschlagen.*

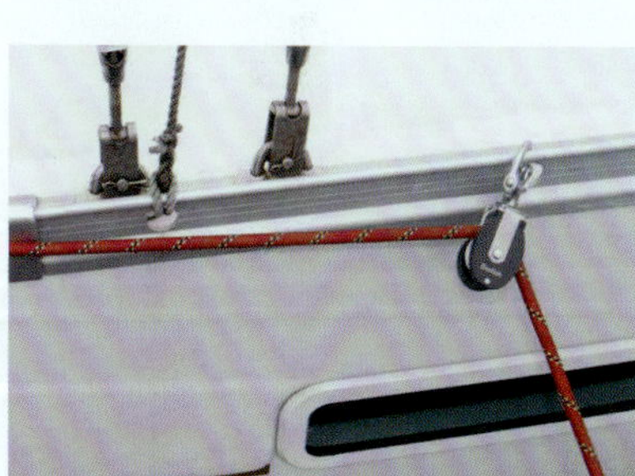

▲ *Block an der Fußreling befestigt.*

Beispiele für improvisierte Mittschiffsklampen

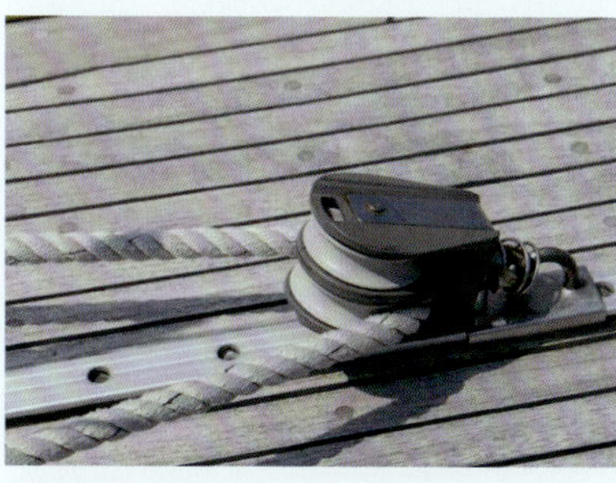

▶ *Block an der Genuaschiene.*

Mittschiffspring – Schritt für Schritt

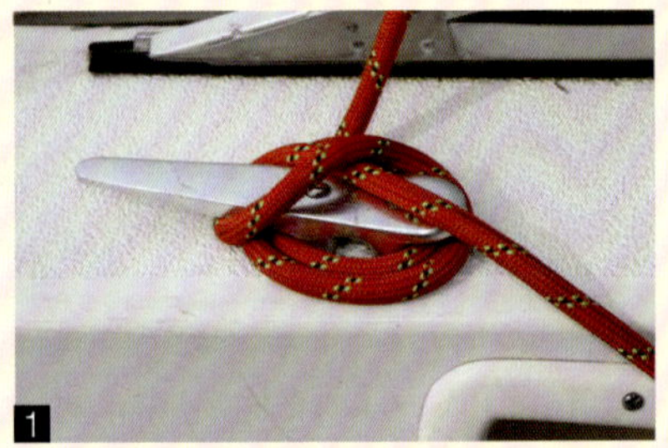

Belegen Sie das Ende innenbords an einem starken Punkt im Cockpit oder an einer Heckklampe.

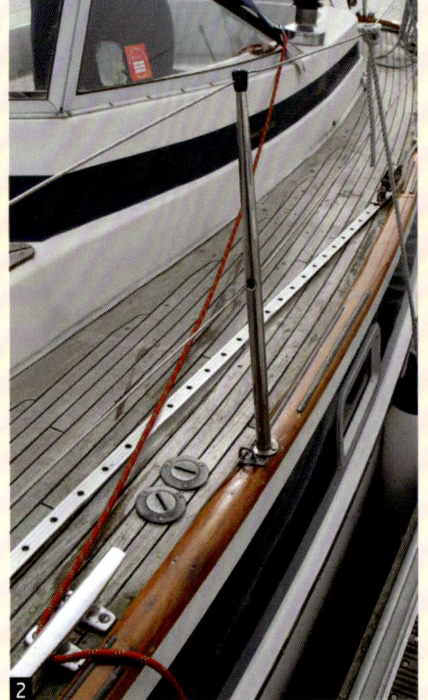

Führen Sie die Leine um das vordere Ende der Mittschiffsklampe herum.

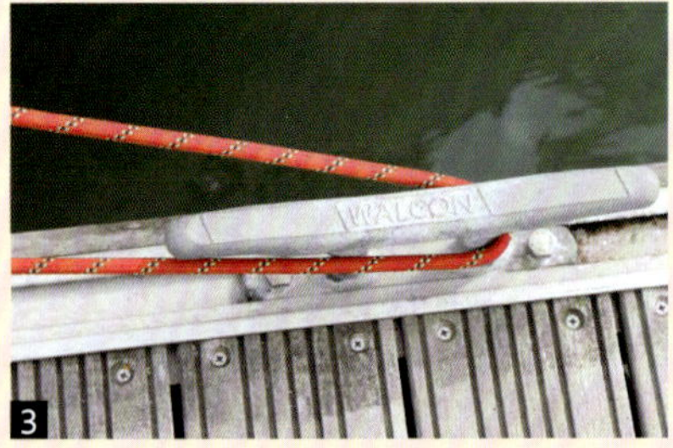

Dann geht es auf Höhe des Hecks um eine Klampe am Steg herum.

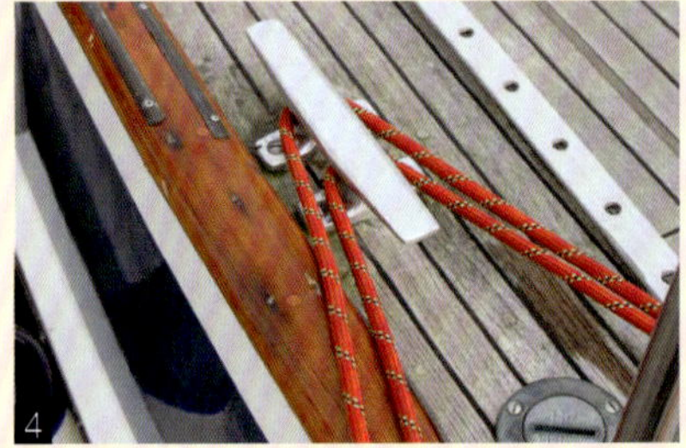

Belegen Sie das zu slippende Ende auf der Winsch. Das feste Ende ist an der Klampe. Richten Sie die Leine so aus, dass das zu slippende Ende so kurz wie möglich ist.

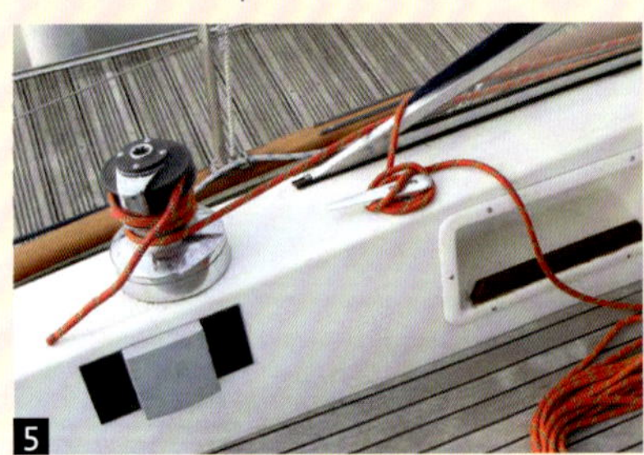

Zurück wird die Leine in der Mitte der Klampe an Bord durchgeführt, um die Reibung beim Einholen zu verringern.

Geben Sie Schub voraus. Dadurch bleibt das Boot leicht an den Steg gedrückt. Nehmen Sie die Bug-, Heck- und Springleinen ab. Um abzulegen, kuppeln Sie den Propeller aus, nehmen das zu slippende Ende von der Winsch und holen es vom anderen Ende her ein. Dann fahren Sie vom Liegeplatz ab.

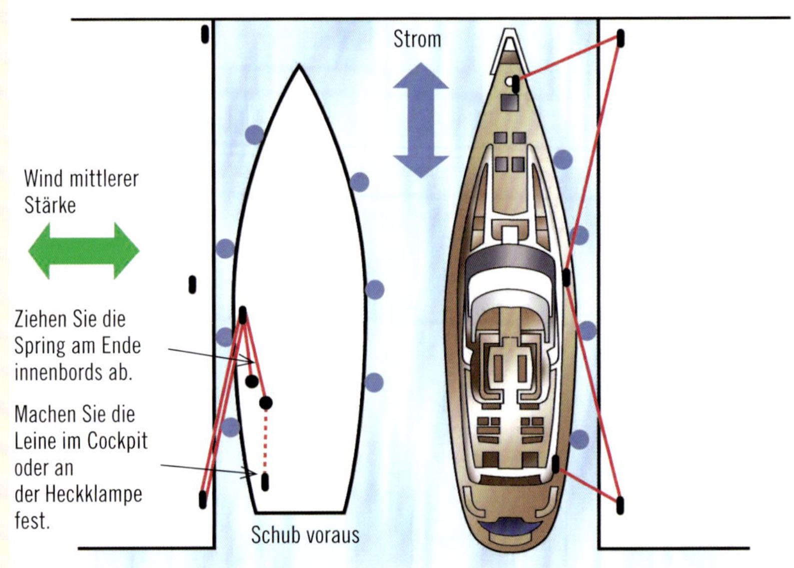

Vorwärts in eine Mittschiffspring eindampfen

Methode: Kurzer Festmacher auf Slip mittschiffs

Eine kurze, dichtgeholte Leine mittschiffs hält das Boot bei den meisten Wind- und Stromverhältnissen an Ort und Stelle. Dabei wird nicht eingedampft, der Motor wird nicht verwendet, nur die Leine hält das Boot. Es kann nicht weg, nicht weiter nach vorn, nicht weiter zurück. Der Bug kann nur so weit vom Steg weg, bis das Heck anliegt und umgekehrt. Das ist eine wunderbar simple Art einhand abzulegen, am besten setzt man die Leine auf Slip.

An meiner Mittschiffsklampe führe ich Slipleinen immer mit dem festen Ende über das vordere Ende der Klampe und zurück durch die Mitte der Klampe. Das ist nur meine Gewohnheit – ich denke, dass ein loses Ende, das durch die Mitte der Klampe eingeholt wird, sich nicht so leicht verfängt, nicht ins Wasser fällt oder sonstwie unklar kommt. Aber auch hier heißt es: Selbst ausprobieren und die beste Lösung für sich finden!

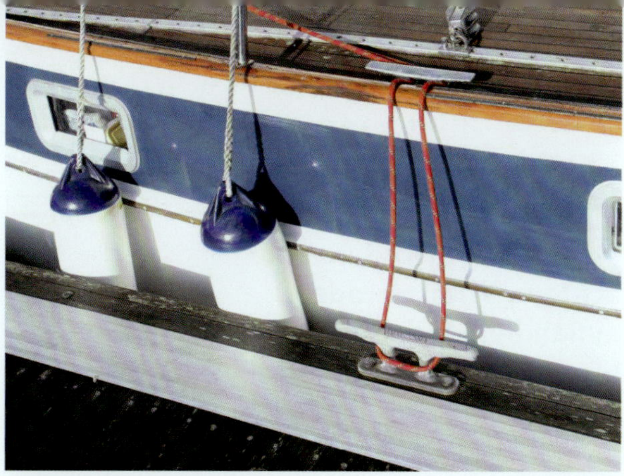

▲ Festmacher mittschiffs auf Slip

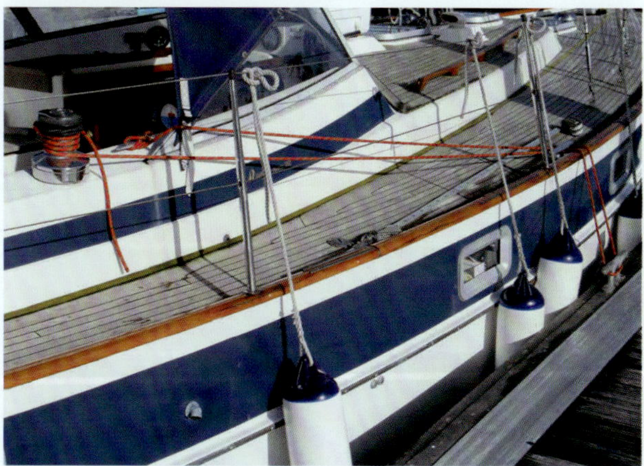

▲ Das feste Ende ist im Cockpit belegt. Die Leine wird von dort zur Mittschiffsklampe, dann zur Klampe am Steg und zurück geführt und auf der Cockpitwinsch festgemacht.

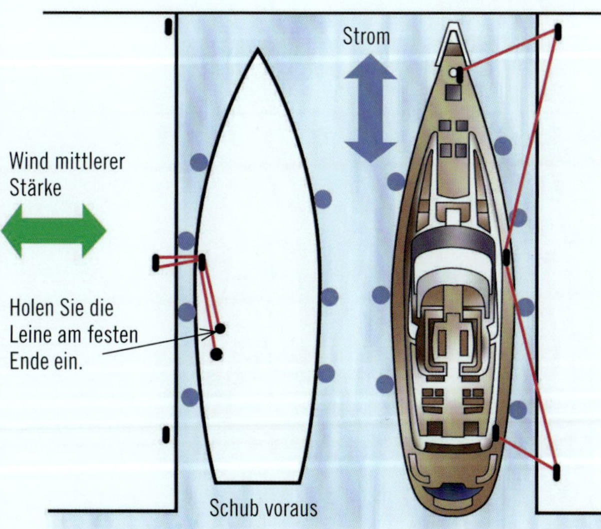

Kurzer Festmacher auf Slip mittschiffs

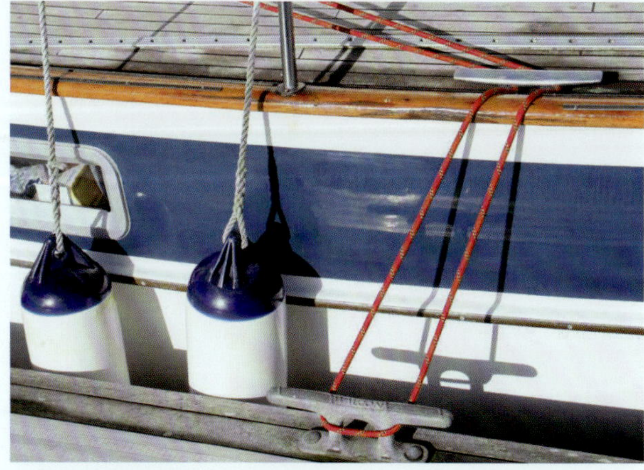

▲ Führen Sie die Leine um das vordere Ende der Mittschiffsklampe und zurück durch die Mitte der Klampe, damit die beiden Parten nicht aneinander liegen und weniger Reibung beim Einholen entsteht.

Tipp

Achten Sie auf die Ruderstellung!
Ruder hart Backbord bzw. hart Steuerbord hat beim Eindampfen in eine Spring oder einen umgelenkten Festmacher großen Einfluss auf die Ausrichtung des Bootes zum Steg.

Vorwärts aus der Box

Strom von vorn oder von achtern, Wind ab- oder auflandig, Stärke schwach bis mittel

Methode: Heckleine auf Slip

Das ist eine sehr praktische und einfache Methode, einen Festmacher auf Slip einzusetzen. Auch wenn stärkerer Wind das Boot vom Steg wegdrückt, kann es längsseits gehalten werden. Ein wenig mehr Schub voraus sollte genügen. Kuppeln Sie den Propeller an einem Tag mit leichtem Wind zur Probe aus. Das Boot entfernt sich sofort vom Steg. Geben Sie dann Schub voraus, und das Boot legt sich wieder längsseits an den Steg. Um abzulegen, slippt man die Leine und fährt aus der Box.

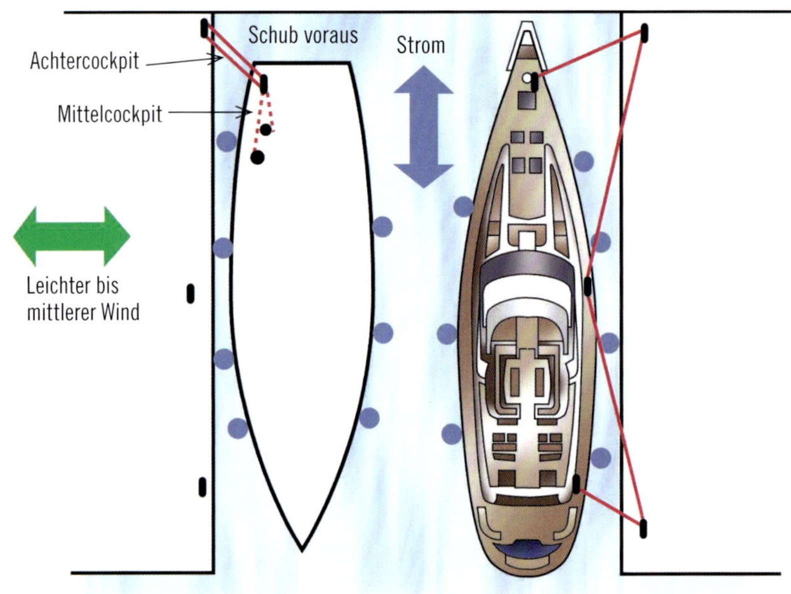

Gegen eine Heckleine auf Slip ablegen

Mittlerer bis stärkerer ablandiger Wind

Methode: umgelenkte Heckleine auf Slip

Eine von der Mittschiffsklampe zum Steg und dann zum Heck umgelenkte Leine hält das Boot bei stärkerem Wind noch etwas besser längsseits am Steg. Das feste Ende ist auf einer Klampe im Cockpit belegt, das zu slippende Ende führt man von der Heckklampe zur Cockpitwinsch.

Man kann das Boot auch bis zur Hälfte aus der Box verholen, einen kurzen Festmacher (fest oder auf Slip) mittschiffs ausbringen und auf diese Weise ablegen.

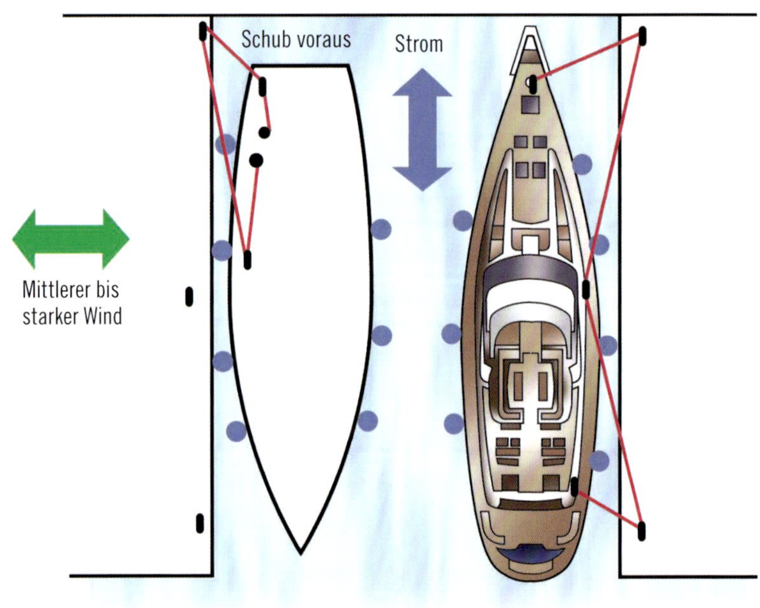

Gegen eine umgelenkte Heckleine auf Slip ablegen

Heckleine auf Slip – Schritt für Schritt

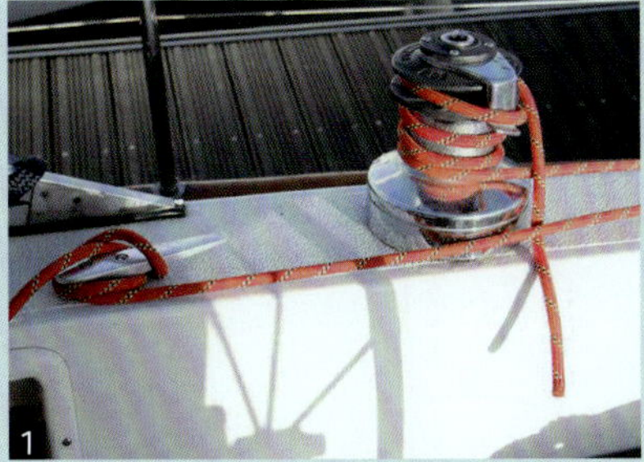
1

Belegen Sie das eine Ende sicher im Cockpit, zum Beispiel auf einer Klampe.

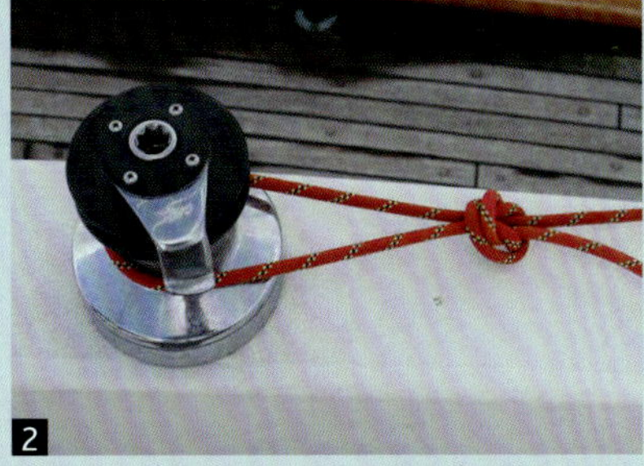
2

Man kann auch eine Schlaufe in die Leine machen und diese über die Winsch legen. Ich habe die Schlaufe hier mit einem Schmetterlingsknoten gemacht, weil ich sie nicht am Ende, sondern in der Mitte der Leine haben möchte, damit das zu slippende Ende so kurz wie möglich ist. Der Schmetterlingsknoten wird in Kapitel 7 ausführlich gezeigt.

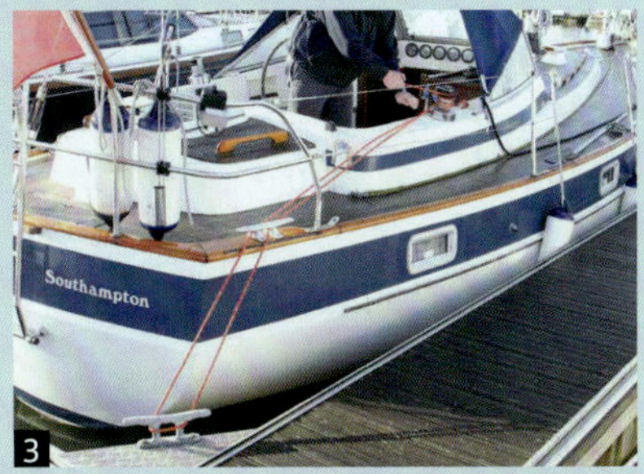

3

Führen Sie die Leine durch die Heckklampe, dann um die Klampe am Steg herum, zurück um das hintere Ende der Heckklampe und belegen Sie sie auf der Winsch. Geben Sie Schub voraus, und nehmen Sie alle anderen Festmacher ab. Um abzulegen, kuppeln Sie den Propeller kurz aus, nehmen Sie die Leine von der Winsch, und holen Sie sie vom anderen Ende her ein.

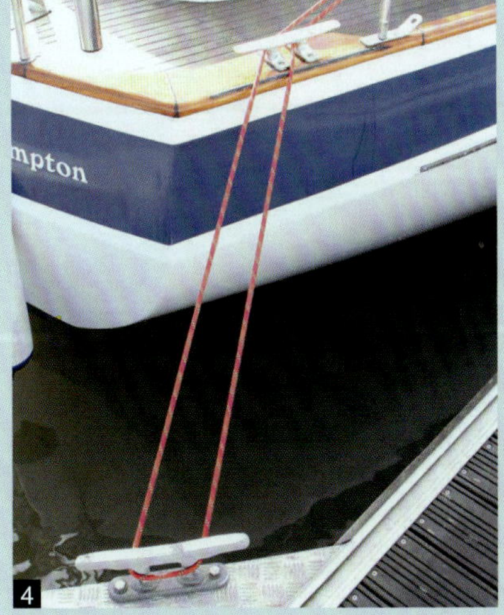
4

Bei dieser Leinenführung berühren sich die Parten nicht.

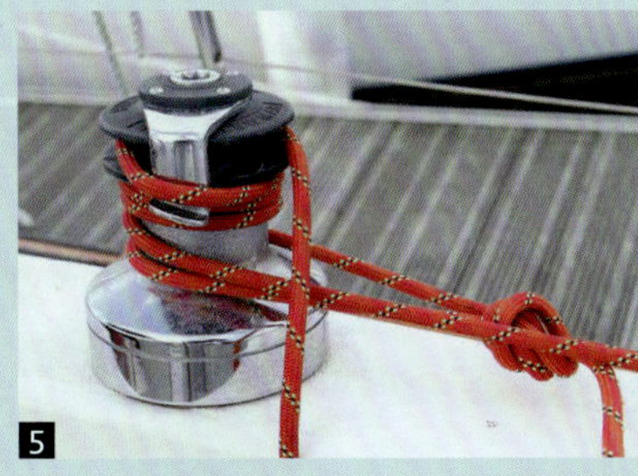
5

Das feste und das zu slippenede Ende können beide problemlos auf einer Winsch festgemacht werden.

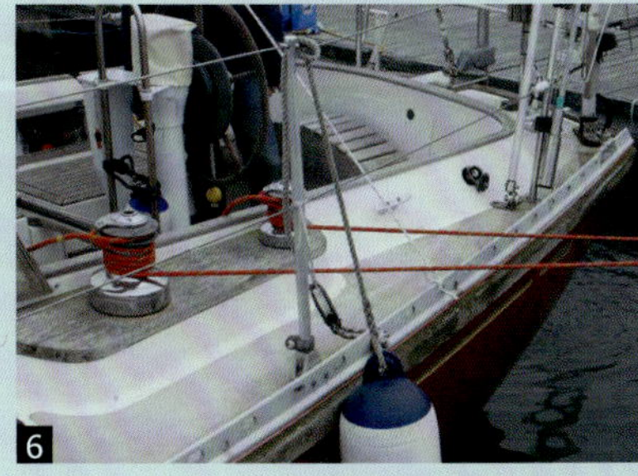
6

Der Improvisation sind keine Grenzen gesetzt, Southern Cross verteilt die Enden auf zwei Winschen.

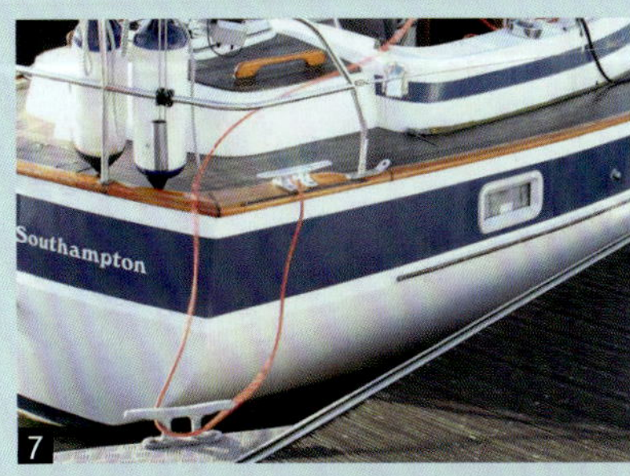

7

Wenn das geslippte Ende ins Wasser fällt, ist es so kurz, dass keine Gefahr besteht.

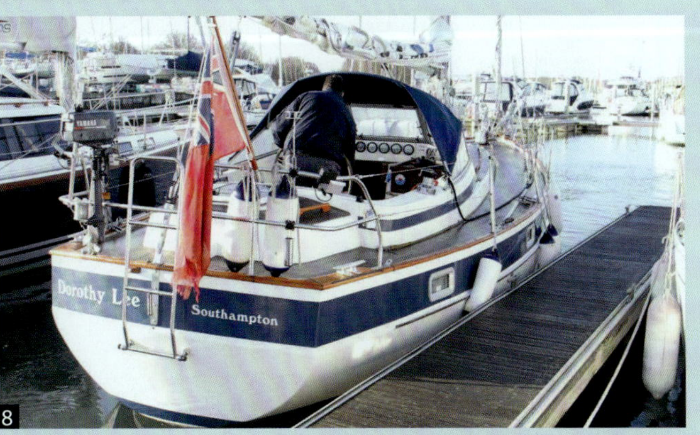

8

Und los geht es, der Fender schützt bei leichtem Druck an den Steg.

Bug oder Heck mit der Spring abdrücken

Wenn das Boot von Wind oder Gezeitenstrom gegen den Steg gedrückt wird, muss zum Ablegen der Bug oder das Heck vom Steg mit einer Spring abgedrückt werden.

Methode: Bug abdrücken

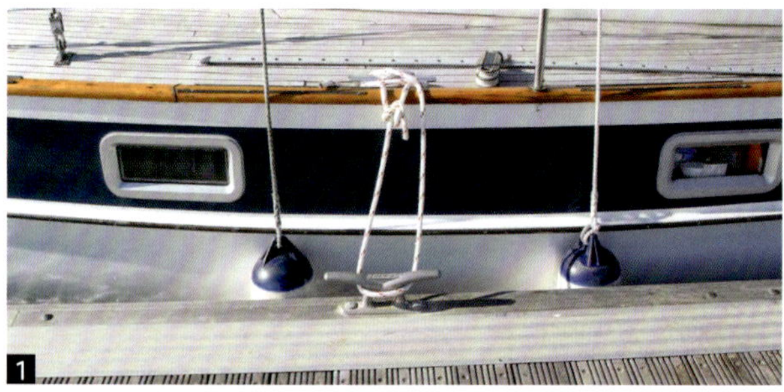

Während der Vorbereitung wird das Boot mittschiffs mit einem kurzen Festmacher auf Slip in Position gehalten.

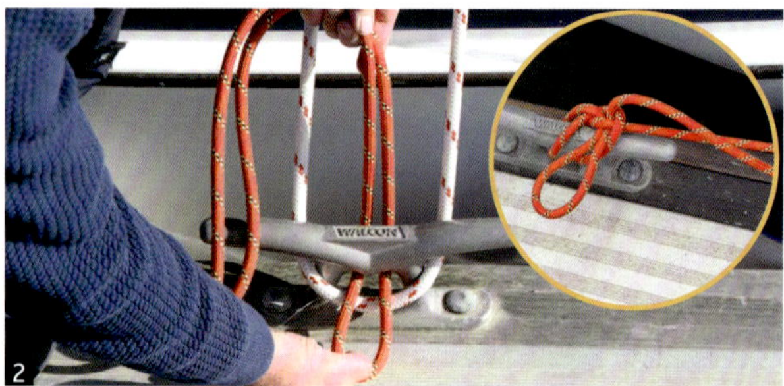

Machen Sie eine Leine mit einem Straßenräuberstek an einer Klampe am Steg fest, die sich ungefähr mittschiffs befindet.

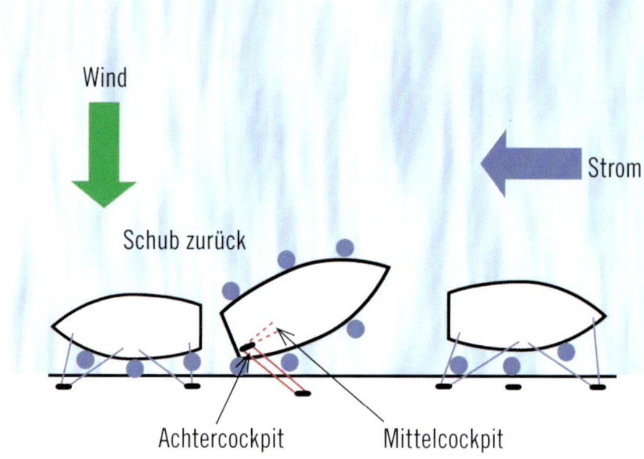

▲ Eindampfen in eine Achterspring auf Slip, um den Bug abzudrücken. Vorsorglich sollten auch an der dem Steg abgewandten Seite Fender ausgebracht werden, falls das Boot vom Strom komplett herumgedreht wird und gegen das Nachbarboot drückt.

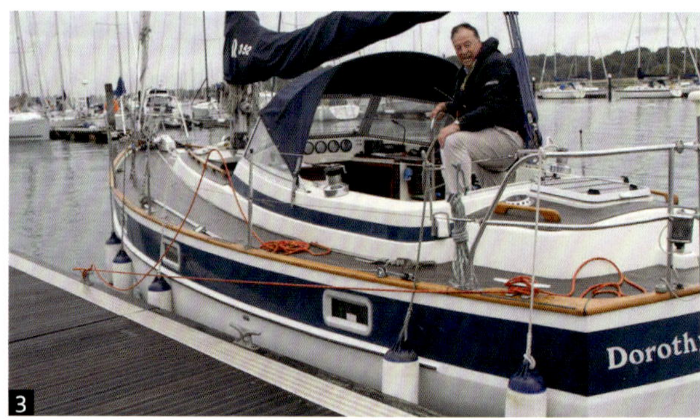

Belegen Sie das feste Ende an der Heckklampe an Bord, und dampfen Sie mit Schub zurück in diese Springleine ein, um den Bug vom Steg abzudrücken.

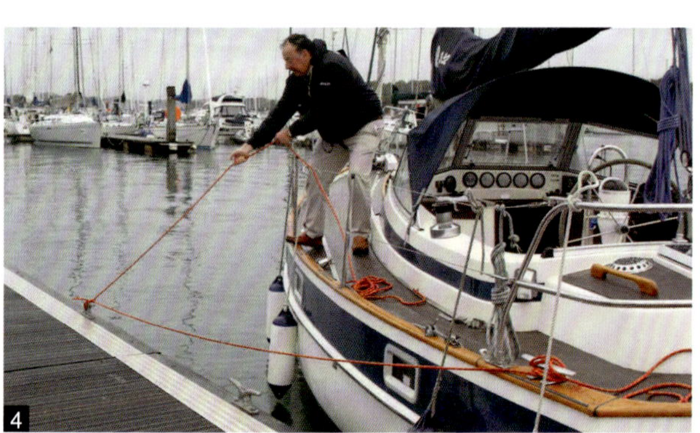

Wenn der Bug weit genug entfernt ist, lösen Sie den Straßenräuberstek mit einem Ruck am anderen Ende der Leine.

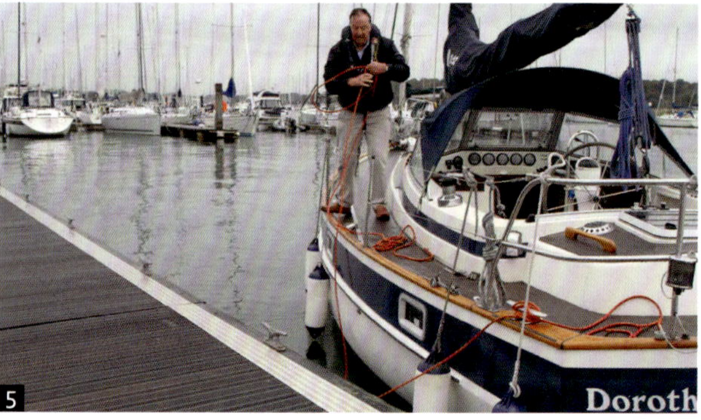

Holen Sie die Leine ein.

Methode: Heck abdrücken

▶ *Eindampfen in eine Vorspring auf Slip, um das Heck abzudrücken. Noch einfacher geht es, wenn die Spring nicht auf Slip gesetzt, sondern mit einem Straßenräuberstek festgemacht wird.*

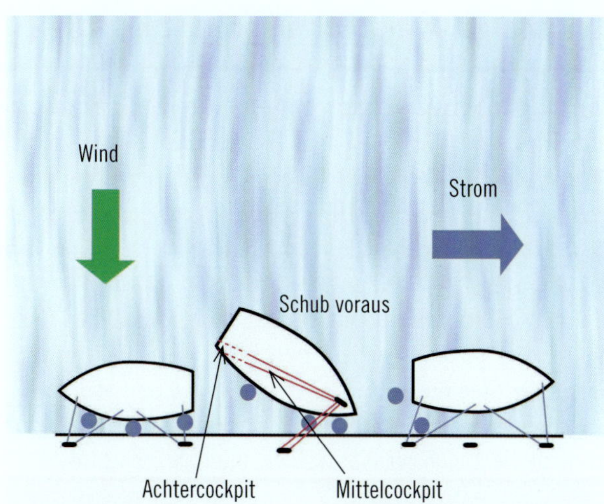

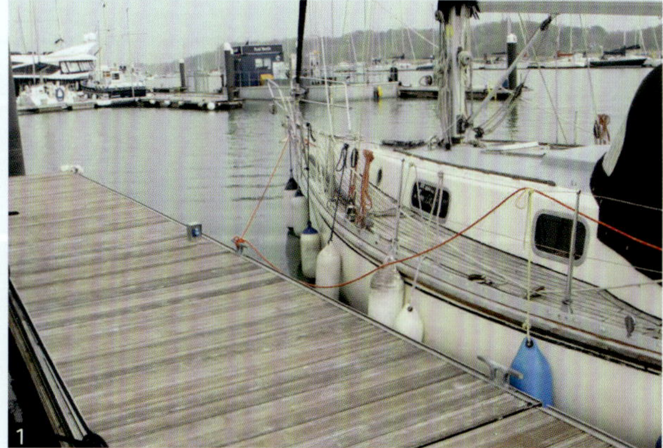

1 Führen Sie eine Leine vom Bug zu einer Klampe am Steg, die sich ungefähr mittschiffs befindet, und machen Sie sie mit einem Straßenräuberstek fest.

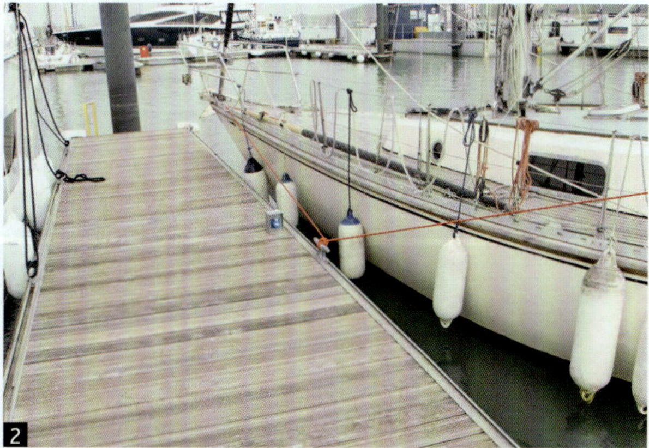

2 Geben Sie Schub voraus, sodass der Bug gegen den Steg gedrückt wird, während das Heck vom Steg abgedrückt wird. Bringen Sie ausreichend viele Fender am Bug an.

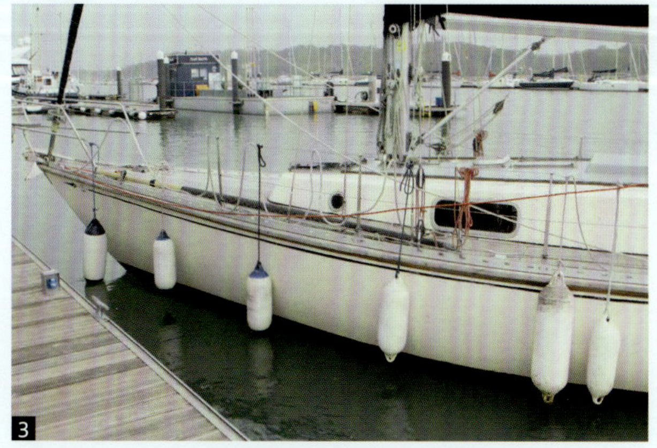

3 Mit einem kräftigen Ruck an der Leine wird der Straßenräuberstek von der Klampe gelöst.

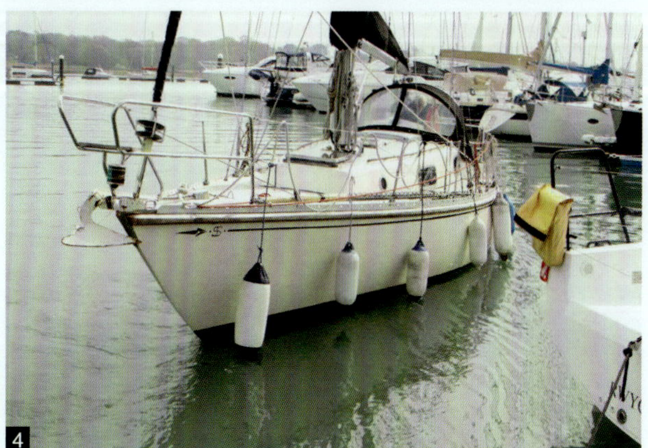

4 Steuern Sie rückwärts gegen den Strom vom Liegeplatz weg, und achten Sie dabei auf die Nachbarboote.

Auflandiger Wind, Strom gegen den Steg

Methode: Schub voraus gegen eine Heckleine auf Slip

Drücken Wind und Strom das Boot gegen den Steg, kann man wie zuvor beschrieben in eine Vorspring eindampfen oder folgende Technik einsetzen: Führen Sie eine Heckleine von der vom Steg abgewandten Seite des Bootes zu einer Klampe am Steg und zurück und geben Sie Schub voraus. Das Heck muss dabei gut mit Fendern geschützt werden, da es sich gegen den Steg dreht. Man kann den Bug so weit abdrücken, bis das Boot rechtwinklig vom Steg absteht. Dann muss nur noch die Heckleine geslippt werden, und man fährt los.

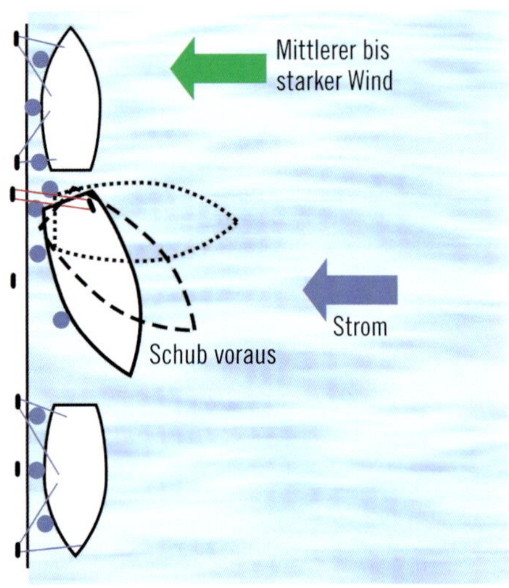

▲ *Schub voraus gegen eine Leine zur äußeren Heckklampe drückt den Bug vom Steg ab.*

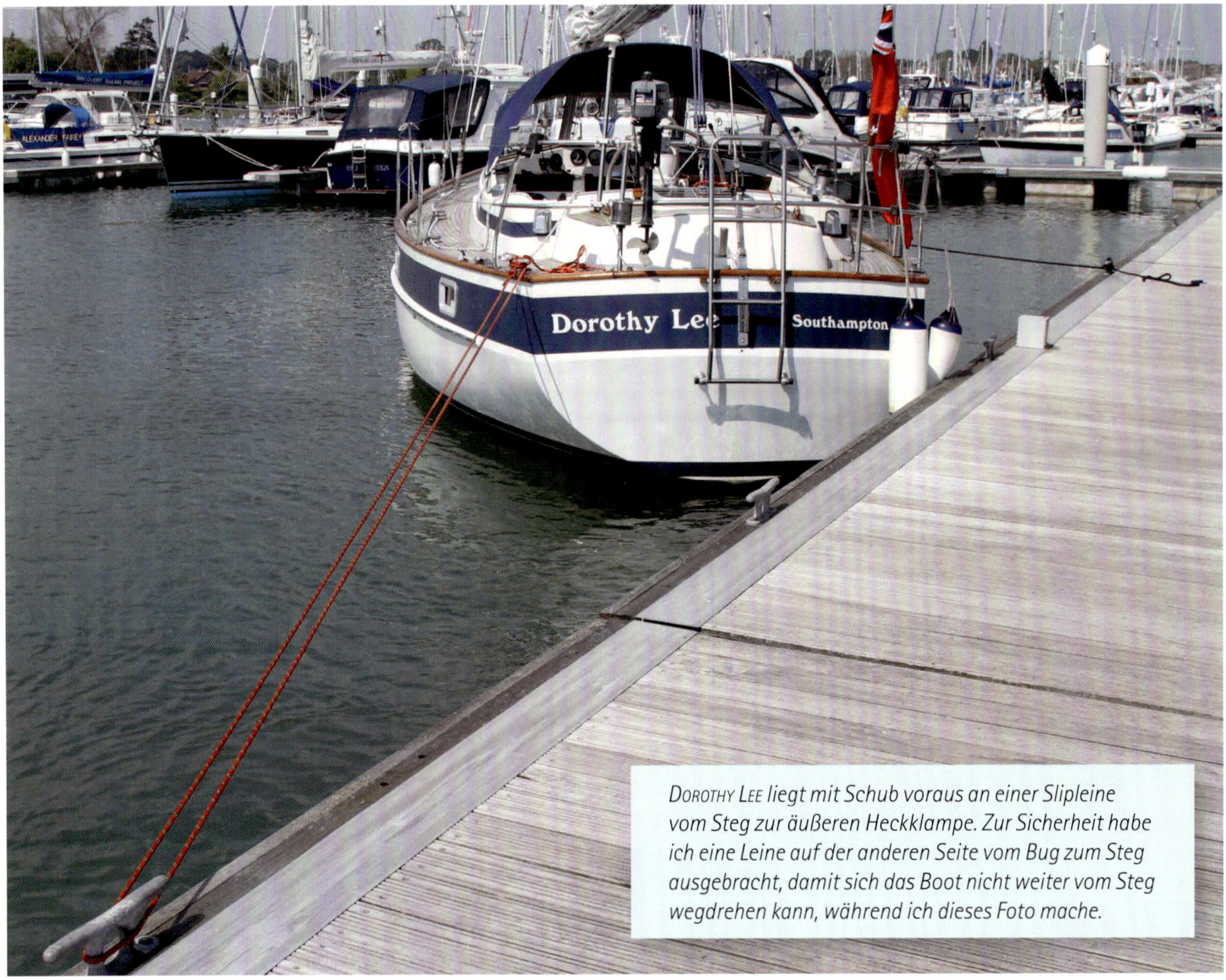

Dorothy Lee liegt mit Schub voraus an einer Slipleine vom Steg zur äußeren Heckklampe. Zur Sicherheit habe ich eine Leine auf der anderen Seite vom Bug zum Steg ausgebracht, damit sich das Boot nicht weiter vom Steg wegdrehen kann, während ich dieses Foto mache.

Zusammenfassung

Alle Methoden haben auf den Testbooten funktioniert – ob Lang- oder Finnkiel, Skeg oder freistehendes Balanceruder, Saildrive oder Wellenanlage. Die Länge der Leinen und die Feinabstimmung mussten aber jedes Mal angepasst werden. Die gezeigten Methoden sollten auch auf Ihrem Boot funktionieren – probieren Sie es aus, um die für Sie beste Technik zu finden. Bringen Sie besonders beim ersten Mal ausreichend Fender und zusätzliche Leinen aus, um das Boot abzusichern. Lösen Sie erst dann alle übrigen Festmacher, wenn das Boot sicher und kontrolliert an der Slipleine liegt und Sie die richtige Stärke Schub voraus oder zurück gefunden haben.

Mein bevorzugtes Hilfsmittel, um rückwärts abzulegen, ist die umgelenkte Bugleine, da sie schnell vorbereitet werden kann, besonders wenn man nur jeweils einen Festmacher für Bugleine und Achterspring sowie einen für Heckleine und Vorspring verwendet. Habe ich das Boot dagegen mit vier Festmachern vertäut – für jede Aufgabe eine Leine –, würde ich eine Vorspring auf Slip oder eine Vorspring mit Straßenräuberstek verwenden. In beiden Fällen würde ich eine Leine am Heck bis zuletzt beibehalten, um das Boot parallel zum Steg zu halten, besonders dann, wenn es durch Wind abtreiben könnte.

Scannen Sie diesen QR-Code, um ein Video über das Ablegen mit einer umgelenkten Bugleine zu sehen.

Scannen Sie diesen QR-Code, um ein Video über das Ablegen mit einer Vorspring auf Slip und mit einer Vorspring mit Straßenräuberstek zu sehen.

Scannen Sie diesen QR-Code, um ein Video über das Abdrücken sowohl des Bugs als auch des Hecks mit einer Spring und einem Straßenräuberstek zu sehen.

Tipp

Wenn auf meiner Mittschiffsklampe kein Platz mehr ist, weil ich dort zu viele Leinen belegt habe, mache ich den Straßenräuberstek einfach am Fuß einer Relingstütze fest, um das Boot für kurze Zeit in Position zu halten.

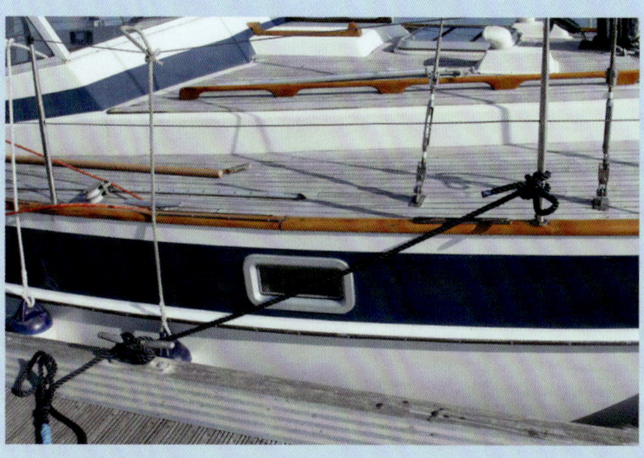

Führen der Nationalflagge

Während einer Regatta kann die Nationalflagge am Heck eingeholt und nach Beendigung der Wettfahrt wieder gesetzt werden.

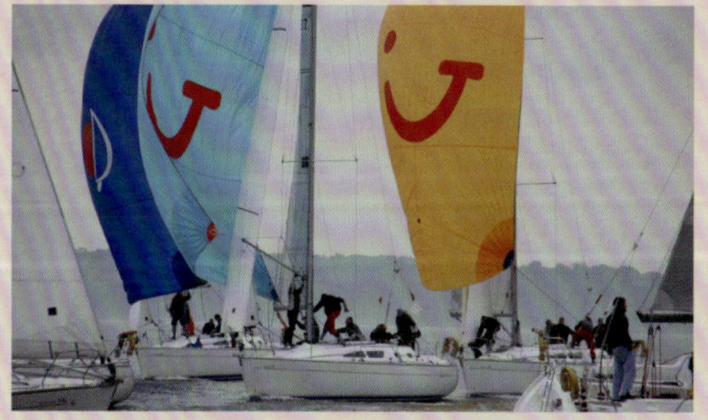

▶ *Manche Länder haben eigene maritime Flaggen. Britische Boote z. B. fahren nicht unter dem Union Jack, sondern der Handelsflagge Großbritanniens (Red Ensign).*

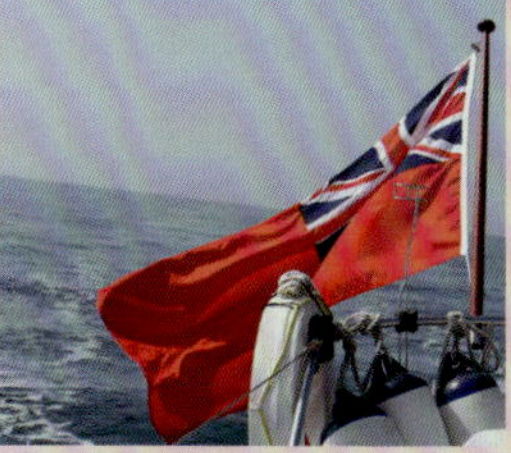

5 An einem Liegeplatz anlegen

Die unterschiedlichen Techniken zum Ablegen wurden nun gemeistert, wie aber kommt man wieder sicher an den Liegeplatz zurück und macht fest? Auch dazu gibt es verschiedene Methoden, bei denen man eine Leine über eine Klampe am Steg legt und sich mit Motorschub gegen diese Leine sicher am Steg hält, bis alle Festmacher ausgebracht sind. Zuallererst muss man jedoch die Ansteuerung bedenken.

Die Ansteuerung

Die Ansteuerung erfolgt immer gegen den Strom. Egal ob man längsseits an einem langen Steg, in einer Box, im Päckchen oder an einer Boje festmachen will – man steuert immer gegen den Strom an. Um mit dem Bug voraus anzulegen, steuert man vorwärts gegen den Strom. Um mit dem Heck voraus anzulegen, steuert man rückwärts gegen den Strom. In der Regel hat der Gezeitenstrom stärkeren Einfluss auf das Boot als der Wind, bei kräftigem Wind und Hoch- oder Niedrigwasser kann es umgekehrt sein. In jedem Fall muss man sich darüber im Klaren sein, wie das Boot in Strom und Wind reagieren wird. Mein eigener Liegeplatz ist ganz dem vorherrschenden Wind ausgesetzt, sodass der Gezeitenstrom besonders kräftig setzen muss, um stärkeren Effekt als der Wind zu haben.

Auch Wind von der Seite muss bedacht werden. Solange man Fahrt durchs Wasser macht, sollte man einen Seitenwind ausgleichen können, dabei spielen jedoch die Verdrängung und die Größe der seitlichen Windangriffsfläche eine Rolle. Moderne Yachten mit geringem Gewicht und hohem Freibord werden von einem Seitenwind stärker abgetrieben als alte, schwere Langkieler, besonders wenn man zum Stillstand kommt. Deshalb darf eine moderne Yacht nicht zu zaghaft manövriert, sondern muss entschlossen mit ausreichend Fahrt durchs Wasser an ihren Liegeplatz gesteuert werden. Zum Aufstoppen genügt aufgrund des geringeren Gewichts ein kurzer Schub zurück.

Motorcheck: Einmal WÖK und einmal BLA

i

Beim Hafenmanöver muss auf die Maschine Verlass sein. Zur täglichen Überprüfung kann man sich merken: **WÖK** (Wasser, Öl, Keilriemen) und **BLA** (Batterie, Leckagen, Auspuff).

Wasser: Überprüfen Sie den Kühlwasserfilter.
Öl: Kontrollieren Sie das Motoröl und von Zeit zu Zeit das Getriebeöl.
Keilriemen: Zustand und Spannung in Ordnung? Er sollte sich mittig nicht mehr als 1,5 cm eindrücken lassen.
Batterie: Ladezustand in Ordnung? Batteriepole frei von Ablagerungen?
Leckagen: Ist alles am Motor dicht? Ölverlust? Wasserverlust?
Auspuff: Kommt bei laufendem Motor Kühlwasser aus dem Auspuff?

Weht der Wind querab zum Steg hin, muss man den Liegeplatz hoch ansteuern, das heißt man dreht etwas weiter in Luv in die Box ein und lässt den Wind das Boot ganz an den Steg bringen. Hat man die seitliche Abdrift durch den Wind überschätzt, muss man nur etwas abwarten, bis das Boot ganz am Steg liegt. Wichtiger ist es, die Abdrift nicht zu unterschätzen oder gar direkt auf die Box zuzuhalten, da man sonst mittschiffs an der Spitze des Stegs aufkommt.

Bei ablandigem Wind könnte man ebenfalls etwas in Luv, in diesem Fall schon vor der Box, eindrehen und den Wind das Boot genau vor die Box bringen lassen. Dabei riskiert man allerdings auf das Nachbarboot gedrückt zu werden oder ganz an der Box vorbei zu driften und sich dann aus dieser Lage befreien zu müssen. Besser ist es daher, an der Box vorbeizufahren, zu wenden und den Liegeplatz schräg mit vorlichem Wind anzulaufen. Auf diese Weise hat man das Boot unter Kontrolle.

Legt man Bug voraus an, sollte man vorzugsweise die Schokoladenseite wählen. Also die Seite, die bei Rückwärtsschub durch den Radeffekt an den Steg gedrückt wird. Legt man Heck voraus an, dann ist die andere Seite die Schokoladenseite, die sich beim Aufstoppen durch Schub voraus an den Steg legt.

Die folgenden Techniken sind für Einhandsegler gedacht und werden vom Cockpit oder vom Seitendeck aus durchgeführt. Steigen Sie nicht von Bord, bevor das Boot sicher vertäut ist.

Bei Zweihand-Crews kann einer am Steuerstand bleiben und der andere die Leinenarbeit übernehmen. Dabei sollte der Steuermann niemals das Cockpit verlassen, um dem anderen zu Hilfe zu eilen, auch wenn dieser gerade Schwierigkeiten hat, eine Klampe zu erwischen oder eine Leine zum Steg zu werfen, da das Boot ansonsten führerlos ist. Der Steuermann muss dieser Versuchung widerstehen und immer am Rad oder an der Pinne bleiben. Gegebenenfalls muss ein zweiter Versuch durchgeführt werden.

Die folgenden Techniken vermindern jedoch das Risiko und da man sie eingeübt hat und gut vorbereitet ist, sollte es immer bereits beim ersten Mal klappen – zumindest sollte man es probieren.

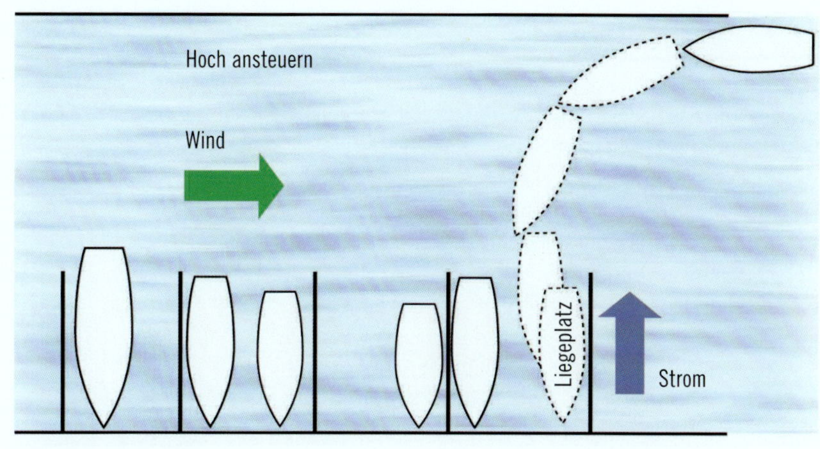

▲ *Drückt seitlicher Wind das Boot zum Steg, muss hoch angesteuert werden.*

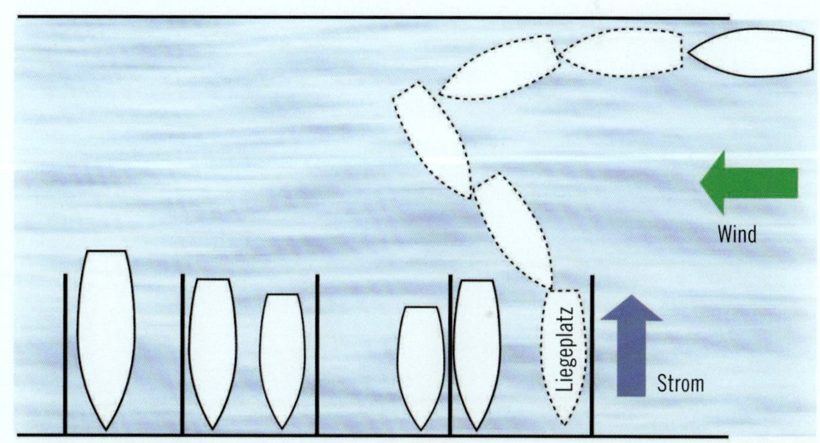

▲ *Hält der Wind das Boot vom Steg ab, wendet man so, dass man den Liegeplatz mit vorlichem Wind anlaufen kann.*

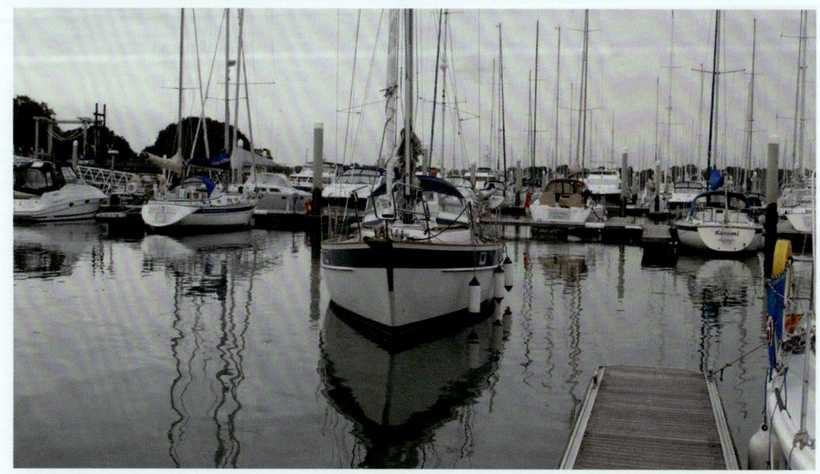

▶ *Ansteuerung bei auflandigem Wind, hier ist es jedoch sehr schwachwindig.*

Dwars laufen

Beim Anlegen kann man sich den Strom auch zunutze machen, um das Boot seitlich zu versetzen. Diese Technik wird gleichermaßen auf einem großen Kreuzfahrtschiff in Gezeitengewässern wie auch in einem Kanu oder Kajak in der Flussströmung angewendet. Angenommen, man motort mit einem Knoten Fahrt gegen einen ein Knoten schnellen Strom an. Dann macht man einen Knoten Geschwindigkeit durchs Wasser, steht aber dennoch auf der Stelle und kann das Boot genau im Strom halten. Bringt man jetzt den Strom durch leichten Ruderausschlag etwas seitlich an den Bug, beginnt sich das Boot dwars, also quer zum Strom zu bewegen. Je stärker der Strom ist, umso weniger Ruderauschlag ist nötig, um diese weit verbreitete Technik anzuwenden und mit dem Boot dwars zu laufen.

Um anzulegen, dreht man schon vor Erreichen des Liegeplatzes gegen den Strom und dosiert den Motorschub so, dass man keine Fahrt über Grund mehr macht. Dann lässt man das Boot in Richtung zum Steg oder Liegeplatz dwars laufen, richtet es dort wieder exakt gegen den Strom aus und kann perfekt längsseits gehen. Auch hier der Tipp: Probieren Sie das in aller Ruhe erst einmal aus, am besten an einem verregneten Nachmittag mit ausreichend Platz und genügend Fendern an der Bordwand.

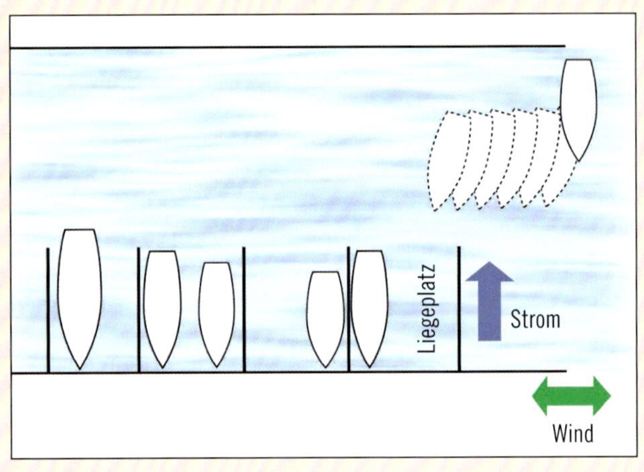

Seitlicher Versatz durch dwars laufen.

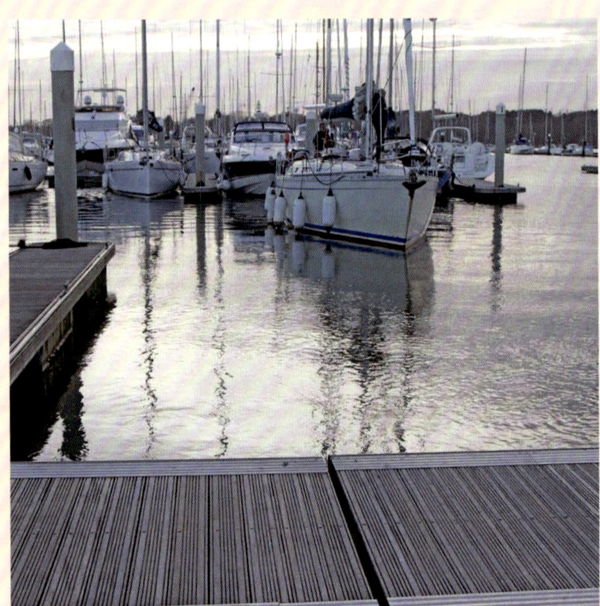

Giles legt vom Liegeplatz ab, indem er QUINTESSENCE quer zum Strom laufen lässt.

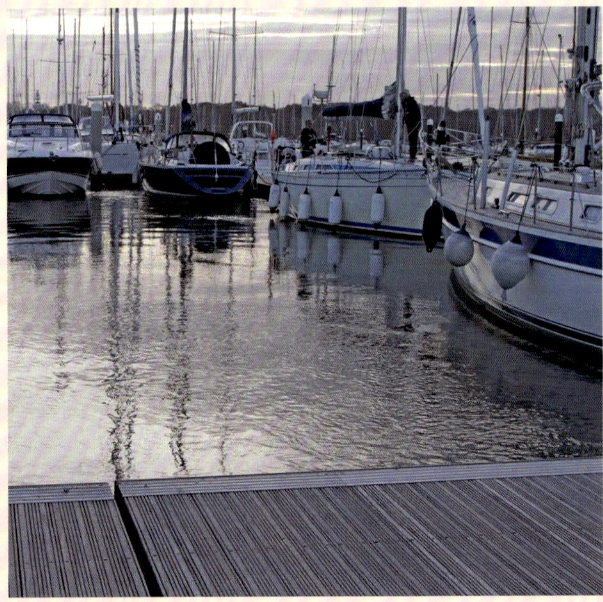

Das Boot läuft weiter dwars, bis das Fahrwasser erreicht ist.

Bug voraus anlegen

Umgelenkte Heckleine

Das ist eine hervorragende Methode, um an einem Steg anzulegen, denn selbst wenn man aufgrund vorherrschender Bedingungen nicht ganz an den Steg herankommt, sollte es möglich sein, einen Festmacher per Lasso-Technik über eine Klampe zu werfen. Hält man in jeder Hand einige Buchten der Leine, sollte man sie selbst mit wenig Kraft drei Meter weit werfen können. Das bedeutet, dass es genügt, auf zwei Meter an den Steg heranzukommen, um die Klampe sicher zu erreichen – und zwei Meter sind ziemlich viel, man sollte in der Regel noch näher am Steg sein. Voraussetzung ist natürlich etwas Übung beim Werfen der Leine. Sobald die Leine um die Klampe liegt, dampft man mit etwas Schub voraus in sie ein, und das Boot legt sich an den Steg. Diese Methode verwende ich am liebsten, wenn ich mit dem Bug voraus anlege.

Ich habe das auf modernen sowie traditionellen Booten, solchen mit hohem Deck und anderen mit niedrigem Freibord ausprobiert, und es klappt immer gleichermaßen.

Beachten Sie aber, dass Sie das Boot nicht durch die Heckleine aufstoppen. Man sollte erst zum Stillstand kommen, bevor die Leine über die Klampe geworfen wird.

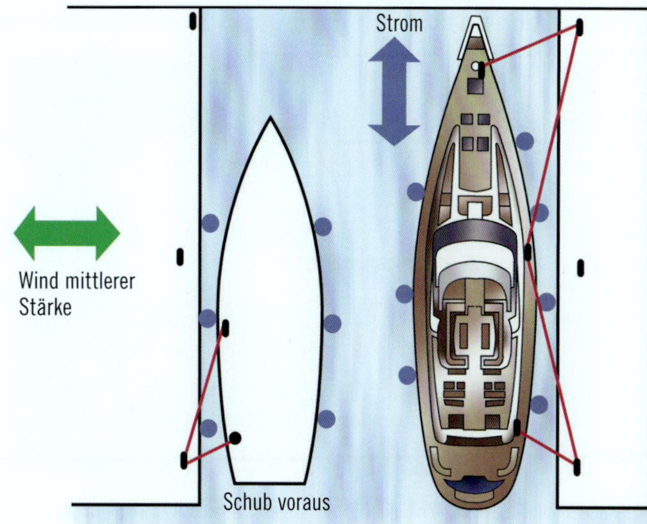

In eine umgelenkte Heckleine eindampfen.

Scannen Sie diesen QR-Code, um ein Video über das Anlegen mit einer umgelenkten Heckleine zu sehen.

Tipp

Spannen oder schoten Sie den Baum zu der Seite fest, die dem Steg abgewandt ist. So stößt man sich nicht ständig den Kopf beim Ein- und Aussteigen aus dem Cockpit.

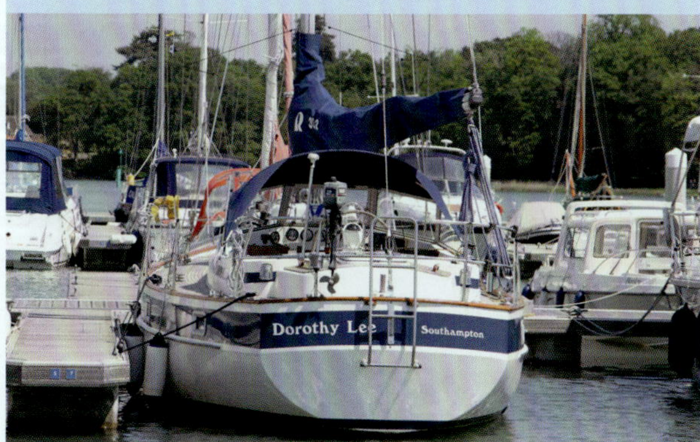

Mehr Kopffreiheit am Liegeplatz duch seitlich geschoteten Baum

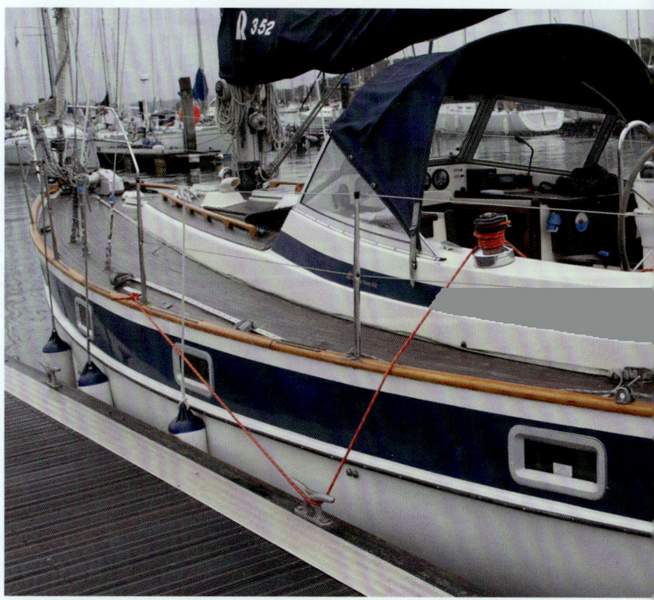

Vorbereitung: Die umgelenkte Heckleine wird an der Mittschiffsklampe belegt, außen um Relingsstützen und Fenderleinen zu einer Klampe am Steg und von dort zurück ins Cockpit geführt, wo sie an einer Winsch belegt wird. Dabei sollten sich die Cockpitwinsch und die Klampe am Steg in etwa auf gleicher Höhe befinden.

Anlegen mit umgelenkter Heckleine – Schritt für Schritt

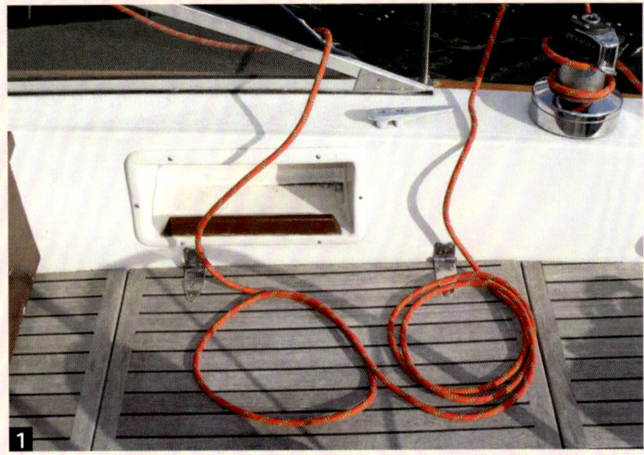

Die Törns für den Lassowurf werden im Cockpit vorbereitet.

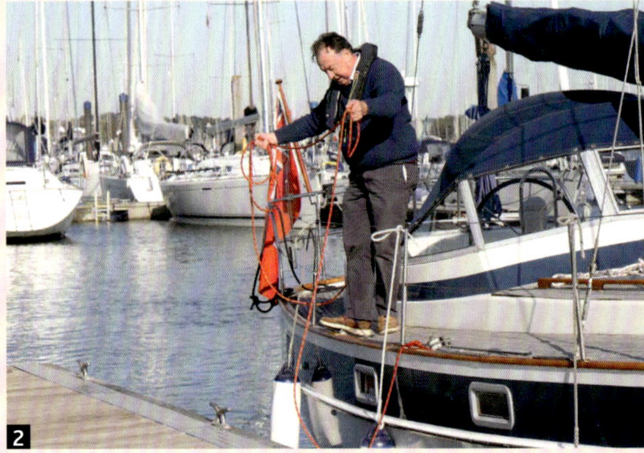

Das Boot ist zum Stillstand gekommen, bereit für den Lassowurf.

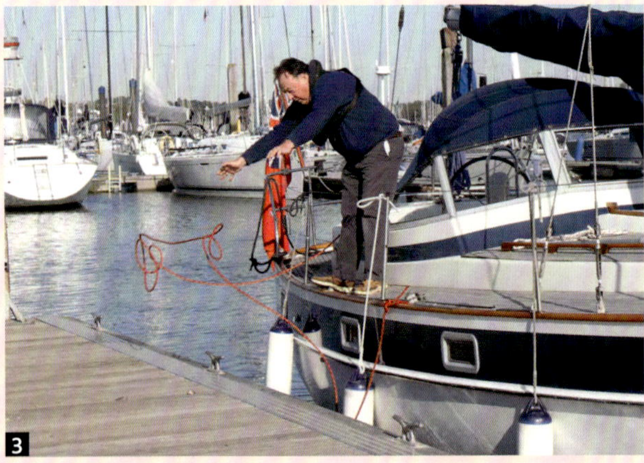

Der Lassowurf.

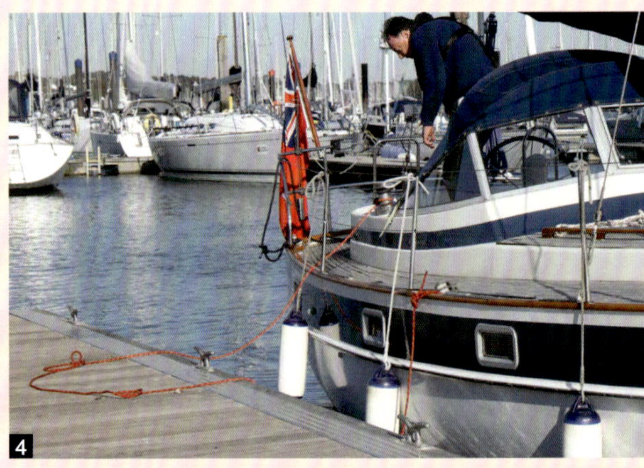

Die Leine liegt hinter der Klampe. Holen Sie sie langsam ein.

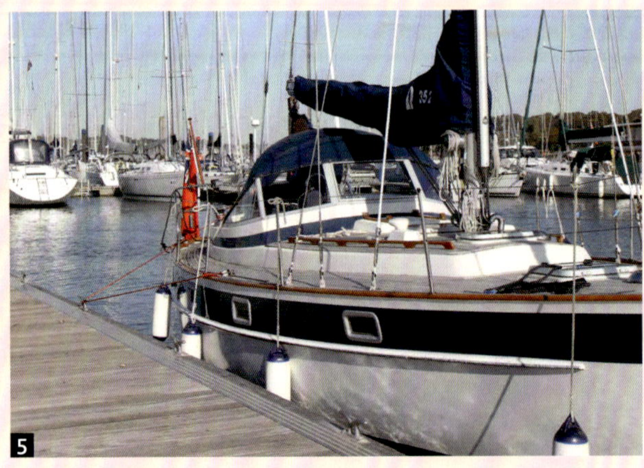

Geben Sie Schub voraus, und das Boot legt sich längsseits an den Steg.

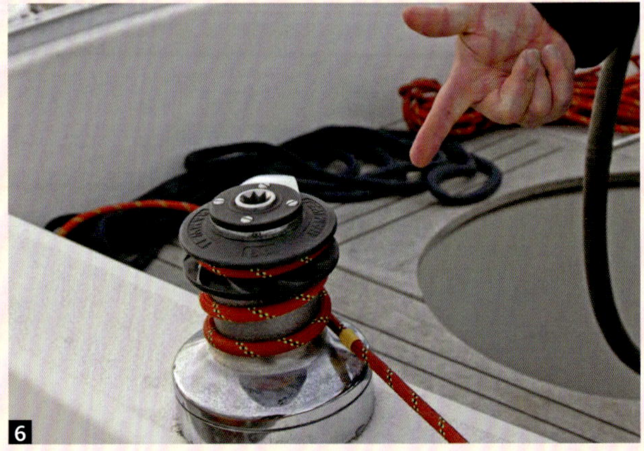

Fieren Sie die umgelenkte Heckleine bis zur Markierung. Sie zeigt, wann die richtige Position am eigenen Liegeplatz erreicht ist.

Eindampfen in die Spring

Diese Methode habe ich jahrelang verwendet, bevor ich auf die umgelenkte Heckleine umgestiegen bin. Dennoch ist und bleibt das Eindampfen in die Spring eine ausgezeichnete Technik. Allerdings muss man näher an den Steg manövrieren, um die Leine an der Klampe festmachen zu können als bei einer umgelenkten Heckleine.

Bei dieser Methode wird die Spring nicht auf Slip gelegt, sondern ist an der Klampe am Steg fest und führt über die Mittschiffsklampe an Bord zu einer Winsch im Cockpit. Wichtig ist, gleich an der ersten Klampe am Steg festzumachen, besonders wenn es ein kurzer Fingersteg ist. Achten Sie darauf, die Spring so vorzubereiten, dass sie beim Dichtkommen nicht oberhalb der Reling verläuft. Mir ist das schon ein paar Mal passiert. Es ist zwar nichts kaputt gegangen, aber mir blieb das Herz stehen, als ich das acht Tonnen schwere Boot mit einer Spring aufstoppte, die sich spannte und dabei beängstigend auf den oberen Relingsdraht drückte.

Es ist immer von Vorteil, Bug voraus mit der Seite anzulegen, die sich beim Aufstoppen durch den Radeffekt beim Rückwärtsschub an den Steg legt.

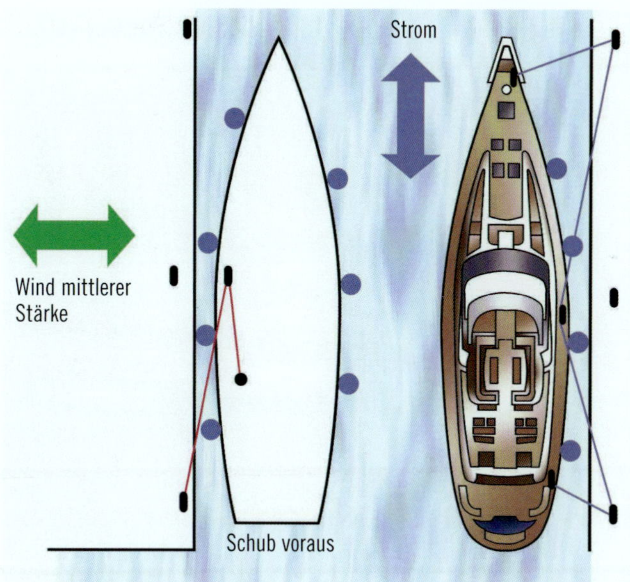

Eindampfen in die Spring

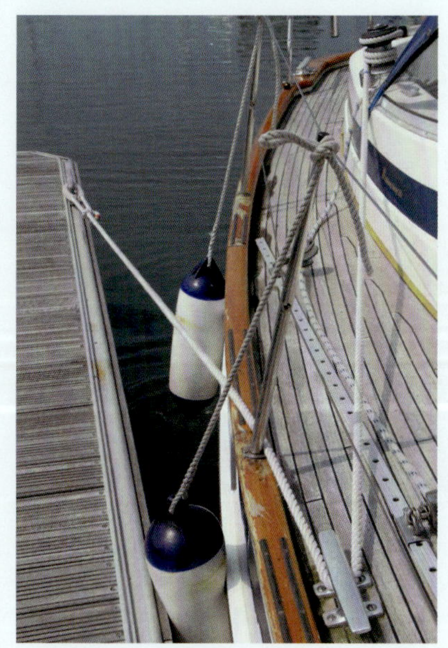

▲ So wird die Spring über die Mittschiffsklampe geführt.

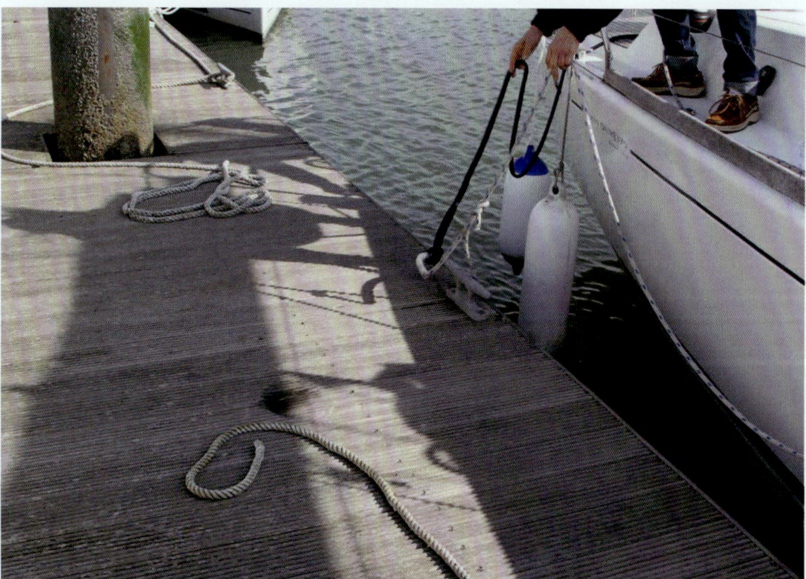

▲ Manche Boote drehen beim Eindampfen in die Spring mit dem Bug zum Steg. In diesem Fall kann man eine Hilfsleine zum Heck führen. Mit einer solchen Hilfsleine ist es beim Ablegen nicht nur einfacher, die Spring von der Klampe abzuziehen. Auch beim Anlegen mit einer hochbordigen Yacht fällt es leichter, sie über die Klampe zu legen.

In die Spring eindampfen – Schritt für Schritt

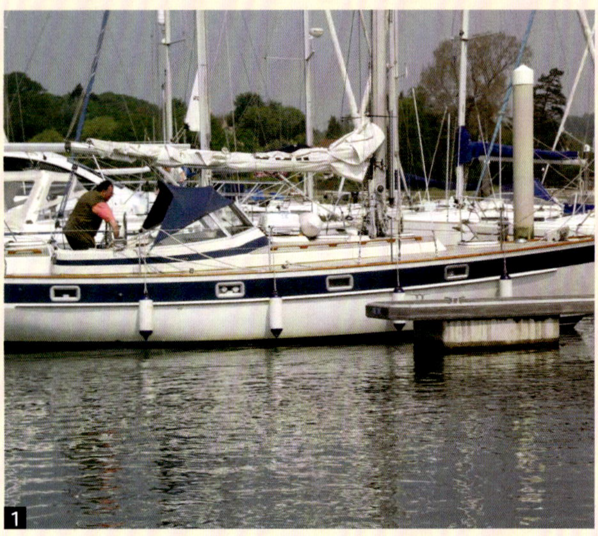

1 Stoppen Sie das Boot beim Einlaufen in die Box langsam auf.

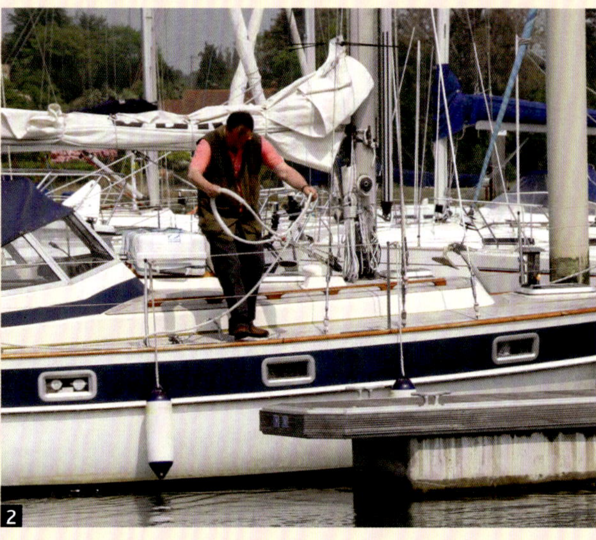

2 Kuppeln Sie den Propeller aus, und steigen Sie aus dem Cockpit.

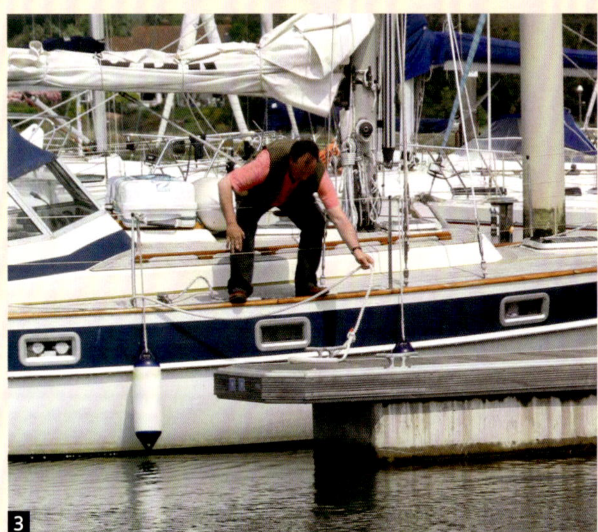

3 Legen Sie das Auge des Festmachers über die Klampe, kehren Sie ins Cockpit zurück, und holen Sie die Spring über die Winsch dicht. Kuppeln Sie den Propeller ein, und dampfen Sie mit etwas Schub voraus in die Spring ein.

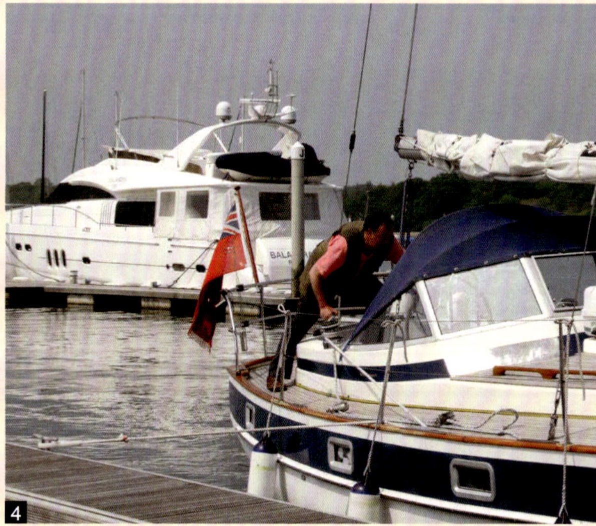

4 Richten Sie das Boot am Steg aus, steigen Sie dann auf den Steg, und machen Sie mit den regulären Festmachern fest. Kuppeln Sie den Propeller aus, und nehmen Sie die Spring ab.

Heckleine an einem langen Steg

Um längsseits an einem Steg anzulegen, kann man eine Heckleine mit einem festen Auge vorbereiten, das am besten mit einem Stück Plastikschlauch als Schamfilschutz offen gehalten wird. Belegen Sie die Leine an einer Klampe am Heck, legen Sie das Auge über eine Klampe am Steg und dampfen Sie in diese Heckleine ein. Das Boot wird dadurch am Steg gehalten. Bei stärkerem ablandigen Wind muss man eventuell etwas mehr Motorschub geben. Legt man das Ruder dabei so, als würde man vom Steg weghalten, kommt das Heck näher an den Steg, andersherum dreht der Bug näher zum Steg. Auf diese Art kann das Boot parallel zum Steg ausgerichtet werden.

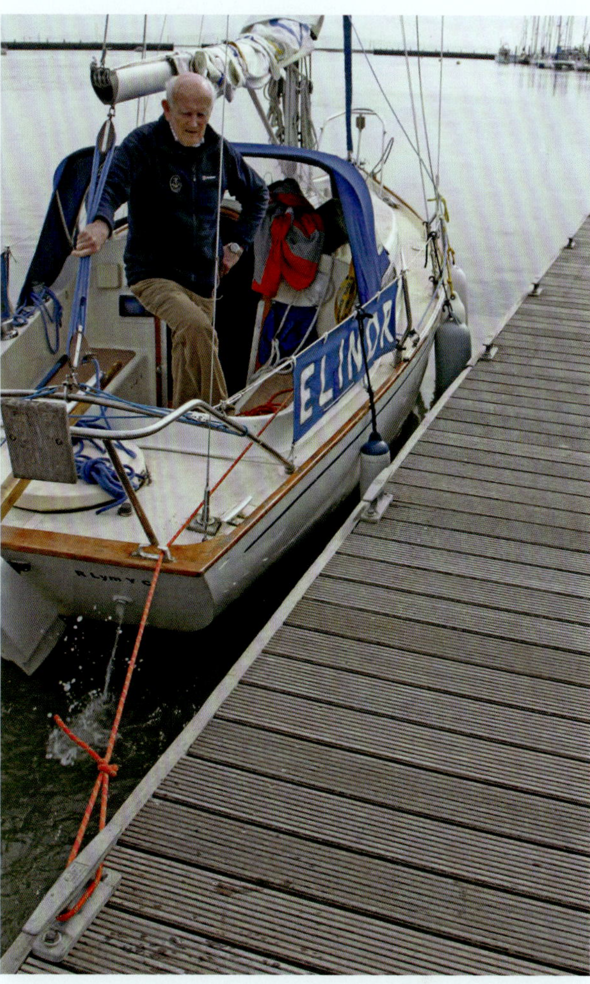

So kann an einem langen Steg mit einer Heckleine angelegt werden.

Festmacher mittschiffs

Legt man bei ruhigem Wetter längsseits an einem Steg an, genügt es, mittschiffs eine Leine über eine Klampe am Steg zu werfen. Holen Sie diese Leine dicht und das Boot kann weder vor noch zurück, und auch der Strom kann es nicht mehr vom Steg abtreiben lassen.

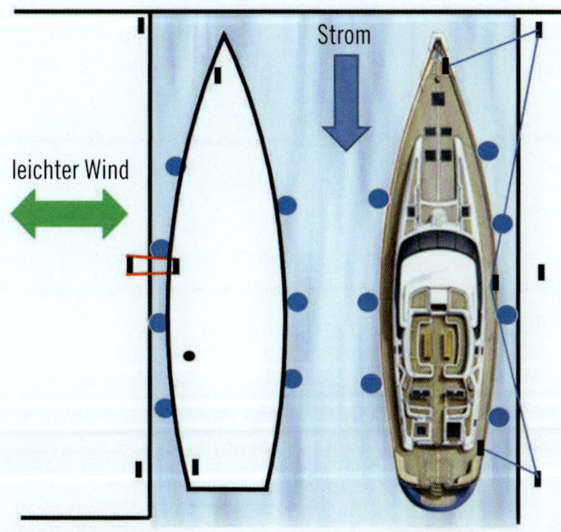

Festmachen mit einer Mittschiffsleine.

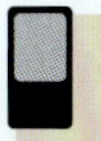

Scannen Sie diesen QR-Code, um ein Video über das Anlegen mit einer Leine mittschiffs zu sehen.

Tipp

Schutz für Lack und Holz

Beim Eindampfen in die Spring oder in eine umgelenkte Heckleine kommt es mit der Zeit zu Abrieb, sowohl an den Leinen als auch an der Fußreling. Kurze, längs aufgeschnittene Schlauchstücke sind sehr praktisch bei einer schmalen Fußreling aus Teak. Bei einer breiteren Auflagefläche können kurze Halbrundprofile aus Metall aufgeschraubt werden, um die Lackierung und das Holz zu schützen.

Heck voraus anlegen

Umgelenkte Leine mittschiffs

Viele Segler ziehen es vor, mit dem Heck voraus anzulegen. Wer einen Durchstieg am Heck hat, kann sehr leicht an und von Bord gehen. Rückwärts in der Box zu liegen, ist auch vorteilhaft bei einem Fingersteg, der kürzer als das Boot ist.

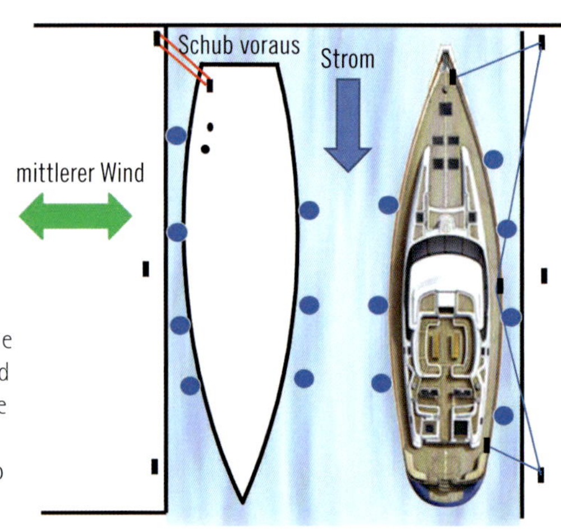

1. Belegen Sie eine Leine an der Heckklampe, und werfen Sie sie über eine Klampe am Stegende. Dampfen Sie mit Schub voraus in die Leine ein.

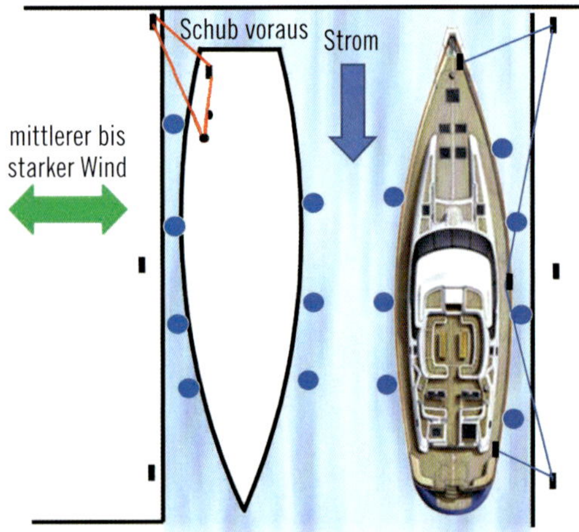

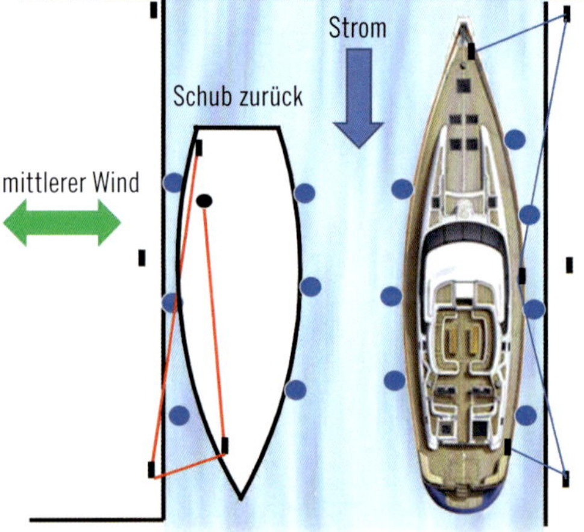

2. Bereiten Sie eine umgelenkte Heckleine vor, werfen Sie sie über eine Klampe am Steg, und dampfen Sie mit Schub voraus in die Leine ein.

3. Bereiten Sie eine umgelenkte Bugleine vor, werfen Sie die Leine mit der Lasso-Technik über die erste Klampe am Steg, und dampfen Sie mit Schub zurück in die Leine ein.

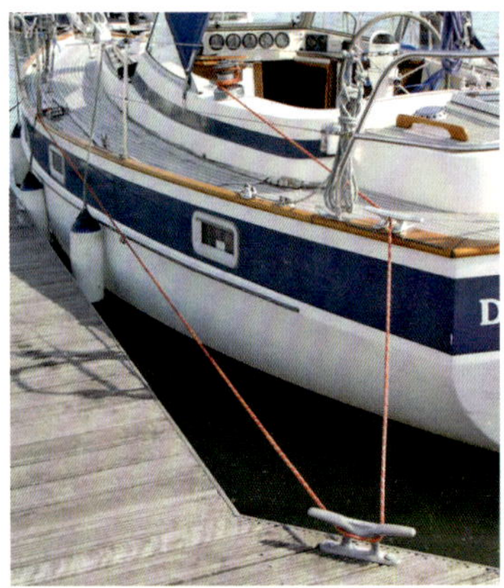

▲ Mit Schub voraus in eine umgelenkte Heckleine eindampfen.

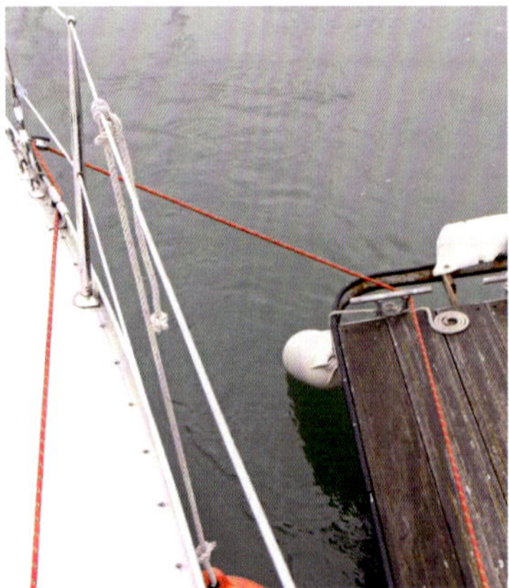

▲ Mit Schub zurück in eine umgelenkte Bugleine eindampfen.

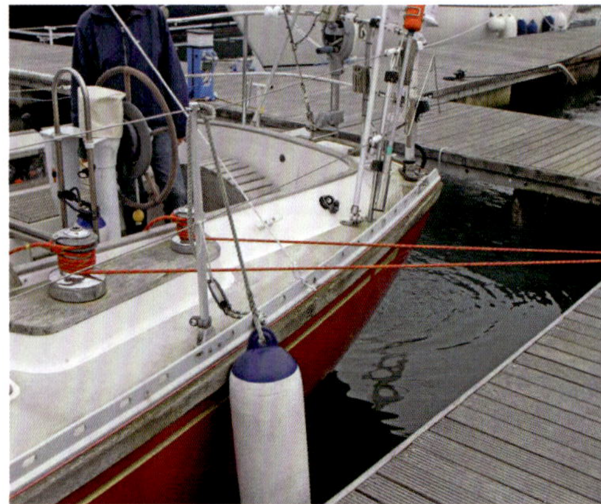

▲ Mit Schub zurück in eine umgelenkte Mittschiffsleine eindampfen.

Bug voraus, erschwerte Bedingungen

Bekommt man einen engen Liegeplatz zwischen zwei Päckchen zugewiesen, ist man gezwungen, schräg in diese Lücke einzufahren. Bevor man in die Lücke einfährt, sollte eine Leine am Bug für den Lassowurf vorbereitet werden. Dann fährt man mit dem Bug voraus gegen den Strom bis ganz in die Ecke ein, stoppt das Boot, geht nach vorn zum Bug und wirft die Leine über eine Klampe am Steg, die möglicht weit in Stromluv liegt und macht fest. Durch den Strom legt sich das Boot wahrscheinlich ganz von allein parallel an den Steg, andernfalls hilft man mit etwas Schub zurück gegen die Leine nach. Liegt das Boot längsseits, können die Festmacher ausgebracht und dann der Motor ausgekuppelt werden.

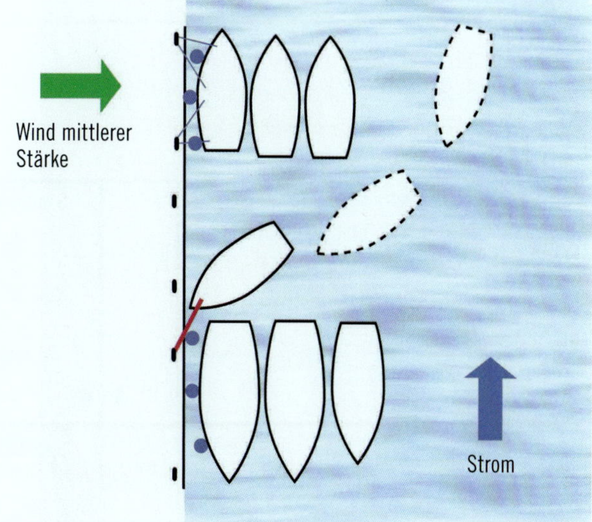

▲ *Schwieriger Liegeplatz zwischen zwei Päckchen zum Anlaufen Bug voraus.*

Heck voraus, erschwerte Bedingungen

Mit einem Boot, das sich rückwärts gut steuern lässt, kann man diesen Liegeplatz auch mit dem Heck voraus gegen den Strom anlaufen. Vor dem Einlaufen in die Lücke sollte eine Leine am Heck für einen Lassowurf vorbereitet werden. Dann fährt man ein, stoppt das Boot auf und wirft die Heckleine über eine Klampe am Steg, die möglichst weit in Stromluv liegt und macht fest. Mit Schub voraus gegen die Heckleine richtet sich das Boot parallel zum Steg aus. Jetzt können die Festmacher ausgebracht und danach der Motor ausgekuppelt werden.

Liegen allerdings mehrere Boote voraus und achtern im Päckchen, ist die Wahrscheinlichkeit groß, dass jemand seine Hilfe anbietet, sobald Sie in die Lücke einsteuern. Auch wenn dies weniger aus Hilfsbereitschaft als vielmehr aus Sorge um das eigene Boot geschieht, wird man die Hilfe in der Regel gern annehmen. Wichtig ist nur, dass diese Zusammenarbeit auch gut klappt. Anstatt die Klampe mit einem Lassowurf zu erreichen, macht es dann mehr Sinn einen Palstek am Ende der Leine zu machen und zu der Person am Steg zu sagen: »Ich gebe Ihnen gleich eine Leine mit einem Palstek, legen Sie den Palstek bitte über diese Klampe am Steg«. Zeigen Sie genau an, welche Klampe Sie meinen. Fügen Sie hinzu: »Ist das okay?«, um auf höfliche Art zu fragen, ob der andere ihre Absicht verstanden hat.

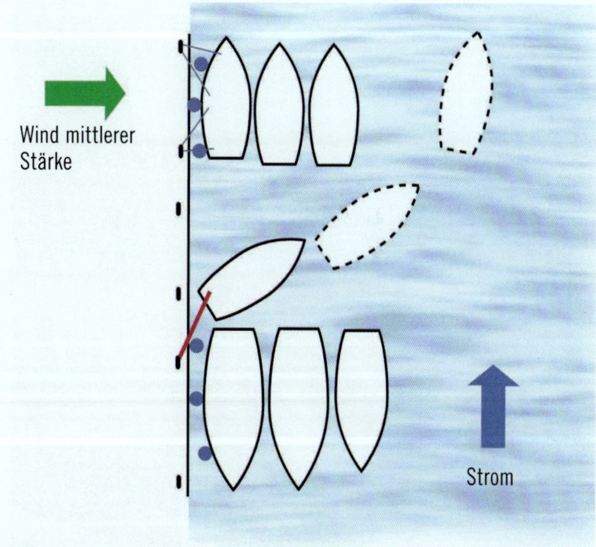

▲ *Schwieriger Liegeplatz zwischen zwei Päckchen zum Anlaufen Heck voraus.*

Kurzer Fingersteg

Legt man Bug voraus mit einer umgelenkten Heckleine an einem sehr kurzen Fingersteg an, sollte man die Leine etwas weiter vorn an Bord zurückführen. Zum Schluss wird dieser Punkt auf gleicher Höhe liegen wie die äußere Klampe am Steg, um die man die Leine geworfen hat.

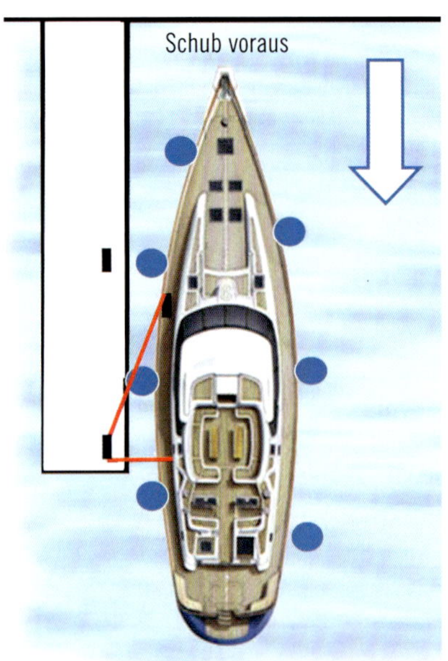

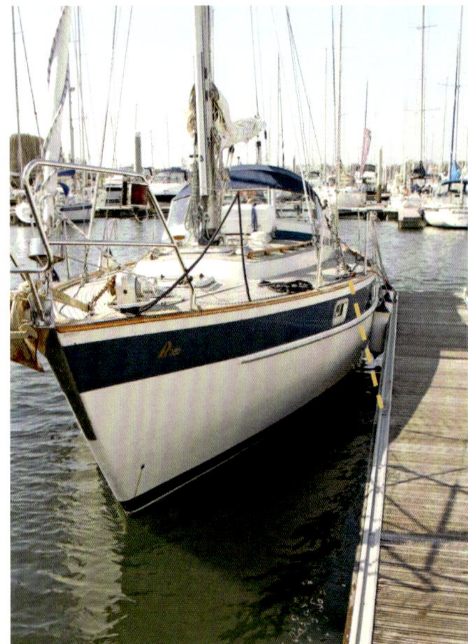

▶ Festmachen an einem kurzen Fingersteg.

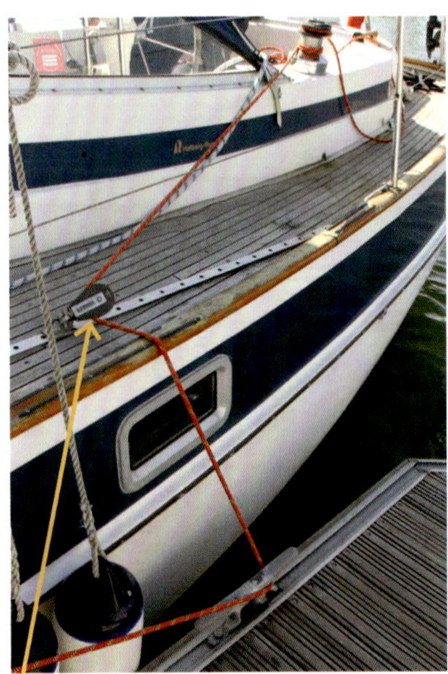

▲ Die umgelenkte Heckleine wird weiter vorn an Bord zurückgeführt. Hier wird dazu ein Block an der Genuaschiene verwendet.

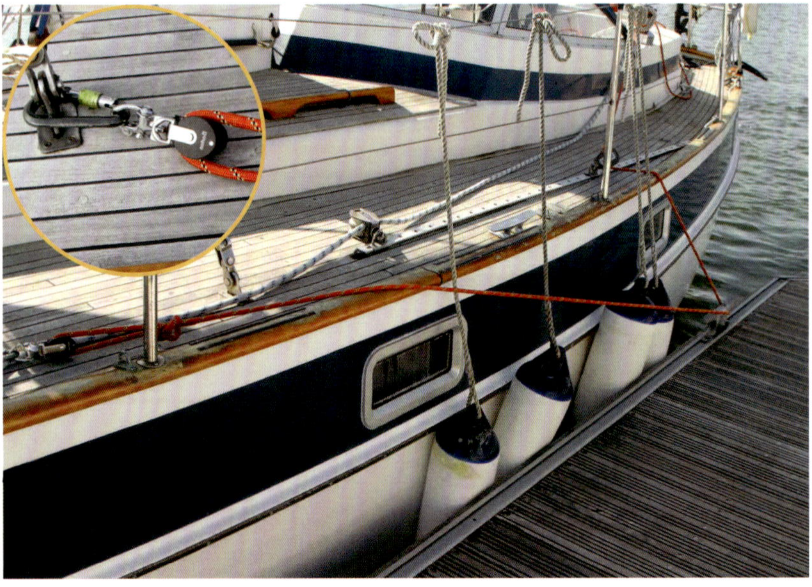

▲ Führt man die umgelenkte Heckleine etwas weiter vorn zurück an Bord, muss auch der Punkt, an dem die Leine von Bord zum Steg geführt wird von der Mittschiffsklampe etwas weiter nach vorn verlegt werden. Hier habe ich zu diesem Zweck einen Fußblock mit einem Karabiner an den Wanten angebracht.

Keine Klampen, nur Ringe und Bügel am Steg?

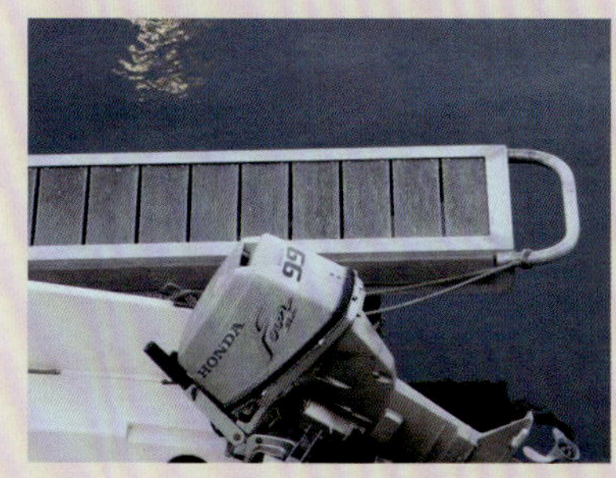
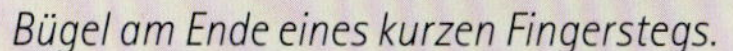

Bügel am Ende eines kurzen Fingerstegs.

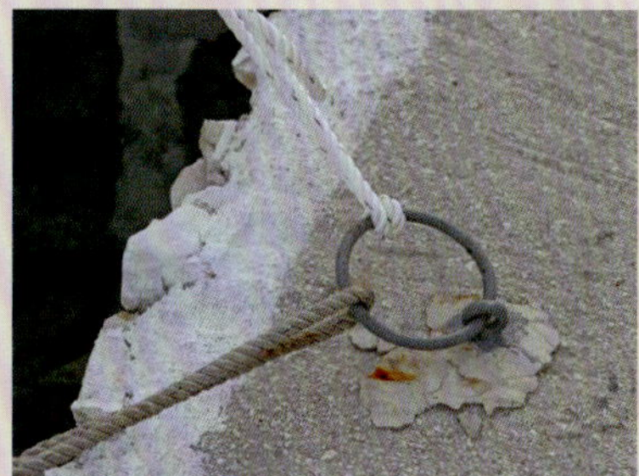

Ring zum Festmachen.

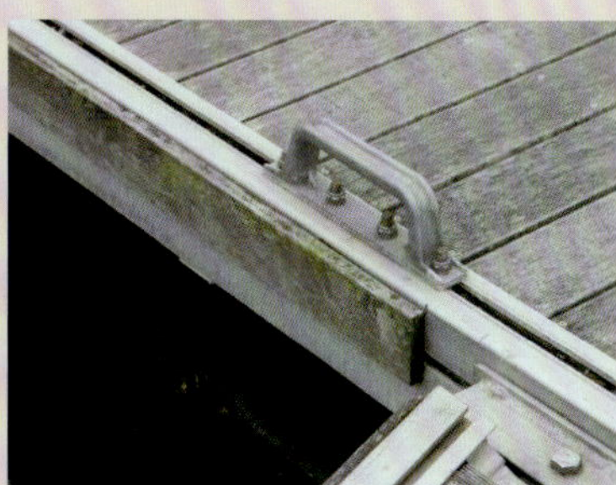

Bügel statt Klampe.

Setzen Sie Hilfsmittel zum Festmachen ein.

Um an einem Ring festzumachen, benötigt man einen Haken oder Karabiner, dessen Verschluss offen gehalten werden kann.

Bei einem festen Bügel kann man einen großen Karabiner oder Festmach-Haken einschnappen lassen.

Egal ob man mit dem Bug voraus oder mit dem Heck voraus anlegt, in jedem Fall wird man eine Leine zum Steg ausbringen und in diese Leine eindampfen. Dadurch richtet sich das Boot längsseits zum Steg aus, und man kann von Bord steigen, um die Festmacher auszubringen.

Diese Hilfsmittel eignen sich zum Festmachen an Ringen und an den Schäkeln an Bojen.

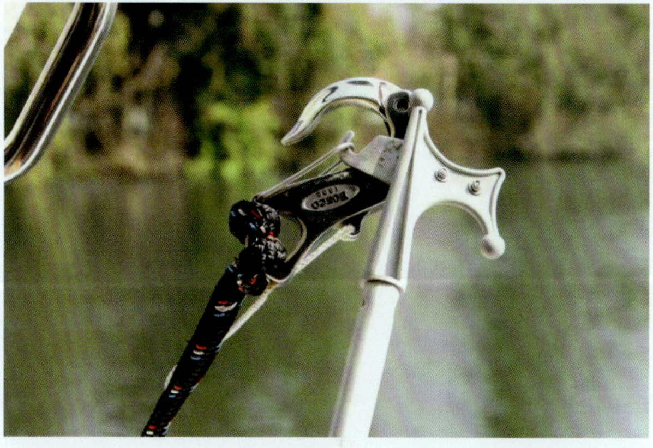

▲ Karabiner an einem Bootshaken. Dessen Verschluss wird offen gehalten, bis man den Bootshaken abzieht.

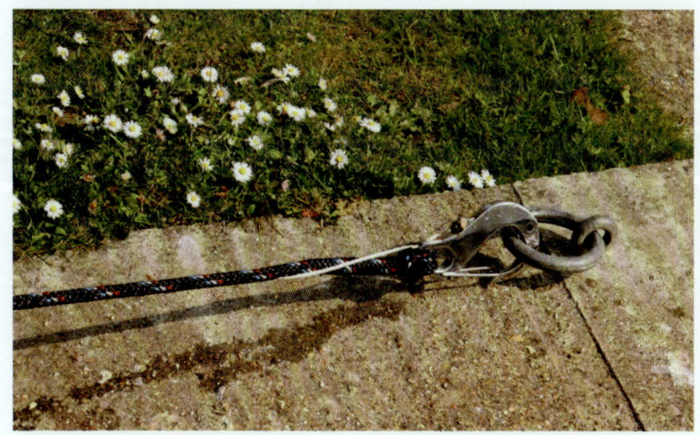

▲ Aus der Distanz mit dem Karabiner an einem Ring festgemacht.

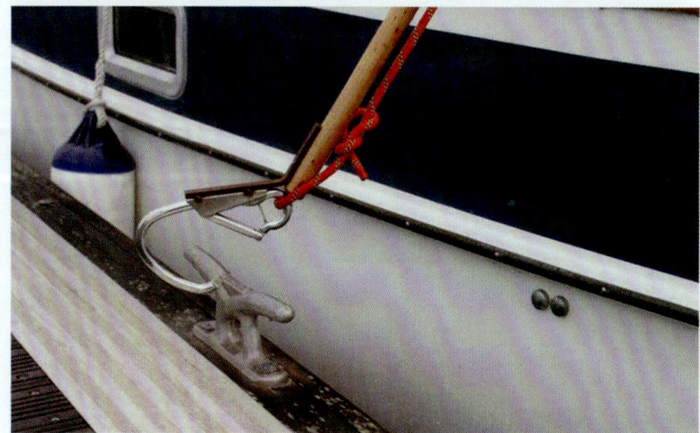

▲ Großer Karabiner an einem abziehbaren Bootshaken. Bei einem festen Bügel am Steg muss der Verschluss des Karabiners nicht offen gehalten, sondern kann über den Bügel eingeschnappt werden.

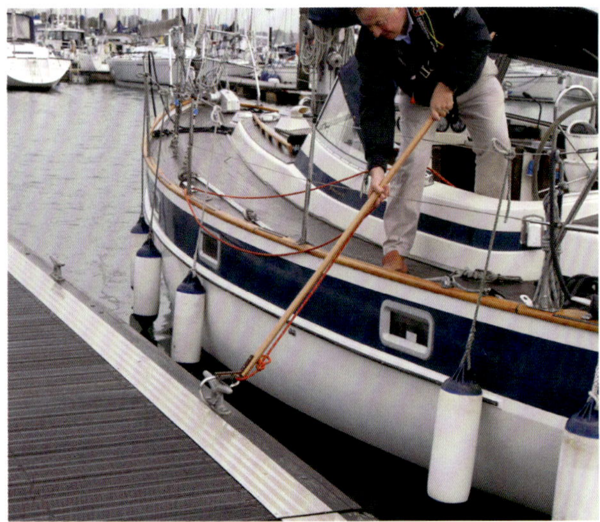

▲ Mit dem Karabiner an einem Bügel am Steg festmachen. Dieses Hilfsmittel ließe sich ebenso an einem Bügel am Ende eines Fingerstegs einsetzen.

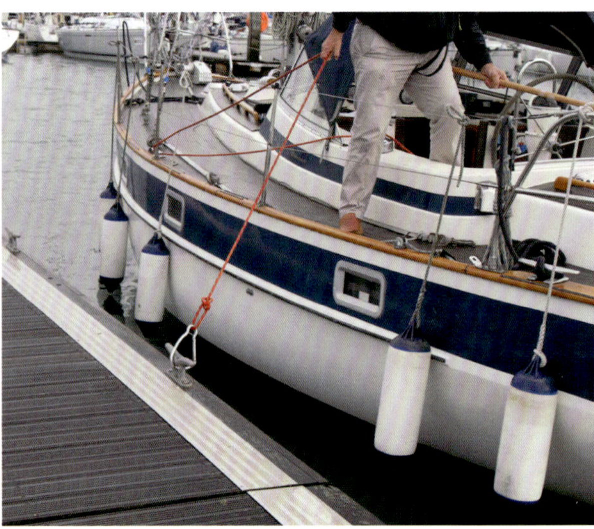

▲ Der Bootshaken wird abgezogen.

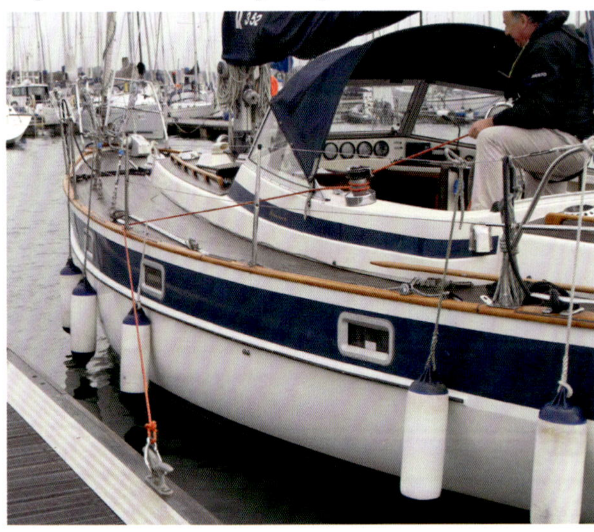

▲ Dampft man mit Schub voraus in die Leine ein, legt sich das Boot längsseits an den Steg.

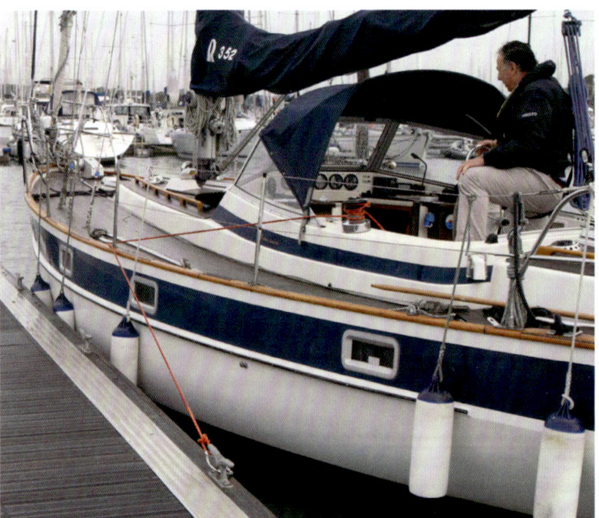

▲ Jetzt kann man von Bord steigen und die regulären Festmacher ausbringen.

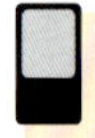

Scannen Sie diesen QR-Code, um ein Video über diese beiden Techniken in der Praxis zu sehen.

Box mit Dalben

Wer eine Liegeplatz zwischen Dalben hat, nimmt beim Einlaufen immer die luvseitigen Leinen längs zwischen den Dalben zuerst auf. Manche Segler gehen erst außen längsseits an die Dalben und verholen dann an den Leinen in die Box. Oder sie verwenden eine Spring und drehen das Boot mit Rückwärtsschub in die Box.

Welche Methode die beste ist, hängt davon ab, wie gut sich das Boot rückwärts steuern lässt. Man sollte besser zu zweit sein, aber auch einhand dürfte es mit einer umgelenkten Leine möglich sein. Steuern Sie rückwärts an die Box und legen Sie eine umgelenkte Leine über den Dalben in Luv. Geben Sie dann Schub zurück in die Box.

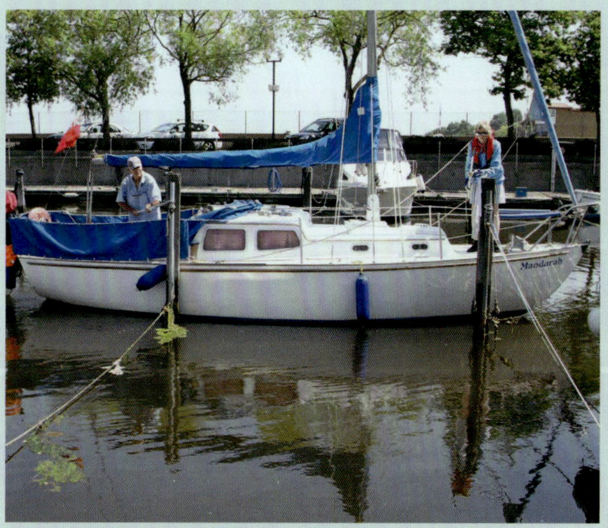

▲ Gehen Sie außen längsseits an die Dalben.

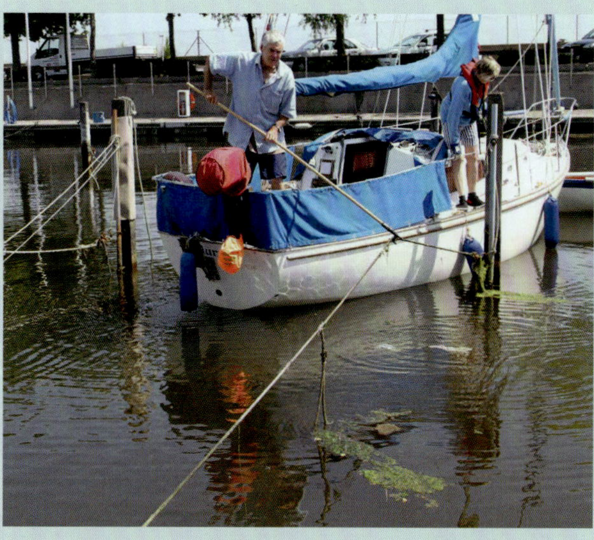

▲ Verholen Sie das Boot an den Leinen in die Box.

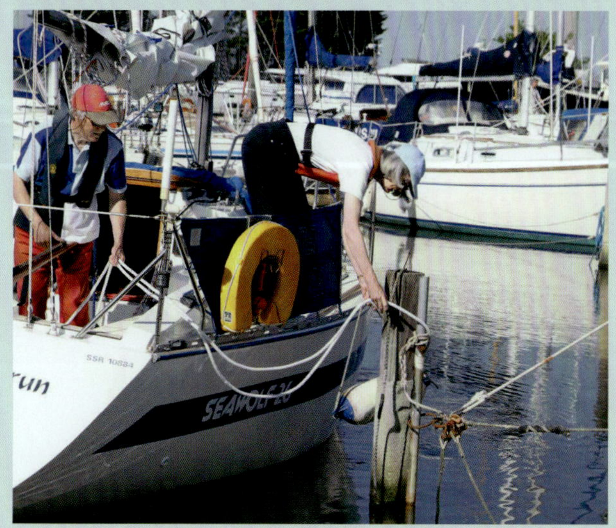

▲ Alternativ kann eine Spring ausgebracht werden.

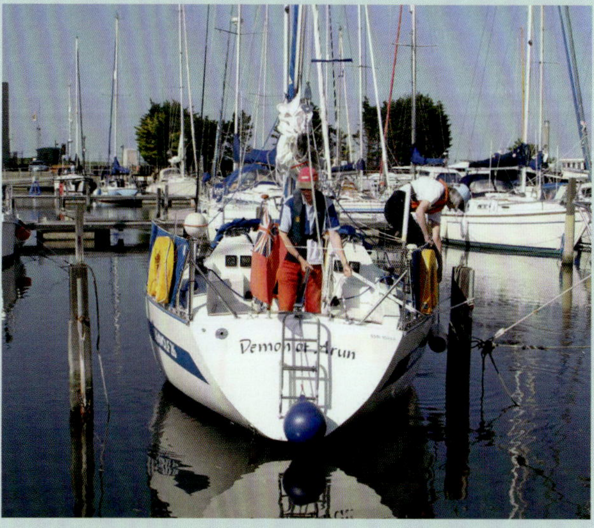

▲ Drehen Sie das Boot mit Rückwärtsschub in die Box.

Vorteilhaft ist es, wenn der Radeffekt das Heck des Bootes gleichzeitig nach Luv versetzt. Falls nicht, sollte die umgelenkte Leine sobald wie möglich um den luvseitigen Dalben gelegt werden, um das Boot geradeaus in die Box zu steuern. Der Bug kann dann nicht mehr nach Lee abtreiben, da er durch die umgelenkte Leine gehalten wird. Sobald man in der Box ist, wird erst die luvseitige Heckleine, dann die luvseitige Bugleine ausgebracht. Danach kann die umgelenkte Leine abgenommen werden. Die leeseitigen Leinen werden zum Schluss festgemacht.

Wer einhand mit einer umgelenkten Leine anlegt, möchte sein Boot ebenso vor Berührung mit den Dalben schützen, kann aber während des Manövers nicht auch noch einen Fender an der jeweils nötigen Stelle über Bord halten. Einfacher ist es, einen Schutz an den Dalben selbst anzubringen. Statt einhand mit dem Heck voraus kann auch Bug voraus angelegt werden. Machen Sie als erstes die luvseitige Spring mittschiffs fest, dann die luvseitigen Bug- und Heckleinen.

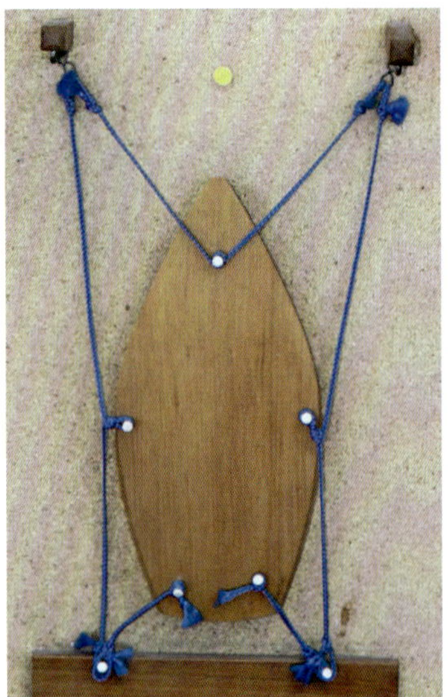

◀ *Anordnung der Festmacher in einer Box mit Dalben.*

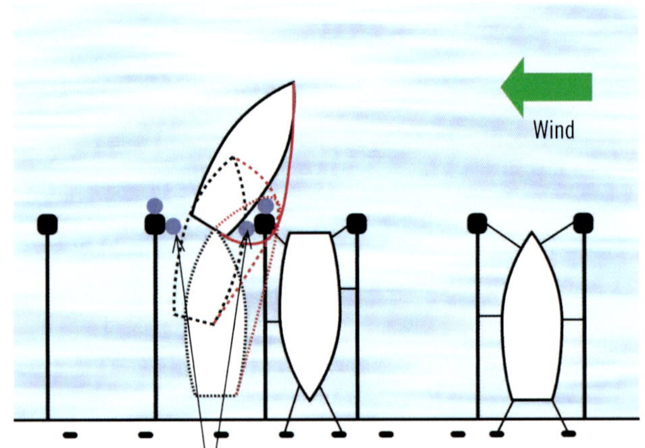

▶ *Mit einer umgelenkten Leine einhand in die Box.*

Bringen Sie zum Schutz des Bootes dicken Teppich oder stabile Stegfender an den Dalben an.

Tipp

Knarzen und quietschen

Alte Festmacher können nervenaufreibend knarzen, wenn sie unter Spannung kommen – was besonders nachts sehr störend ist. Das ist ein Zeichen dafür, die Festmacher zu erneuern. Aber selbst neuwertige Leinen können quietschen, wenn sie an der Fußreling schamfilen. Einfache Abhilfe bietet eine Plastiktüte, die man unter die Leine klemmt. Das sieht etwas seltsam aus, funktioniert aber einwandfrei.

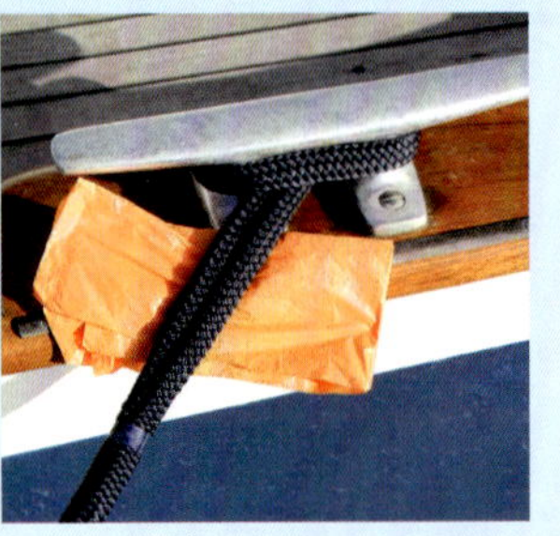

i

Eindampfen in die Spring – Offizielle Stellungnahme

Die Sachverständigen der britischen Küstenwache, MCA (Maritime Coastguard Agency), sind Seeleute, die ihre nautische Erfahrung zur Unfallverhütung einbringen. Es existieren keine Richtlinien oder Verbote für das Eindampfen in Springs. Vielmehr gilt die Verwendung einer zweckdienlich ausgebrachten Spring zusammen mit Motorschub als geeignetes Manöver beim An- und Ablegen. Das Eindampfen in eine einzelne Spring darf jedoch nicht angewendet werden, um ein kommerziell arbeitendes Boot oder Schiff in Position zu halten, während Passagiere ein- oder aussteigen. Diese Anweisung wurde zum Schutz der Passagiere erlassen.

Im Päckchen

Beim Anlegen an einem anderen Boot im Päckchen, kommt es darauf an, eine kurze Leine mittschiffs am Nachbarboot festzumachen, sobald man längsseits liegt. Mit dieser Leine verhindert man zunächst, von Wind oder Strom abgetrieben zu werden. Man steuert das Päckchen mit den Fendern auf Höhe der Deckskante gegen den Strom an. Am Nachbarboot sind eventuell auch bereits Fender ausgebracht, um anzuzeigen, dass hier noch jemand anlegen kann.

Höflich ist es jedoch, bei Annäherung an das Nachbarboot den Bootsnamen zu rufen und um Erlaubnis zu bitten, bevor man längsseits geht. Sollte niemand an Bord sein, kann man dennoch anlegen.

Stoppen Sie auf. Mit etwas Glück hat ihnen der Hafenmeister einen Platz zugewiesen, an dem Sie mit der Schokoladenseite anlegen können. Oder Sie bitten ausdrücklich darum mit der Erklärung, dass ihr Boot beim Aufstoppen nach Back- oder Steuerbord versetzt wird. Mit einem kurzen Schub zurück legt sich dann das Heck perfekt an das Nachbarboot. Verbinden Sie ihr Boot als erstes mit einer kurzen Leine mittschiffs. So gesichert können Sie die Festmacher übergeben. Es kann etwas umständlich sein, die eigenen Festmacher über die Lippklampe des anderen Bootes, dann um die Klampe herum und wieder zurück über die Lippklampe zu führen. Am anderen Boot wird man vielleicht nicht verstehen, dass Sie die Leine auf Slip legen möchten und sie an der Klampe mit Kreuzschlägen belegen. Viel einfacher ist es, einen Festmacher mit einem Palstek am Ende zu übergeben, der einfach über die Klampe gelegt wird. Am anderen Boot wird man sich darum kümmern, dass die Leinen ordentlich über die Lippklampen laufen. So haben Sie Kontrolle und können Bug- und Heckleinen sowie Springs anpassen. Bringen Sie aber auch Landleinen aus, damit das Nachbarboot ihr Boot nicht ganz allein halten muss.

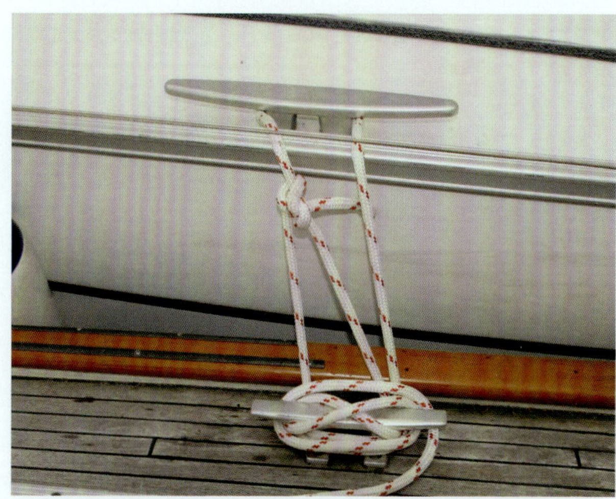

▲ *Diese kurze Verbindungsleine mittschiffs ist der erste Schritt beim Anlegen im Päckchen.*

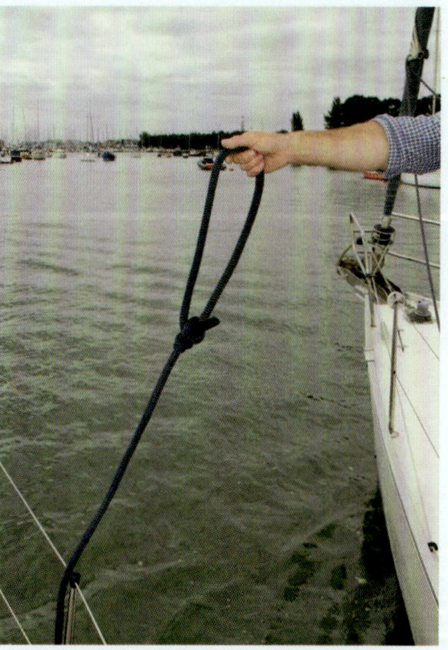

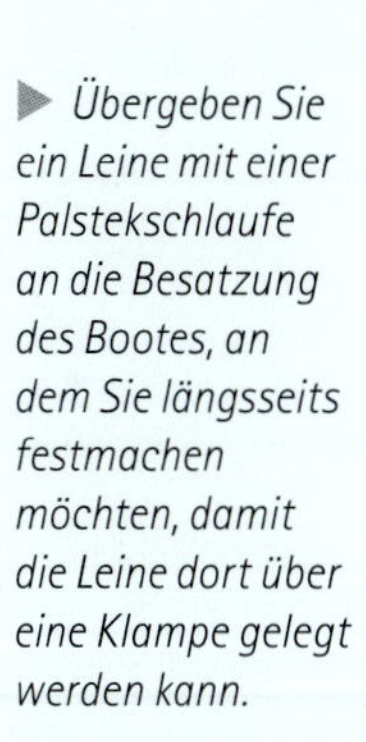

▶ *Übergeben Sie ein Leine mit einer Palstekschlaufe an die Besatzung des Bootes, an dem Sie längsseits festmachen möchten, damit die Leine dort über eine Klampe gelegt werden kann.*

Ablegen aus der Mitte eines Päckchens

Hat man die Erlaubnis, am Nachbarboot festzumachen, erkundigt man sich am besten gleich, wann das Boot ablegen wird. Im ungünstigsten Fall hört man: »Wir müssen um vier Uhr früh los!«, aber vielleicht kann man ja noch etwas verhandeln.

Manchmal kommt es vor, dass ein Boot aus der Mitte des Päckchens ablegen möchte. Das hat den Vorteil, dass alle mithelfen werden, denn Segler begegnen solchen Herausforderungen gewöhnlich mit kameradschaftlicher Unterstützung.

Eine Möglichkeit besteht darin, dass die äußeren Boote losmachen, im Fahrwasser abwarten, bis das innere Boot abgelegt hat, und dann wieder im Päckchen anlegen.

Die andere Möglichkeit ist, das Päckchen zu öffnen, doch das muss gut vorbereitet werden. Die Öffnung muss immer stromab liegen. Öffnen Sie niemals ein Päckchen gegen den Strom, das endet im Desaster. Sobald das mittlere Boot mit dem Strom ausgefahren ist, legen sich die übrigen Boote durch den Strom wieder aneinander.

Ablegen aus der Mitte eines Päckchens

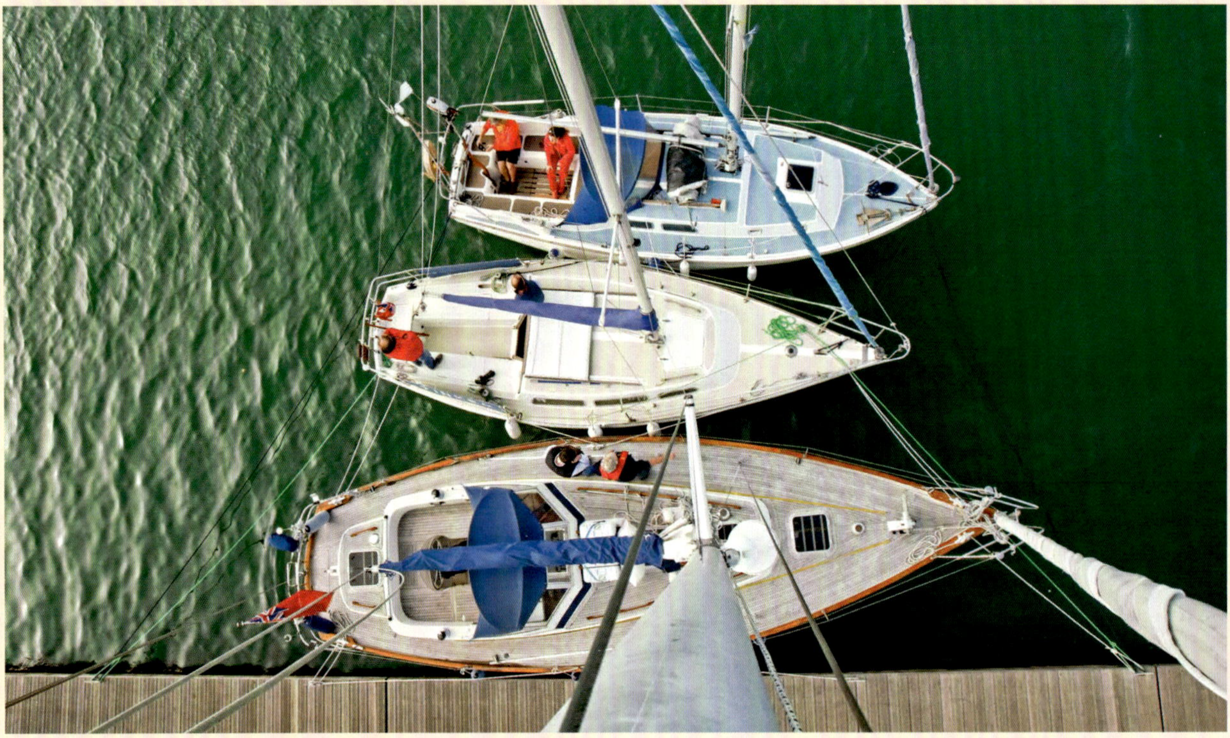

Drei Boote im Päckchen vertäut mit Bug- und Heckleinen sowie Springs und Landleinen. Foto © Rod Lewis

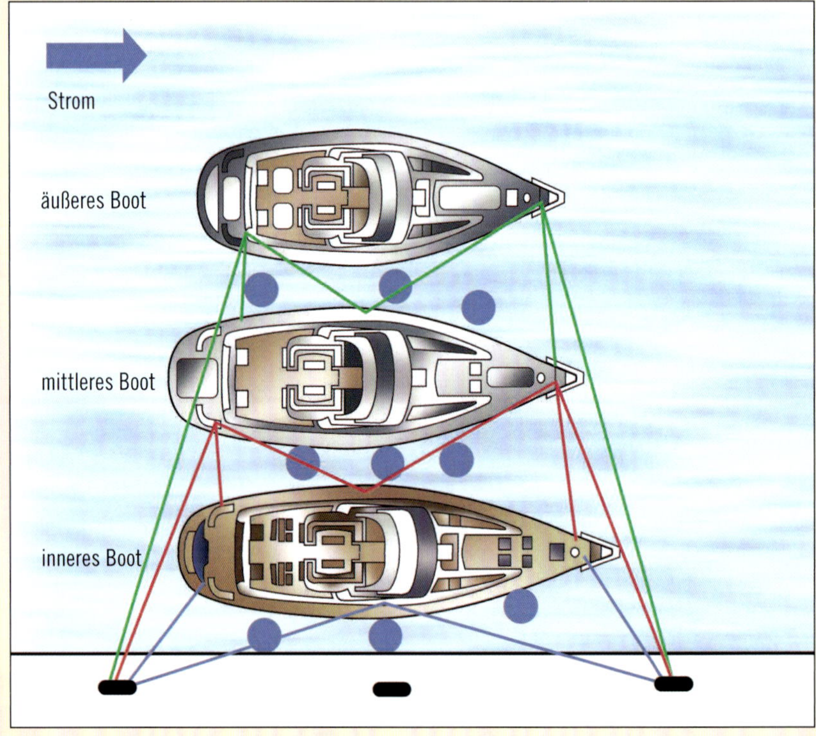

Die Landleinen vom mittleren Boot werden gelöst, und die stromabwärts gelegene Landleine des äußeren Bootes wird hinter dem mittleren Boot herumgeführt, das aus dem Päckchen ablegen möchte. Das äußere Boot setzt seine Heckleine zum mittleren Boot auf Slip und löst seine Spring und seine Bugleine.

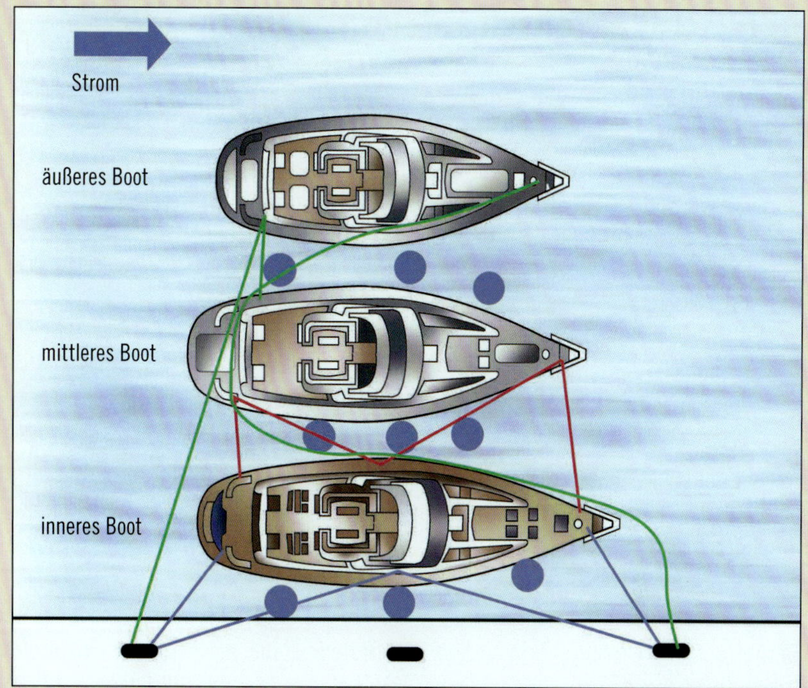

Das mittlere Boot bringt eine Achterspring zum inneren Boot aus, um seinen Bug abzudrücken und gibt genau so viel Schub zurück, um sich und das äußere Boot gegen den Strom auf der Stelle zu halten. Jetzt kann das mittlere Boot seine Bug- und Heckleine sowie die Springs zum inneren Boot lösen und ist bereit auszufahren. Dazu gibt das mittlere Boot mehr Schub zurück, um nun den Bug abzudrücken und das Päckchen zu öffnen. Mit etwas Abstand zwischen den Booten kann das mittlere Boot den Propeller auskuppeln und die Achterspring slippen. Gleichzeitig slippt man auf dem äußeren Boot die Heckleine zum mittleren Boot. Jetzt kann das mittlere Boot etwas Schub voraus geben und aus dem Päckchen ausfahren.

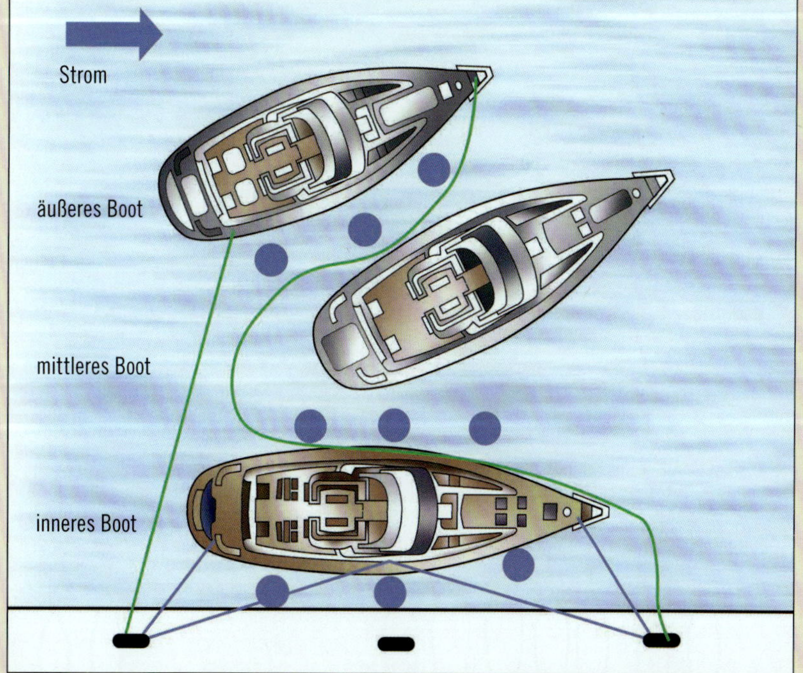

Sobald das äußere Boot nah genug an das innere Boot kommt, übergibt es erst eine Heckleine und dann seine Springs und die Bugleine. Das äußere Boot muss dabei eventuell etwas Schub zurück geben, um sich gegen den Strom zu halten.

Römisch-katholisch anlegen

Damit ist das Anlegen mit dem Heck voraus gemeint, wie es im Mittelmeer üblich ist. Das ist ganz wunderbar, besonders wenn man direkt vor einem Tisch an einem Restaurant festmachen kann. Manche Boote legen auch mit dem Bug voraus an, doch wer längsseits geht, riskiert es, das innerste Boot eines Päckchens zu werden. In vielen Häfen liegen Murings aus, manchmal muss man aber den eigenen Anker verwenden, um römisch-katholisch anzulegen.

Da viele Häfen im Mittelmeer mit Steinschüttungen und losen Betonblöcken gebaut wurden, ist Vorsicht angebracht, denn selbst senkrechte Kaimauern können unter Wasser flach abfallen. Achten Sie darauf, wie die anderen Boote festgemacht sind, um nicht in Rückwärtsfahrt mit dem Ruder auf die Felsen zu laufen. Manchmal ist es besser, mit dem Bug voraus anzulegen.

Oft bestehen die unfertigen Kaimauern aus grobem Beton, aus dem rostige Armiereisen hervorstehen, die die Bordwand beschädigen können. Daher muss der Anker, ob Bug- oder Heckanker, das Boot sicher vom Kai abhalten. Mancherorts ist es nachts sogar angebracht, einige Meter Ankertrosse einzuholen, um sich weiter weg vom Kai zu verholen. So kann das Boot auch bei Wellenschlag durch Schnellfähren nicht gegen den Kai schlagen.

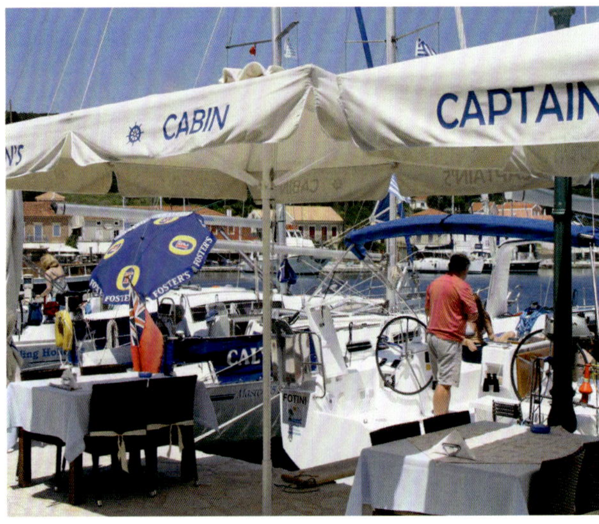

Festmachen direkt vor einem Restaurant am Mittelmeer.

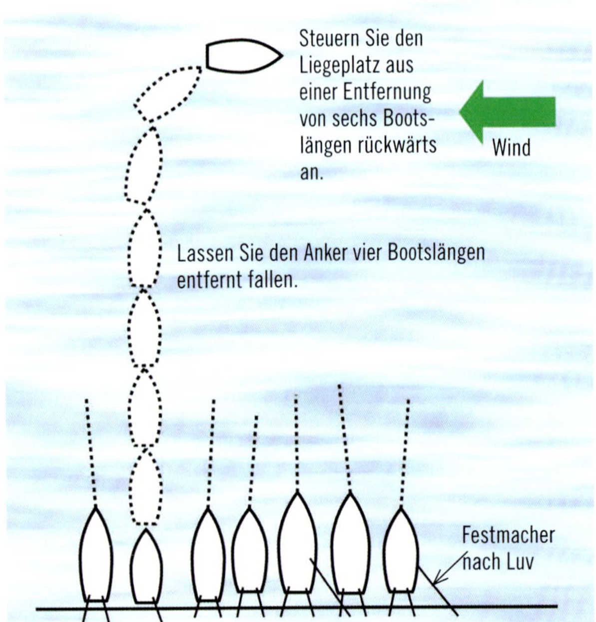

Römisch-katholisch: Vor Buganker rückwärts an den Kai

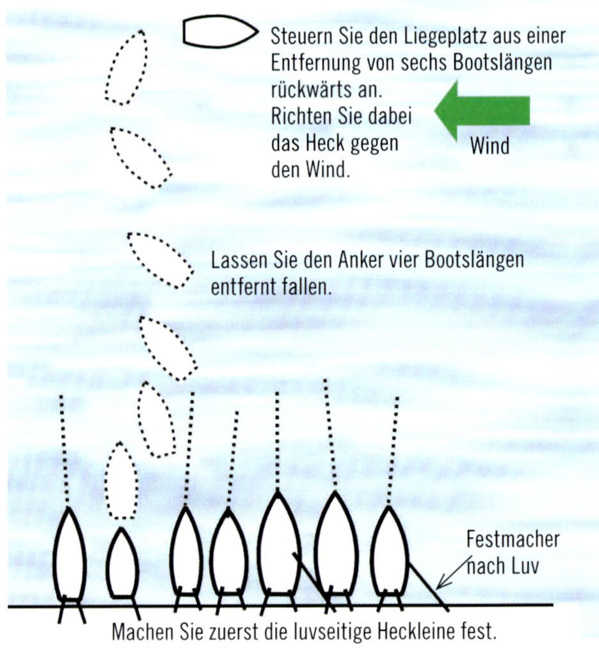

Bei starkem Seitenwind lösen Sie die Bremse an der Ankerwinde. So kann die Kette schneller ausrauschen als mit Motorantrieb. Vergewissern Sie sich, dass der Hebel für die Bremse griffbereit ist.

Vor Buganker rückwärts an den Kai

Richten Sie das Boot in gerader Rückwärtsfahrt aus, wenn Sie sich sechs Bootslängen vom Liegeplatz entfernt befinden. So kann man den Radeffekt ausgleichen, bevor man in einer Entfernung von vier Bootslängen vom Liegeplatz den Anker fallen lässt.

Halten Sie in stetiger Rückwärtsfahrt auf den Liegeplatz zu, und stoppen Sie das Boot mit einem kurzen Schub voraus, wenn Sie direkt vor dem Kai sind. Kuppeln Sie den Propeller aus, und übergeben Sie die Heckleinen oder steigen Sie von Bord, um die Heckleinen – immer erst die luvseitige – selbst festzumachen. Anschließend wird die Ankertrosse dichtgeholt, bis die Heckleinen leichte Spannung haben.

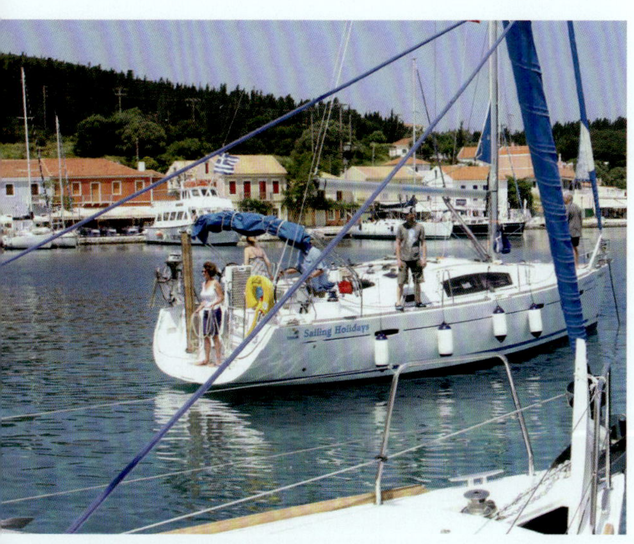

▲ Ansteuerung Heck voraus.

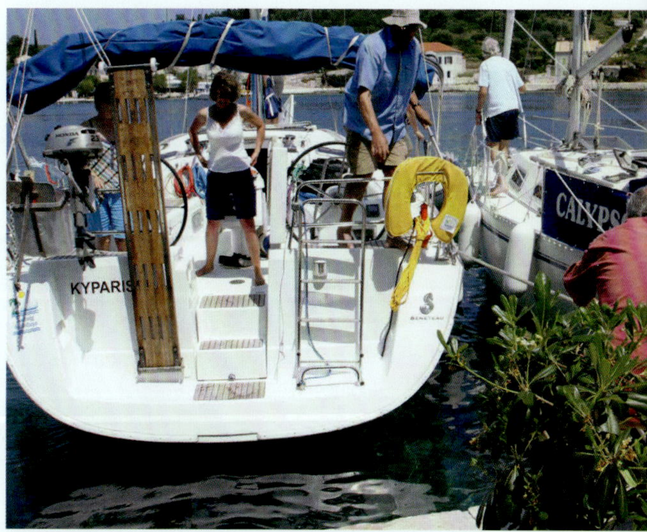

▲ Übergeben Sie erst die luvseitige Heckleine.

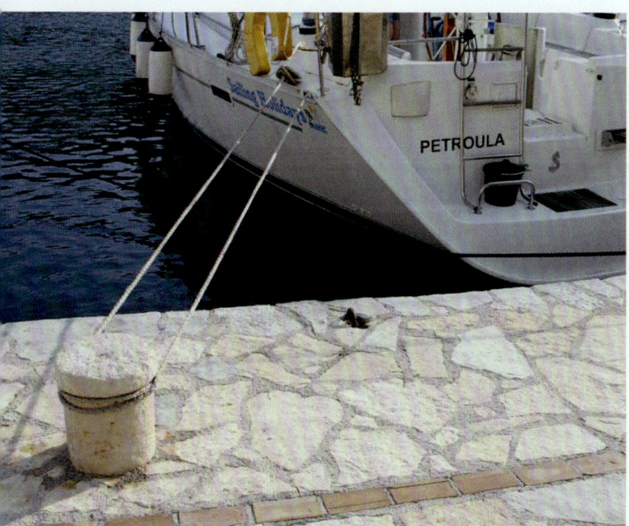

▲ Über einen Poller kann die Leine auch geworfen werden.

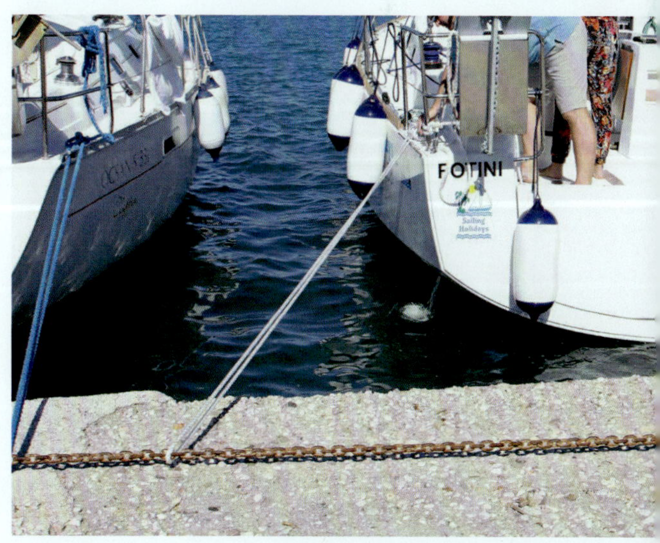

▲ Um ohne fremde Hilfe an einer Kette festzumachen, braucht man z. B. einen Karabiner an einem Bootshaken.

Mit Heckanker vorwärts an den Kai

Richten Sie das Boot zum Liegeplatz aus und lassen Sie den Heckanker in einer Entfernung von vier Bootslängen fallen. Steuern Sie stetig bis vor den Kai, stoppen Sie das Boot auf und machen Sie die Bugleinen – immer erst die luvseitige – an Land fest. Manche Boote haben eine Trittstufe neben der Bugrolle, um leichter an Land zu kommen. Man kann auch eine Holzplanke als Gangway benutzen. Aus Angst vor Ratten würde ich eine solche Passerelle aber nur an Land legen, wenn ich gerade an oder von Bord gehen möchte. Denn selbst in ordentlichen und sauberen Häfen können Ratten sein.

Am besten ist man mindestens zu zweit, um mit eigenem Anker römisch-katholisch anzulegen. Ich habe erfahrene Mittelmeer-Segler befragt und alle rieten ab, dieses Manöver einhand zu unternehmen.

Mit einer elektrischen Ankerwisch, die vom Cockpit aus bedient werden kann, ist es allerdings etwas anderes. So kann das Manöver auch einhand gemeistert werden: Richten Sie das Boot zum Liegeplatz aus, fahren Sie rückwärts, lassen Sie den Anker vom Cockpit aus ab, stoppen Sie vor dem Kai auf, und machen Sie die luvseitige Heckleine an Land fest. Dabei hat man manchmal die Wahl zwischen Pollern, Eisenringen und Ketten. Wichtig ist es, das Heck mit Fendern zu schützen, denn man wird in jedem Fall sehr nah an den Steg kommen.

Ich verlasse mich grundsätzlich lieber auf mich selbst als auf andere, aber am Mittelmeer hilft so gut wie immer jemand an Land, wenn man nicht gerade mitten im Winter unterwegs ist.

Auch beim Ablegen muss ein Einhandsegler eigentlich an zwei Orten gleichzeitig sein: am Heck, um die Leinen zu lösen und am Bug, um die Ankertrosse einzuholen. Die Heckleinen können von einer hilfsbereiten Person an Land gelöst werden, während man am Bug den Anker einholt. Ist man zu zweit, kann man die Heckleinen von Bord aus slippen, aber eine Person sollte immer am Bug stehen, um zu überprüfen, dass die Kette sauber läuft, sich nicht in Klüsen oder dem Ankerkasten aufstaut, dass die Ankerwinsch nicht überlastet wird und der Anker nicht unter anderen Ketten oder Ankern unklar kommt.

Bevor der Anker die Bugrolle erreicht, sollte man stoppen oder langsamer einholen und sicherstellen, dass der Anker richtig herum auf die Rolle kommt und dabei nicht zu stark hin und her schaukelt.

Um den Anker von Schmutz zu befreien, kann man ihn knapp unter der Wasseroberfläche belassen und langsame Fahrt voraus aufnehmen. Seien Sie jedoch vorsichtig und fahren Sie nicht zu schnell, da der Anker ansonsten gegen den Rumpf schlagen kann.

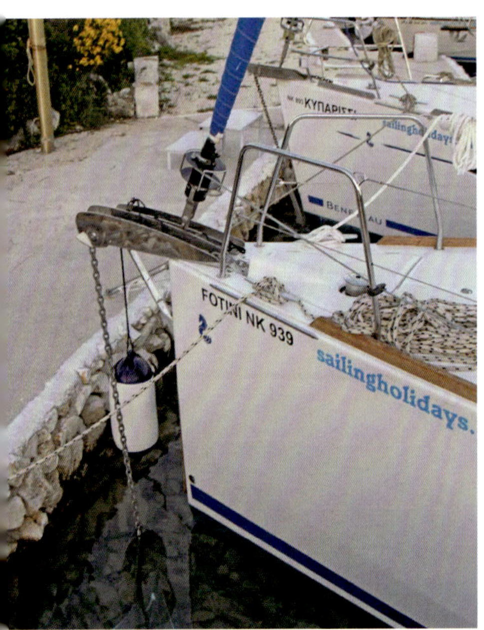

Hier wurde der Anker etwas abgelassen, damit man leichter an und von Bord steigen kann.

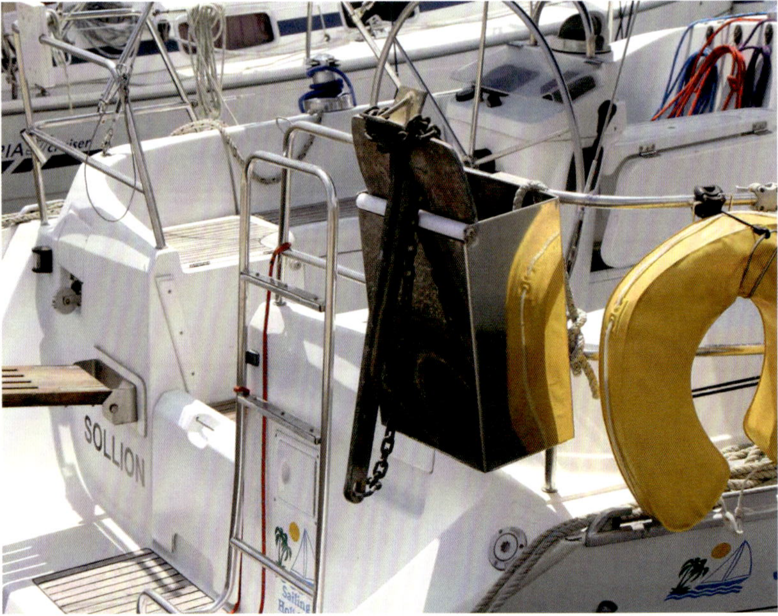

Ein eigenes Staufach für den Heckanker samt Kette und Leine, so wie hier an den Heckkorb geschweißt, ist speziell im Mittelmeer sehr praktisch.

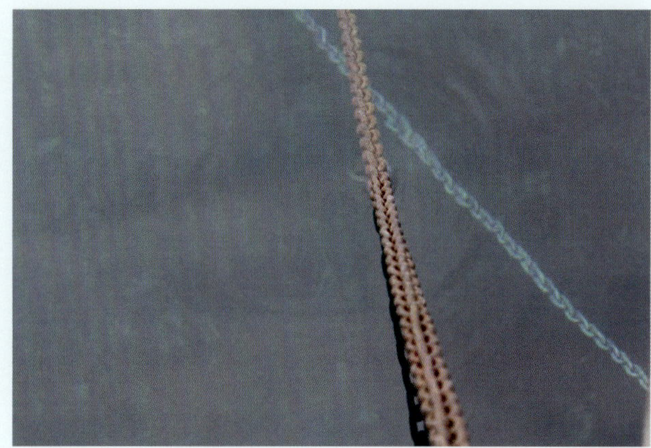

Achten Sie darauf, dass die Ankerkette klar zum Aufholen ist und nicht unter einer anderen Kette liegt.

Mit dem Bug voraus anzulegen, ist für einen Einhandsegler schwierig. Es ist nahezu unmöglich, den Heckanker auszubringen und gleichzeitig das Boot zu steuern. Vor allem die ersten zehn Meter des Ankergeschirrs, die aus einer Kette bestehen sollten, hinterlassen allzu leicht Schrammen im Gelcoat, wenn man sie einfach ausrauschen lässt.

Vorbereitung

▶ Schützen Sie ihr Boot mit ausreichend vielen Fendern an der Bordwand, egal wo Sie anlegen, denn Felsen und Beton sind scharfkantig und unnachgiebig.

▶ Die Festmacher sollten immer lösbar mit Kreuzschlägen auf den Klampen belegt sein, egal ob Sie mit dem Heck oder dem Bug voraus anlegen. Ein loses Ende kann durch einen Ring, eine Klampe oder eine Kette gesteckt und wieder zurück an Bord geführt werden. So können Sie die Länge von Bord aus kontrollieren. Bei einem Poller an Land kann die Leine mit einem Palstek-Auge darübergelegt werden, auch die eilige Anglerschlaufe (siehe 2. Kapitel) lässt sich gut anwenden. Oder man wirft eine Bucht mit der Lasso-Technik über den Poller.

▶ Finden Sie heraus, wie Sie am besten rückwärts steuern können. Oft wird empfohlen, sich umzudrehen und auf der anderen Seite des Steuerrads und der Steuersäule zu stehen. Das ist schön und gut, aber nun ist auch die Motorschaltung umgedreht. Während der Rückwärtsfahrt zeigt der Schalthebel also nach vorn. Mehr als einmal habe ich beobachtet, wie dabei in einem hektischen Moment kurz vor dem Kai versehentlich noch mehr Rückwärtsschub gegeben wurde. Anstatt den Hebel für Schub voraus zurückzuziehen, wurde der Hebel aus Sicht des Steuermann nach vorn gelegt, um vermeintlich Schub nach vorn zu geben. Diese Verwechslung hatte zur Folge, dass das Boot mit einem unschönen Rumms an den Kai krachte. Viele kommen mit dieser Methode zwar gut zurecht, aber ich stehe lieber seitlich neben dem Steuerrad und kann dabei gut nach achtern schauen, aber auch den Bug stets im Blick behalten. Das kommt vermutlich daher, dass mein Boot nicht besonders einfach rückwärts zu steuern ist.

▶ Vereinbaren Sie mit den Mitseglern einfache Handzeichen, um sich zu verständigen. Laute, klare Kommandos sind allerdings genauso geeignet. Wichtig ist aber nicht nur, laut und deutlich ein Kommando zu geben. Es sollte auch eine ebenso unmissverständliche Rückmeldung erfolgen, damit jeder an Bord weiß, was gerade passiert. Auf »Lass fallen Anker!« sollte also ein deutliches »Anker fällt!« folgen.

Seitenwind

Bei Seitenwind muss der Anker beim Ansteuern des Liegeplatzes etwas in Luv ausgebracht werden. Dabei kann es passieren, dass man die eigene Ankerkette über die Kette eines anderen Bootes legt. Doch das ist nicht allzu schlimm. Meist ist das Wasser klar genug, um am Grund alles zu erkennen und man einigt sich, dass die Boote mit obenliegenden Ketten vor den anderen ablegen.

Jetzt kann man das Boot rückwärts in die Lücke steuern. Machen Sie dabei ausreichend Fender an beiden Seiten, besonders aber an der leeseitigen Bordwand fest. Als erstes wird die luvseitige Heckleine an Land gegeben. Zusätzlich kann man einen Festmacher von mittschiffs nach Luv zum Kai ausbringen, um das Boot seitlich zu halten. Ein kräftiger Seitenwind durch die typische Seebrise flaut gewöhnlich zum Sonnenuntergang ab, aber verlassen kann man sich darauf natürlich nicht.

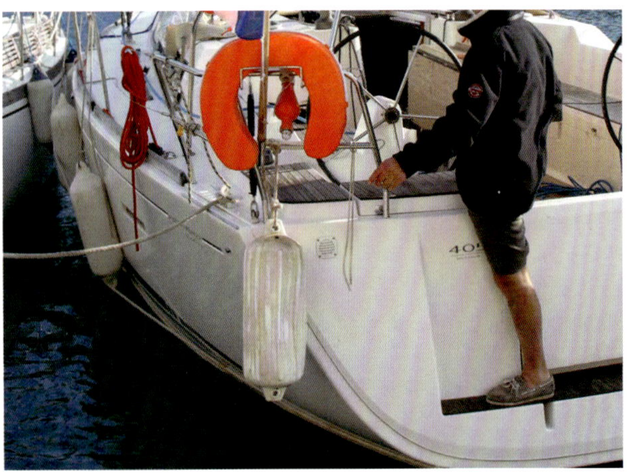

▲ Obwohl das Boot an Land fest ist, wird der Bug vom Wind an das Nachbarboot gedrückt.

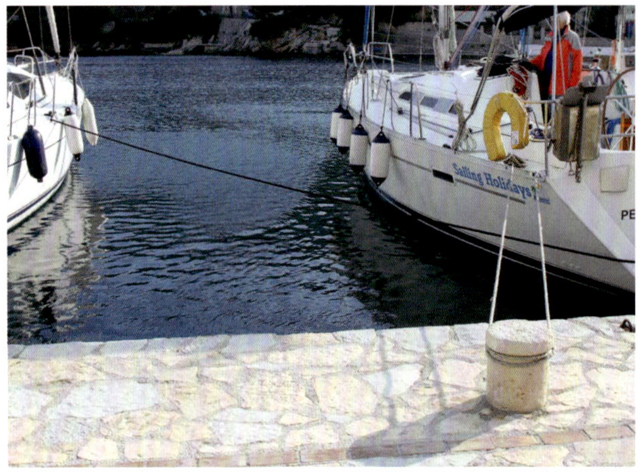

▲ Hier sollte die Ankerkette etwas dichter geholt und eine Leine von mittschiffs nach Luv zum Kai ausgebracht werden.

Murings

Muringleinen verlaufen im rechten Winkel vom Kai zu einem schweren Grundgeschirr. Liegeplätze können mit einer einzelnen oder mit zwei Murings ausgestattet sein. Fahren Sie rückwärts an den Kai, machen Sie die Heckleinen fest, nehmen Sie die Muring auf, führen Sie sie zum Bug und machen sie fest. Sie können ebenso mit dem Bug voraus anlegen und die Muring am Heck belegen. Mit einer Muring anzulegen, ist viel einfacher, als den eigenen Anker einzusetzen.

Beim Ablegen ist es wichtig, erst die Muring zu lösen und absinken zu lassen, bevor man losfährt. Liegt man mit dem Heck zum Kai, setzt man die Heckleinen auf Slip, löst die leeseitige, löst dann die Muring und wartet, bis sie absinkt, um nicht mit Propeller oder Ruder unklar zu kommen, und steuert dann hinaus. Das gleiche Prinzip gilt auch, wenn man mit dem Bug voraus zum Kai liegt.

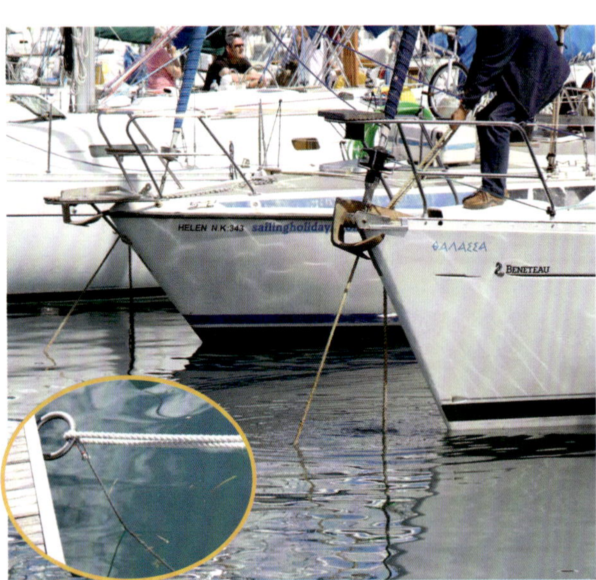

◀ *Hier wird die Muring am Bug dichtgeholt und belegt. Der Aufholer der Muring ist mit am Ring festgemacht (links unten).*

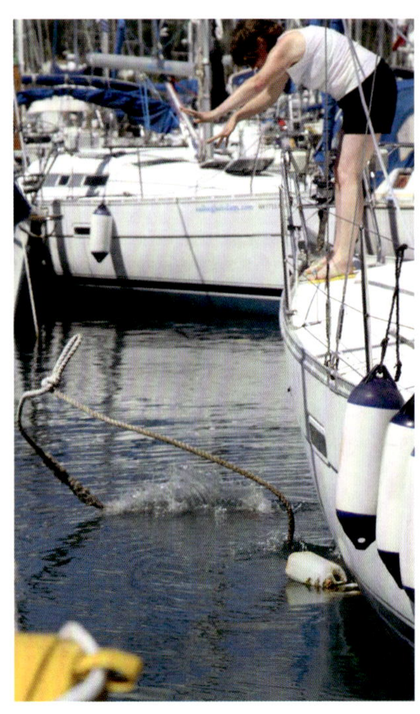

▶ *Lassen Sie die Muring nach dem Lösen einen Moment lang absinken, um nicht mit dem Propeller oder Ruder unklar zu kommen.*

Kurze Fingerstege und Bügel oder Ringe statt Klampen

Manchmal sind Fingerstege sehr kurz. Besonders in Frankreich findet man häufig solche Fingerstege, die zudem statt der üblichen Klampen nur einen großen Bügel am Ende haben. Der Bügel macht es unmöglich, eine Leine darüber zu werfen, aber man kann eine umgelenkte Leine vorbereiten und sie um den gesamten Fingersteg werfen.

Bei kurzen Stegen macht man die Leine möglichst weit vorn am Boot fest, wenn man mit dem Bug voraus anlegt. Allerdings kann man das Ende des Stegs nur dann mit einem Lassowurf einfangen, wenn auf der anderen Seite kein Boot liegt.

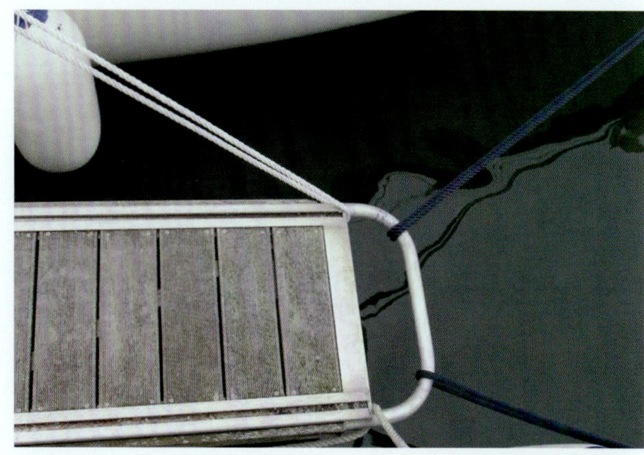

Die Festmacher des Nachbarbootes machen es unmöglich, eine Leine über das Ende des Stegs zu werfen.

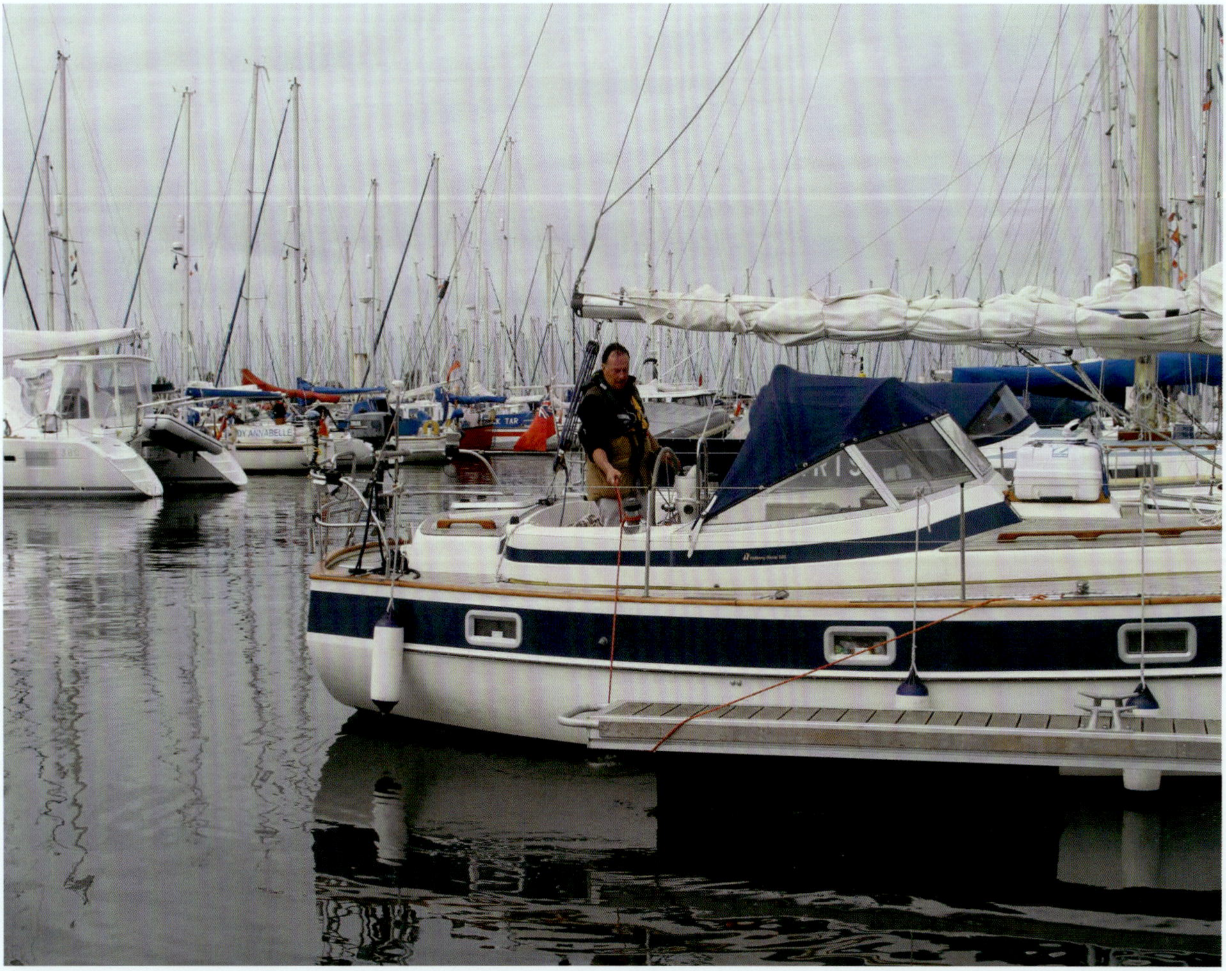

Mit einem Lassowurf wurde die Leine um das Ende des Fingerstegs gelegt.

Ich habe lange über dieses Problem nachgedacht und schließlich die Marina Chantereyne in Cherbourg angerufen. In meinem besten Französisch versuchte ich mein Anliegen zu erklären, worauf ich ganz schnell an die freundliche und perfekt englisch sprechende Caroline weitergereicht wurde. Sie bestätigte, dass die Marina voller kurzer Fingerstege sei, weshalb ich mich auf den Weg über den Ärmelkanal machte. Drei Tage lang warf ich in Cherbourg ein Lasso über sämtliche dünne und wackelige Fingerstege, bis ich es perfekt konnte. Das ging aber nur dort, wo kein Boot an der anderen Seite des Stegs lag. Die Stege hatten alle einen Bügel am Ende und ich dachte mir, man müsste ein Rundeisen oder ein Stück starkes Kunststoffrohr an einer Leine durch den Bügel stecken, um dann in die Leine eindampfen zu können. Ich suchte den Hafen nach geeigneten Gegenständen ab, fand aber nicht das Richtige. Außerdem konnte so ein Gegenstand zu leicht aus dem Bügel herausrutschen. Beim Bootsausrüster im Hafen fiel mein Blick auf einen kleinen Klappdraggen. Er kostete nur neun Euro und war für den Zweck wie geschaffen. Man steuert an den Steg, steigt aus dem Cockpit, senkt den winzigen Klappdraggen zwischen Bügel und Steg ab, holt die Leine dicht und gibt Schub voraus. Ich musste den Arretierungsring anheben, damit die Flunken zurück klappen konnten und ich den Klappdraggen durch den Zwischenraum am Ende des Stegs absenken konnte. Sobald er durch ist, klappt er wieder auf und hält ausgezeichnet.

Kürzere Boote können auch die Klampe weiter vorn am Steg verwenden und eine Leine von mittschiffs aus darüber legen. Man könnte auch mit dem Bug gegen den Steg am Ende der Box anfahren. Viele der Boote waren mit starken Bugfender ausgerüstet.

Läuft man erstmals in einen Hafen ein, erkundigt man sich nach der Art der Liegeplätze oder fährt die Stege ab, um die Lage selbst zu erkunden. Wichtig ist dabei, auf dem Teller umdrehen oder kontrolliert rückwärts fahren zu können.

Sinnvoll ist es auch, wichtige Ausdrücke in der jeweiligen Landessprache vorab nachzusehen oder zu lernen. In Frankreich heißen die üblichen Klampen zum Beispiel »taquets d'amarrage en forme de T«. Wer wenigstens versucht, sich in der Landessprache zu verständigen, dem hilft man besonders gern. Lohnenswert ist es auch, die üblichen Ausdrücke der Wetterberichte zu lernen, um die Vorhersagen zu verstehen.

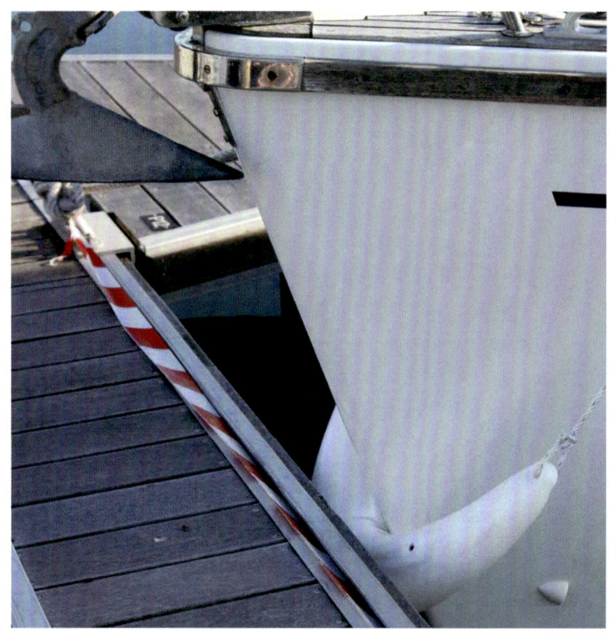

Gut geschützt durch Bugfender

Patent-Bojenfänger

Bei Beschlägen wie Klampen, Pollern oder einer senkrechten Stange (ich hatte einmal an einer einbetonierten Leiter festgemacht) ziehe ich es vor, eine Leine mit der Lasso-Technik über den Beschlag zu werfen. Das funktioniert gut. Schwieriger ist es bei Bügeln und Ringen, bei denen man ein Hilfsmittel wie einen Bojenfänger verwenden muss. Egel welche Art von Vorrichtung man benutzt, ist es wichtig, dass sie stark und stabil genug ist. Die Karabiner an einem Bootshaken, die ich getestet habe, haben mich jedenfalls überzeugt.

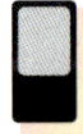

Scannen Sie diesen QR-Code, um ein Video über diese beiden Techniken in der Praxis zu sehen.

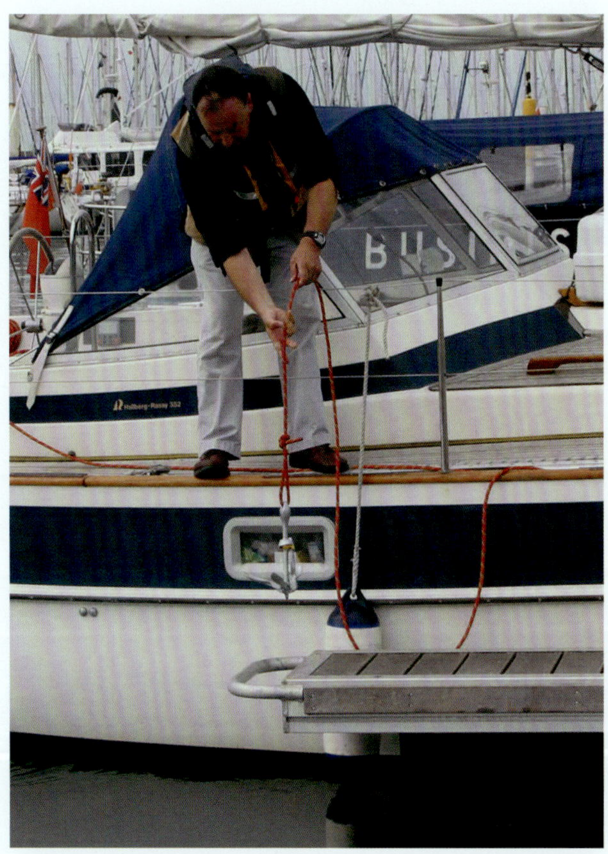

▲ Man beachte, dass der Arretierungsring des Klappdraggens durch das gelbe Klebeband fixiert wurde.

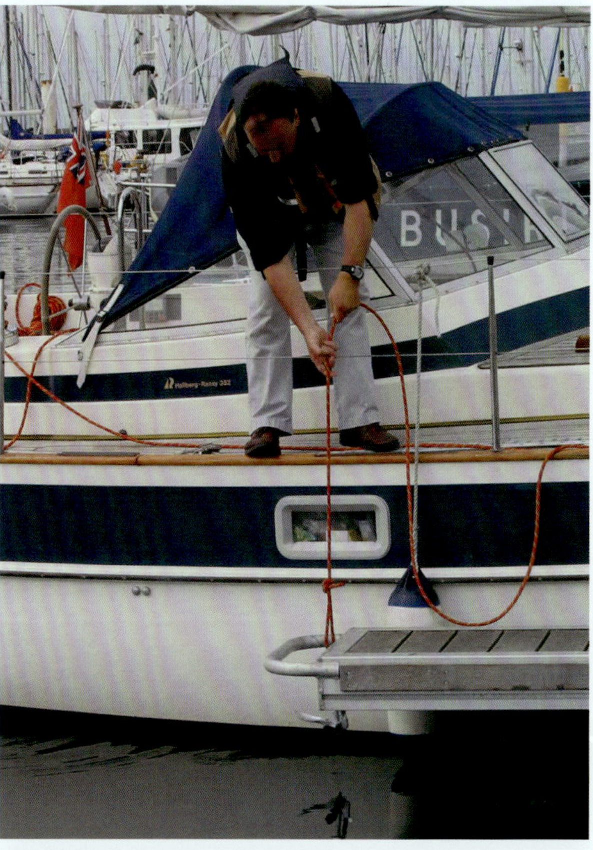

▲ Sobald der Klappdraggen durch den Bügel abgesenkt ist, klappen die Flunken auf und halten zuverlässig.

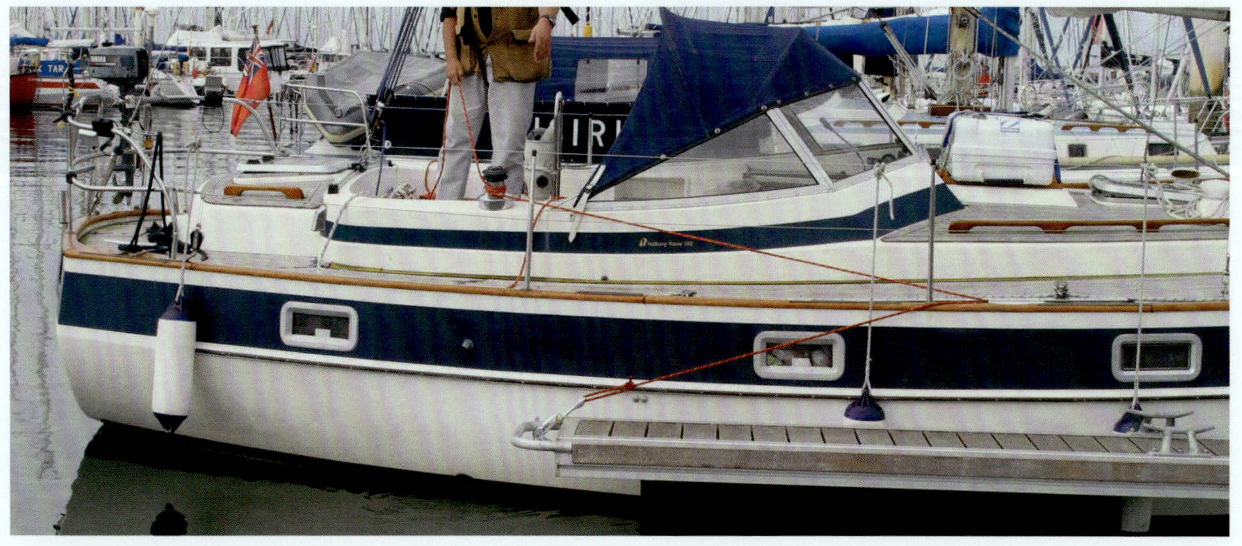

▲ Fest am Steg eingehakt.

6 Segeln, beidrehen und reffen

Die Segel so zu setzen und korrekt zu trimmen, dass sie so effektiv wie möglich arbeiten, macht mich als Segler nicht nur stolz, sondern lässt das Boot auch schneller und die Bootsbewegungen im Seegang angenehmer werden. Um stressfrei zu segeln, ist es ausschlaggebend, die Segelfläche den vorherrschenden Bedingungen anzupassen. Man muss nicht mit 45° Krängung durch die Gegend rauschen – im Gegenteil, man sollte es vermeiden. Jedes Boot krängt etwas, aber bei zu viel Krängung bieten die Segel weniger Angriffsfläche, und aufrechter wäre man sogar schneller.

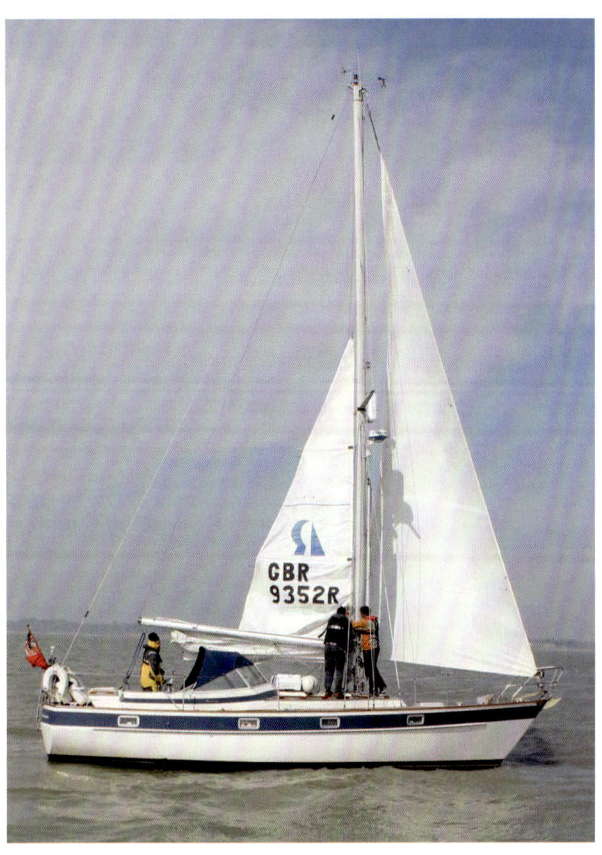

Großsegelsetzen bei stehendem Vorsegel

Segeltrimm und Handling

Es gibt viele ausgezeichnete Bücher über Segeltrimm. Allgemein aber gilt: Wenn die Windfäden im Vorsegel waagerecht auswehen, wenn als einziges Geräusch das Rauschen des Wassers an der Bordwand zu hören ist und wenn das Boot vernünftig schnell ist, dann ist alles in Ordnung.

Ein schlagendes Segel oder Achterliek zeigt, dass das Segel nicht effektiv arbeitet und getrimmt werden muss. Eric Hiscock sprach davon, seine Segel ruhigzustellen. Wenn nichts mehr zu hören war, wusste er, dass sie perfekt getrimmt waren.

Das Großsegel setzen

Mit dem Großfall zieht man nicht nur das Segel hoch, sondern man bewegt auch eine Menge weiterer Leinen, die zusammen unglaublich viel Reibung erzeugen. Die Reffleinen müssen durch Blöcke, Stopper und Umlenkungen gezogen werden, und dazu kommt noch die Reibung des Falls und der Mastrutscher. Ziehen Sie vorher die Reffleinen an der Baumnock heraus. Das bringt zwar etwas Durcheinander im Cockpit, aber das Groß lässt sich danach viel leichter hochziehen.

Viele Segler motoren gegen den Wind, während das Groß gesetzt wird. Ich ziehe es vor, unter Vorsegel hoch an den Wind zu gehen und die Großschot zu fieren, sodass der Baum genau nach Lee zeigt, und dann das Groß zu setzen.

Die Vorteile dabei sind:

- Der Baum schlägt nicht hin und her, da das Boot leicht krängt. Es kann nicht so leicht etwas kaputt gehen, und es entsteht weniger Abnutzung. Zudem kann man den Baum nicht so leicht an den Kopf bekommen.
- Das Boot liegt ruhiger im Wasser.
- Fahrzeuge unter Motor müssen ausweichen. Sofern man den Wind von Steuerbord hat, müssen zudem auch Segelfahrzeuge mit Wind von Backbord ausweichen.
- Man spart Diesel.

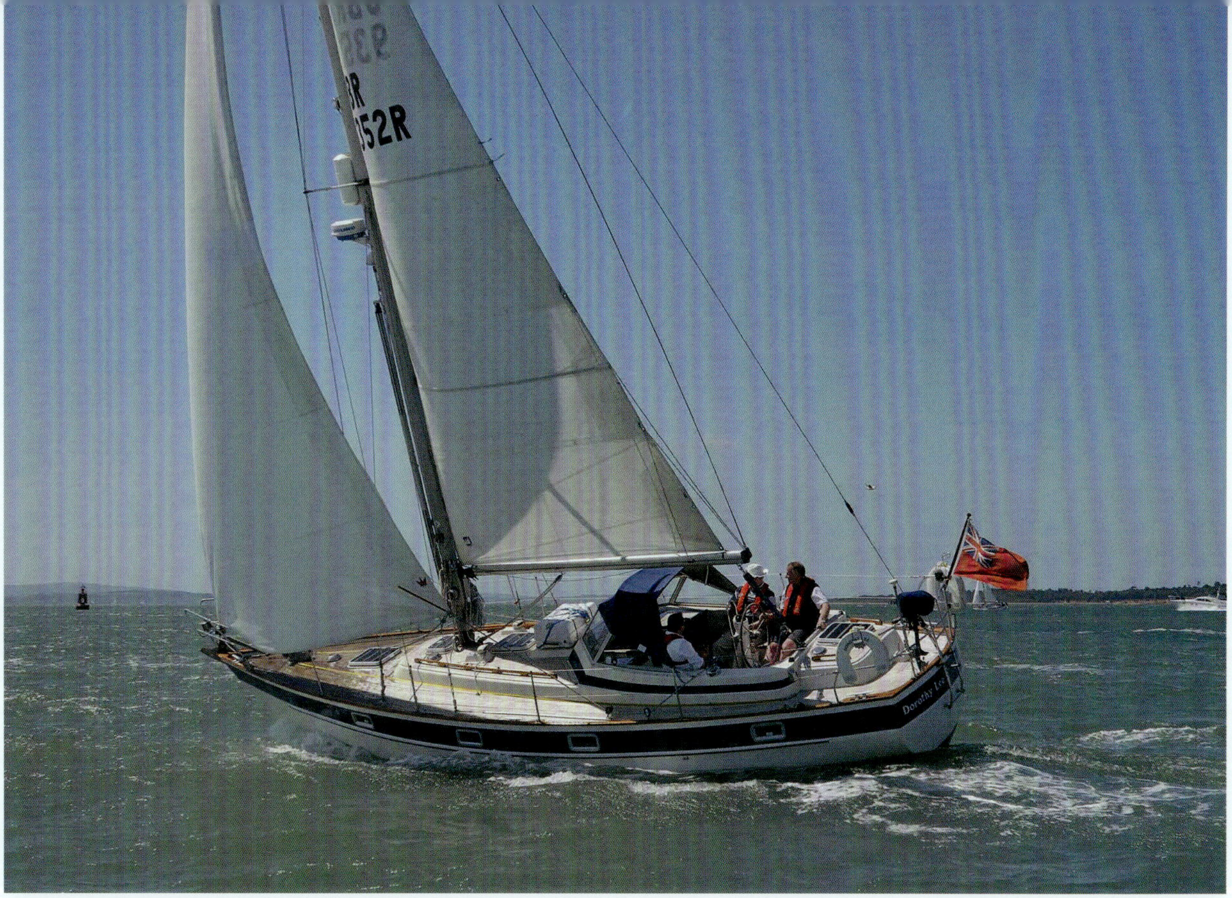

▲ *Hoch am Wind, Genua-Holepunkt achtern, guter Trimm* ▼ *Raumer Wind, Genua-Holepunkt vorn, guter Trimm* *Fotos © Rick Buettner*

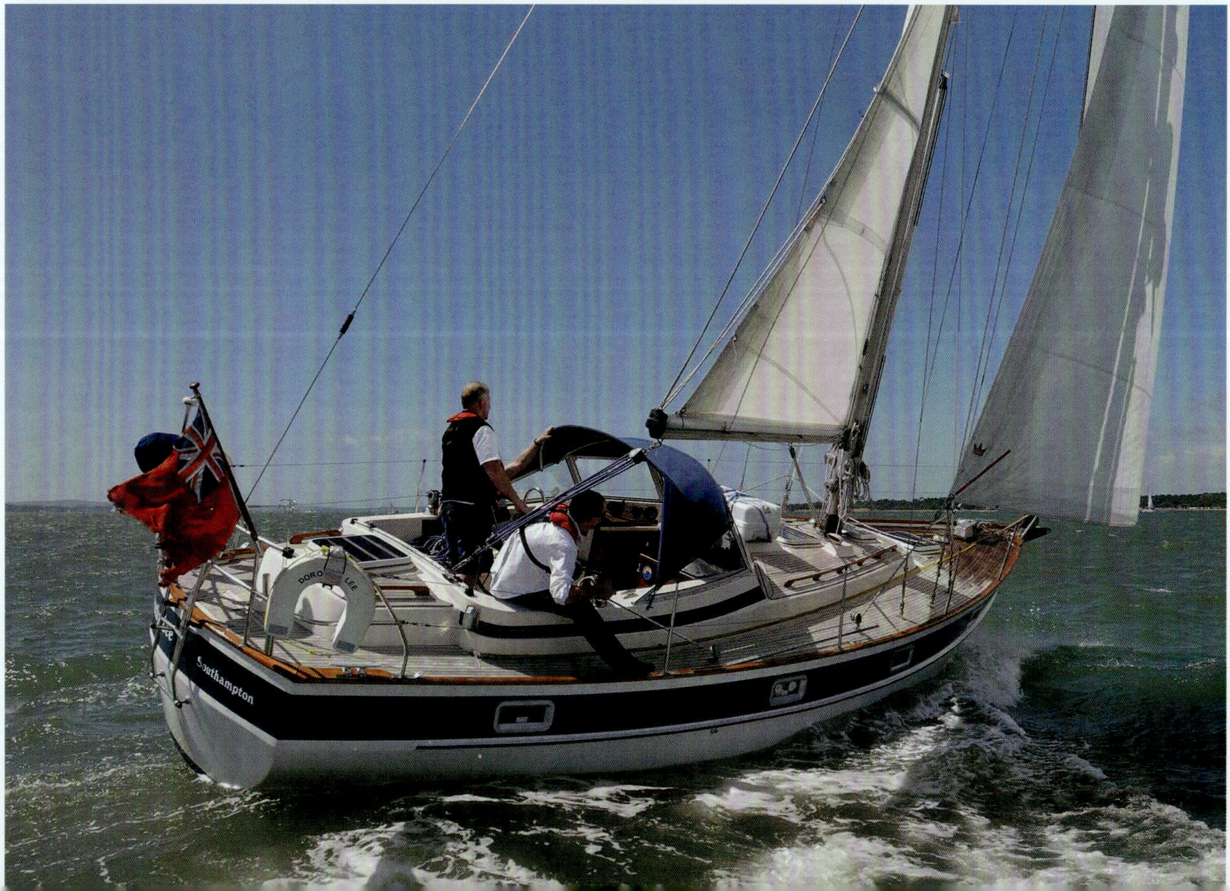

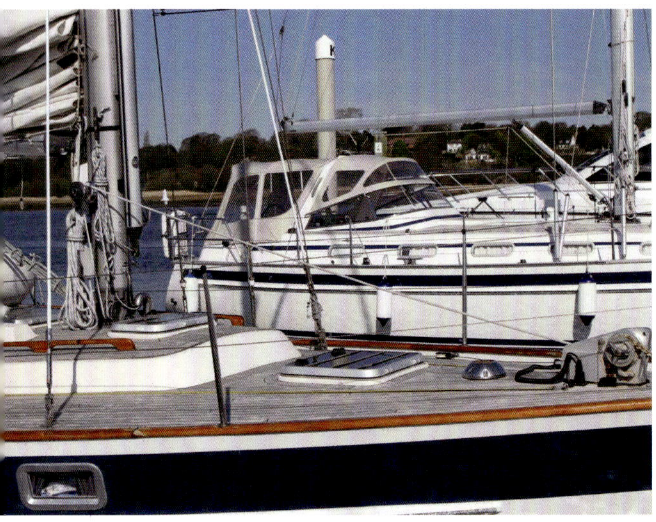

▲Ich setze neuerdings das Großsegel auf höchst bequeme Art: Ich ziehe es mit der elektrischen Ankerwinsch hoch.

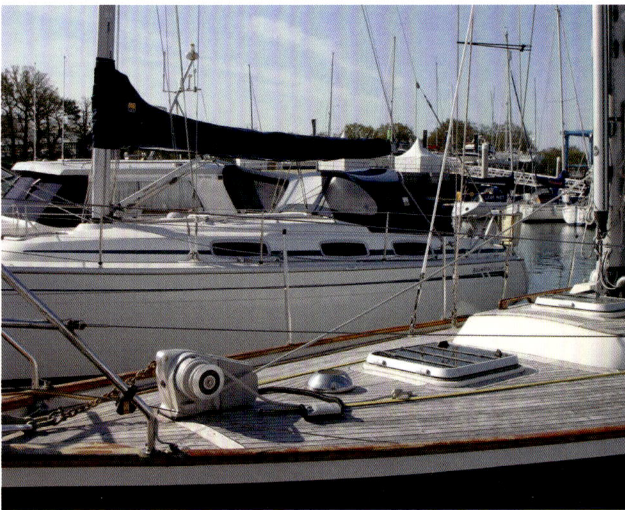

▲Bei einer Ankerwisch mit horizontaler Achse klappt das gut, auch bei manchen mit vertikaler Achse. Ist die Winsch aber im Ankerkasten unter Deck montiert, kann man das Fall nicht von der Mastwinsch auf die Trommel führen, ohne dass es abrutscht.

Auf manchen Booten kann das Großsegel allerdings nur gesetzt werden, wenn der Baum genau nach achtern zeigt, da ansonsten die Schlitten und Lattenwagen an der Mastschiene klemmen können. Die Rustler 36 Southern Cross hatte dieses Problem.

Durchgelattete Segel und Lazy-Jacks

Hat man Lazy-Jacks, fiert man sie am besten an den Mast, während das Großsegels gesetzt wird und verwendet sie nur während des Bergens. Das geht allerdings nicht bei einer Baumpersenning, die von Lazy-Jacks gehalten wird, auch Lazy-Bag genannt. Hier besteht die Gefahr, dass sich die Enden der oberen Segellatten in den Lazy-Jacks beim Setzen des Großsegels verhaken. Deshalb ist es in dem Fall am besten, die Lazy-Jacks etwas stärker gespannt zu fahren. Oft sind solche Lazy-Jacks sehr hoch und sehr weit vorn angebracht.

Wenn man sie tiefer setzen kann, verhaken sich die Segelatten nicht so leicht. Das Gleiche gilt, wenn man sie weiter auseinander, zum Beispiel an der Saling befestigt. Bei einem Großsegel ohne Latten oder mit kurzen Latten hat man diese Probleme natürlich nicht.

Tipp

Vorsegelfallen und Vorsegelschoten sind meist blau, Spinnakerfallen und Spinnakerschoten meist rot. Hier wurde eine einprägsame Farbwahl bei einem Rollgroß gewählt: Grün für ausrollen, rot für einrollen.

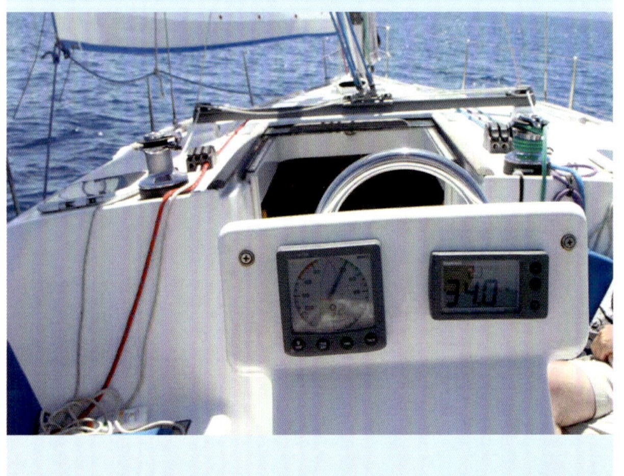

Rollgroß im Mast

Das Großsegel in den Mast aufzurollen, ist eine großartige Erfindung und erleichtert vielen Seglern die Handhabung. Dennoch hört man immer wieder die gleichen Vorurteile: Das Segel kann blockieren, und das Gewicht ist weit oben im Mast. Das Ausrollen geht leichter, wenn man den Wind mithelfen und etwas von der Seite einfallen lässt, anstatt genau im Wind zu stehen. Auch beim Einrollen sollte etwas Druck im Segel sein, damit es sich schön eng aufrollt. Ich habe das bei halbem Wind und gefierter Großschot ausprobiert, und es hat bestens funktioniert.

Vorsegelschoten anschlagen

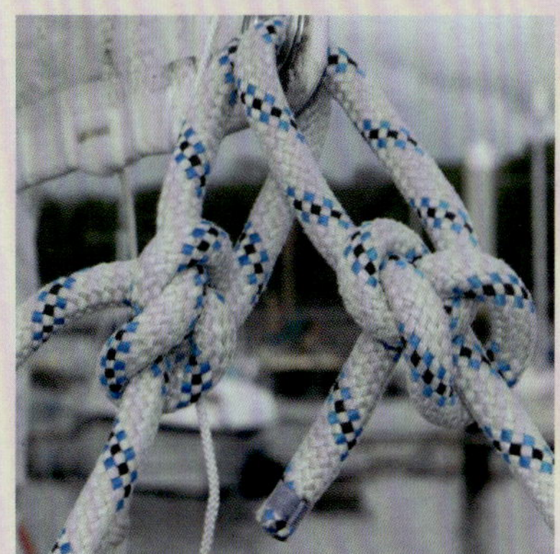

Schlägt man die Schoten mit zwei Palsteks am Schothorn an, sollte man sie so machen, dass die Vorderseite der Knoten zu den Stagen und Wanten zeigt, damit die Schoten bei der Wende nicht so leicht hängen bleiben.

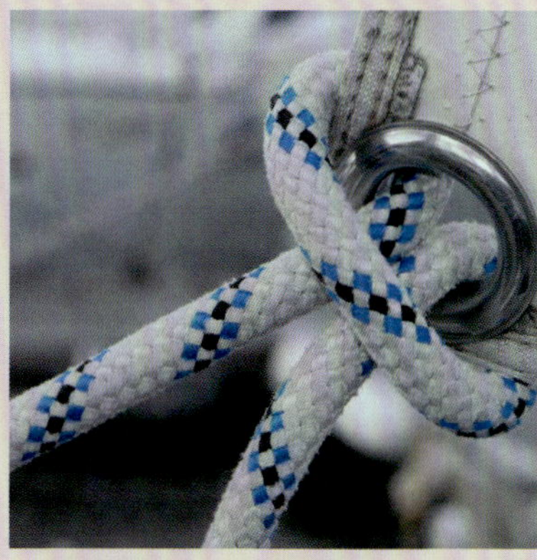

Man kann auch eine lange, durchgehende Schot mit einem Kuhstek am Schothorn anschlagen. Dieser hält gut und geht sogar noch leichter an Wanten und Stagen vorbei.

Vorsegel ausrollen

Halten Sie die Reffleine etwas gespannt, wenn Sie durch Zug an der Schot das Vorsegel ausrollen. Ohne Spannung kann sich beim schnellen Aufrollen der Reffleine ein Überläufer in der Trommel bilden. Das kann zu einem Problem werden, denn das Vorsegel lässt sich mit der Reffleine nicht mehr einrollen, weshalb es von Hand ganz abgewickelt und komplett aus dem Vorstagsprofil gezogen werden muss. Es sei denn, dass man die Trommel zerlegen und den Überläufer lösen kann. Das alles ist nicht ganz einfach. Zum Ausrollen des Vorsegels legt man daher die Schot über eine Winsch und die Reffleine zum Fieren über eine andere Winsch. So kann man das Vorsegel kontrolliert ausrollen.

Bei Reffleinen mit einem Drahtvorlauf ist meist nur für das Drahtseil und ein paar wenige Törns der Leine Platz auf der Trommel. Ich wechsle oft von der großen Genua zu einer kleineren und muss darauf achten, dass der Übergang von Draht zu Tauwerk kurz vor der Refftrommel ist, wenn das Vorsegel ganz ausgerollt ist. Überprüfen Sie ihre Rollreffanlage, damit sich das Vorsegel immer leicht ein- und ausrollen lässt.

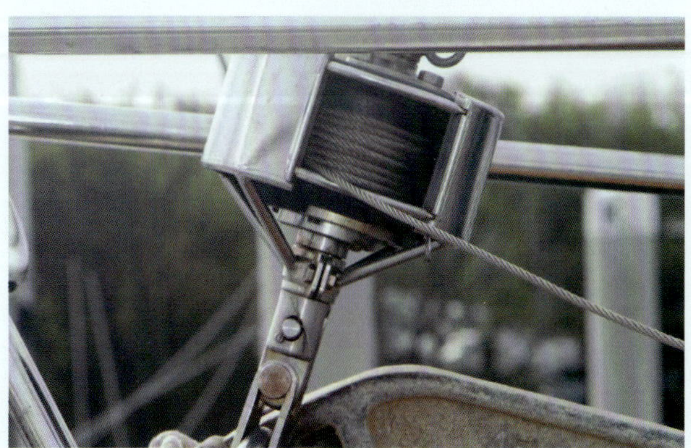

▲ *Achten Sie darauf, dass genug Reffleine oder Drahtvorlauf auf der Trommel sind, wenn Sie ein Segel in das Vorstagsprofil einziehen, damit das gesamte Segel eingerollt werden kann.*

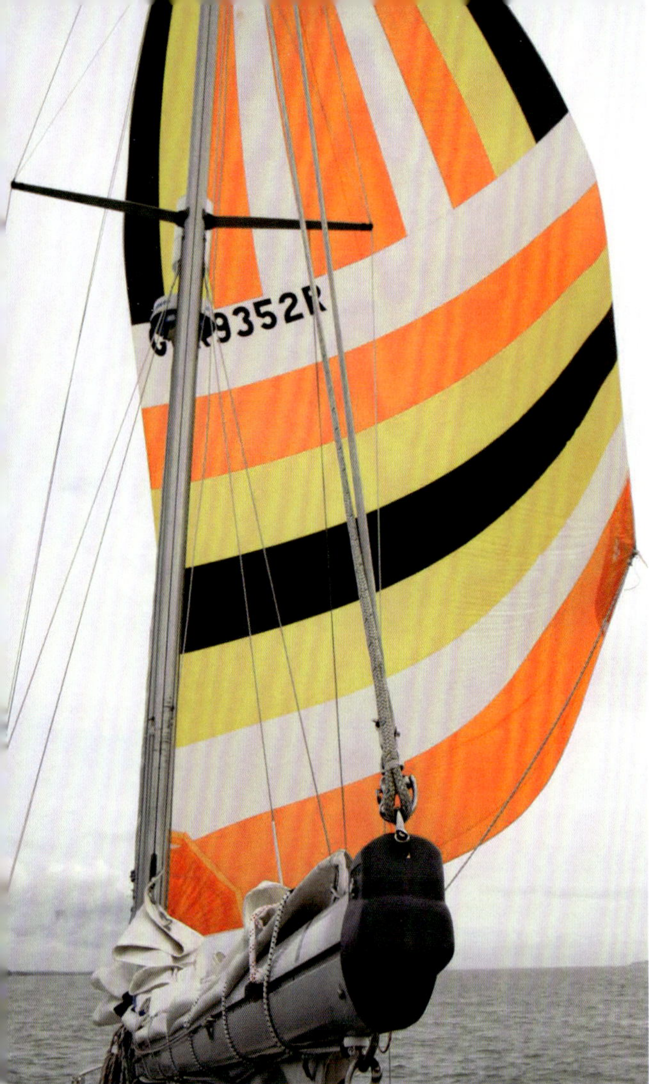

Auf Backstagkurs bei 150° scheinbarem Wind

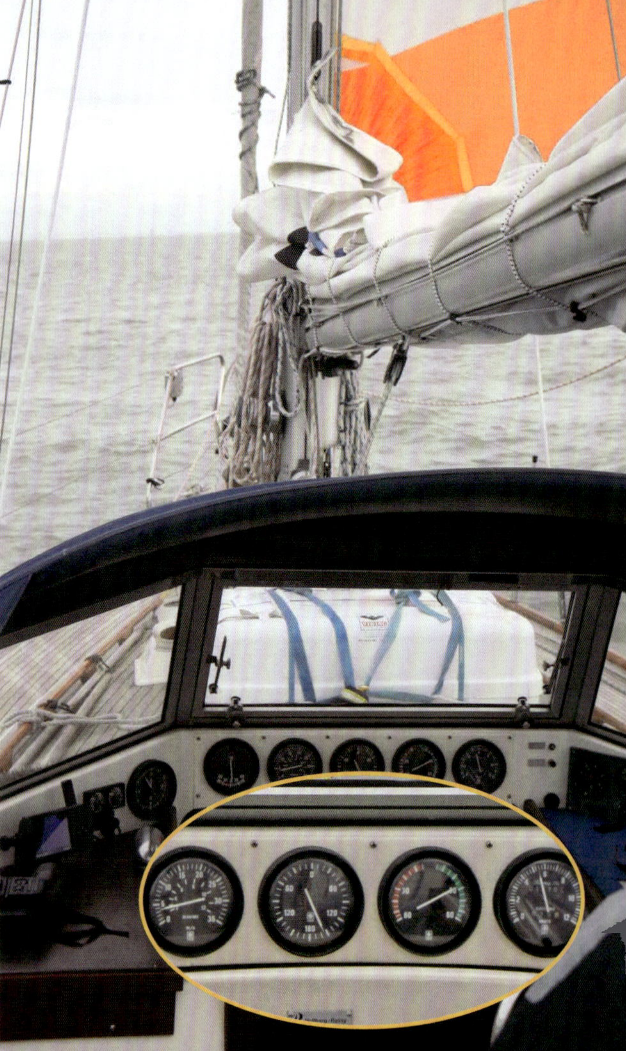

Wer sagt, dass man mit einem Blister nicht platt vor dem Wind laufen könne? Hier segelt das Boot bei 14 Knoten wahrem Wind mit 5,5 Knoten direkt nach Lee.

Vor dem Wind nur mit Blister

Ich setze oft meinen Blister. Zusammen mit dem Großsegel ist er für scheinbare Windwinkel von 70° bis 150° geeignet. Um damit jedoch platt vor dem Wind zu laufen, berge ich das Großsegel.

Probieren Sie aus, wie tief Sie mit ihrem Blister oder Gennaker segeln können. Platt vor dem Laken segeln zu können, ohne ständig eine Patenthalse befürchten zu müssen, ist sehr angenehm.

Tipp

Allzu leicht unterschätzt man die wahre Windgeschwindigkeit, wenn man vor dem Wind segelt. Der scheinbare Wind mag nur 20 Knoten (Bft 5) betragen, während man mit 6 Knoten unterwegs ist, aber der wahre Wind hat bereits über 25 Knoten (Bft 6) erreicht. Dreht man jetzt in den Wind und segelt zur Marina zurück, weiterhin mit 6 Knoten, hat man knapp 32 Knoten (Bft 7) scheinbaren Wind an Bord – und das ist schon eine ganze Menge.

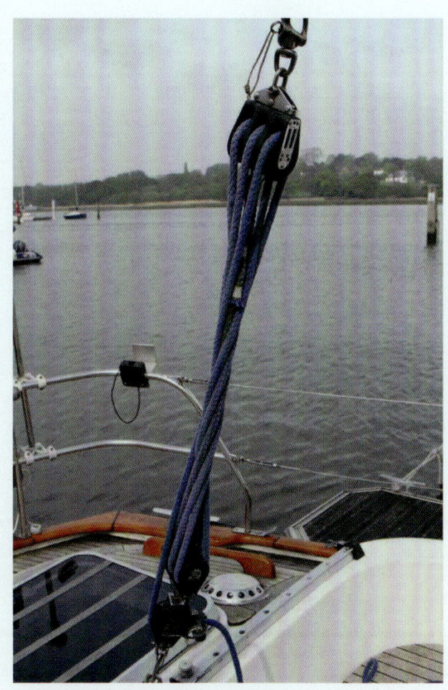

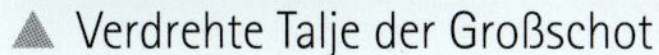

Verdrehte Talje der Großschot

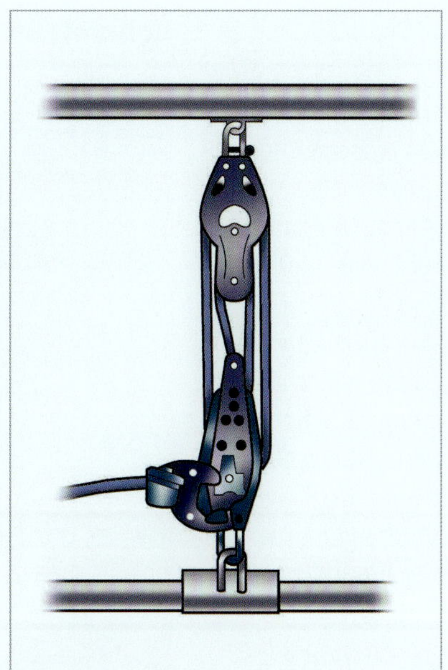

Talje mit Violinblöcken

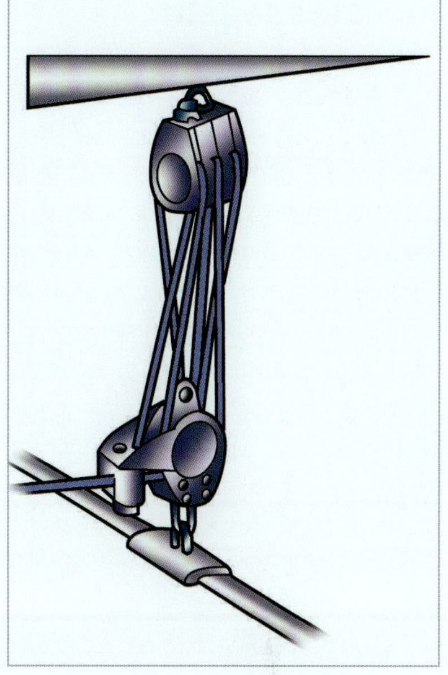

Rechtwinklig eingeschorene Talje

Verdrehte Taljen

Wie kann man verhindern, dass sich Taljen verdrehen? Zunächst mag alles gut aussehen, doch nach ein paar Meilen hat sich die Talje unter Umständen hoffnungslos verdreht, kann nur schwer dichtgeholt werden und, was noch schlimmer ist, kaum mehr gefiert werden.

Bei kleineren Booten von unter neun Metern Länge mit einer vierfach geschorenen Talje kann man Violinblöcke verwenden, die sich nicht so leicht verdrehen. Bereits ein Violinblock und ein doppelter Block in Kombination sind eine Verbesserung. Bei sechsfach geschorenen Taljen hat man diese Möglichkeit nicht. Man kann die Schot ganz herausziehen und den Twist aus der Leine holen. Dazu kann man sie hinter dem Boot bei Motorfahrt durchs Wasser ziehen, sollte aber darauf achten, dass sie nicht in den Propeller gerät. Achten Sie auch darauf, die Schot korrekt wieder einzuscheren, wobei die Achsen der Blöcke 90° zueinander stehen.

Bullenstander

Auf einem Vorwindkurs, vor allem bei unstetem Wind, passiert allzu leicht eine Patenthalse. Dann ist es sinnvoll, einen Bullenstander zu setzen. Bei mir an Bord führe ich dazu eine Leine von der Baumnock zu einer Vorschiffsklampe und zurück zu einer Cockpitwinsch, um sie dichtzuholen. Am besten ist es, gleich zwei Bullenstander zu setzen – einen auf jeder Seite. Dann muss man bei einer Halse nur den alten fieren und den neuen dichtholen.

Fock oder Genua?

i

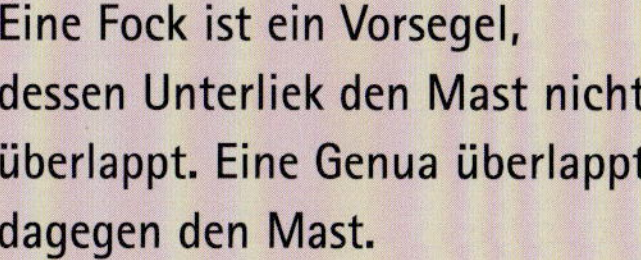

Eine Fock ist ein Vorsegel, dessen Unterliek den Mast nicht überlappt. Eine Genua überlappt dagegen den Mast.

Im Kreis segeln

Oft ist die Zeit auf dem Wasser so kostbar, dass man unverzüglich den Kurs auf das Ziel absetzt und lossegelt. Ich denke, dass man viel lernen könnte, wenn man mehr ausprobieren, mehr spielen und üben würden. Dadurch erlangt man letztendlich mehr Kontrolle über das Boot, was in einer Gefahrensituation nur nützlich sein kann.

Als Erstes probiere ich immer bei einem Boot, wie es sich unter Segeln auf der Stelle im Kreis drehen lässt. Ich schote das Groß mittig und drehe durch den Wind, ohne die Schoten anzufassen. Das Vorsegel steht danach back wie beim Beidrehen, aber ich belasse das Ruder, und das Boot dreht weiter, bis es halst. Boote mit besonders hoher Verdrängung lassen sich bei leichtem Wind auf diese Art jedoch nur schwer halsen.

Ich will herausfinden, wie schnell ein Boot auf das Ruder anspricht, wie viel Kontrolle ich habe und wie viel Fahrt das Boot nach Luv macht, wenn das Vorsegel back steht. Das ist wichtig, um zu einer Person im Wasser zurück zu segeln. Probieren Sie selbst aus, wie sich ein Boot im Kreis drehen lässt, ohne die Schoten auch nur zu berühren. Kann man dabei jederzeit stoppen und in den Wind drehen? Und wie schnell treibt der Bug nach Lee?

Beidrehen

Als Nächstes möchte ich herausfinden, wie gut sich das Boot beidrehen lässt. Das Beidrehen ist eine sehr praktische Methode, um ein Boot im Wasser zu stoppen und sich auszuruhen. Es ist aber auch Teil der Schwerwettertaktik, die im neunten Kapitel behandelt wird.

Um beizudrehen, fährt man eine Wende, lässt aber die Vorsegelschot belegt, sodass das Vorsegel nach der Wende back steht. Der Vorgang ist der gleiche wie beim Drehen auf dem Teller, nur dass jetzt die Pinne 20° bis 25° nach Lee gelegt, also in den Wind gesteuert wird. Großsegel und Ruder lassen das Boot somit anluven, und das backstehende Vorsegel lässt es abfallen. Diese Kräfte sollten sich gegenseitig so weit aufheben, dass das Boot keine oder nur geringe Fahrt macht.

Boote, die im Bugbereich ein tieferes Unterwasserschiff haben, liegen beigedreht stabil in der See und machen kaum Fahrt. Moderne Boote mit einem sehr flachen Unterwasserschiff sind auch beigedreht nicht leicht zu stoppen und drehen manchmal von allein wieder zurück durch den Wind.

Vollkreis unter Segel

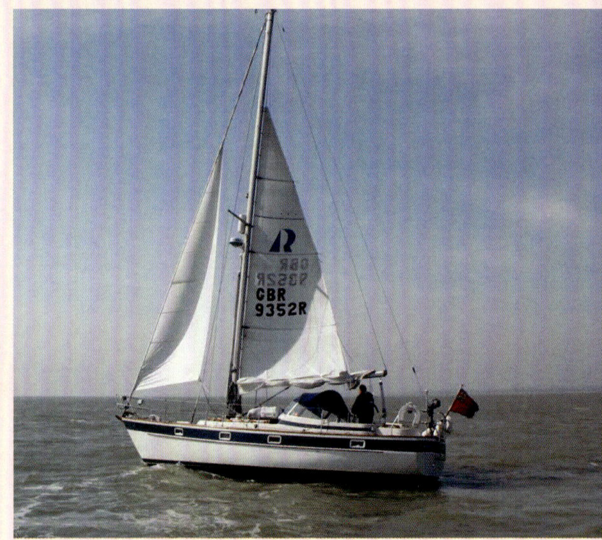

Beigedreht

Wenn folgende Größen aufeinander abgestimmt und ausbalanciert sind, kann auch ein moderner Finnkieler beigedreht ruhig in der See liegen:

- Segelfläche
- Segelstellung
- Segeltrimm
- Ruderlage
- Kielschwert

Im Idealfall zeigt das Log dann null Knoten Fahrt durchs Wasser. Doch bei einer Pause, um sich auszuruhen oder um etwas zu essen, spielt es auch keine Rolle, wenn das Boot weiterhin mit ein bis eineinhalb Knoten langsame Fahrt voraus macht. Achten Sie dabei auf ausreichend Seeraum, denn kommt ein Gezeitenstrom von ebenfalls eineinhalb Knoten hinzu und eine Abdrift von einem halben Knoten, benötigt man mehr Platz, um für ein geruhsames Mittagessen eine Stunde beizuliegen.

Bei jeder Seegangsstärke ist es erstaunlich, wie sich die Bootbewegungen verändern, wenn man beidreht. Zuvor mag das Boot noch hart in die Wellen eingesetzt haben, beigedreht ist es auf einmal viel ruhiger an Bord.

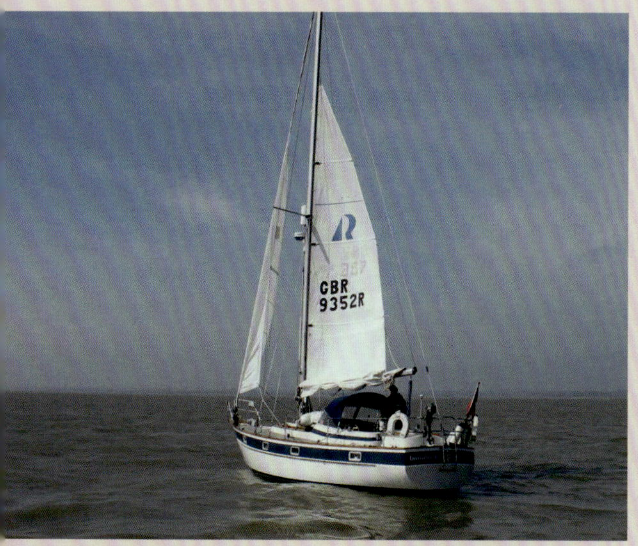

Mit einer Halse dreht man aus der beigedrehten Lage …

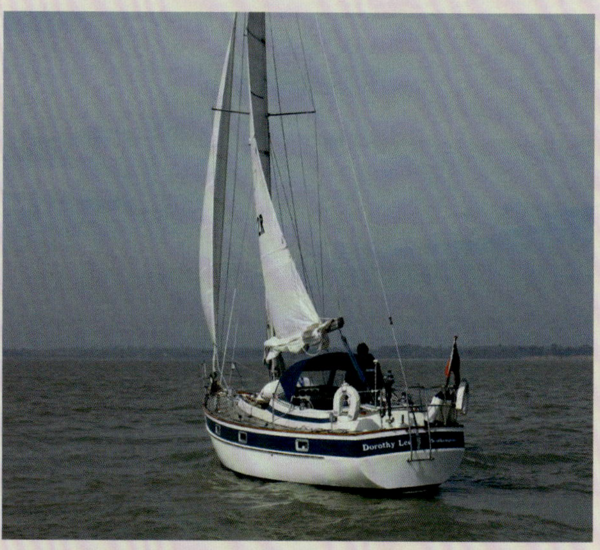

… und nimmt auf dem anderen Bug wieder Fahrt auf.

Üben Sie das Beidrehen bei unterschiedlichen Windstärken. Das Boot sollte dabei 40° bis 50° zum Wind liegen.

Bei stärkerem Wind kann man auch nur unter gerefftem Großsegel beidrehen. Der Windwiderstand am Vorschiff reicht bereits aus, um den Bug abfallen zu lassen, und das Vorsegel kann weggenommen werden. Bei einer Rollreffanlage hilft dann allein das aufgerollte Tuch am Vorstag, um den Bug nach Lee zu drücken. Mit meinem Boot kann ich ab 25 Knoten Wind ohne Vorsegel beiliegen.

Man kann allerdings keine allgemeingültigen Empfehlungen dazu geben, vielmehr muss das Beidrehen mit dem eigenen Boot geübt werden. Eine Ketsch kann meist auch nur unter gerefftem Besan in sehr starken Winden beigedreht liegen. Auf einem Schoner genügt häufig ein gerefftes Großsegel und ein back stehendes Vor- oder Stagsegel.

Am besten dreht man so bei, dass der Wind von Steuerbord kommt. Das hat den Vorteil, dass die meisten anderen Boote ausweichen müssen. Daraus folgt, dass die Galley am besten an Backbord ist, denn es fällt leichter in der Galley zu arbeiten, wenn sie leicht abwärts geneigt ist als aufwärts.

Scannen Sie diesen QR-Code, um ein Video über das Segeln im Kreis zu sehen.

Scannen Sie diesen QR-Code, um ein Video über das Beidrehen zu sehen.

Tipp

Markieren Sie das Steuerrad bei Mittelstellung des Ruders mit einem Türkischen Bund oder etwas Klebeband. Ruderlagenanzeigen sind manchmal schwer abzulesen. Mit einer Markierung am Steuerrad fühlt man sofort, wenn das Ruder mittschiffs ist, ohne den Blick abwenden zu müssen.

Reffen

Nur wenige Segler äußern sich positiv über Einleinen-Reffsysteme, die komplett aus dem Cockpit bedient werden. Um Schothorn und Hals gleichzeitig mit nur einer Reffleine an den Baum zu bringen, sind sechs Umlenkungen der Leine nötig. Dabei entsteht übermäßig starke Reibung, und ein Kringel in der Leine genügt, damit sie unklar kommt. Dann muss man erst wieder an den Mast, was man vermeiden wollte. Besser ist es, mit zwei separaten Leinen zu reffen. Das kann ebenfalls komplett vom Cockpit aus geschehen. Auch feste Reffhaken am Mast zum Einhängen der Reffkausch funktionieren ausgezeichnet.

Großsegel reffen bei halbem oder raumen Wind?

Das geht auf meinem Boot nicht. Bei einem durchgelatteten Großsegel muss der Baum beim Reffen genau nach Lee zeigen. Das gilt auch für Segel mit kürzeren Latten. Freunde von mir berichten, dass man ein Großsegel ohne Latten jedoch auf allen Kursen reffen kann. Ich kenne auch Berichte, dass es mithilfe starker Winschen an Mast und Baum möglich sei, ein durchgelattetes Großsegel vor dem Wind herunterzuziehen. Die Belastung an den Mastwagen und Schlitten muss enorm sein. Also, nichts ist unmöglich, aber es hängt von der Ausrüstung an Bord und der Ausführung des Segels ab.

Reffen – Schritt für Schritt

Ablauf bei einem Bindereff und Winschen am Mast:

1. Baumniederholer los
2. Dirk dichtholen
3. Lazy-Jacks setzen
4. Kurs hoch am Wind
5. Großschot fieren, Baum zeigt direkt nach Lee
6. Großfall fieren
7. Reffkausch am Vorliek an Reffhaken einhängen
8. Großfall dichtholen
9. Reffleine dichtholen
10. Dirk fieren
11. Niederholer trimmen
12. Großschot trimmen
13. Reffbändsel beibinden

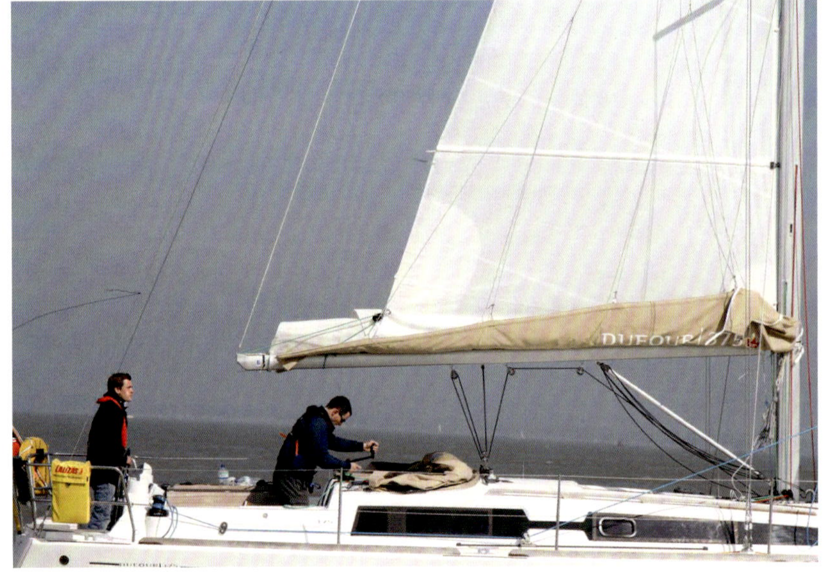

▲ *Reffen vom Cockpit aus*

Bindereff-Tipp

Reffkausch und Reffhaken

Beim gewöhnlichen Bindereff muss das Fall gefiert und das Vorliek des Großsegels nach unten gezogen werden. Dann hängt man die Reffkausch über den Reffhaken. Oft rutscht die Reffkausch aber wieder ab, bevor man das Fall dichtnehmen kann. Verwenden Sie ein Reffbändsel, um die Reffkausch vorübergehend am Haken zu halten.

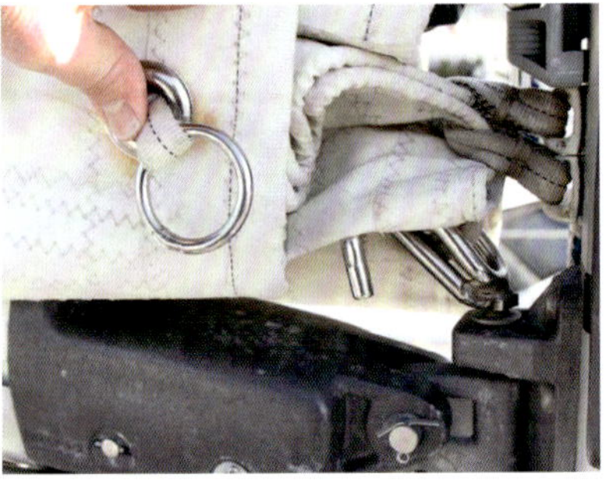

▲ Beim Einhängen rutscht die Reffkausch leicht vom Reffhaken.

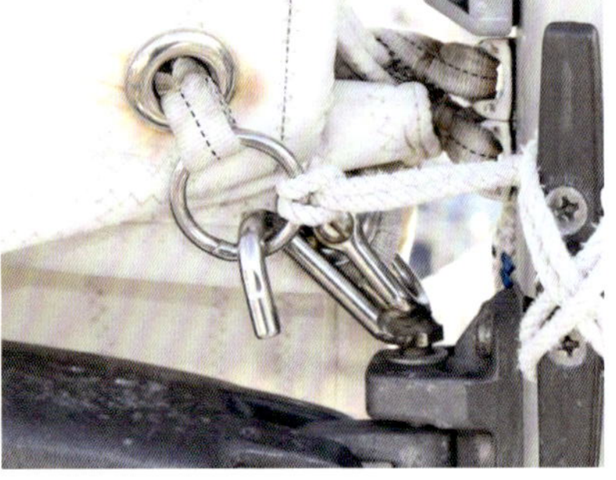

▲ So kann sie mit einem Reffbändsel gesichert werden.

Großsegel mit losem Unterliek

Binden Sie den gerefften Teil des Segels oberhalb des Baums mit den Reffbändseln zusammen und nicht um den Baum herum. Die Ösen entlang der Reffreihe schwächen das Segel. Es könnte in sehr starkem Wind entlang dieser Reihe reißen, besonders wenn das Tuch schon älter und etwas schwächer ist.

Reffbändsel

Die Reffbändsel sollten mit einem Slipknoten gebunden werden, damit sie sich mit nur einem kurzen Ruck lösen lassen.

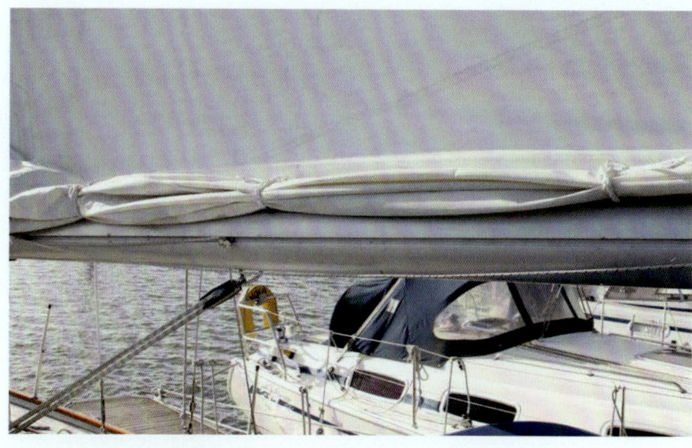

▲ *Die Reffbändsel sind oberhalb des Baums zusammengebunden.*

Reffbändsel auf Slip

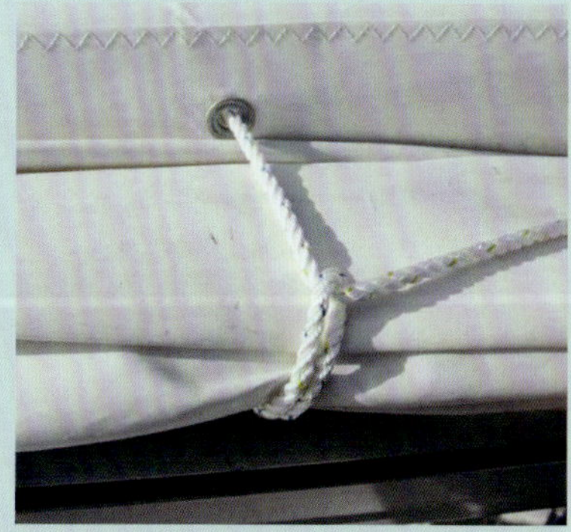

Führen Sie das lose Ende des Reffbändsels durch die Öse und dann durch den Augspleiß.

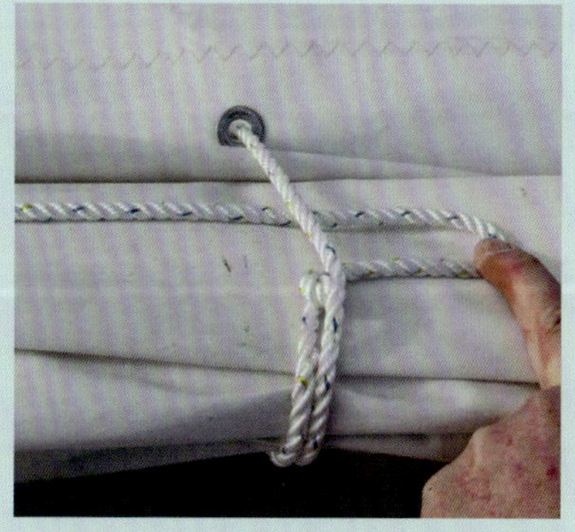

Formen Sie eine Bucht und führen Sie das lose Ende unter der stehenden Part durch.

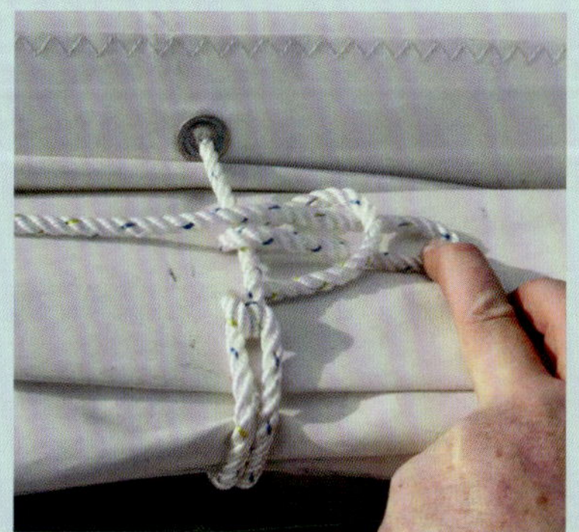

Stecken Sie das lose Ende mit einer Bucht durch die erste Bucht.

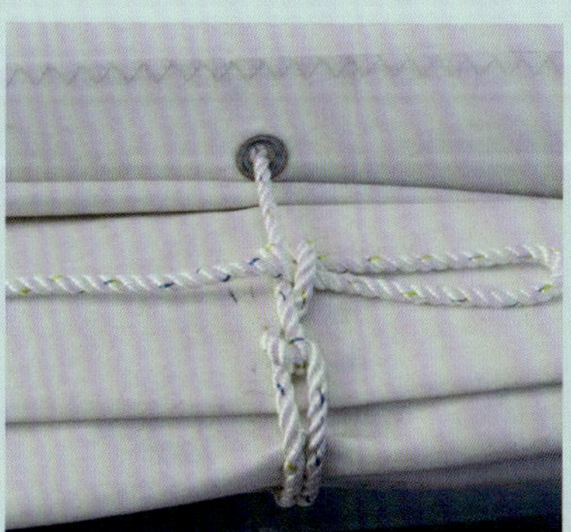

Ziehen Sie fest. Das Reffbändsel hält, kann aber mit einem kurzen Ruck gelöst werden.

Baumpersenning als Lazy-Bag

Man sagt zwar, dass bei einem Lazy-Bag der gereffte Teil des Segels ungesichert in der Persenning liegen kann, aber ich glaube das gilt nur bei ruhigem Wetter. Mit drei Reffs im Groß und 40 Knoten Wind würde ich es jedenfalls nicht ausprobieren wollen.

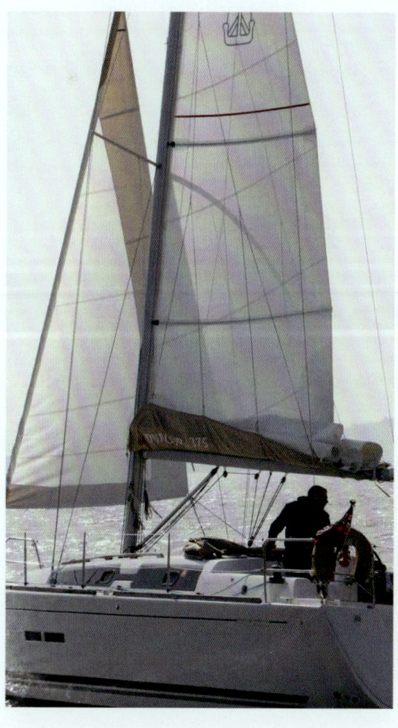

▲ *Der gereffte Teil des Segels im Lazy-Bag.*

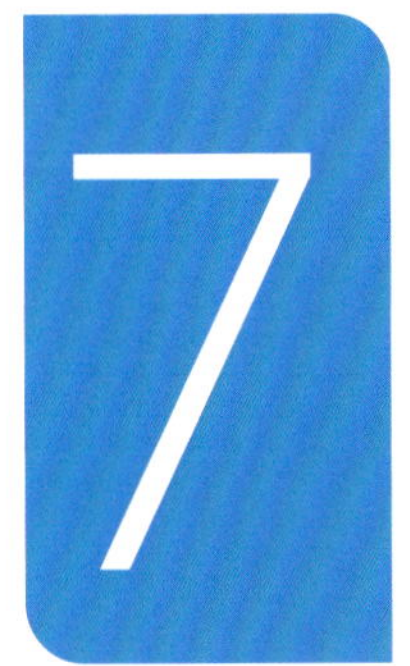

An einer Boje an- und ablegen

Es gibt im Allgemeinen zwei Arten von Bojen: solche mit einem kurzen Stropp, an dem ein kleiner Schwimmer befestigt ist und solche mit nur einem Eisenring an der Oberseite. Nachfolgend wird gezeigt, wie man an beiden Bojentypen einhand anlegt.

Die kontrollierte Ansteuerung

Voraussetzung ist, dass das Boot kontrolliert gesteuert wird. Egal wie man an der Boje festmacht: Man muss zunächst an die Boje manövrieren und das Boot dort für einen Moment auf der Stelle halten. Den Schwimmer zum Aufholen der Belegleine möchte man dabei seitlich zwischen mittschiffs und dem Cockpit haben. In einem Bojenfeld mit anderen Booten vor und hinter der eigenen Boje muss man vorsichtig sein, um dem Heck des vorausliegenden Bootes bei der Ansteuerung nicht zu nahe zu kommen.

Noch bevor man sich der Boje nähert, muss man das Boot gegen den Strom stellen, um festzustellen, wie viel Motorschub nötig ist, um das Boot auf der Stelle zu halten. Bei geringem Strom kann man sich im Standgas langsam nähern und den Propeller auskuppeln. Das kann genügen, um das Boot kurz auf der Stelle zu halten, bevor es zurücktreibt. Bei stärkerem Strom von drei oder vier Knoten muss man den Propeller eingekuppelt lassen und den Schub entsprechend dosieren. Probieren Sie das aus, bevor Sie die Boje ansteuern. Der Steuermann muss in jedem Fall in der Lage sein, das Boot perfekt zu positionieren und kurz auf der Stelle zu halten – egal ob er einhand oder mit voller Besatzung an der Boje festmachen möchte.

Wie oft haben Sie schon beobachtet, dass ein Mitsegler den Schwimmer mit dem Bootshaken aufholt, ihn aber nicht festhalten kann? Irgendwann zieht es ihm die Arme lang, und er lässt den Bootshaken los, weil der Steuermann mit zu viel Schub die Boje überfährt oder mit zu wenig Schub das Boot zurücktreiben lässt?

Jetzt ist man nicht nur an der Boje nicht fest, sondern hat auch noch den Bootshaken verloren. Also muss man erst hinter dem Bootshaken her, ihn herausfischen und kann es dann nochmal an der Boje probieren.

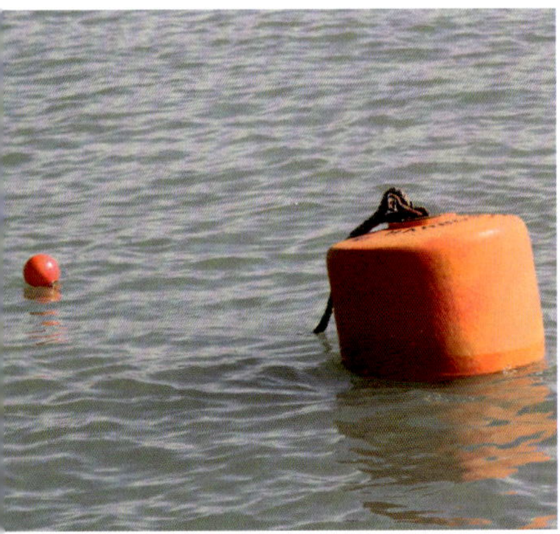

Boje mit Stropp und Schwimmer

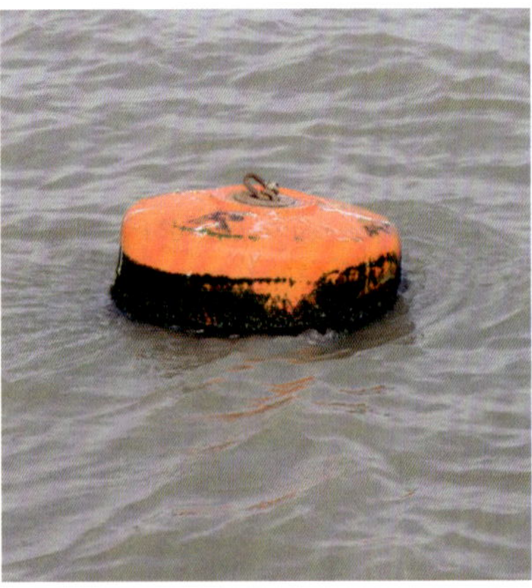

Boje mit Eisenring an der Oberseite

Vor Anker oder festgemacht?

i

- **Bringt man einen Anker aus, liegt das Boot vor Anker.**
- **Bringt man zwei Anker aus, spricht man von einer Muring.**
- **Ist bereits ein Grundgeschirr vorhanden, das man zum Beispiel mit einer Boje nutzen kann, so ist das Boot an der Boje vermurt.**

Vorbereitung zum Festmachen an einer Boje mithilfe einer umgelenkten Leine

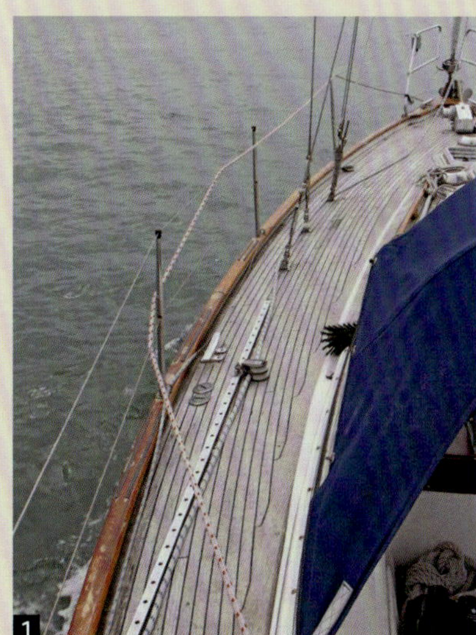

Nehmen Sie eine Spinnakerschot, und belegen Sie ein Ende an der Cockpitwinsch. Führen Sie die Schot unter den Relingsdrähten durch und außen an der Bordwand, hier ist es an Backbord, nach vorn zum Bug.

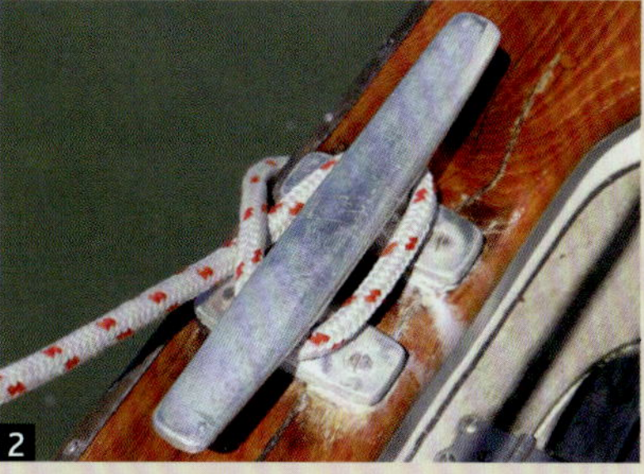

Legen Sie einen Törn um die Bugklampe.

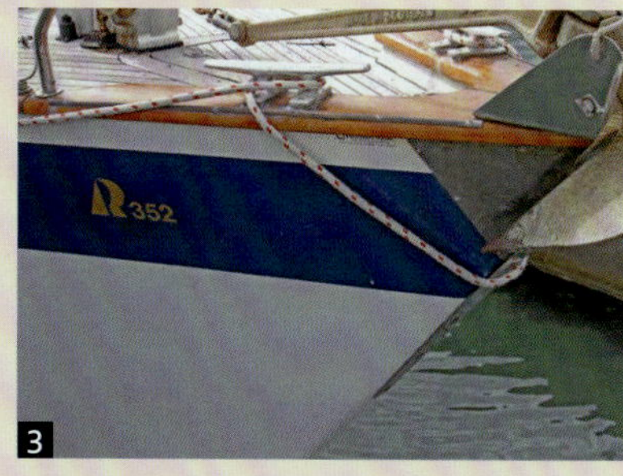

Führen Sie die Schot außen um den Bug herum.

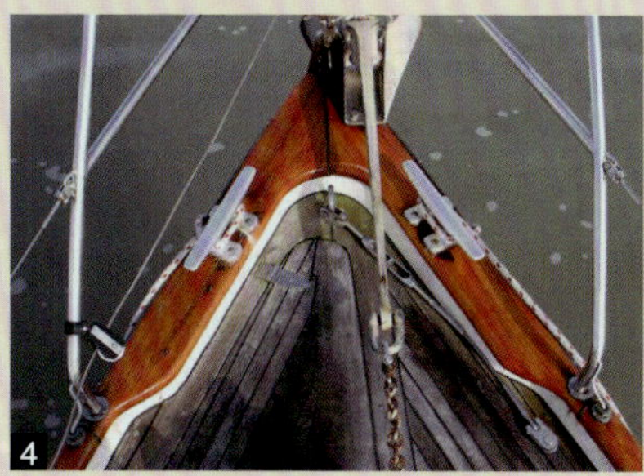

Legen Sie auch an Steuerbord einen Törn um die Bugklampe.

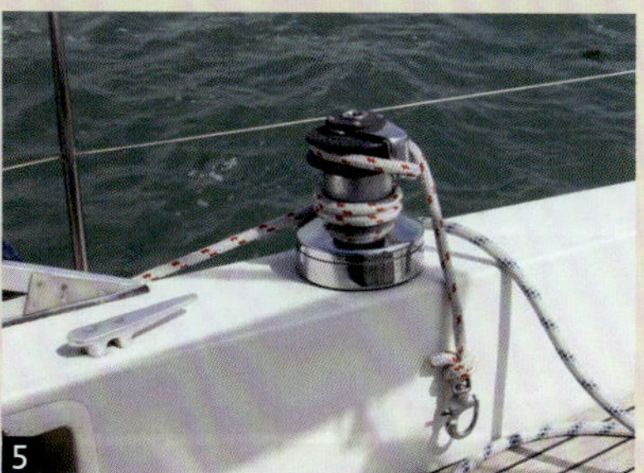

Führen Sie die Schot außen zurück und unter den Relingsdrähten durch zu einer Winsch im Cockpit.

Ich empfehle, den Bootshaken jedes Mal mit einer Leine am Boot zu sichern, wenn man ihn außenbords einsetzen möchte. Natürlich könnte man auch einen zweiten Bootshaken als Reserve mitführen. Im zweiten Kapitel hatte ich bereits darauf hingewiesen, die Leine am besten mit je einem Straßenräuberstek am Bootshaken und am Boot zu befestigen. So kann man die Leine, falls nötig, an beiden Enden blitzschnell lösen. Ob ich das immer so vorbildlich mache? Nein. Musste ich meinen Bootshaken schon aus dem Wasser fischen? Es ist vorgekommen.

Um einhand an einer Boje festzumachen, wird man längsseits an die Boje steuern und von der Nähe des Cockpits aus eine Leinenverbindung herstellen. Ich würde es immer so machen, selbst wenn ich nicht allein bin. Es ist nicht nötig, einen Mitsegler bis ganz nach vorn an den Bug zu schicken, von wo man seine Anweisungen und Richtungszeichen schlecht hören und sehen kann und man auch die Boje selbst aus dem Blickfeld verliert. Steuert man dagegen seitlich an die Boje, kann man sich an Bord gut verständigen und hat die Boje vom Steuerstand aus in Sicht.

Steuern Sie eine Boje immer gegen den Strom und an der Leeseite der Boje an. Falls Sie das Manöver abbrechen müssen, treibt der Strom das Boot von der Boje zurück, und der Wind treibt das Boot ebenfalls von der Boje weg.

Ich habe darauf hingewiesen, die Ansteuerung mit Motorfahrt an eine Boje so lange zu üben, bis man sie selbst bei widrigen Umständen und wenig Platz zum Manövrieren sicher beherrscht. Natürlich kann die Ansteuerung auch unter Segel erfolgen. Nur unter Großsegel bei vorlichem Wind und nur unter Vorsegel, wenn der Wind achterlicher als querab einfällt.

Der Unterschied zwischen der Ansteuerung unter Motor und der unter Segel ist, dass man den Propeller im ersten Fall jederzeit auskuppeln kann, während sich die Kraft des Windes in den Segeln nicht so leicht und schnell abstellen lässt. Wobei das auch in gewissem Maß vom Bootstyp abhängt. Ich rate davon ab, in einem Bojenfeld mit anderen Booten einhand unter Segel an einer Boje festzumachen, es sei denn, man hat diese Kunst durch viel Übung zur Perfektion gebracht. Es gibt dabei viel zu tun, und das meiste davon muss gleichzeitig erfolgen.

Nachdem man die Ansteuerung unter Motor geübt hat, das Boot gegen Strom und Wind langsam aufstoppen und auf der Stelle halten kann, muss man entscheiden, wie man an der Boje festmachen möchte.

Boje mit fester Belegleine und Schwimmer

Bei geringem Strom und schwachem Wind steuert man längsseits an die Boje, greift mit dem Bootshaken unter die Leine des Schwimmers und holt ihn an Deck. Jetzt nimmt man die Belegleine, legt den Bootshaken auf dem Seitendeck ab und geht mit der Belegleine nach vorn. Am Bug legt man die Belegleine über die Bugklampe. Bei mehr Strom und Wind verwendet man allerdings besser eine umgelenkte Leine, um an dieser Art Boje festzumachen.

An einer Boje mit einer umgelenkten Leine festmachen

Bei dieser Methode ist man gleichzeitig vorbereitet, auch einhand wieder abzulegen. Alles wird wiederum vom Cockpit aus kontrolliert.

Nachdem die Leine wie gezeigt vorbereitet worden ist, kann die Boje an Steuerbord oder Backbord angesteuert werden. Man wird sich jedoch, abhängig von Wind und Strom, bereits für eine Seite entschieden haben. Mit der zurückgeführten Leine ist das Boot auch zum Ablegen bereits weitgehend vorbereitet. Bei der Ansteuerung will man die Boje in Luv haben, damit das Boot vom Wind abgehalten wird. Nur bei leichtem Wind kann man die Boje auf der anderen Seite ansteuern und sich vom Wind an die Boje treiben lassen. Mit Erfahrung lernt man diese Entscheidung richtig zu treffen. Legen Sie den Bootshaken einsatzbereit auf das aufgeklarte Seitendeck.

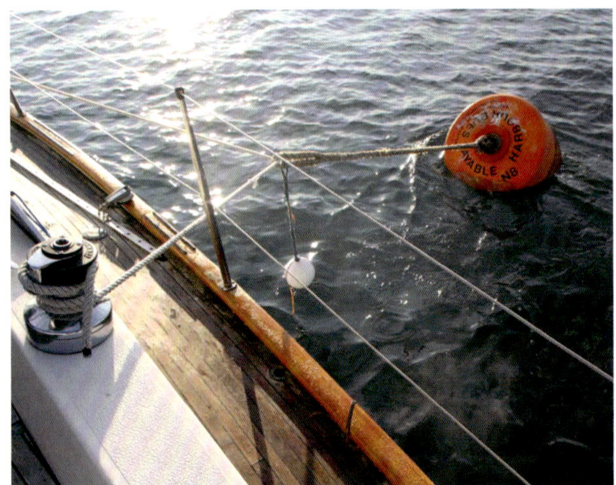

▲ Ich habe diese Methode selbst bei stürmischem Wind angewendet.

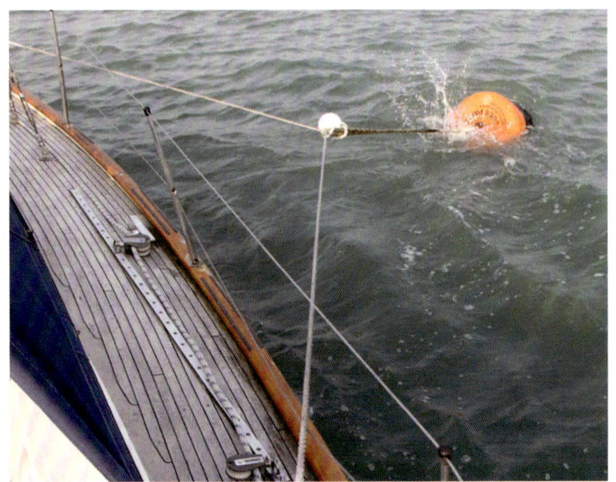

▲ Die Lage des Bootes zur Boje kann jederzeit durch Ruder und Motorschub kontrolliert werden.

Die Belegleine aufnehmen

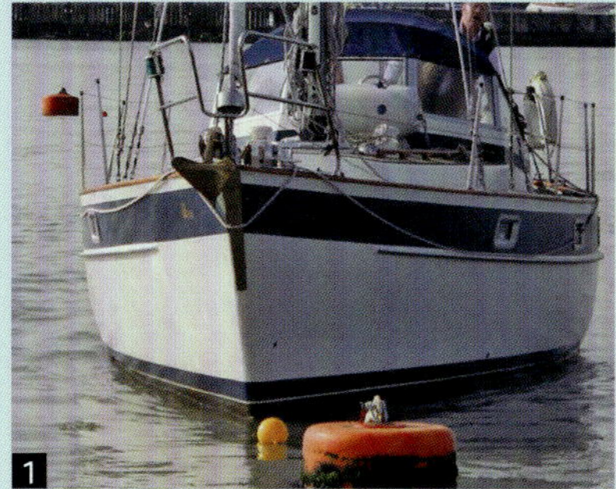
1

Ansteuerung an die Boje.

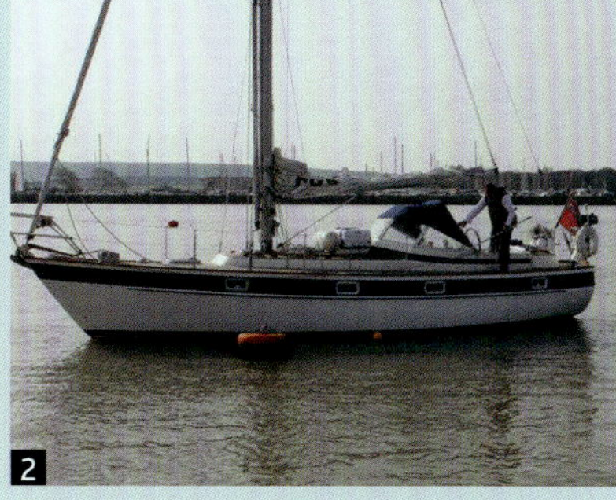
2

Stoppen Sie neben der Boje langsam auf.

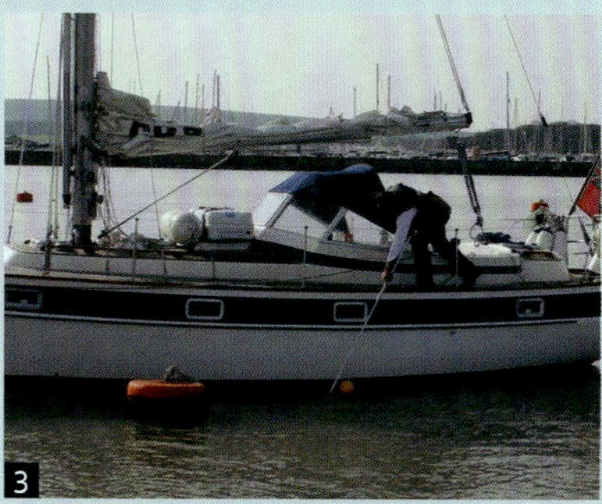
3

Nehmen Sie die Leine des Schwimmers mit dem Bootshaken auf.

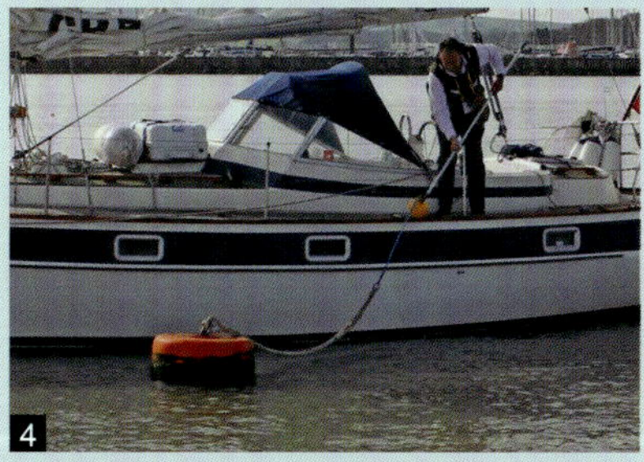
4

Holen Sie den Schwimmer an Deck, und legen Sie den Bootshaken auf dem Seitendeck ab.

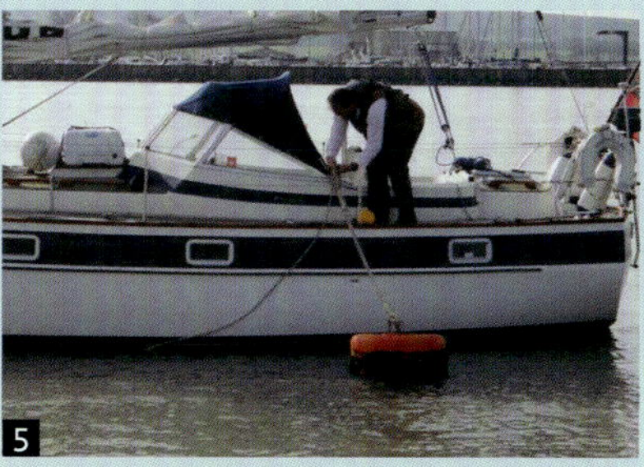
5

Führen Sie die Belegleine unter der Reling durch, nehmen Sie die Leine von der Winsch, und stecken Sie deren Ende durch das Auge.

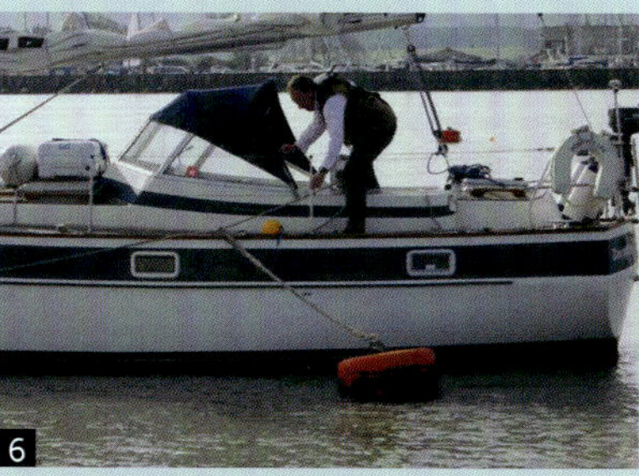
6

Belegen Sie die umgelenkte Leine wieder auf der Winsch.

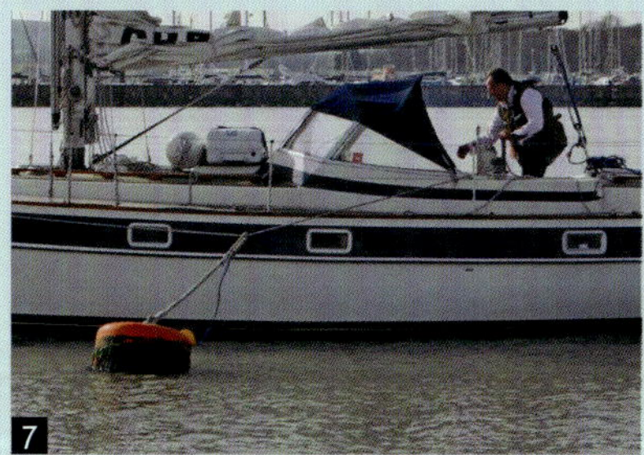
7

Lassen Sie das Boot zurücktreiben.

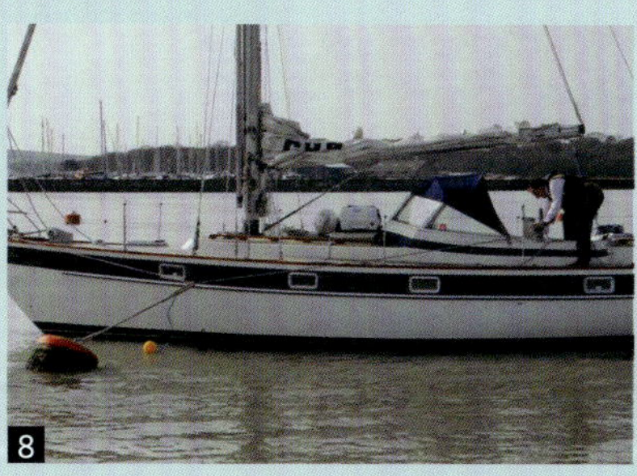
8

Die Belegleine wandert schneller zum Bug, wenn man Motorschub zurück gibt.

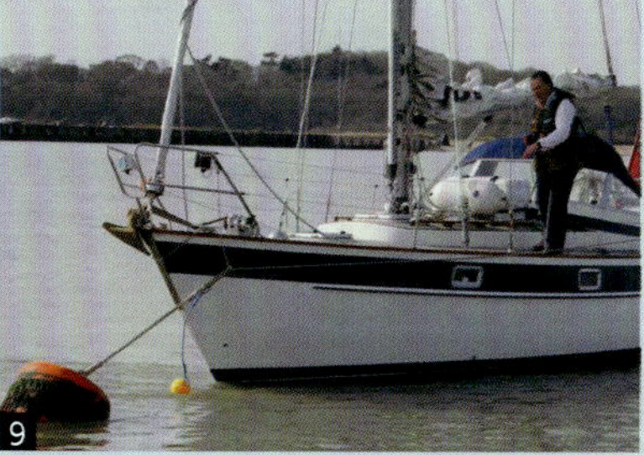
9

Gehen Sie vor zum Bug.

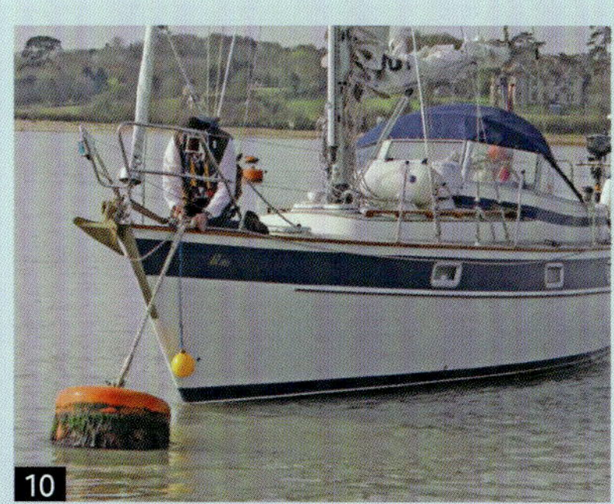
10

Legen Sie die Belegleine über die Bugklampe.

Die Belegleine loswerfen

Das Praktische bei dieser Methode ist, dass die umgelenkte Leine durch das Auge der Belegleine verläuft und ganz leicht geslippt werden kann. Nur zwei Änderungen sind zuvor nötig:

- Nehmen Sie die Leine von der Backbordwinsch ab, und führen Sie sie nach vorn zum Bug.
- Nehmen Sie den Törn um die Klampe ab, führen Sie die Leine innerhalb der Wanten zurück, und belegen Sie sie wieder an der Cockpitwinsch. Machen Sie das Gleiche an der Steuerbordseite.

Um abzulegen, nimmt man die Belegleine von der Bugklampe. Jetzt hängt das Boot an der umgelenkten Leine, die durch das Auge der Belegleine führt. So hat man Zeit, ins Cockpit zurückzugehen und kann die umgelenkte Leine von dort slippen. Wirft man die Belegleine einfach am Bug los, treibt man eventuell zu nah an ein anderes Boot, bevor man zurück im Cockpit ist.

Lösen Sie ein Ende der umgelenkten Leine, und holen Sie sie vom anderen Ende her ein. Ich verwende oft meine Spinnakerschot als umgelenkte Leine, weil sie sehr lang ist. In diesem Fall muss man darauf achten, dass das freie Ende geslippt wird und nicht das mit dem Schäkel. Beim Slippen der Leine treibt man normalerweise nicht weit zurück. Wenn doch, kann man etwas Schub voraus geben, um auf der Stelle zu bleiben. Der Vorteil dieser Methode ist, dass alles vom Cockpit aus kontrolliert wird.

Die umgelenkte Leine kann beim Slippen nur auf einer kurzen Länge ins Wasser fallen. Die doppelte Entfernung vom Bug zur Belegleine ist dabei die maximale Länge, da die Leine innerhalb der Bugklampen zurückgeführt wurde. Da man die Leine stetig einholt, während das Boot gleichzeitig zurücktreibt, kann die Leine unmöglich in den Propeller geraten.

Wer keine Leine an Bord hat, die lang genug ist, um von einer Cockpitwinsch nach vorn, außen um den Bug herum und wieder zurück bis zum Cockpit geführt zu werden, kann eine umgelenkte Leine zum Festmachen an einer Boje an nur einer Seite vorbereiten.

Vor dem Ablegen kann die umgelenkte Leine dann mit einer zweiten Leine verlängert und an beiden Enden ins Cockpit zurückgeführt werden. Beim Slippen ist darauf zu achten, die Leine so einzuholen, dass das freie Ende und nicht der Knoten durch das Auge der Belegleine gezogen wird.

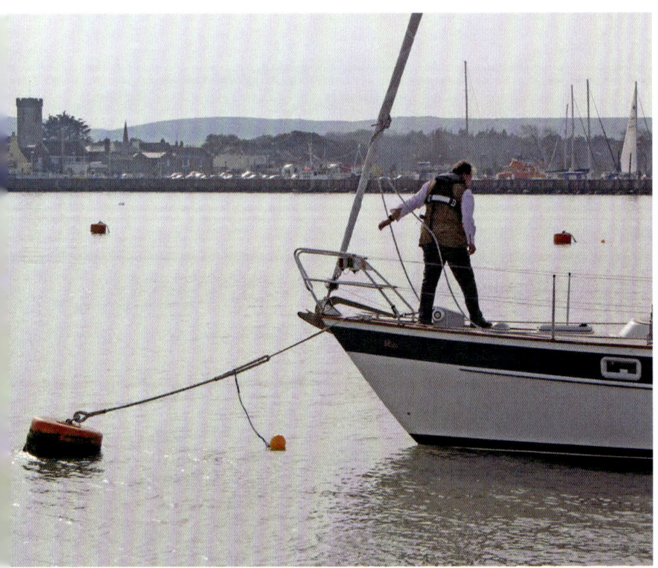

Das Boot hängt an der umgelenkten Leine, die innerhalb der Wanten nach achtern bis ins Cockpit zurückläuft.

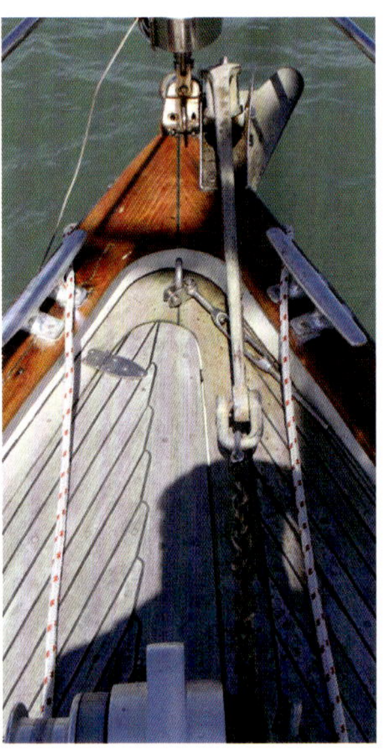

Die umgelenkte Leine verläuft innerhalb der Bugklampen und kann geslippt werden.

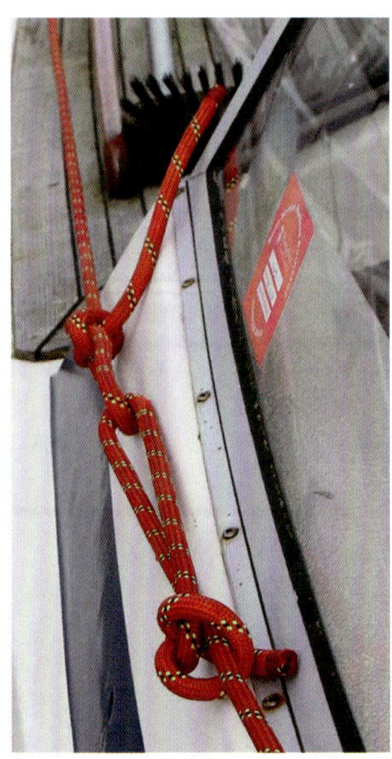

Hier wurden zwei Leinen verbunden. Beim Slippen muss von dieser Seite eingeholt werden.

Slippen der umgelenkten Leine

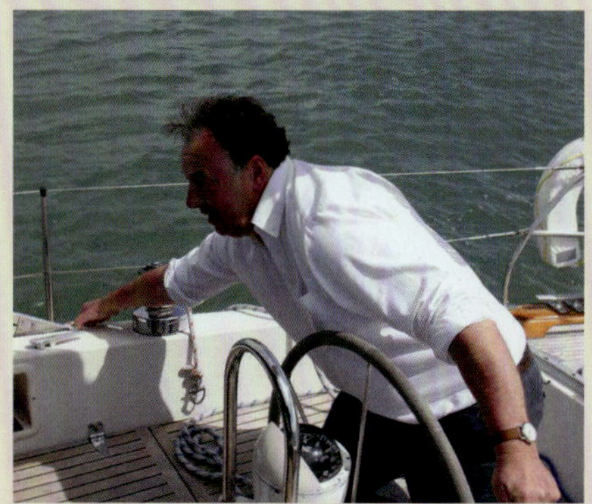

Die an Backbord gelöste Leine kann an Steuerbord eingeholt werden.

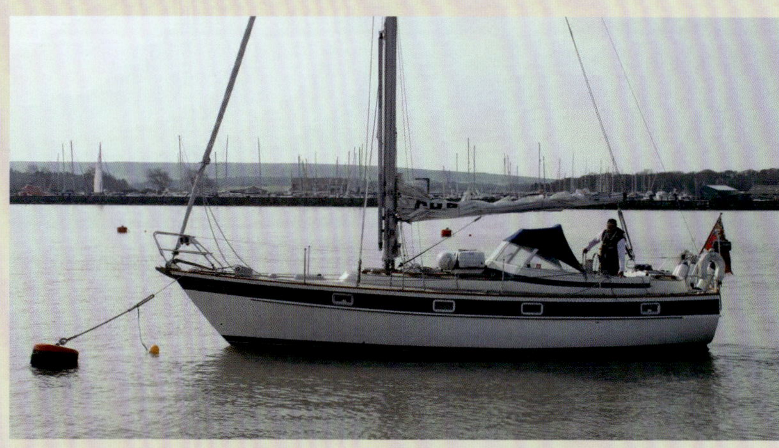

Holen Sie die Leine ein, bis sie durch das Auge der Belegleine ausrauscht.

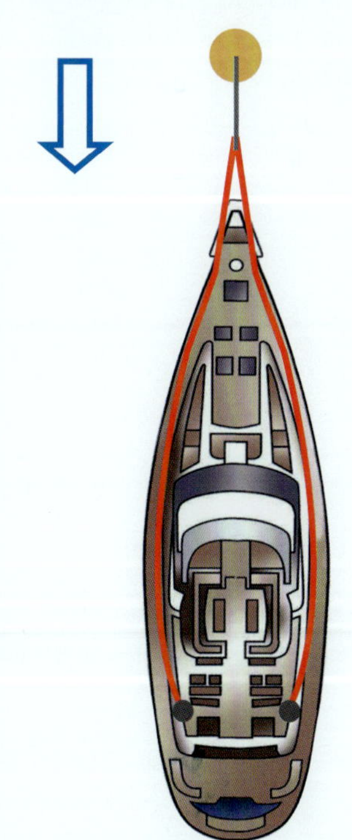

Die Leine führt von der Cockpitwinsch auf der einen Seite innerhalb der Relingsstützen nach vorn zum Bug, dann durch die Öse an der Boje und anschließend zurück zur Cockpitwinsch auf der anderen Seite.

Beim Ablegen wird die Leine auf einer Seite losgeworfen und von der anderen Seite eingeholt.

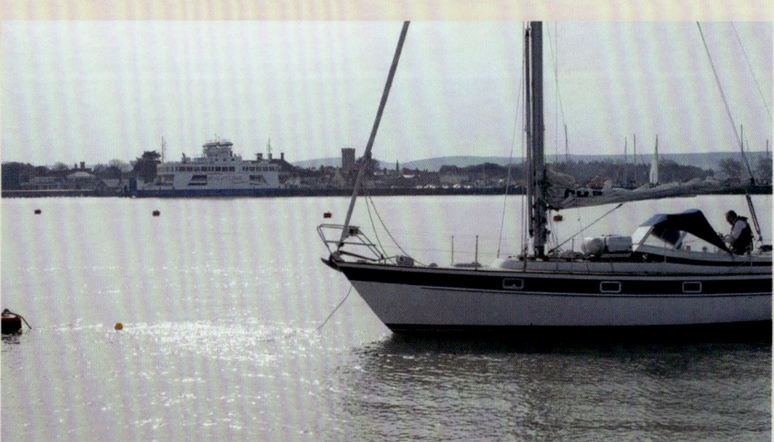

Das Boot ist los, und nur eine kurze Länge der umgelenkten Leine ist im Wasser.

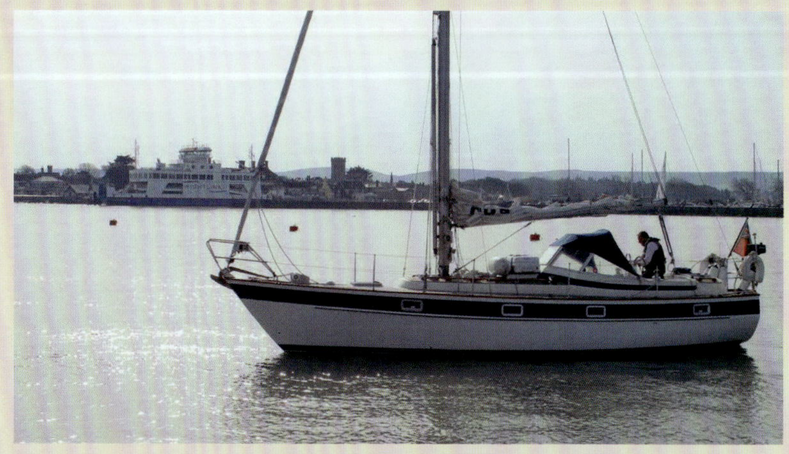

Bei ausreichend Platz nach achtern kann man das Boot weiter zurücktreiben lassen.

An einer Boje festmachen mithilfe der Spinnakerschot

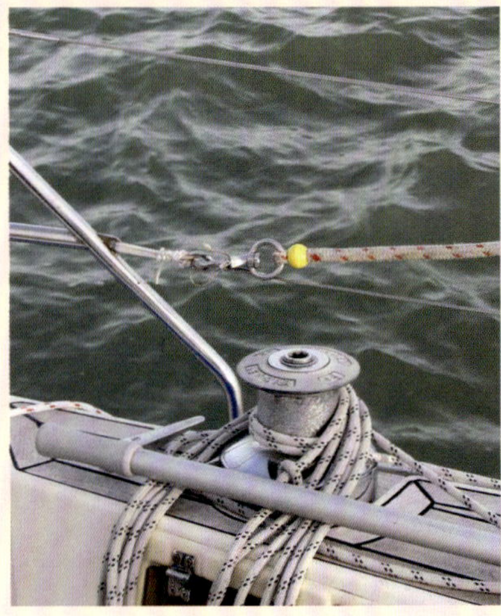

Haken Sie als erstes den Schnappschäkel an der Reling ein.

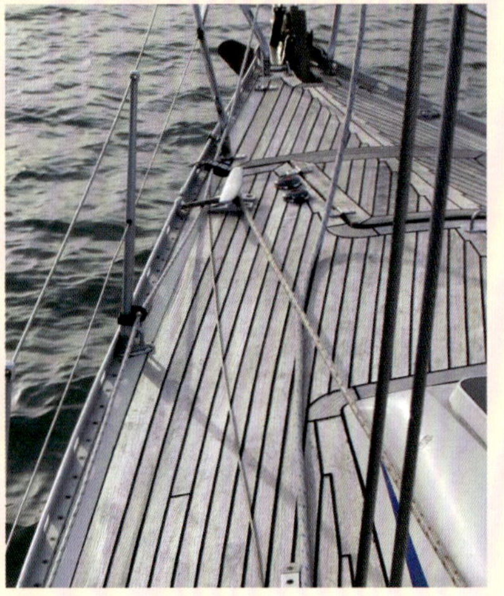

Führen Sie die Leine außen herum zu der Bugklampe, an deren Seite Sie die Boje ansteuern werden. Legen Sie die Leine um die Bugklampe herum und führen Sie sie auf dem Seitendeck innerhalb der Wanten zurück. Belegen Sie die Leine an einer Cockpitwinsch. Lassen Sie etwas Lose in der Leine.

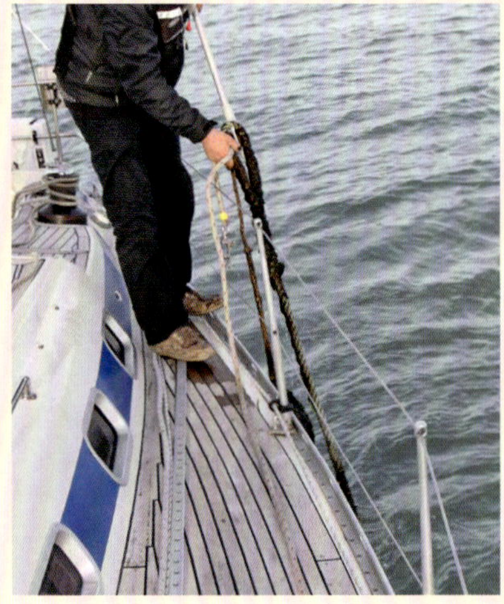

Steuern Sie an die Boje, und ziehen Sie die Leine des Schwimmers mit dem Bootshaken an Deck.

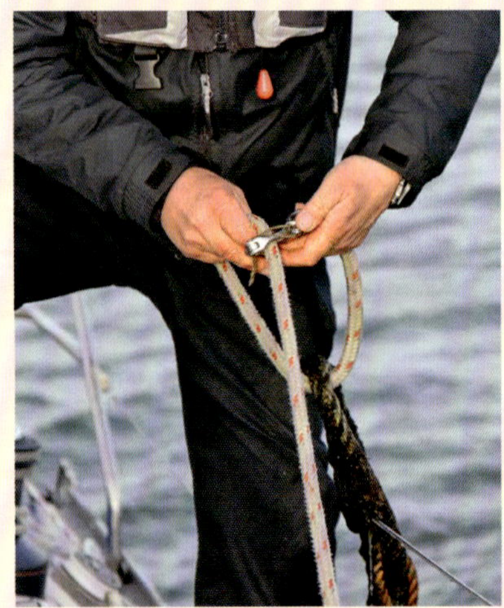

Legen Sie den Bootshaken behutsam ab, lösen Sie den Schäkel von der Reling und stecken Sie ihn durch das Auge der Belegleine. Machen Sie den Schäkel an der stehenden Part der Spinnakerschot fest.

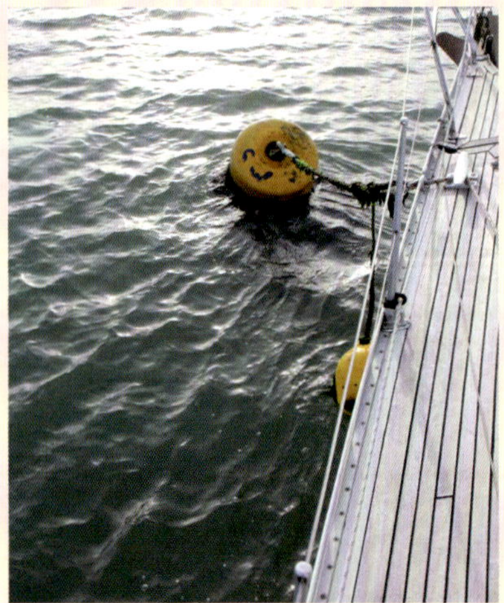

Lassen Sie das Boot mit dem Strom zurücktreiben, und holen Sie gleichzeitig die Spinnakerschot ein, um nicht mit einer übermäßig langen Leine an der Boje zu hängen, sondern die Boje nahe am Bug zu haben.

An einer Boje festmachen mithilfe der Spinnakerschot

Es gibt noch eine weitere Methode, an einer Boje mit Belegleine festzumachen. Dabei verwendet man die Spischot oder irgendeine andere Leine mit einem Schnappschäkel am Ende.

Boje ohne Belegleine

Hier muss eine Leine mit der Lasso-Technik über die Boje geworfen oder die Leinenverbindung mit einem Hilfsmittel hergestellt werden. Dabei gibt es mehrere Möglichkeiten:

Bojenfänger am Bootshaken

In Kapitel 5 ging es bereits um das Festmachen an Bügeln und Ringen. Bei einem Bojenfänger handelt es sich meist um einen Karabiner, bei dem der Verschluss in geöffneter Stellung arretiert werden kann. Dieser kann an einem Ring, einem Schäkel oder an einer Stange oben auf der Boje festgemacht werden. Nachdem man eine erste Leinenverbindung hergestellt hat, kann man in Ruhe stärkere Festmacher, am besten an der Unterseite der Boje, anbringen, wenn man längere Zeit an der Boje liegen möchte. Dazu muss die Boje etwas angehoben werden. Gelingt das nicht, kann bestimmt der Hafenmeister helfen, der in der Regel nicht lange auf sich warten lässt, um das Liegegeld zu kassieren.

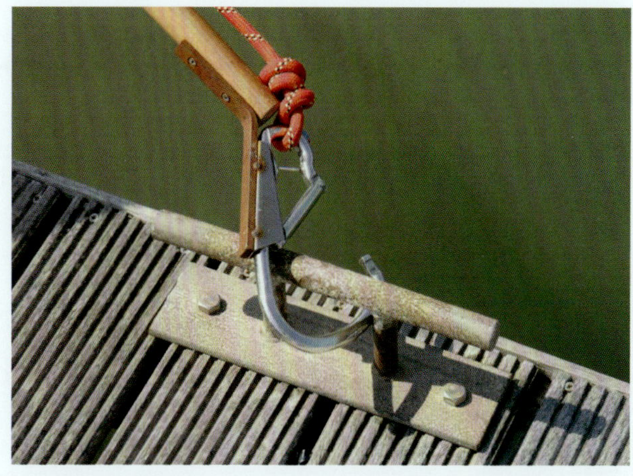

Die waagerechte Stange der Klampe ähnelt der an vielen Bojen. Der Verschluss des Karabiners ist in geöffneter Stellung arretiert.

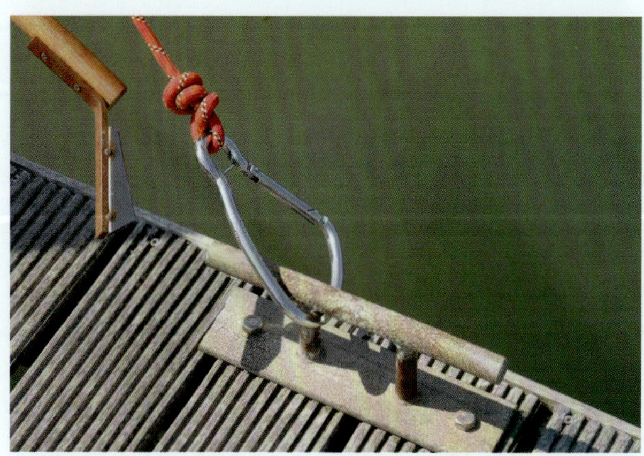

Festgemacht – der Bootshaken wird abgezogen.

Mit der Lasso-Technik (bei geringem Strom)

Diese Methode ist nur geeignet, solange sich noch keine stärkere Strömungswelle an der Boje abzeichnet. Verbinden Sie eine Leine an den Enden, damit kein Ende verloren gehen kann und machen Sie die Leine nass.

Steuern Sie die Boje wiederum in Lee an, halten Sie aber etwas Abstand. Wirft man die Leine mit der Lasso-Technik über die Boje und die Leine sinkt nicht ganz unter die Boje, kann sie leicht abrutschen. Mit etwas Abstand zur Boje kann diese gerade genug seitliche Angriffsfläche bieten und die Leine hält doch.

Halten Sie etwa einen Meter Abstand zur Boje, und werfen Sie die Leine in einer großen Bucht über die Boje. Führen Sie die Leine dann nach vorn zum Bug und machen Sie sie an der Klampe fest. Man kann die zu einem Ring verbundene Leine vorläufig einfach über die Klampe legen, bis man eine dauerhaftere Verbindung zur Boje ausgebracht hat.

Mit einer umgelenkten Leine (bei mittlerem Strom und Wind)

Bei mittlerem Strom und Wind kann man einfach eine umgelenkte Leine über die Boje werfen und daran festmachen. Belegen Sie dazu ein Ende der Leine am Bug und führen Sie sie außen herum nach achtern bis zum Cockpit. Belegen Sie das andere Ende an einer Winsch. Belassen Sie genug Lose in der Leine, um vier Buchten aufzuschießen. Steuern Sie die Boje gegen den Strom und in Lee an. Werfen Sie die Buchten mit der Lasso-Technik über die Boje, und lassen Sie das Boot mit dem Strom zurücktreiben. Sie können mit etwas Schub zurück nachhelfen. Machen Sie dann mit einem oder zwei Festmachern am oberen Ring der Boje fest.

An einer Boje festmachen mithilfe einer umgelenkten Leine

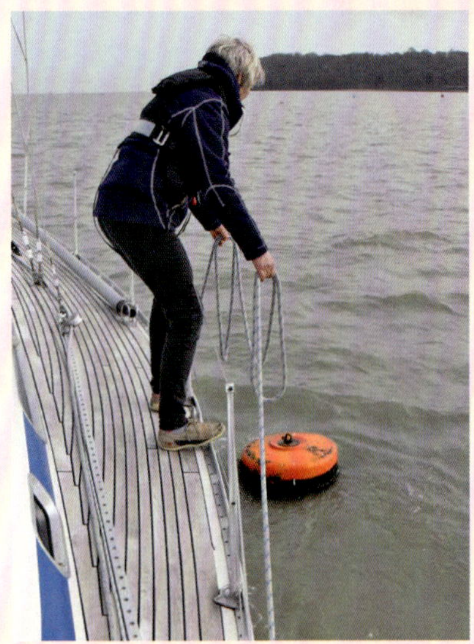

Bereit zum Werfen der Leine.

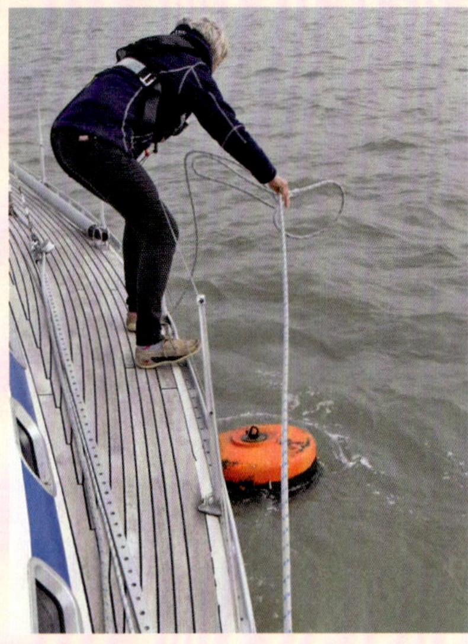

Die Lasso-Technik im Einsatz.

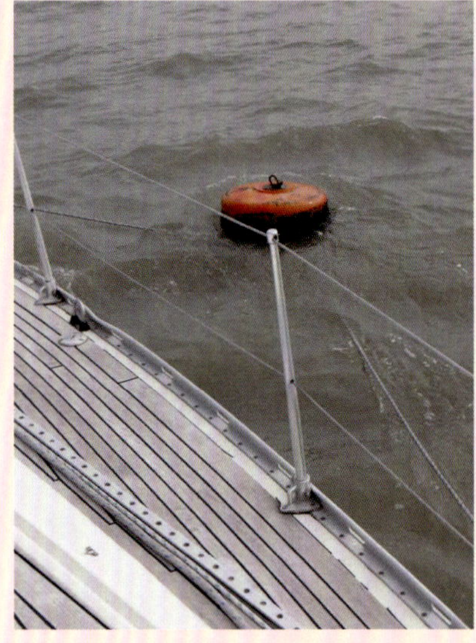

Lassen Sie das Boot mit dem Strom zurücktreiben.

Mit der Lasso-Technik und einer umgelenkten Leine (bei starkem Strom)

Wird die Boje von starkem Strom auf die Seite gelegt oder ist gar halb untergetaucht, benötigt man eine kräftige Leine, die schnell absinkt. Dazu kann man die Leine mit einem Stück Kette beschweren. Ein Ende der Leine wird am Bug festgemacht, das andere an der Cockpitwinsch. Steuern Sie die Boje in Lee an, und werfen sie die beschwerte Leine über die Boje. Die Leine sinkt unter die Boje, das Boot treibt zurück, und die Boje wandert an den Bug.

Festmacher für die Boje

An einer Boje ohne feste Belegleine muss man mit einer eigenen Leine festmachen. Bei kürzerer Liegezeit kann man eine Leine auf Slip durch den Eisenring führen, doch dabei reibt die Leine am Ring und nutzt sich ab. Bleibt man mehrere Stunden oder länger an der Boje, muss man besser festmachen. Dazu gibt es folgende Möglichkeiten:

- Eine Leine vom Boot zur Boje, die mit einem Rundtörn durch den Ring oder Bügel der Boje und zurück zum Boot geführt wird.
- Eine Leine vom Boot zur Boje, die mit einem Rundtörn mit zwei halben Schlägen oder einem Roringstek am Ring oder dem Bügel der Boje festgemacht wird.

Wer vorsichtig ist, wird zwei Festmacher ausbringen. Das ist auch empfehlenswert, wenn stärkere Winde vorhergesagt sind.

Unter Umständen ist die Boje so tief unten, dass man sie mit ausgestrecktem Arm nicht erreichen kann. In diesem Fall kann man eine Leine mit einem Bojenfänger durch den Ring ziehen. Sobald eine Leine an der Boje fest ist, kann man sie gewöhnlich etwas anheben und weitere Festmacher anbringen. Ich ziehe die Boje gewöhnlich mit der umgelenkten Leine hoch, die unter dem Bojenkörper um die Kette herum liegt. Lässt sich die Boje nicht anheben, muss das Dingi zu Wasser gelassen werden. Oder man bittet den Hafenmeister oder eine andere Person um Hilfe. Irgendjemand wird auftauchen, um Liegegeld zu kassieren – das ist so sicher wie das Amen in der Kirche. Doch auch beim Ablegen muss man den Ring der Boje erreichen können, um die Festmacher auf Slip zu legen. Notfalls muss man dann doch ins Dingi steigen.

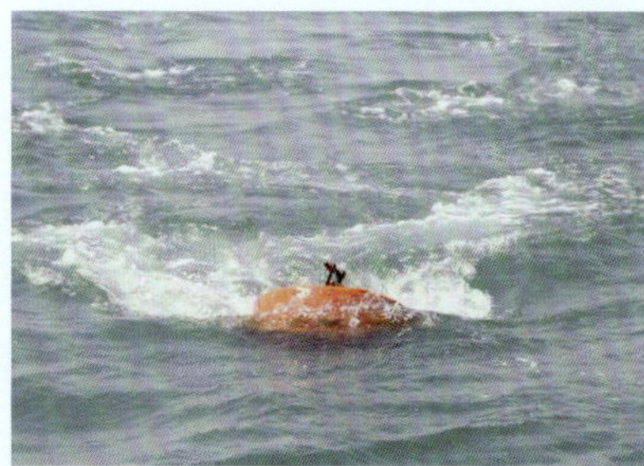

Boje in starkem Strom

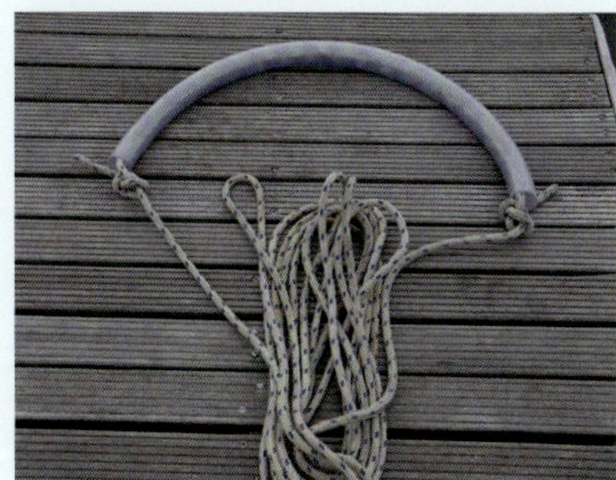

Kräftige Polyesterleine zum Werfen über eine Boje, beschwert mit einer 10-mm-Kette in einem Stück Plastikschlauch

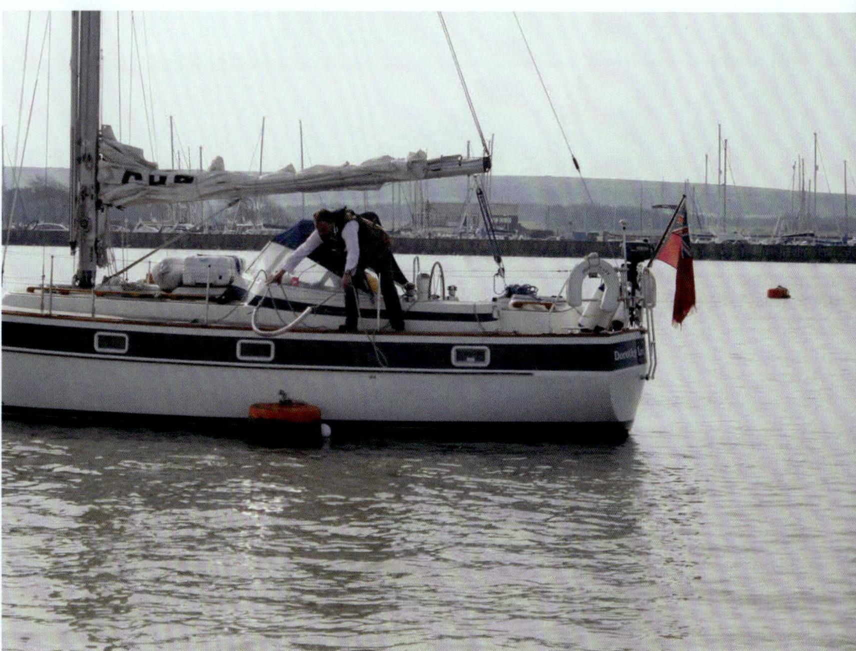

▲ Eine kräftige Leine wird mit der Lasso-Technik über die Boje geworfen.

Festmacher von der Boje slippen

Bei geringem Strom und ausreichend Platz ist das Slippen des Festmachers

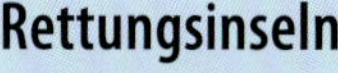

Rettungsinseln — Tipp

Kaufen Sie nicht nach dem günstigsten Preis, sondern achten Sie auf Qualität. Hochwertigere Rettungsinseln haben nämlich eine längere Lebensdauer.
Benötigen Sie eine 8-Personen-Insel, wenn Sie meist nur zu zweit auf dem Wasser sind? Kaufen Sie lieber eine 4-Personen-Insel, und mieten Sie eine größere Rettungsinsel, falls Sie doch mal einen Törn mit größerer Besatzung antreten. Mieten statt kaufen kann eine interessante Alternative sein.

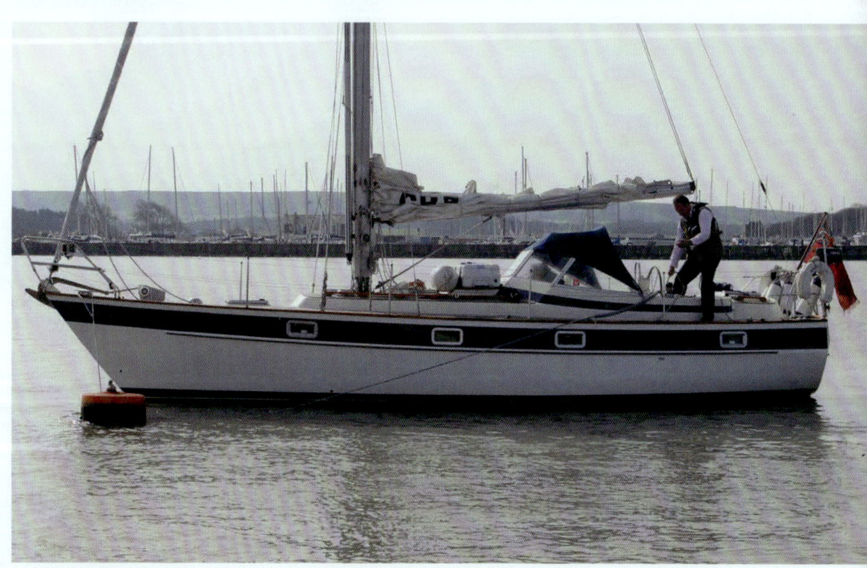

▲ Das Boot treibt mit dem Strom zurück.

problemlos. Bei stärkerem Strom hat man nicht die Zeit, die Leine am Bug zu lösen, ins Cockpit zurückzukehren und Schub voraus zu geben, ohne zu nahe an ein hinteres Boot zu treiben. Verwenden Sie in diesem Fall eine umgelenkte Leine, die Sie vom Cockpit aus slippen können. Das kann sowohl bei Bojen mit fester Belegleine als auch bei Bojen mit einem Eisenring oder einem Bügel erfolgen.

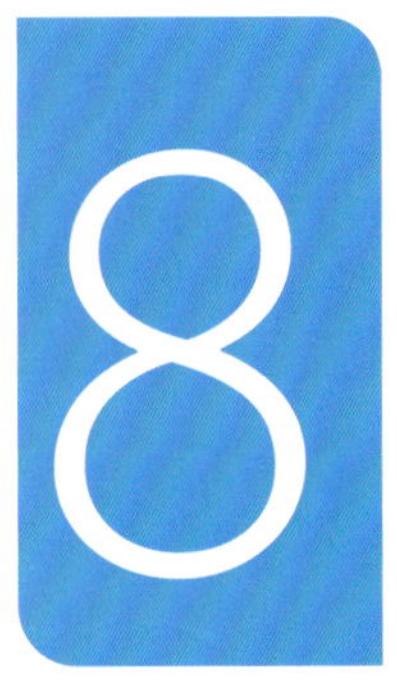

8 Ankern

Die wichtigsten Grundvoraussetzungen bei der Auswahl eines Ankerplatzes sind die folgenden:

- **Schutz:** Achten Sie darauf, weder vor einer Leeküste bzw. vor einer Küste, die zur Leeküste werden könnte, noch im Bereich tückischer Gezeitenströme zu ankern.
- **Verbote:** Vergewissern Sie sich, dass sich der Ankerplatz nicht in einem Fahrwasser, einer Schifffahrtsstraße oder in einer ausgewiesenen Ankerverbotszone befindet.
- **Tiefe:** Wie viel Wasser ist momentan unter dem Kiel? Wie viel wird es bei Niedrigwasser sein? Sind die Ankertrosse und die Kette lang genug für Hochwasser?
- **Grund:** Wie ist die Grundbeschaffenheit? Kann der verwendete Ankertyp gute Haltekraft entfalten? Sand und Schlick bieten in der Regel guten Halt, Fels und Kies dagegen weniger.
- **Raum zum Schwojen:** Ist genug Platz vorhanden, wenn der Wind dreht oder der Strom kentert?

Ist ein Platz gefunden, ist geeignetes Ankergeschirr wichtig.

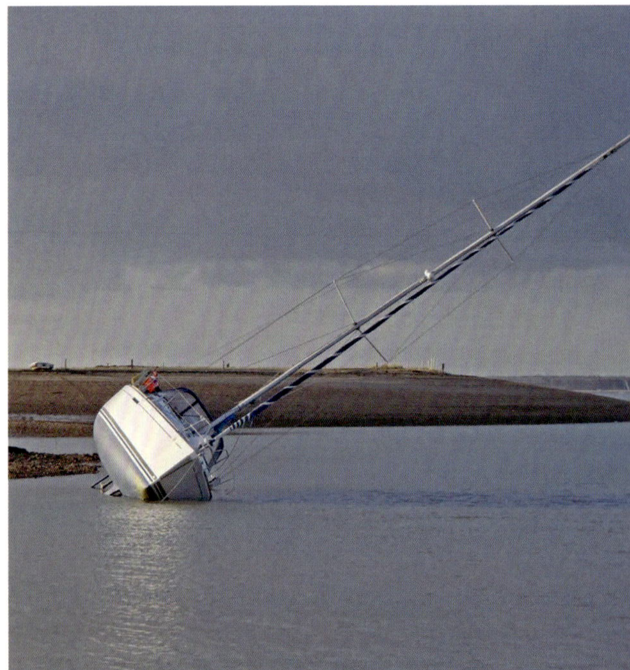

So war das Ankern nicht geplant.

Markierungen an Kette und Trosse

Mein wichtigster Tipp für stressfreies Ankern ist, die Ankertrosse zu markieren. Nur wenn man weiß, wie viel Trosse gesteckt ist, kann man vor Anker ruhig schlafen. Sobald der Tag kommt, an dem ich mir eine Superyacht leisten kann, werde ich die Länge der abgelassenen Ankertrosse ganz bequem digital ablesen, aber bis dahin muss ich Markierungen an der Trosse anbringen, die leicht verständlich sein müssen und mit der Kette über die Ankerwinsch laufen können. Viele Segler markieren die Kette alle zehn Meter mit roter Farbe, aber ich weiß beim besten Willen nicht mehr, wie viele rote Markierungen ich abgelassen habe, wenn ich abends vom Pub zurück an Bord komme. Ich empfehle daher, Markierungen in unterschiedlichen Farben anzubringen. Wer wie ich öfters in geringeren Tiefen von drei oder vier Metern ankert, markiert die Kette am besten in Abständen von nur fünf Metern.

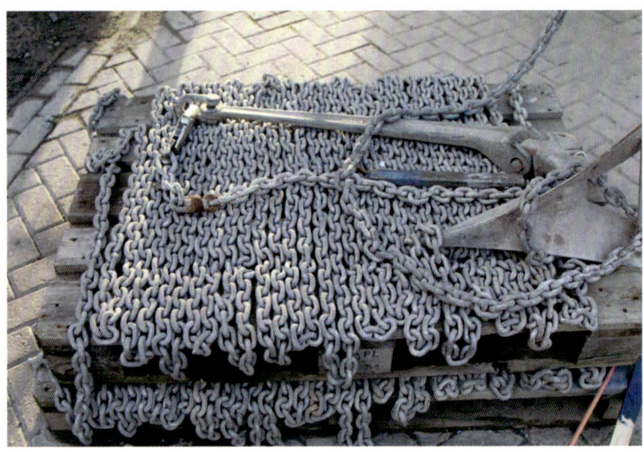

Schwierig zu wissen, wie viel Meter hier abgelassen wurden …

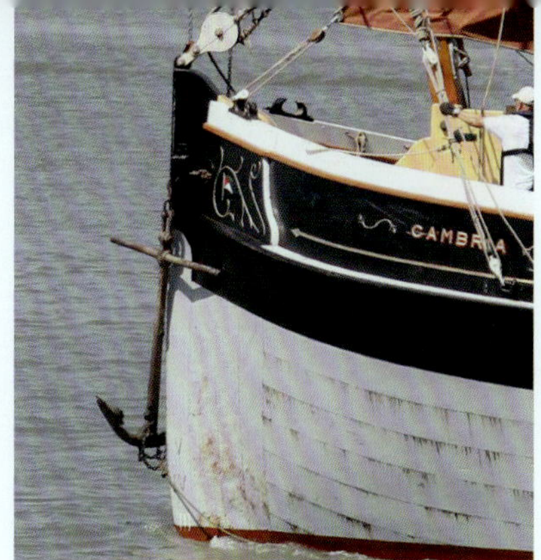

Stockanker

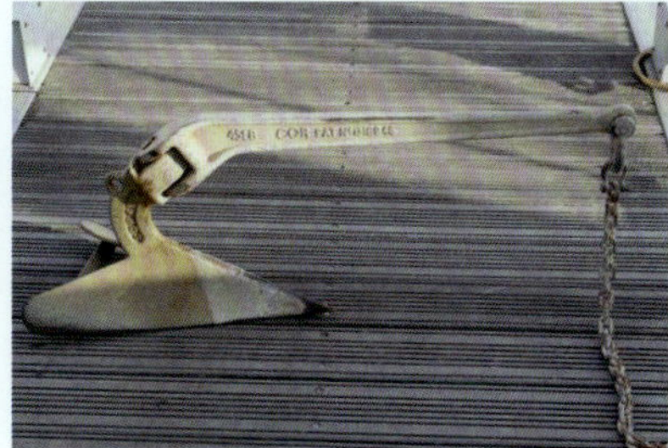

CQR- oder Pflugscharanker

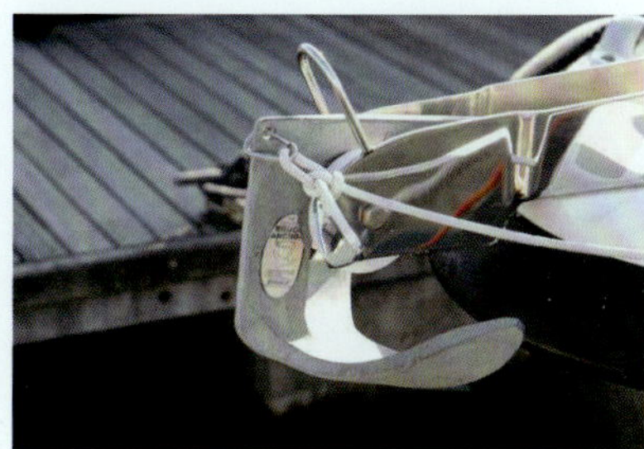

Bruce-Anker

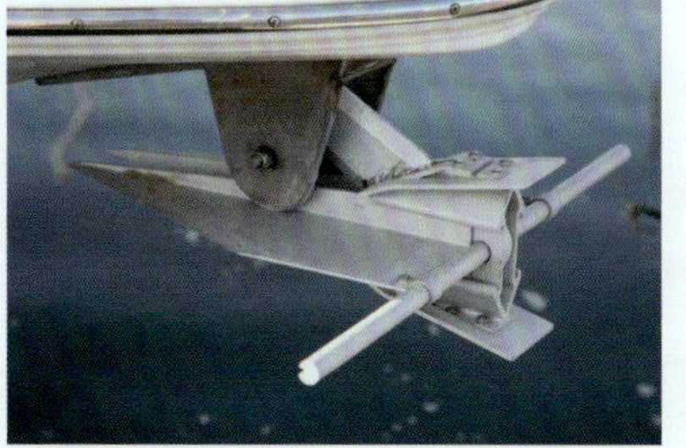

Fortress-Anker

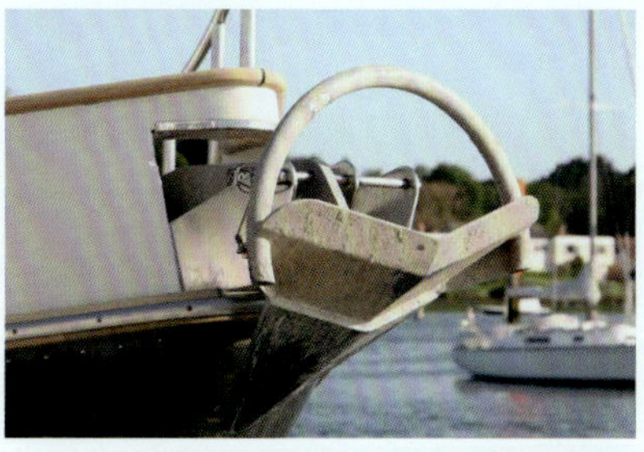

Rocna-Anker, ein moderner Ankertyp

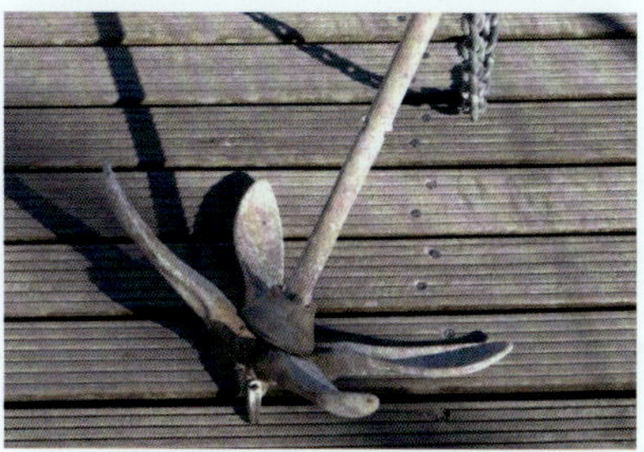

Klappdraggen

Anker

Ausführung	Name	Vorteile	Nachteile	Ankergrund
Stockanker	Yacht- oder Admiralitätstanker	teils mit klappbaren Flunken, gut bei felsigem Grund und Seegras	geringe Haltekraft trotz hohen Gewichts	Fels, Seegras
Pflugscharanker	CQR-Anker	guter Allzweck-Anker	kann beim Schwojen ausbrechen, gräbt sich in der Regel jedoch wieder ein	jeglicher Grund außer Fels und Seegras
	Delta	große Haltekraft, gräbt sich schnell ein, kann von allein aus der Bugrolle laufen		jeglicher Grund außer Fels und Seegras
	Kobra	große Haltekraft, gräbt sich schnell ein, kann von allein aus der Bugrolle laufen		jeglicher Grund außer Fels und Seegras
Klauenanker	Bruce	große Haltekraft	starre Flunke, muss über die Bugrolle gefahren werden	jeglicher Grund außer Fels und Seegras
Moderne Varianten	Spade	große Haltekraft, gräbt sich schnell ein, kann von allein aus der Bugrolle laufen	zerlegbar, dadurch leicht zu stauen	jeglicher Grund außer Fels und Seegras
	Rocna	große Haltekraft, gräbt sich sehr schnell ein, kann von allein aus der Bugrolle laufen	auf Stahlqualität achten, bei manchen Modellen treten Materialfehler auf	jeglicher Grund außer Fels und Seegras
	Manson Supreme	große Haltekraft, gräbt sich sehr schnell ein, kann von allein aus der Bugrolle laufen		jeglicher Grund außer Fels und Seegras
Plattenanker	Danforth	flache Form	Gelenk kann durch Steine blockieren	Sand
	Fortress	flache Form	Gelenk kann durch Steine blockieren	Sand
	Brittany	flache Form	Gelenk kann durch Steine blockieren	Sand
Faltanker	Klappdraggen	klappbar	nur als Warpanker oder für Beiboote geeignet	jeglicher Grund außer Fels und Seegras

Snooker

Aus irgendeinem Grund kann ich mir die Reihenfolge der Snookerbälle gut merken, obwohl ich kein Snookerspieler bin. Deshalb markiere ich meine Ankerkette alle fünf Meter mit eingeknoteten Streifen aus Spinnakertuch in den entsprechenden Farben. Damit komme ich zwar nur auf 35 Meter, und meine Ankerkette ist 50 Meter lang, aber ich beginne den Farbcode wieder von vorn und bringe doppelte Markierungen an.

- 1 x rot = 5 m
- 1 x gelb = 10 m
- 1 x grün = 15 m
- 1 x braun = 20 m
- 1 x blau = 25 m
- 1 x pink = 30 m
- 1 x schwarz = 35 m
- 2 x rot = 40 m
- 2 x gelb = 45 m

▲ *Der Farbcode beim Snooker: rot, gelb, grün, braun, blau, pink, schwarz*

▼ *Eine Ankerkette mit Markierungen aus Spinnakertuch im Abstand von fünf Metern nach dem Snooker-Farbcode*

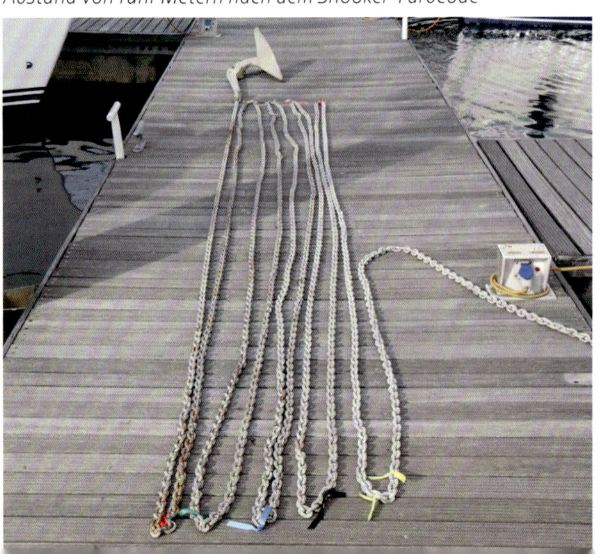

Alphabetisch

Wer mit Snooker nichts anzufangen weiß, kann die Markierungen in alphabetischer Reihenfolge anbringen.

- 1 x blau = 5 m
- 1 x braun = 10 m
- 1 x gelb = 15 m
- 1 x grün = 20 m
- 1 x pink = 25 m
- 1 x rot = 30 m
- 1 x schwarz = 35 m
- 2 x blau = 40 m
- 2 x braun = 45 m

Selbstverständlich lassen sich noch weitere Farbcodes finden, aber die beiden gezeigten ergeben Sinn.

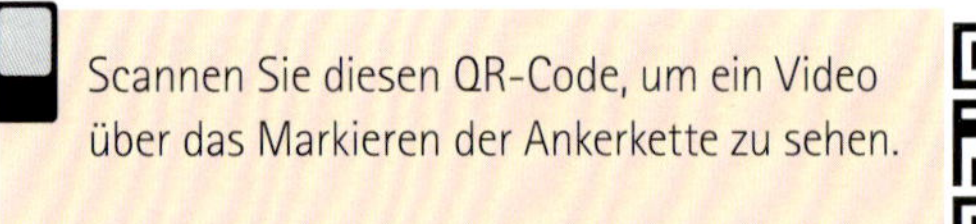

Scannen Sie diesen QR-Code, um ein Video über das Markieren der Ankerkette zu sehen.

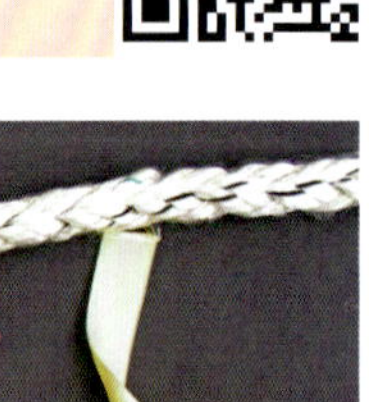

▲ *Markierungen an einer Ankerleine*

▼ *Die pinkfarbene Markierung aus Spinnakertuch über der Wasseroberfläche zeigt an, dass 30 Meter Ankerkette abgelassen wurden*

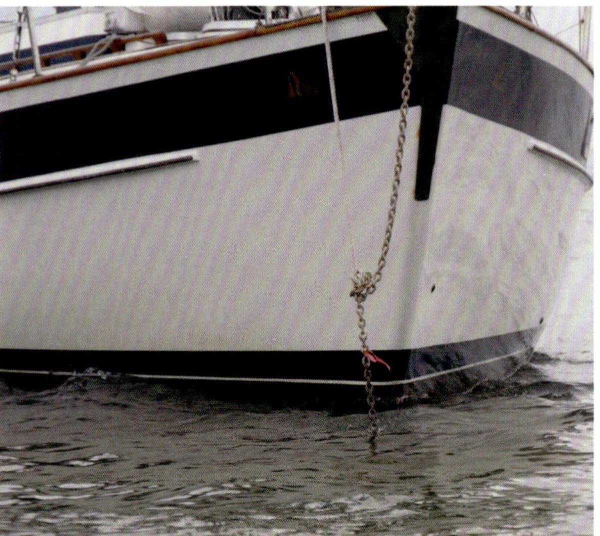

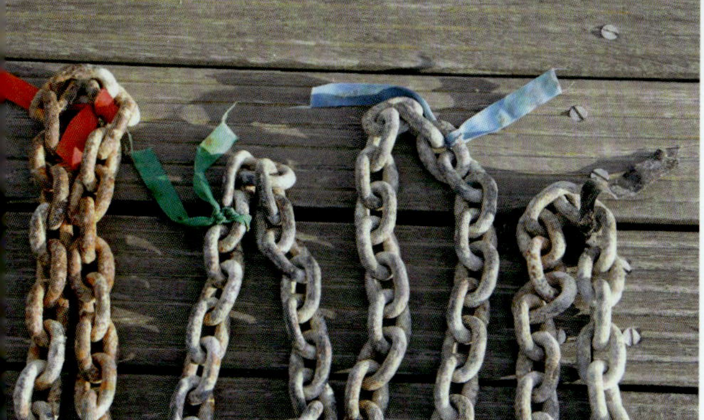

Wie lange hält das Spinnakertuch? So sehen die Markierungen nach drei Jahren Ankern und Aufbewahrung im Kettenkasten aus.

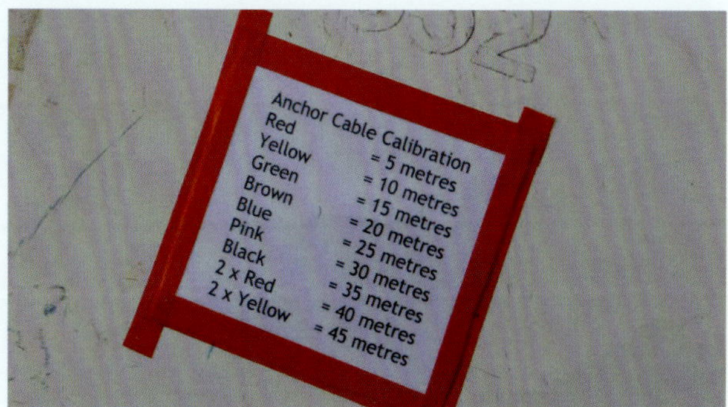

Erklärung des Farbcodes an der Innenseite des Ankerkastens. So sind die Markierungen auch für neue Mitsegler verständlich.

Bei einem kurzen Kettenvorlauf von beispielsweise zehn Metern können die Markierungsbänder auch in die Kardeele einer dreischäftig geschlagenen Ankerleine eingebunden werden. Alternativ kann man farbige Taklinge an der Leine anbringen. Mit einer solchen Markierung weiß man immer ganz genau, wie viel Ankertrosse ausgebracht wurde.

Rost kann die Ankerkette schwächen. Flugrost kann abgebürstet werden, aber man sollte hin und wieder jedes Kettenglied überprüfen. Achten Sie auch darauf, den Schäkel zwischen Kette und Anker zu sichern. Üblicherweise verwendet man dazu etwas Edelstahldraht.

▼ *Hier habe ich den Bolzen des Schäkels zwischen Anker und Kette mit einem Kabelbinder gesichert. Kabelbinder halten jedoch nicht lange und müssen regelmäßig überprüft werden.*

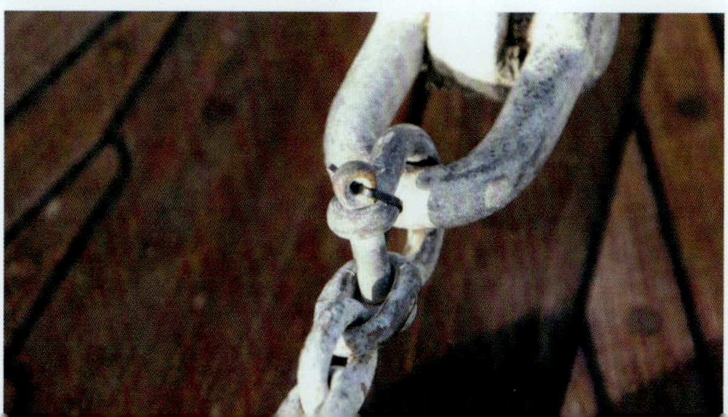

Die wichtigsten Tipps für sicheres Ankern

Den Anker ausbringen

Bei schwachem Gezeitenstrom kann man den Anker in Rückwärtsfahrt mit Motorschub eingraben. Mein 20-kg-CQR-Anker an einer 10-mm-Kette setzt sich fest, wenn ich das Boot lediglich im Strom zurücktreiben lasse. In stromfreien Revieren kann die Maschine zu Hilfe genommen werden.

Wie viel Durchhang?

Die Regel besagt, dass die ausgebrachte Kettenlänge der vierfachen Wassertiefe entsprechen soll. Bei einer Ankerleine ist es die sechsfache Wassertiefe.

Addieren Sie noch einen Meter zur Wassertiefe hinzu für die Höhe der Bugrolle über der Wasseroberfläche. Stecken Sie noch etwas mehr Kette oder Leine, wenn mit starkem Wind zu rechnen ist. Voraussetzung dafür ist jedoch, dass Sie ausreichend Raum zum Schwojen am Ankerplatz haben.

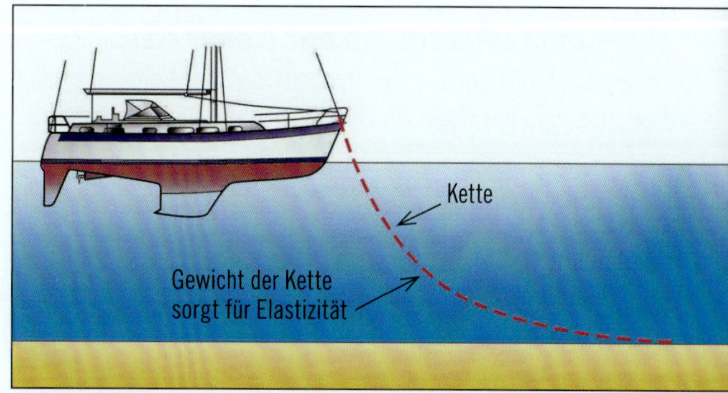

▲ *Kettenkurve*

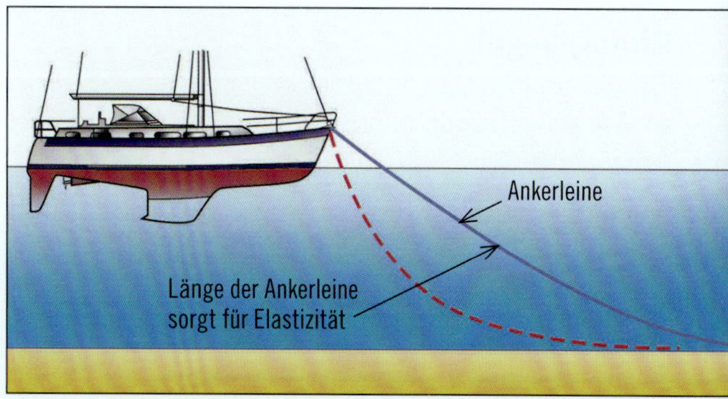

▲ *Elastische Ankerleine*

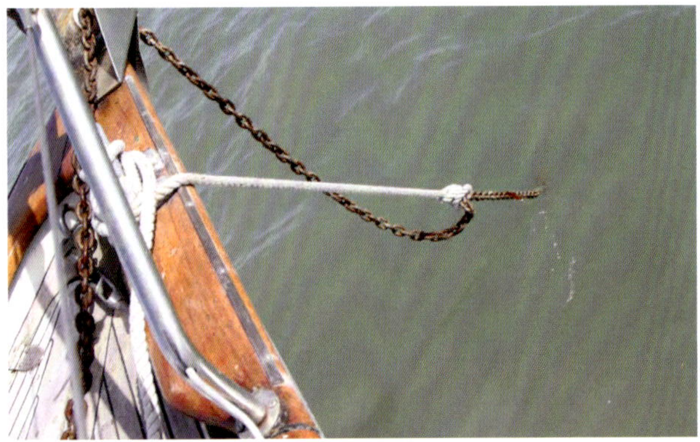

Ein Ankerstropp im Einsatz

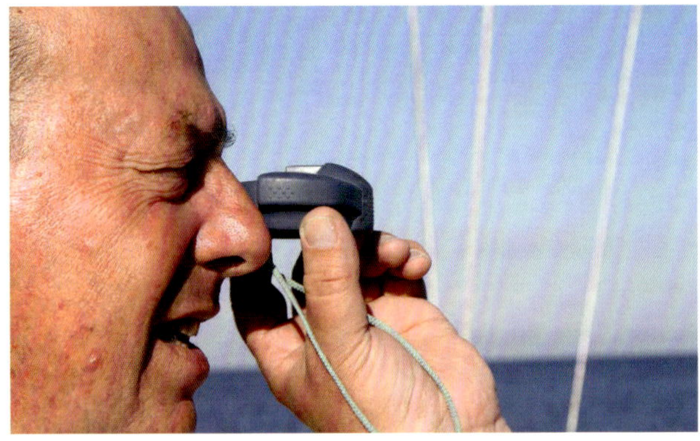

Nehmen Sie eine Landpeilung.

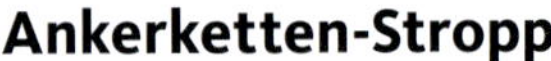

Ankerketten-Stropp

Ich mache immer einen Tampen mit einem Stopperstek an der Ankerkette fest und belege das andere Ende an einer Klampe. Dann fiere ich die Kette bis sie etwas durchhängt und der Tampen die Spannung aufnimmt. Abgesehen davon, dass ich auf diese Weise die teure Ankerwinsch entlaste, dient der Tampen auch als Ruckdämpfer.

Wie man feststellt, ob der Anker hält

Legen Sie die Hand vor der Bugrolle auf die Kette. Liegt die Kette ruhig in der Hand, hält der Anker. Stellt man ein leichtes Vibrieren oder Rucken fest, schleift der Anker über Grund. Eine zweite Möglichkeit ist, querab eine Landpeilung zu nehmen oder den GPS-Ankeralarm einzuschalten.

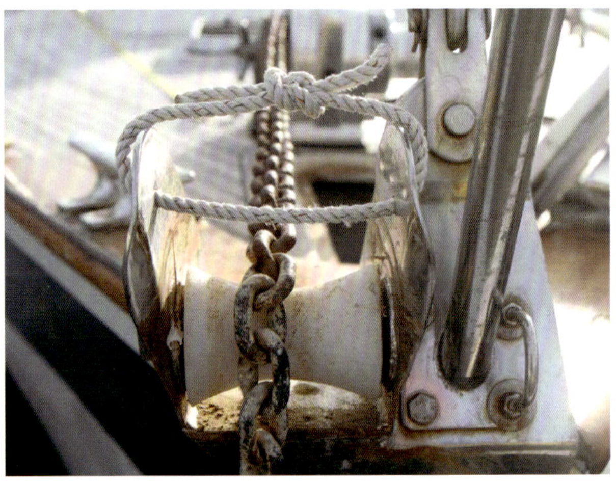

▲ *Hier verhindert ein Bändsel, dass die Ankerkette von der Bugrolle springen kann.*

So bleiben Kette und Trosse auf der Bugrolle

Mit einem Steckbolzen oder einem kurzen Stropp aus Tauwerk zwischen den Seitenblechen der Bugrolle kann man verhindern, dass Kette oder Trosse von der Rolle springen.

▼ *Ein Steckbolzen sichert die Kette an der Bugrolle.*

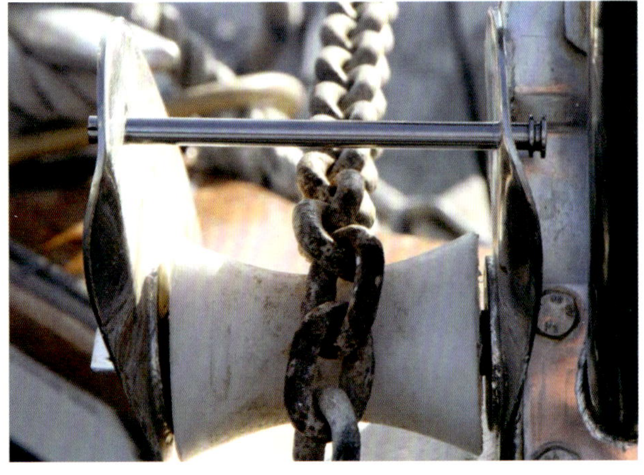

Riding-Segel

Schwojt das Boot stark vor Anker, kann ein Riding-Segel, das am Achterstag gesetzt wird, Abhilfe schaffen. Die Sturmfock ist dazu in der Regel zu groß. Man kann sich ein solches Segel anfertigen lassen, aber es gibt sie auch fertig konfektioniert zu kaufen. Es wird am Achterstag angeschlagen, bei doppelten Achterstagen an einem der beiden Stage, und nach vorn dicht geschotet. Durch den Windwiderstand des Segels wird das Boot im Wind gehalten. Oft sieht man solche Segel auf Blauwasseryachten. Als Alternative kann auch eine kleine Fläche vom Großsegel dienen.

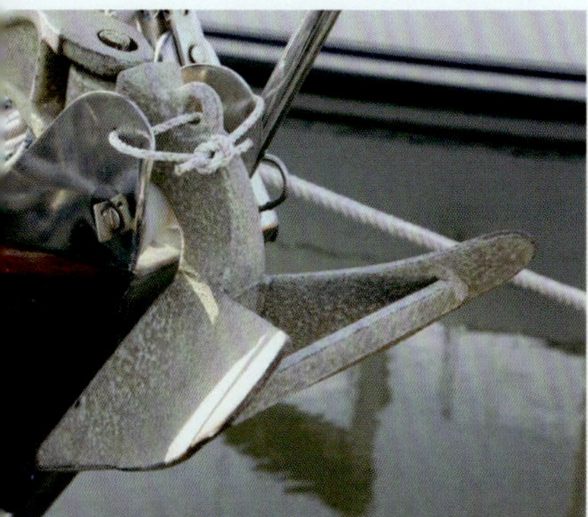
Der Anker ist am Boot festgelascht.

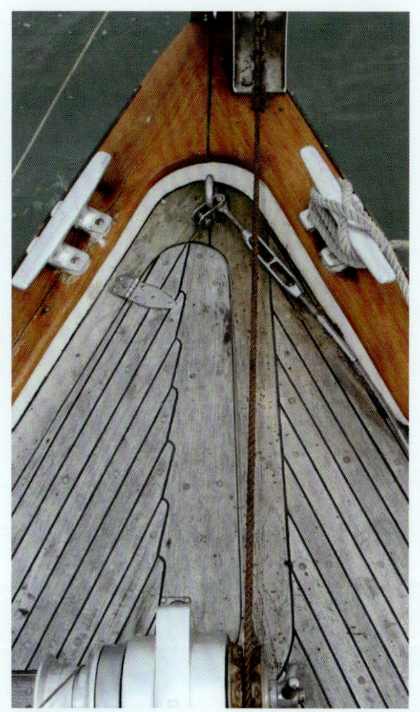
Das lange Ende ist am Boot mit einem Stropp festgemacht, der sich schnell durchtrennen lässt.

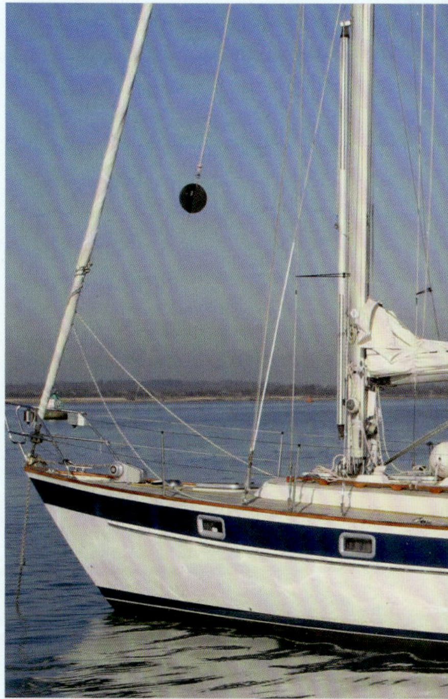
Der Ankerball zeigt anderen Schiffen unmissverständlich an, dass dieses Boot vor Anker liegt.

Den Anker festzurren

Machen Sie den Anker immer gut an Bord fest, damit er nicht aus dem Bugbeschlag springen oder sich unbeabsichtigt lösen kann. Auch das lange Ende der Kette oder Trosse muss am Boot festgemacht werden, sollte aber nie angeschäkelt werden. Machen Sie es mit einem kurzen Stropp aus Tauwerk fest, den man mit einem Messer durchtrennen kann, für den Fall, dass man schnell loskommen muss.

Zeigen Sie, dass Sie vor Anker liegen

Setzen Sie tagsüber immer einen Ankerball über dem Vorschiff und nachts ein Ankerlicht, damit jeder weiß, dass Sie vor Anker liegen und nicht ausweichen können. Die anderen Schiffe müssen sich deshalb von Ihnen freihalten.

Das ist auch der Grund, warum es nicht richtig ist, ein Ankerlicht zu zeigen, wenn man in einem Bojenfeld an einer Muringboje liegt. Das Bojenfeld ist in der Seekarte verzeichnet, sodass andere Schiffe hier mit Bojenliegern rechnen müssen. Man setzt das Ankerlicht, wenn andere nicht wissen können, dass an diesem Ort ein Boot vor Anker liegt. Kommt es zu einer Kollision mit einem Ankerlieger, ist es wichtig, das korrekte Ankersignal gezeigt zu haben, damit sich der andere nicht aus der Verantwortung stehlen kann. Nur wer das richtige Signal zeigt, kann eine Teilschuld an einer Kollision vermeiden.

Einen Warpanker einsetzen

Ein Warpanker ist ein Zweitanker, der überall an Bord schnell einsatzbereit gemacht werden kann. Jeder beliebige Ankertyp kann verwendet werden: CQR-, Bruce-, Delta- oder Spade-Anker. Der Fortress-Anker ist als Warpanker beliebt, weil er sich flach stauen lässt, leichtgewichtig ist und dennoch eine sehr hohe Haltekraft hat.

Warpen

Ein typischer Fall für den Warpanker tritt ein, wenn das Boot auf eine Sandbank aufgelaufen ist. Mit dem Beiboot kann der Warpanker ausgefahren und mit der Winsch das Boot an der Warpleine in tieferes Wasser gezogen werden.

Ein Warpanker kann auch gute Dienste leisten, um ein Boot von einer Kaimauer abzuhalten. Liegt man längsseits und das Boot wird durch Schwell heftig gegen die Fender und die Kaimauer gedrückt, kann ein Warpanker zur anderen Seite ausgebracht werden und das Liegen viel angenehmer machen.

Ein Boot mit dem Warpanker vom Steg oder Kai abhalten

Belegen Sie eine Leine an Bug und Heck und machen Sie mittig an der Leine – oder dort, wo die Warpleine angreifen soll – einen Karabiner an der Leine fest.

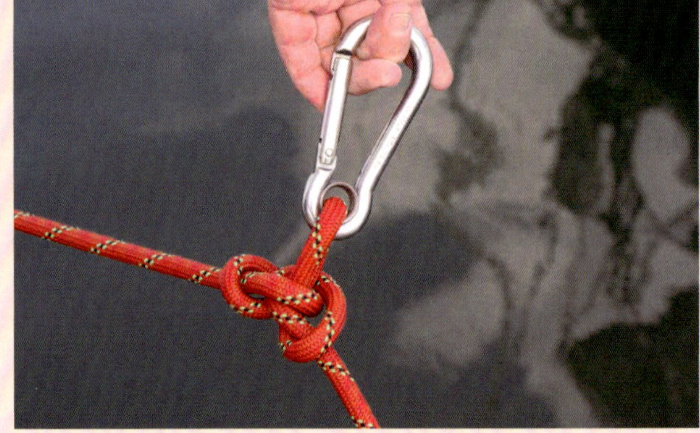

Machen Sie den Karabiner mit einem Schmetterlingsknoten fest, siehe Seite gegenüber.

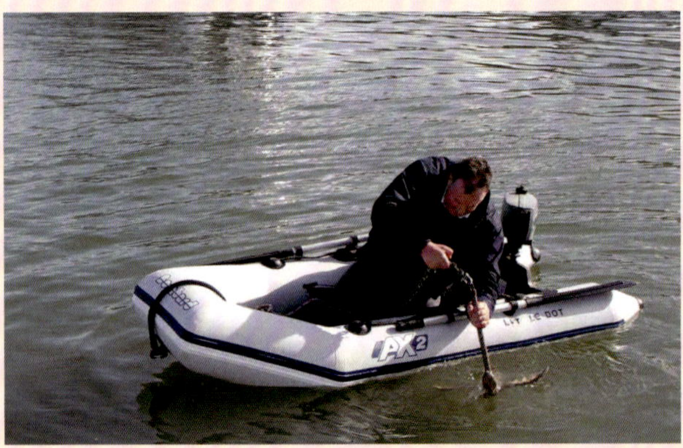

Geben Sie den Warpanker mit Kette und Warpleine in einen Eimer, und fahren Sie den Anker mit dem Beiboot weit genug aus.

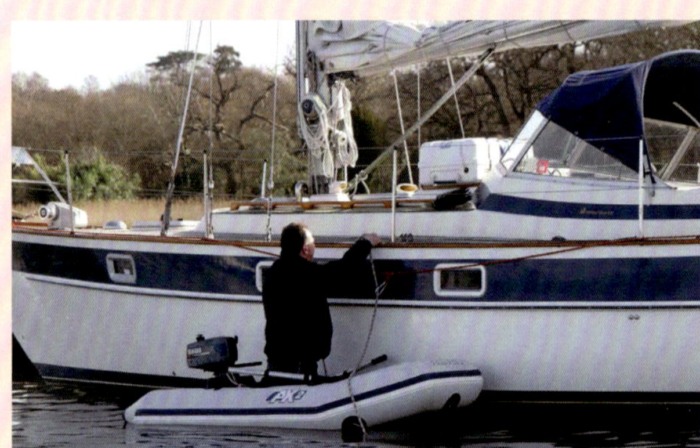

Bringen Sie das lange Ende zurück an Bord.

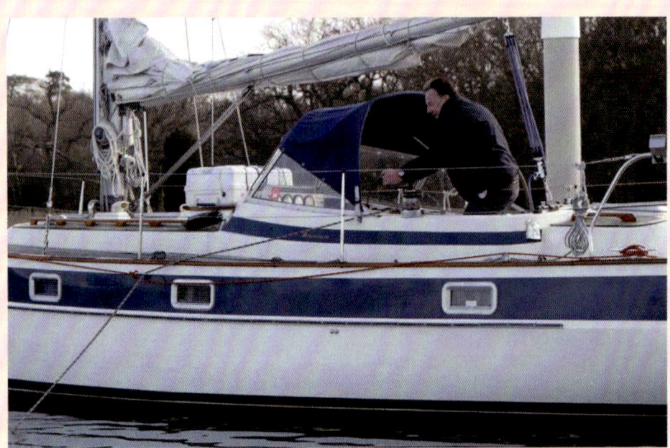

Führen Sie das Ende durch den Karabiner zur Winsch und holen Sie die Leine dicht.

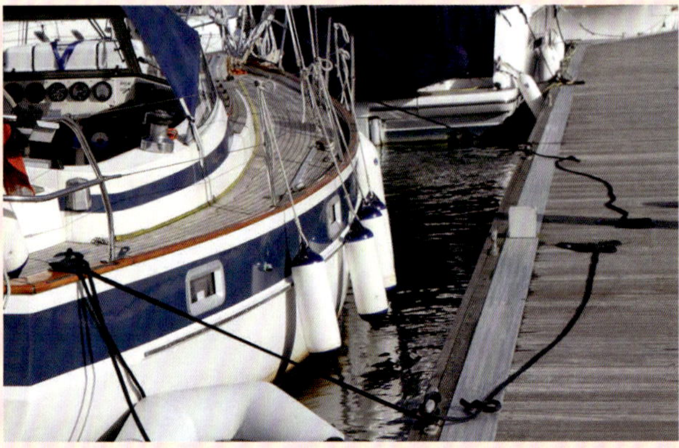

Der Anker gräbt sich ein, und das Boot kann vom Steg oder der Hafenmauer weggezogen werden.

Der Schmetterlingsknoten

Der Schmetterlingsknoten bildet eine feste Schlaufe in der Mitte einer Leine, die zu beiden Seiten belastet werden kann. Die Leine kann auch über die gesamte Länge optimal Last aufnehmen.

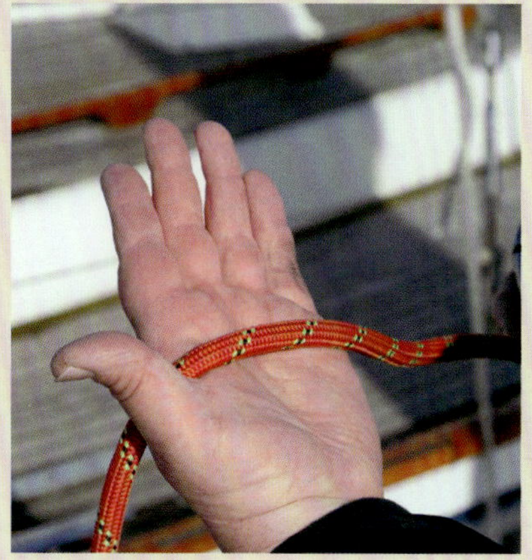

Legen Sie die Leine dort über eine Handfläche, wo Sie den Schmetterlingsknoten machen möchten.

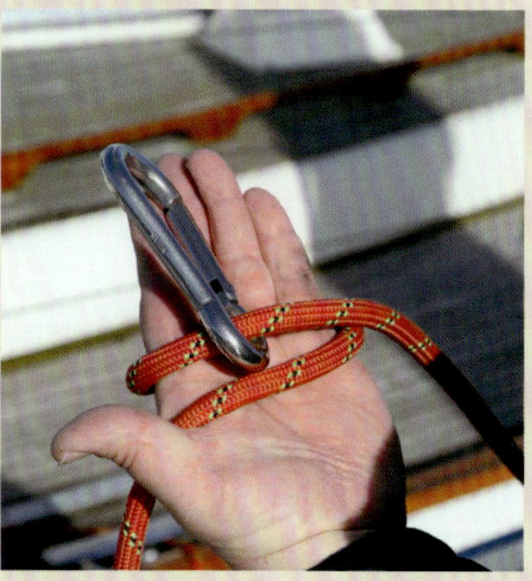

Legen Sie einen Törn um Ihre Hand herum, sodass zwei Parten auf Ihrer Handfläche liegen. Die zweite Part läuft durch die Ringkausch des Karabiners.

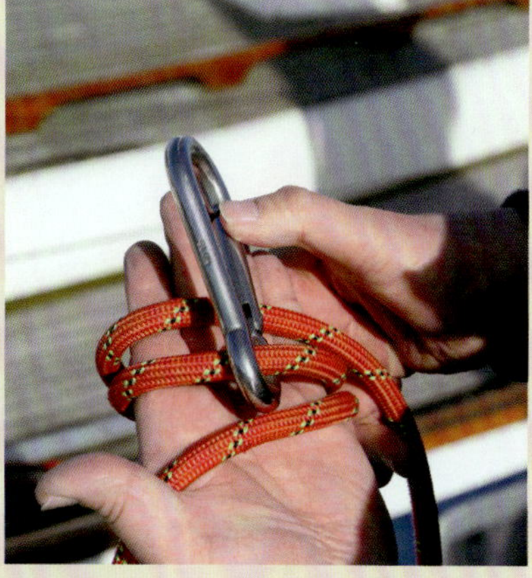

Legen Sie noch einen Törn über Ihre Hand.

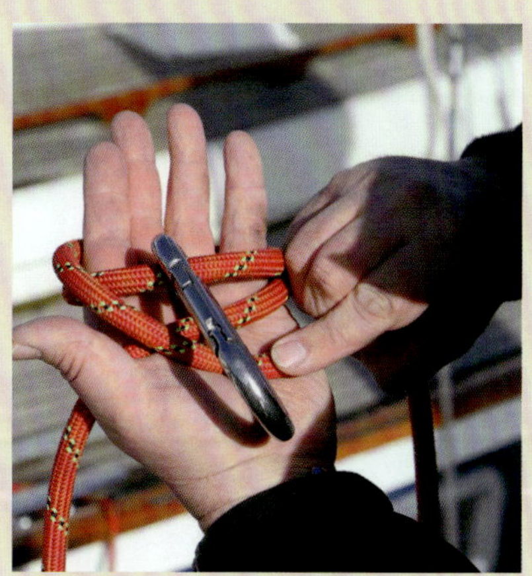

Nehmen Sie den oberen Törn und legen Sie ihn über die beiden anderen Törns.

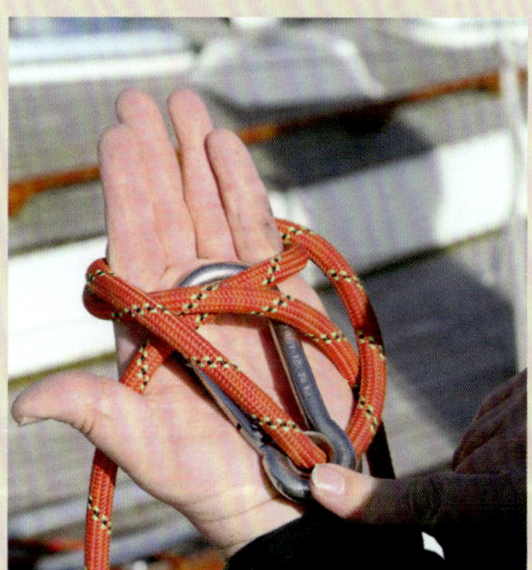

Nehmen Sie den Törn, der jetzt oben liegt und durch den Karabiner läuft, und legen Sie ihn nach unten über die beiden anderen Törns. Stecken Sie ihn dann unter den anderen Törns nach oben durch.

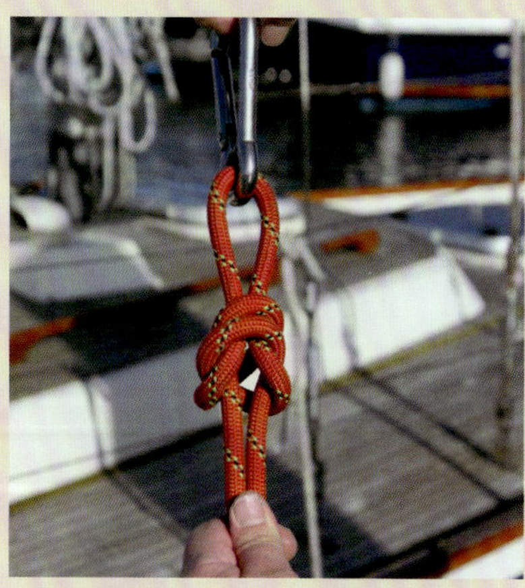

Ziehen Sie den Törn mit dem Karabiner durch. Ziehen Sie dann die Leine an beiden Seiten fest, und Sie haben einen Schmetterlingsknoten.

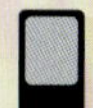

Scannen Sie diesen QR-Code, um ein Video über den Schmetterlingsknoten zu sehen.

Außenborder und Beiboote

Tipps für den Gebrauch von Außenborder und Beiboot

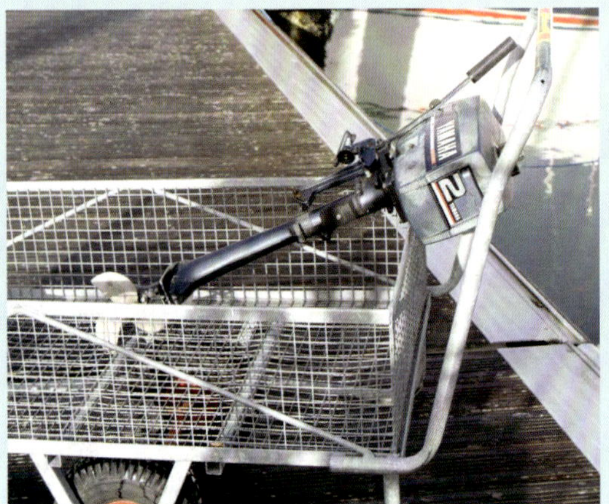

Der Schaft sollte immer tiefer liegen als der Motor selbst.

Transport: Heben Sie den Schaft nie höher als den Motor, da ansonsten Wasser aus den Steigleitungen im Schaft an das Kurbelgehäuse gelangen kann und die Lager korrodieren können. Achten Sie darauf, Viertakt-Außenborder immer auf die richtige Seite abzulegen. Eine Seite ist problemlos, auf der anderen kann Öl auslaufen. Welche Seite die richtige ist, steht in der Betriebsanleitung und ist meist auch am Motor vermerkt.

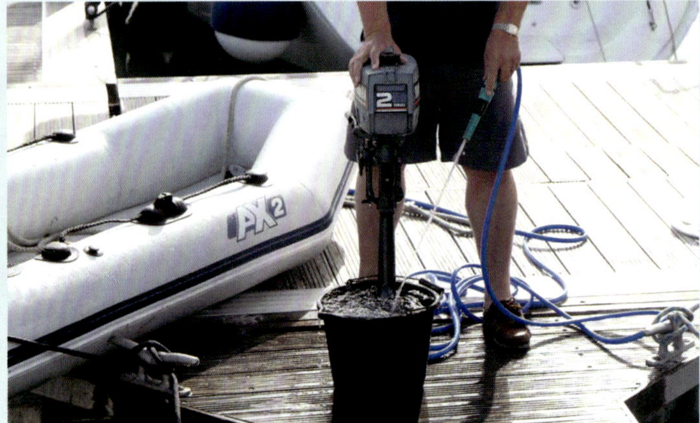

Das Salz wird aus dem Kühlwasserkreis des Motors gespült.

Nach Gebrauch des Außenborders: Bevor der Außenborder weggestaut wird oder einige Zeit ungenutzt bleibt, sollte man das Salz aus den Kühlwassergängen spülen und den Vergaser leerlaufen lassen. Stellen Sie dazu den Außenborder mit dem Schaft in einen großen Eimer voll Süßwasser. Lassen Sie ihn ein paar Minuten im Leerlauf laufen, und drehen Sie dann den Benzinhahn zu. Es dauert noch ungefähr drei Minuten, bis das Benzin im Vergaser aufgebraucht ist. Der Motor muss insgesamt ungefähr fünf Minuten laufen, um das Salz ganz aus dem Kühlwasserkreislauf auszuspülen. Hat man den Vergaser leerlaufen lassen, können sich die Düsen nicht durch alte Benzinreste zusetzen.

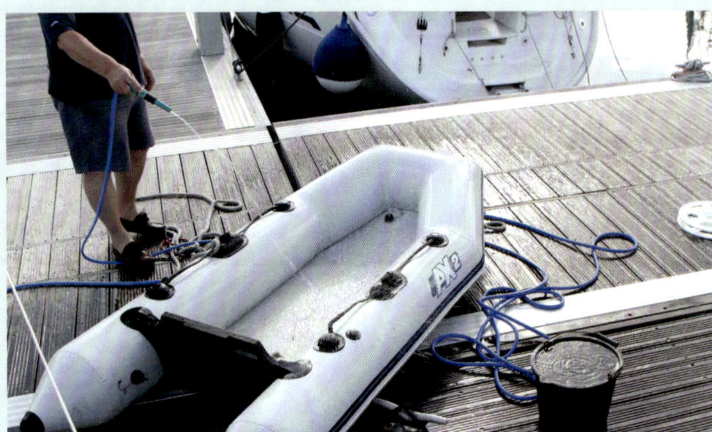

Bevor man das Beiboot verstaut, sollte es mit Süßwasser abgespült werden.

Nach Gebrauch des Beibootes: Ein Schlauchboot hält deutlich länger, wenn man es nach Gebrauch mit Süßwasser abspült und trocknet.

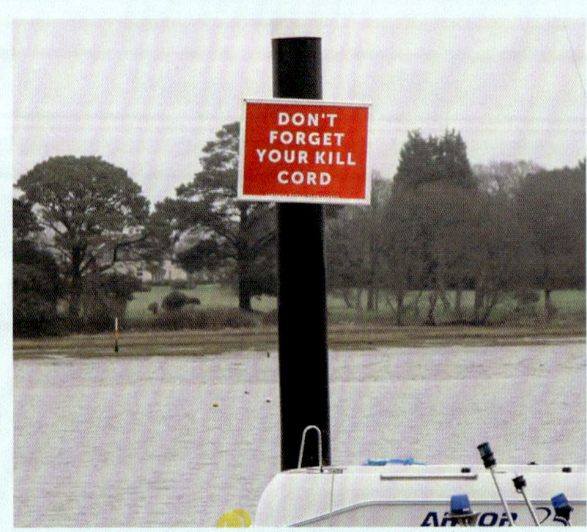

Verfügt der Außenborder über eine Notaus-Leine, sollte man sie bei Gebrauch des Motors immer am Handgelenk festmachen.

Bahama-Muring

Lassen Sie den Buganker ab und das Boot mit dem Strom zurücktreiben. Lassen Sie anschließend den Warpanker am Heck ab und holen Sie die Kette des Bugankers dicht, bis das Boot zwischen beiden Ankern liegt. Führen Sie die Ankerleine des Warpankers nach vorn zum Bug und schlagen Sie sie an der Kette des Bugankers mit einem Wirbelschäkel an. Lassen Sie so viel von der Kette des Bugankers ab, dass die Verbindung zur Ankerleine unterhalb des Kiels ist. Jetzt liegt man an einer Tidenmuring, auch Bahama-Muring genannt, mit der das Boot nahezu auf der Stelle gehalten wird. Bei Ebbstrom hält der eine, bei Flutstrom der andere Anker.

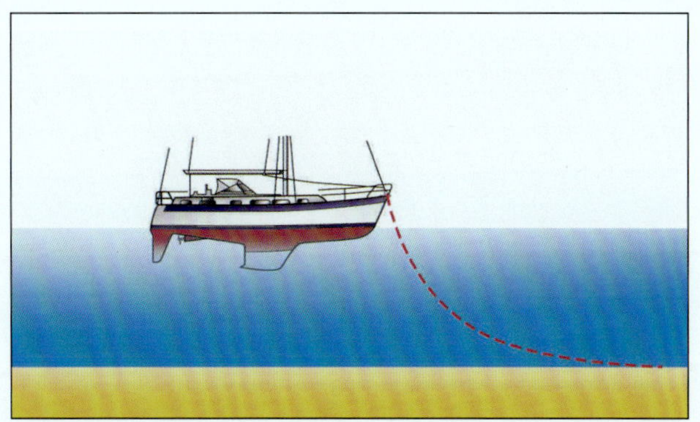

▲ Lassen Sie den Buganker ab.

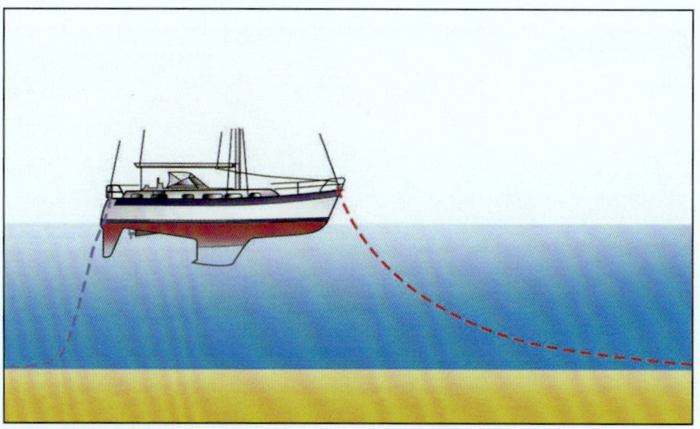

▲ Lassen Sie das Boot zurücktreiben und dann den Warp- oder Heckanker ab.

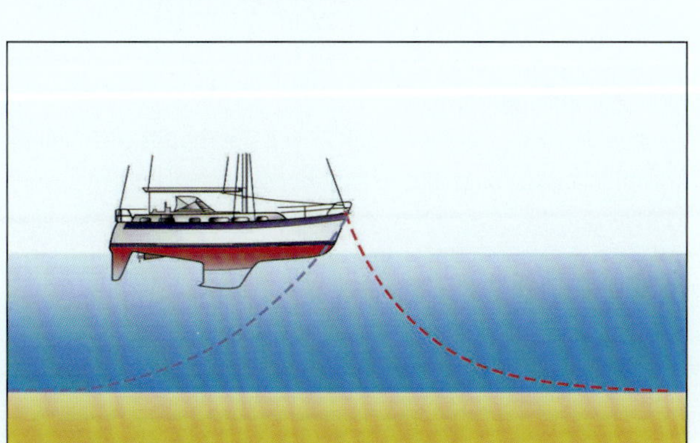

▲ Holen Sie die Kette des Bugankers etwas ein. Schlagen Sie die Leine des Heckankers an der Kette des Bugankers an.

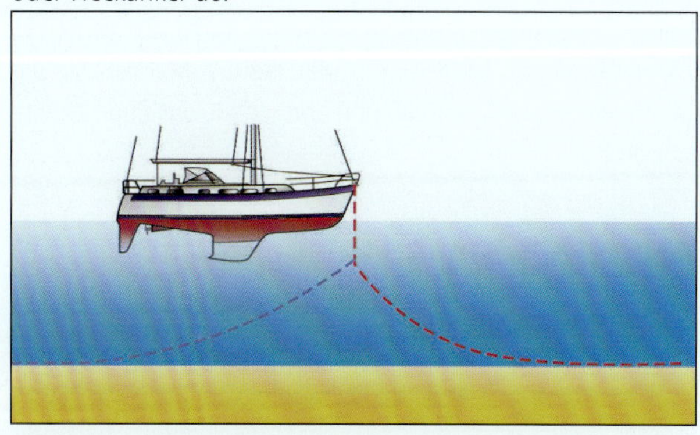

▲ Lassen Sie genug Kette des Bugankers ab, bis die Verbindung mit der Leine des Heckankers unterhalb des Kiels liegt.

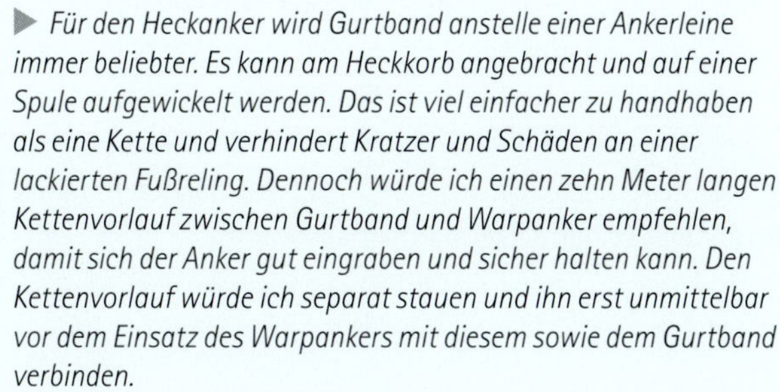

▶ *Für den Heckanker wird Gurtband anstelle einer Ankerleine immer beliebter. Es kann am Heckkorb angebracht und auf einer Spule aufgewickelt werden. Das ist viel einfacher zu handhaben als eine Kette und verhindert Kratzer und Schäden an einer lackierten Fußreling. Dennoch würde ich einen zehn Meter langen Kettenvorlauf zwischen Gurtband und Warpanker empfehlen, damit sich der Anker gut eingraben und sicher halten kann. Den Kettenvorlauf würde ich separat stauen und ihn erst unmittelbar vor dem Einsatz des Warpankers mit diesem sowie dem Gurtband verbinden.*

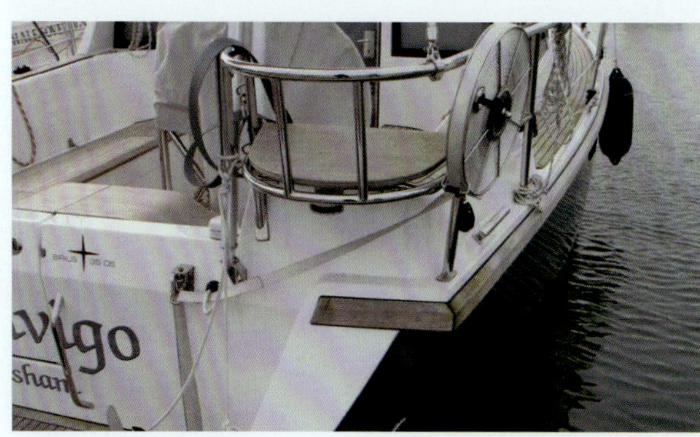

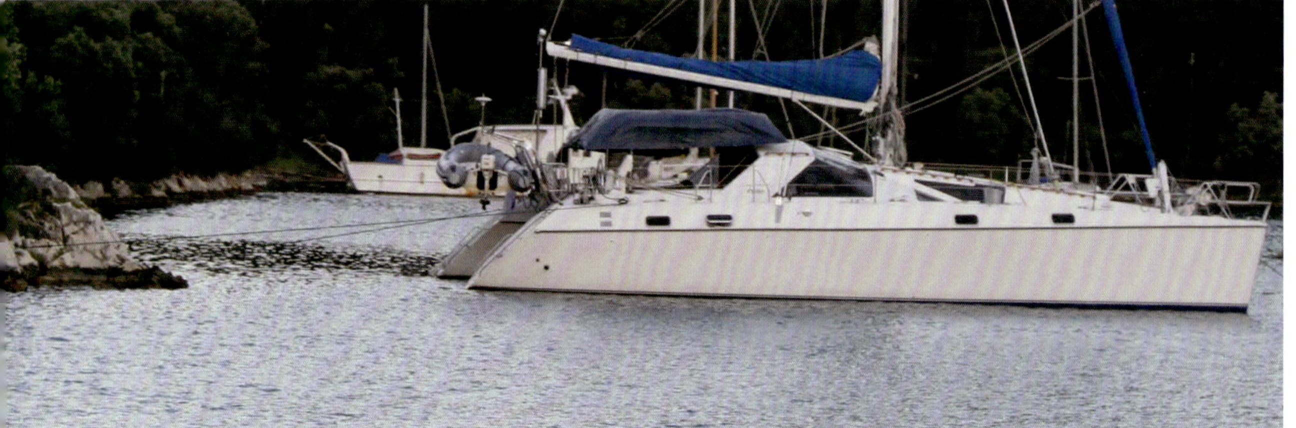

Ankerplatz dicht unter Land mit einer Landfeste zum Ufer.

Landfeste ausbringen

Viele Segler gehen direkt vor einem Strand vor Anker und bringen eine Leine zum Land aus. Ich finde es einfacher, die gesamte Leine im Beiboot an Land zu bringen, anstatt sie am Beiboot zu befestigen und von Bord der Yacht aus zu fieren, während man an Land rudert oder motort. Machen Sie die Landfeste gut am Ufer fest, und bringen Sie das Ende zurück an Bord.

Anker am Strand ausbringen

Viele Strände am Mittelmeer sind auf den ersten Metern sehr flach und fallen dann steil ab. Zuweilen kann man mit dem Bug bis auf den Strand fahren, während der Kiel in tiefem Wasser bleibt. Dort, wo das möglich ist, steuert man Bug voraus auf den Strand zu, lässt den Heckanker fallen und den Bug im weichen Sand auflaufen. Steigen Sie von Bord, und legen Sie den Buganker weiter vorn auf den Strand. Holen Sie die Ankerleine des Heckankers dicht, bis das Boot mit wenigen Zentimetern Wasser unter dem Bug frei aufschwimmt. Bei ganz schwachem Wellengang bildet sich eine flache Kuhle im weichen Sand unter dem Bug. Diese Methode funktioniert allerdings nur an gut geschützten Orten, wo nicht mit Brandung zu rechnen ist.

Anker unklar?

Kommt der Anker am Grund unklar und kann nicht gelichtet werden, fährt man über den Anker und versucht ihn aus verschiedenen Richtungen aufzuholen. Bei einer größeren Crew können alle am Bug stehen, während die Ankerkette maximal dichtgeholt wird. Dann geht die gesamte Crew nach achtern. Durch den jetzt größeren Auftrieb am Bug und das zusätzliche Gewicht am Heck kann der Anker ausbrechen. Einhandseglern und Zweier-Crews steht diese Methode leider nicht zur Verfügung.

Für den Fall, dass sich der Anker überhaupt nicht mehr aufholen lässt, muss die Kette abgeschlagen und mit einer Markierungsboje versehen zurückgelassen werden. So sind diese teuren Ausrüstungsteile nicht ganz verloren. Speichern Sie die Stelle mit der MOB-Funktion am GPS-Plotter. Dann bleibt nur noch zu hoffen, einen freundlichen Bergungstaucher zu finden.

Trippleine

Eine Trippleine kann am Kreuz des Ankers befestigt werden, um den Anker rückwärts aus dem Grund zu ziehen. Wer jedoch so vorgeht, misstraut dem Ankergrund von vornherein. Ich würde es vorziehen, an einem solchen Ort nicht zu ankern. Müsste ich im Notfall ankern, würde ich vorsorglich auch eine Trippleine anbringen, aber wer sich bereits in einer Notsituation befindet, sollte nicht noch mehr Komplikationen heraufbeschwören und einen unklaren Anker riskieren.

Besser eignet sich eine Trippleine mit einer kleinen Boje, um die Stelle über dem eigenen Anker zu markieren, damit kein anderer seinen Anker darüber ausbringt.

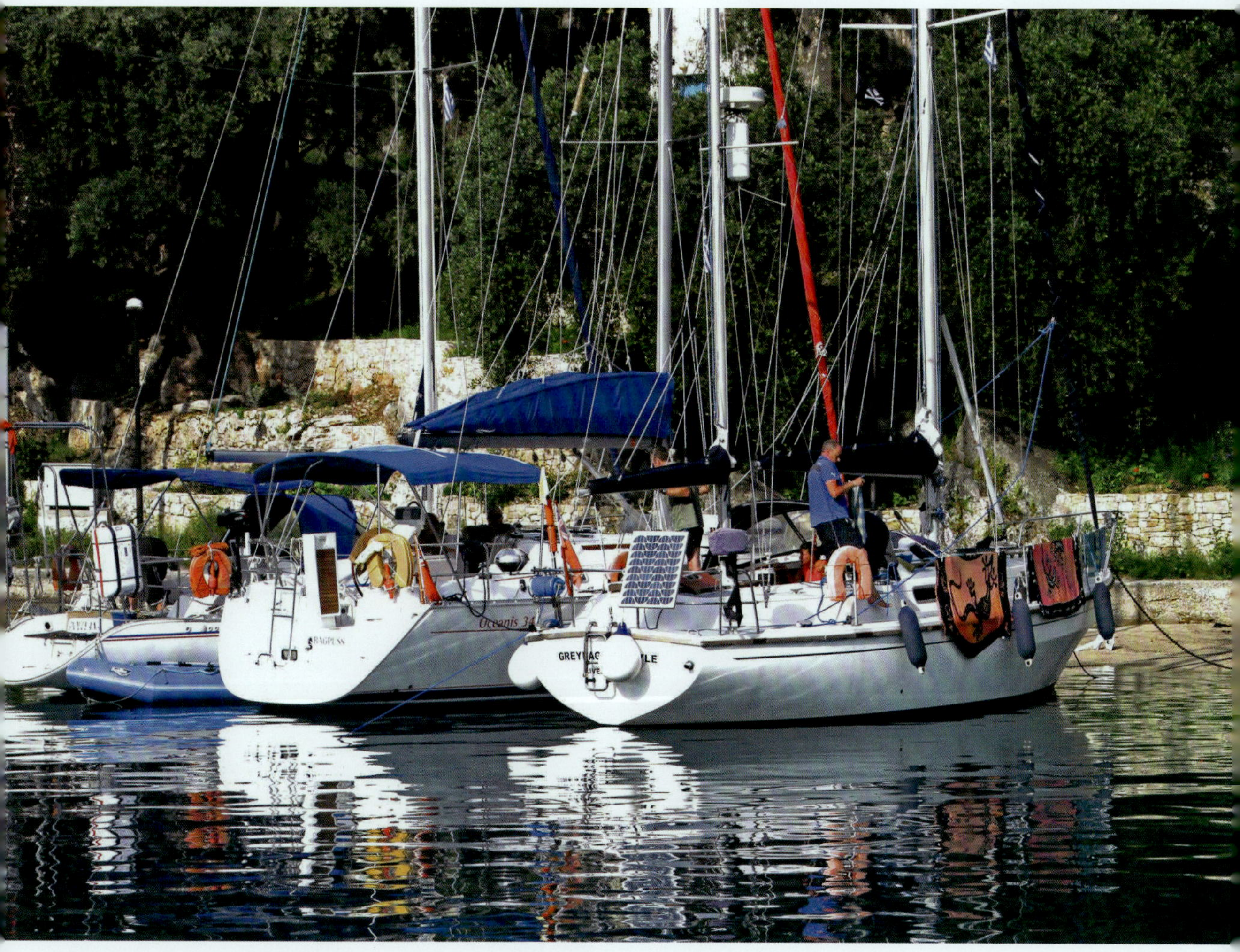

Ankerplatz am Strand in gezeitenfreiem Gewässer. Der Buganker ist am Strand ausgelegt, der Kiel ist bereits in tieferem Wasser.

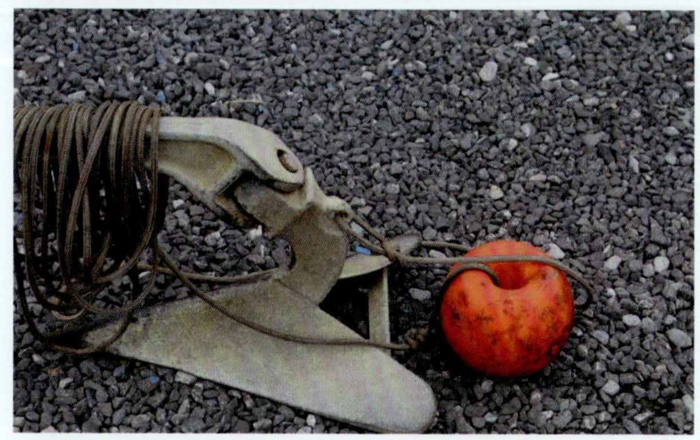

An diesem Anker ist eine Trippleine angeschlagen.

Tipp

Die Küste gibt bereits Aufschluss über Wassertiefe und Grund am Ufer. Vor einer felsigen Steilküste kann man auch mit steil abfallendem Grund rechnen. Steigt das Land an der Küste jedoch sanft an, fällt der Grund in der Regel auch nur langsam auf größere Tiefen ab und ist in Ufernähe flach.

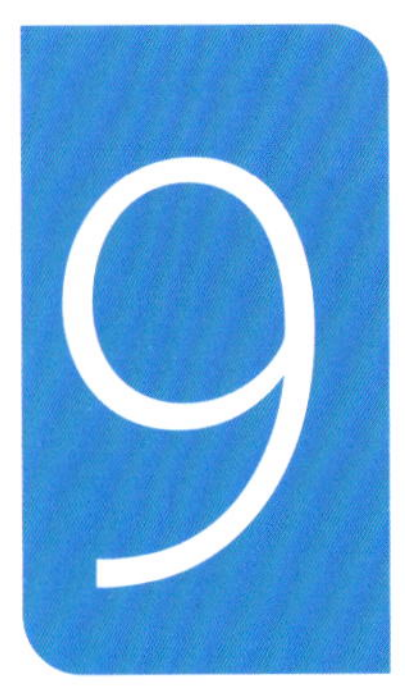

Wetterkunde

Ein grundsätzliches Verständnis des Wettergeschehens möchte ich an dieser Stelle voraussetzen. Ansonsten würde ich die Bücher von Alan Watts zu diesem Thema empfehlen, die selbst Bernard Moitessier lobend erwähnt. Zur Erinnerung hier nochmals die wichtigsten Zusammenhänge:

- Warme Luft dehnt sich aus und steigt auf, dadurch sinkt der Luftdruck.
- Kalte Luft sinkt, der Luftdruck erhöht sich.
- Warme Luft kann mehr Feuchtigkeit aufnehmen als kalte Luft.
- Warme, aufsteigende Luft kühlt mit zunehmender Höhe ab. Sie kann die Feuchtigkeit nicht mehr halten. Sie kondensiert und bildet Wolken. Bei weiterer Abkühlung bis unter den Taupunkt bilden sich Regentropfen oder Eiskristalle.
- Kalte Luft bewegt sich schneller als warme Luft.
- Die Luft strömt als Wind von Gebieten mit hohem Luftdruck zu Gebieten mit niedrigem Luftdruck. Dabei wird sie durch Reibung an der Erdoberfläche und durch die Corioliskraft abgelenkt. Die so entstehende Windrichtung liegt annähernd parallel zu den Isobaren und annähernd rechtwinklig zum Druckgradient, der direkt auf das Zentrum niederen Luftdrucks zeigt.

▶ Ordnen Sie die Buchstaben des rechten Diagramms denen des unteren Diagramms zu, um zu sehen, was Sie in jeder Phase eines Tiefs erwartet.

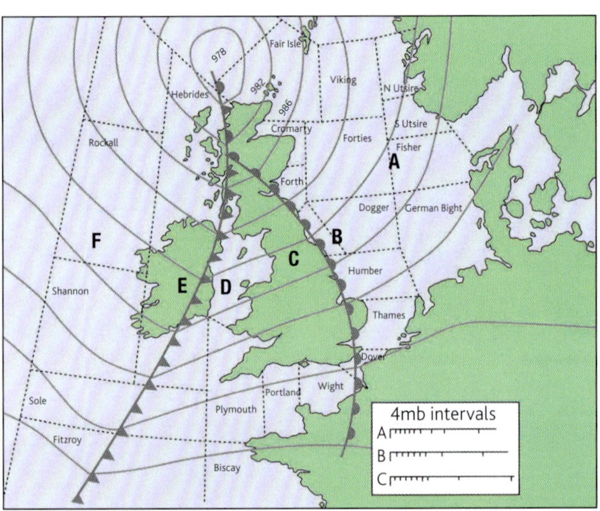

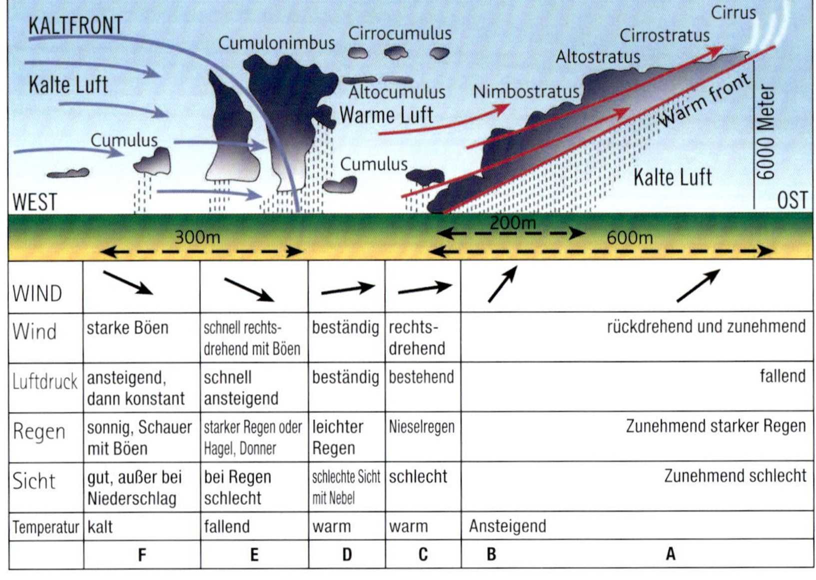

WIND						
Wind	starke Böen	schnell rechtsdrehend mit Böen	beständig	rechts-drehend	rückdrehend und zunehmend	
Luftdruck	ansteigend, dann konstant	schnell ansteigend	beständig	bestehend	fallend	
Regen	sonnig, Schauer mit Böen	starker Regen oder Hagel, Donner	leichter Regen	Nieselregen	Zunehmend starker Regen	
Sicht	gut, außer bei Niederschlag	bei Regen schlecht	schlechte Sicht mit Nebel	schlecht	Zunehmend schlecht	
Temperatur	kalt	fallend	warm	warm	Ansteigend	
	F	E	D	C	B	A

Durchzug eines Tiefs

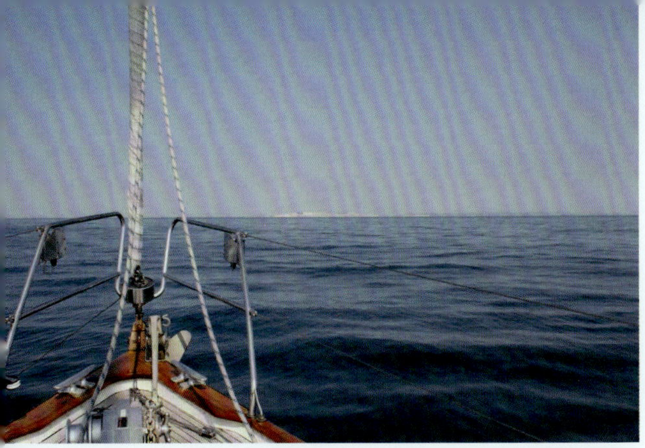

▲ Ein sonniger Tag ist das Ergebnis von kalter, absinkender Luft – Hochdruck. Bei kalter, absinkender Luft ist der Himmel klar, und die Sonne kann den Boden erwärmen. Das Ergebnis ist ein warmer, sonniger Tag. Nachts kühlt es allerdings schnell ab, und man spürt die Kälte der absinkenden Luftmassen.

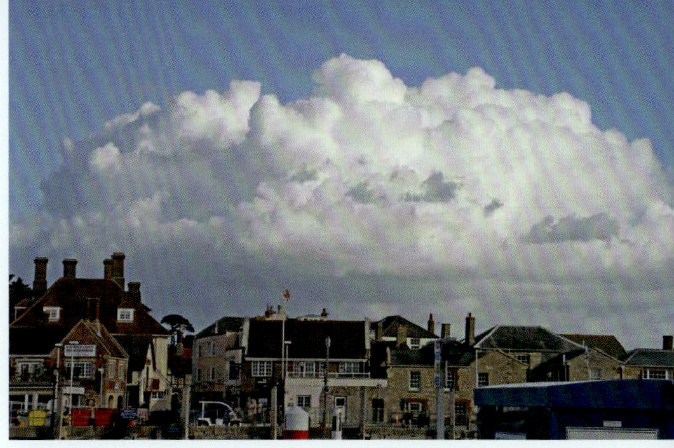

▲ Wolken an einem sonnigen Tag? Die Sonne hat den Boden erwärmt, warme Luft ist aufgestiegen, hat sich dann abgekühlt und ist zu einer Wolke kondensiert.

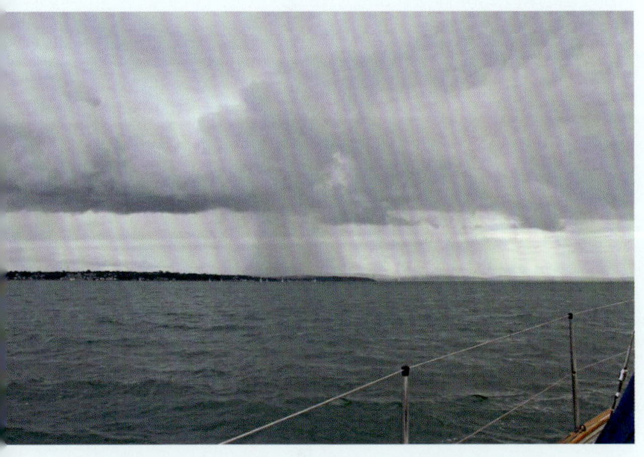

▲ Ein wolkiger, regnerischer Tag ist das Ergebnis von warmer und feuchter aufsteigender Luft – Tiefdruck. Warme, feuchte Luft steigt auf und kühlt ab. Die Feuchtigkeit kondensiert zu Wolken. Kühlt die Luft weiter ab und unterschreitet den Taupunkt, bilden sich Regentropfen oder sogar Eiskristalle. Nachts kann der Boden die Wärme wegen des bedeckten Himmels nicht so abstrahlen wie bei klarem Himmel. Bei bedecktem Himmel wird die warme, aufsteigende Luft gehalten, und die Nacht ist nicht so kalt.

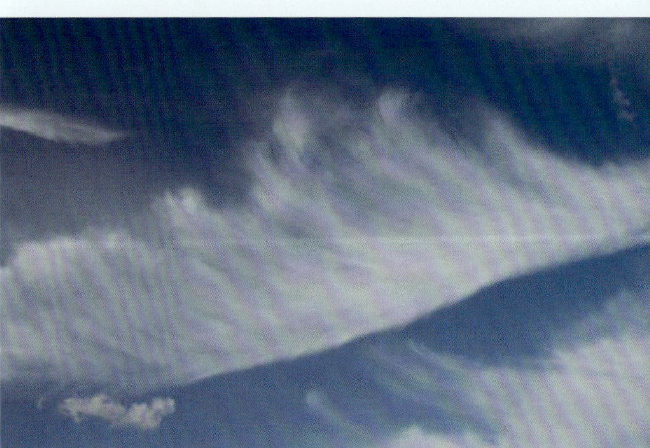

▲ Cirruswolken sind die höchsten Wolken. Die ausgefransten Ränder deuten auf starke Winde hin. Cirren, auch Federwolken genannt, kündigen stets ein nahendes Tiefdruckgebiet an.

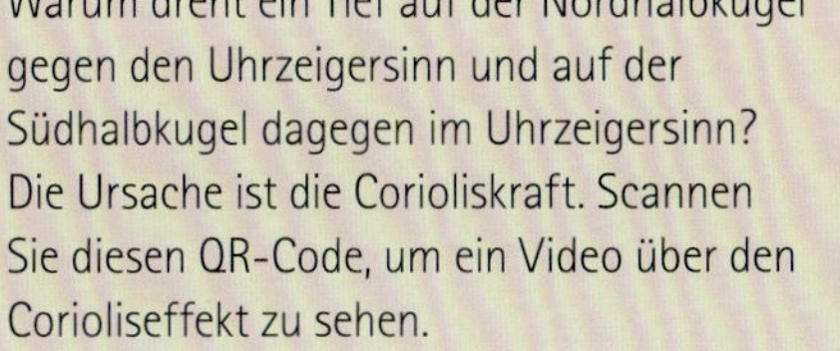

Warum dreht ein Tief auf der Nordhalbkugel gegen den Uhrzeigersinn und auf der Südhalbkugel dagegen im Uhrzeigersinn? Die Ursache ist die Corioliskraft. Scannen Sie diesen QR-Code, um ein Video über den Corioliseffekt zu sehen.

i

Ein Hof um Sonne oder Mond?

Dieses Phänomen entsteht durch die Eiskristalle in hohen Cirruswolken, an denen das Licht gebrochen wird. Es mag schönes Wetter herrschen, aber ein Tief ist im Anmarsch.

Warm- und Kaltfront

In einem Tiefdruckgebiet, auch Depression oder Zyklone genannt, steigt warme Luft auf, Winde füllen das Tief und strömen zusammen. In einem Hoch, auch Antizyklone genannt, sinkt kalte Luft ab und fließt seitlich ab, man sagt sie divergiert. Der Schlüssel zur Wettervorhersage ist, die Informationen aus den Wetterkarten mit den eigenen Beobachtungen am Himmel und dem fortwährend gemessenen Luftdruck in Einklang zu bringen.

Das Barische Windgesetz, auch Buys-Ballot-Regel genannt, besagt, dass man mit dem Wind im Rücken das Tief auf seiner linken und das Hoch auf seiner rechten Seite hat. Das gilt für die nördliche Hemisphäre, auf der Südhalbkugel ist es genau umgekehrt.

Windrichtung und Frontsysteme der nördlichen Hemisphäre	
Warmfront	Der Wind dreht vor dem Durchzug der Front nach links. Beim Durchzug der Front dreht er zurück nach rechts und nimmt an Stärke zu.
Zwischen Warm- u. Kaltfr.	Gleichbleibende Windrichtung.
Kaltfront	Beim Durchzug der Front dreht der Wind abrupt nach rechts.
Okklusion	Wind dreht nach rechts.

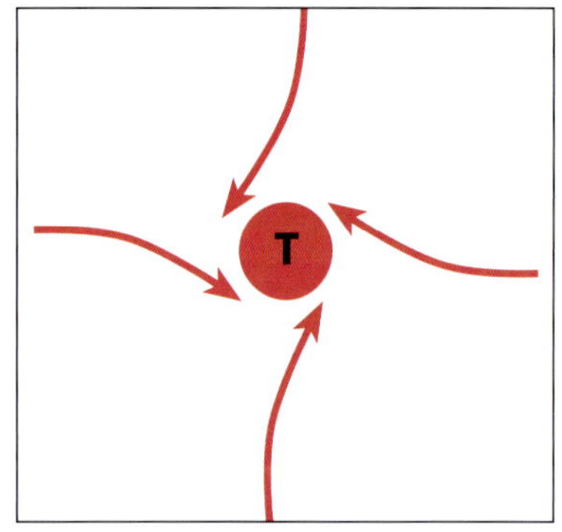

▶ *Tief: Warme Luft steigt auf, Wind konvergiert.*

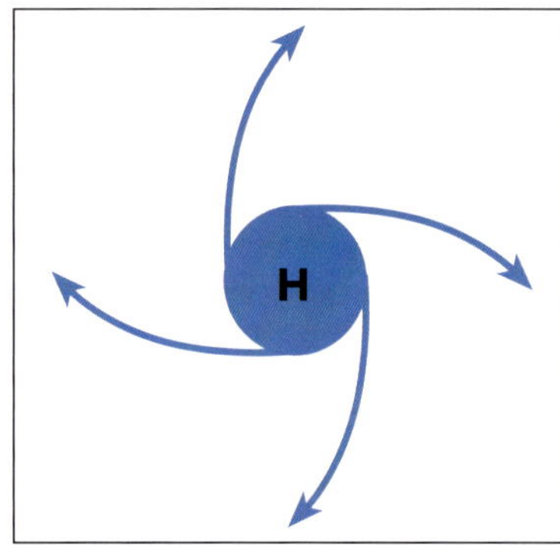

▶ *Hoch: Kalte Luft sinkt ab, Wind divergiert.*

Isobaren

Enge Isobaren deuten auf starken Wind und Regen hin, größerer Abstand zwischen den Isobaren bedeutet sonniges Wetter und schwächeren Wind. Selbst beim Durchzug eines Tiefs kann sich die Sonne zeigen, nämlich dort, wo die Isobaren größeren Abstand haben.

Wind an Land und auf See

Der Wind wird an der Erdoberfläche durch Reibung beeinflusst und dabei auf der Nordhalbkugel nach links abgelenkt – über dem Meer um 15°, über Land aufgrund höherer Reibung um 30°.

Konvergenz und Divergenz an der Küste

Weht der Wind parallel zur Küste und liegt das Land auf der rechten Seite, erhöht sich die Windgeschwindigkeit durch Konvergenz. Der Wind über dem Land wird stärker (30°) nach links abgelenkt als über dem Meer (15°).

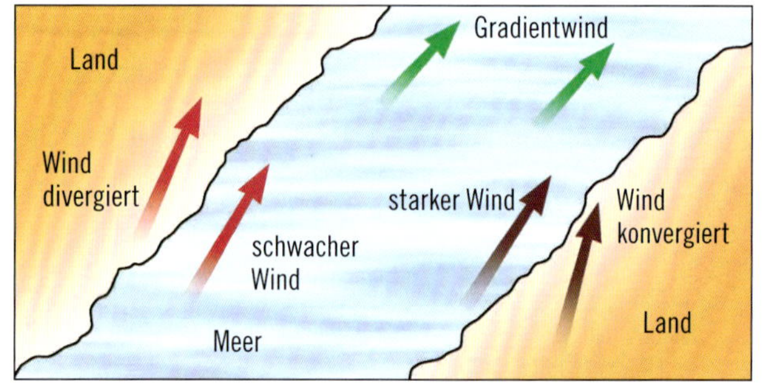

Konvergierende und divergierende Küstenwinde

> **i**
>
> **Adiabatischer Temperaturgradient**
>
> **Dieser Gradient bezeichnet die Abkühlung aufsteigender Luft. Trockene Luft kühlt alle 1000 Meter um 10 °C ab, feuchte oder gesättigte Luft kühlt dagegen nach 1000 Meter Höhe nur um 5,5 °C ab.**

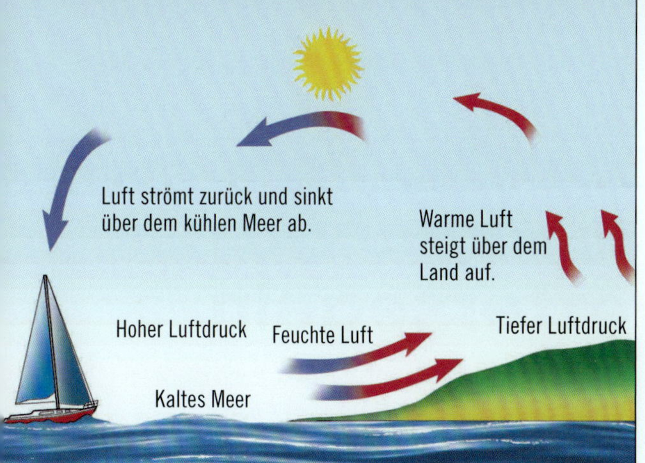

Seewind: Die Sonne erwärmt das Land, die Luft über dem Land steigt auf. In größerer Höhe kühlt die Luft ab, und die Feuchtigkeit kondensiert zu Wolken.

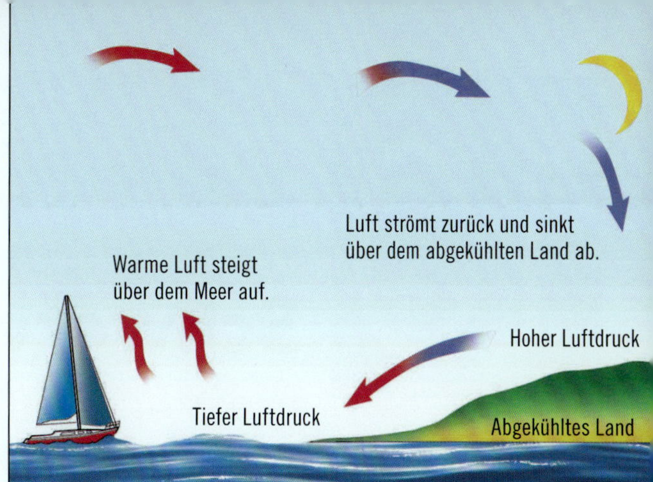

Nächtlicher Landwind.

Dadurch fließen der Wind über dem Land und der Wind über dem Meer zusammen, sie konvergieren. Bei Wind parallel zur Küste mit dem Land auf der linken Seite ist es genau umgekehrt, der Wind wird durch Divergenz abgeschwächt. Das kann bei einer Überquerung des Ärmelkanals eine Rolle spielen. So ist bei Südwestwind mit höheren Windgeschwindigkeiten vor der französischen Küste zu rechnen, als es der Gradientwind aus der Wetterkarte vermuten ließe. Im Gegensatz dazu ist der Wind vor der englischen Küste dann schwächer.

Seewind

Die Sonne erwärmt das Land. Die Luft steigt auf, und der Luftdruck sinkt. Die kältere Luft über dem Meer, die höheren Luftdruck aufweist als die Luft über dem Land, strömt nach. Die warme, aufsteigende Luft strömt in einer Höhe von ungefähr 8000 Metern zum Meer, kühlt ab und sinkt, sodass der höhere Luftdruck über dem Meer erhalten bleibt. Dieser Kreislauf hält so lange an, bis die Sonne als treibende Kraft an Stärke verliert oder ein entgegengesetzter Gradientwind so stark wird, dass er den Seewind aufhebt. Ein Seewind aus Südwest kann beispielsweise von einem Gradientwind aus Nordost aufgehoben werden.

Landwind

Mit dem Sonnenuntergang beginnt das Land abzukühlen, und der Luftdruckunterschied kehrt sich um. Jetzt herrscht über dem Land geringerer Luftdruck als über dem Meer, wodurch sich auch die Windrichtung umkehrt. Aus dem Seewind wird jetzt ein Landwind, der auf das Meer hinausweht.

Querwindregel

Stellt man sich mit dem Rücken zum Bodenwind und ziehen die Wolken von links nach rechts, befindet man sich vor einem Tief, und das Wetter wird sich verschlechtern. Ziehen die Wolken dagegen von rechts nach links, so wird sich das Wetter verbessern. Man befindet sich bereits hinter dem Tief. Auch diese Regel muss auf der Südhalbkugel umgekehrt werden, wo man sich mit dem Gesicht zum Wind stellen würde.

Die Querwindregel kann man mit dem vorherrschenden Luftdruck, der Windstärke und dem aktuellen Wetter in Zusammenhang bringen:

Vor einer Warmfront, wenn die Wolken von links nach rechts ziehen, wird der Luftdruck fallen. Es regnet, und der Wind legt an Stärke zu.

An der Kaltfront, wenn die Wolken von rechts nach links ziehen, steigt der Luftdruck. Es kommt zu Schauern mit böigem Wind, aber zwischen den Wolken beginnt die Sonne durchzuscheinen, und das Wetter beginnt sich zu bessern.

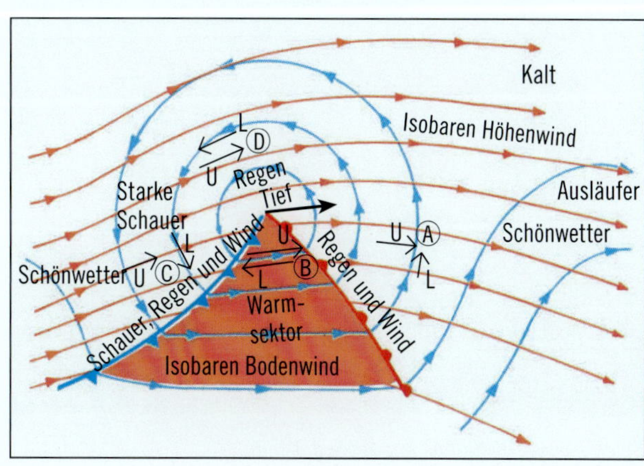

▶ *Querwindregel mit Bodenwinden (BW) und Höhenwinden (HW)*

10 Schwerwettersegeln

Muss man bei schlechtem Wetter segeln gehen? Zwar weiß man, wie man bei nahezu jedem Wetter ablegen und auch, wie man bei nahezu jedem Wetter an den Liegeplatz sicher zurückkehren kann. Man weiß, wie man die Segelfläche den Wind- und Seegangsverhältnissen anpassen kann, dass ein Reff rechtzeitig eingebunden werden muss und man weiß, wie man beidreht. Man kann mit schlechtem Wetter zurechtkommen, aber will man sich das freiwillig antun? Wahrscheinlich nicht.

Weltumsegler können sich das Wetter nicht immer aussuchen. Sie müssen es nehmen, wie es kommt. Wer jedoch am Wochenende oder im Urlaub segelt, hat die Wahl und kann entscheiden, bei Starkwind im Hafen zu bleiben. Interessanterweise berichten Lin und Larry Pardey, dass Stürme auf ihren Fahrten nur einen Anteil von zwei Prozent eingenommen haben. Die beiden sind in den letzten 45 Jahren über 200000 Seemeilen gesegelt, haben alle großen Kaps in ihrem Kielwasser gelassen und die Erde zweimal umrundet. Eric Hiscock, der mit seiner Frau Susan die Welt dreimal umsegelt hat, berichtet, dass die durchschnittliche Windstärke bei ihren Fahrten lediglich zehn bis zwölf Knoten betrug.

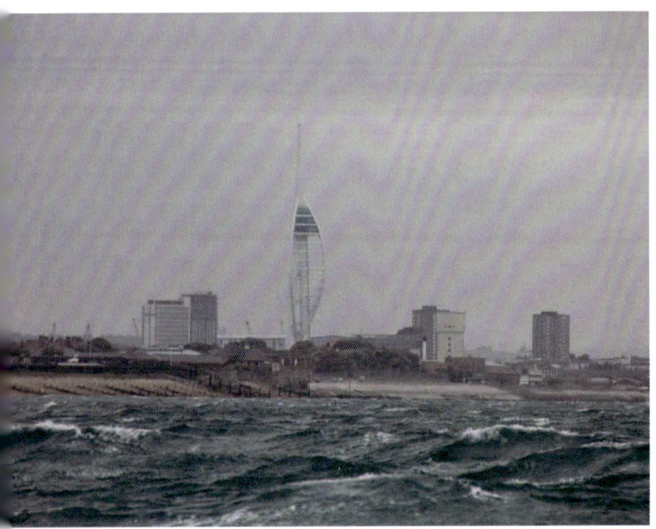

Solch ein Wetter lädt nicht zum Segeln ein.

Über einen Punkt sollte man sich allerdings im Klaren sein. Wer bei Starkwind ausläuft, wird eines sehr schnell feststellen: den Unterschied zwischen einem Seemann und einer Landratte. Für den einen bedeutet das Land Sicherheit und das Meer bedeutet Gefahr, für den anderen, den Seemann, bietet das Meer Sicherheit, und die Küste stellt eine Gefahr dar. Bei Schlechtwetter kann eine Leeküste oder die Einfahrt in einen Hafen mit brechenden Grundseen gefährlicher sein, als auf See abzuwarten, bis sich das Wetter bessert.

Holen Sie deshalb vor dem Auslaufen immer einen Wetterbericht ein, um sicherzugehen, bei annehmbaren Bedingungen in den Hafen zurückkehren zu können. Selbst vergleichsweise mäßiger Wind von 20 Knoten kann bei geringen Tiefen oder vor einer Einfahrt bereits sehr unangenehmen Seegang erzeugen, wenn ein starker Ebbstrom gegen den Wind setzt. Wetterinformationen stehen zur Genüge zu Verfügung, und auch das Wissen der Leute vor Ort kann hilfreich sein, um sich über die zu erwartenden Bedingungen draußen auf dem Meer zu informieren. Vor dem Ablegen sollte man immer wissen, was einen erwartet.

Vergessen Sie nicht, dass bei einem Einhandsegler oder einer kleinen Crew bei Schwerwetter schnell Erschöpfung einsetzt. Seien Sie vorbereitet. Vorbereitung ist das A und O, um ohne Stress zu segeln. Das gilt besonders bei Schwerwetter, wenn Neptun den Einsatz nochmals erhöht hat. Normalerweise mag man eine Schot, die sich von der Winsch löst, in den Griff bekommen, jetzt schlägt sie wild und gefährlich um sich. Die Leinen sind jetzt gespannt wie Eisenstangen, das Boot muss große Kräfte aufnehmen, und die Segelfläche muss verkleinert werden. Ich finde es erschöpfend, unter solchen Umständen immer weiter zu segeln, und die Bewegung des Bootes raubt mir den letzten Nerv. Deshalb habe ich sorgsam Strategien und Vorrichtungen für solche Umstände entwickelt und vorbereitet.

Tipp

Motorenkunde

Belegen Sie einen Kurs über Wartung und Reparatur des Einbaudiesels. Man kann eine Menge Geld sparen und bekommt das Vertrauen, selbst Hand anzulegen und einfache Reparaturen durchzuführen. Es ist äußerst nützlich, Luft- und Dieselfilter, den Impeller oder den Keilriemen auf See selbst wechseln oder feststellen zu können, zu wissen, warum die Motorelektrik versagt hat und wie sie wieder instandzusetzen ist.

Die richtigen Segel

Bei Starkwind ist eine geeignete Segelgarderobe notwendig. Die Rollgenua mag unter normalen Umständen sehr komfortabel sein, bei Sturm bereitet sie mehr Last als Nutzen. Ganz ausgerollt hat sie ein prima Profil, aber je mehr man einrollt, umso unbrauchbarer ist sie für Amwindkurse. Wer bei jedem Wetter segeln möchte, wird verschiedene Vorsegel fahren, angefangen von einer überlappenden Genua mit 135–140 %, einer kleineren Genua, einer Fock bis hin zu einer Sturmfock. So ist es auch bei mir an Bord. Ich setze das nach der Wettervorhersage passende Vorsegel schon vor dem Auslaufen am Profilvorstag der Reffanlage. Meine Sturmfock setze ich an einem abnehmbaren Kutterstag.

Ein passendes Großsegel sollte mindesten zwei, besser drei Reffreihen haben. Nach dem dritten Reff wird man das Trysegel setzen. Das Trysegel sollte eine eigene Mastnut haben, damit es gut verzurrt und klar zum Setzen an Deck vorbereitet gefahren werden kann.

Segeldruckpunkt nach innen bringen

Idealerweise sollte die Segelfläche nach innenbords, also zur Bootsmitte hin, verkleinert werden. Der Gesamt-Segeldruckpunkt sollte sich dabei nicht ändern, damit das Boot ausbalanciert bleibt. Refft man das Großsegel, wandert der Segeldruckpunkt nach vorn. Gleichzeitig muss also die Vorsegelfläche verkleinert werden. Bei einer Kuttertakelung kann man das vordere Vorsegel zuerst reffen.

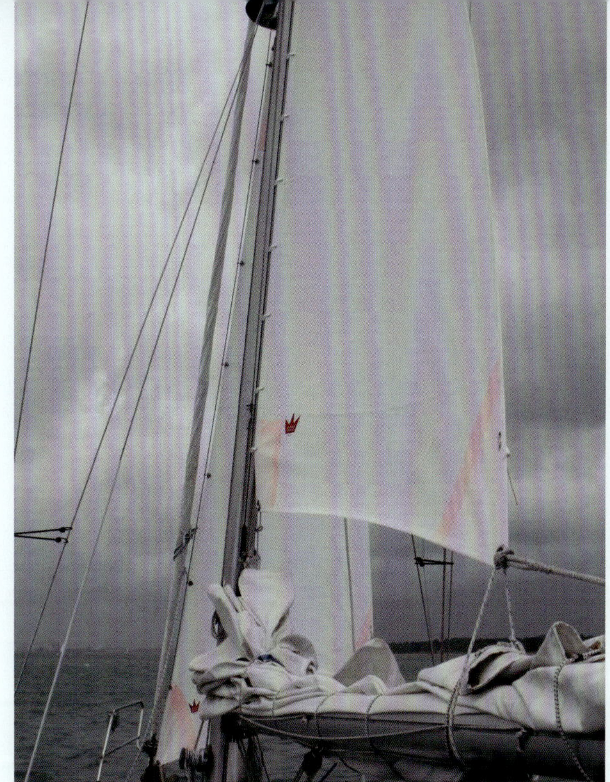

▲ *Unter Trysegel*

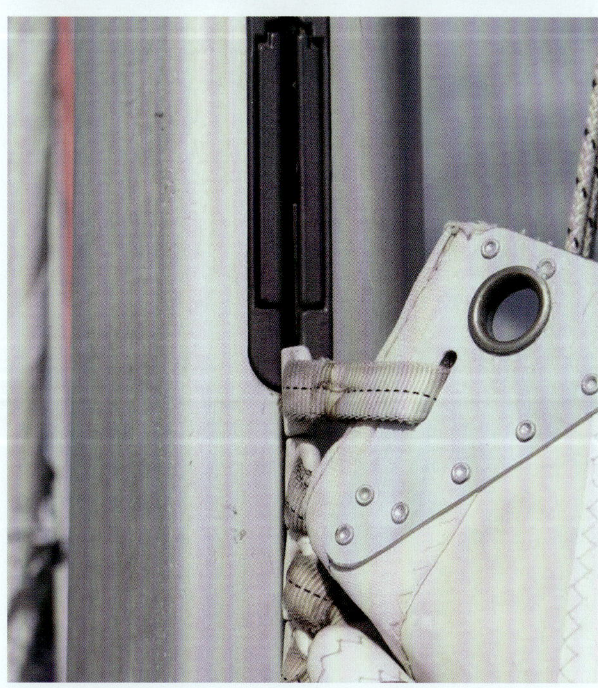

▲ *Auf meinem Boot kann ich die Mastrutscher des Großsegels bis unterhalb des Einfädlers schieben und so das Trysegel in der Nut des Großsegels setzen. Das ist nicht auf jedem Boot der Fall und bedeutet auch, dass das Trysegel erst bei Starkwind angeschlagen werden kann, was nicht ideal ist.*

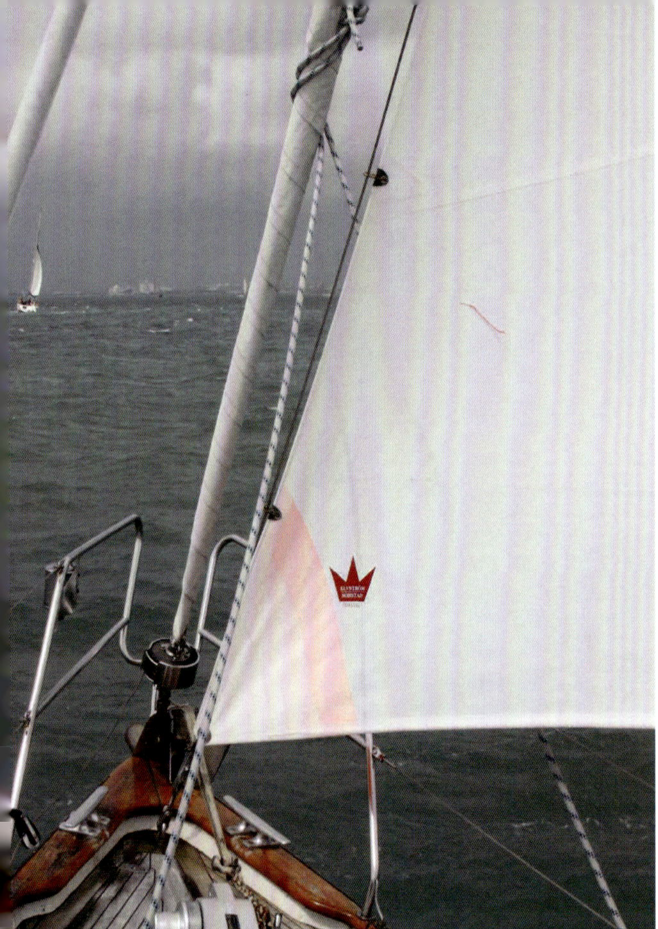

Die Sturmfock ist an einem abnehmbaren inneren Vorstag gesetzt.

Bei Booten ohne Kuttertakelung kann die Vorsegelfläche allerdings nicht zur Schiffsmitte, sondern nur zum Vorstag hin verkleinert werden. Anstatt aber die kleine Sturmfock weit vorn am Vorstag zu setzen, ist es sinnvoll, sie an einem abnehmbaren inneren Vorstag anzuschlagen. Dieses Stag, das besonders bei Booten mit nur einem Vorsegel an einer Rollreffanlage zweckmäßig ist, kann mit dem unteren Ende neben den Wanten festgemacht werden, wenn es nicht in Gebrauch ist. Bei Gebrauch wird es mit einem Schnellspanner oder einer Talje an einem D-Ring an Deck angeschlagen und gespannt. Überprüfen Sie, ob die Schotholepunkte auch für die Sturmfock verwendet werden können.

Alle Segel müssen bei ruhigem Wetter ausprobiert werden. Es wäre ärgerlich, wenn man die Sturmfock setzen möchte und feststellen muss, dass das abnehmbare Vorstag zu kurz ist, weil ein Schäkel fehlt.

Sobald man an ein Reff zu denken beginnt, sollte man auch schon reffen. Diese alte Binsenweisheit trifft tatsächlich zu. Je länger man bei stärker werdendem Wind wartet, umso mühseliger wird es, die Segelfläche zu verkleinern. Nimmt der Wind ab, fällt es dagegen leicht, ein Reff wieder auszuschütten.

Segelbalance

Bei Starkwind ist es wichtig, alle gesetzten Segel gleichmäßig zu reffen. Mit vollem Vorsegel und stark gerefftem Groß wird es schwer, eine Wende zu fahren, weil man das schlagende Vorsegel nicht durch den Wind bekommt und den Schwung verliert. Ab einer gewissen Windstärke kann man aufgrund der Windangriffsfläche am Bug ganz ohne Vorsegel Höhe gutmachen. So lässt es sich ab 30 Knoten Wind mit einem dreifach gerefftem Großsegel und ohne Vorsegel beidrehen.

Luvgierigkeit

Auf ein Boot wirken aerodynamische Kräfte über der Wasserlinie und hydrodynamische Kräfte unter der Wasserlinie. Die Kraft des Windes in den Segeln ist im Segeldruckpunkt konzentriert, die des Wassers an Kiel und Ruder im Lateraldruckpunkt. Liegt der Segeldruckpunkt achterlicher als der Lateraldruckpunkt, ist das Boot luvgierig und will in den Wind drehen. Man kann bis zu einem gewissen Grad gegensteuern, hat dann aber starken Ruderdruck.

Liegt dagegen der Segeldruckpunkt vorlicher als der Lateraldruckpunkt, möchte das Boot abfallen und das Heck zum Wind drehen, was in einer Patenthalse enden kann. Deshalb ist eine leichte Luvgierigkeit wünschenswert. Diese lässt das Boot anluven, wenn man Rad oder Pinne loslässt, ist aber nicht so stark, dass zu viel Ruderdruck entsteht.

Mit zunehmendem Wind verstärkt sich auch die Luvgierigkeit. Verkleinern Sie daher die Segelfläche und achten Sie darauf, dass das Großsegel im Vergleich zum Vorsegel nicht zu viel Druck hat. Es gibt viele Möglichkeiten, Druck aus dem Großsegel zu nehmen. Man kann das Unterliek durchsetzen, um das Segel flacher zu trimmen. Man kann das Achterliek öffnen, den Traveller nach Lee setzen oder eben das Segel reffen. Oder man kann den Druck im Vorsegel erhöhen.

Bei Starkwind kommt es im Allgemeinen darauf an, dass die Größe des Vorsegels und die des Großsegels ausgeglichen sind. Je stärker das Großsegel gerefft wird, umso weiter wandert der Segeldruckpunkt nach vorn und umso geringer wird die Luvgierigkeit. Mit etwas Übung wird man die richtige Balance finden.

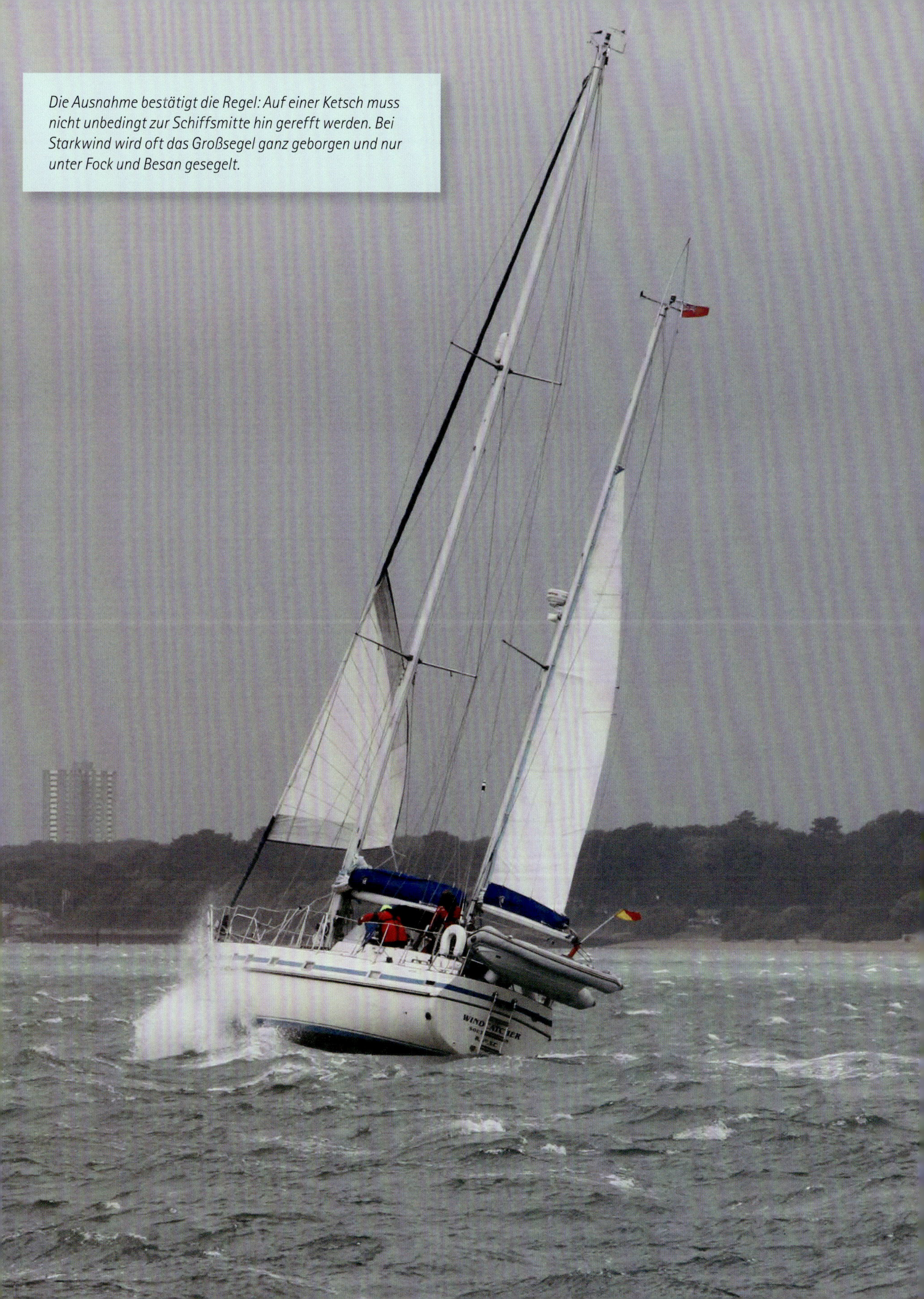

Die Ausnahme bestätigt die Regel: Auf einer Ketsch muss nicht unbedingt zur Schiffsmitte hin gerefft werden. Bei Starkwind wird oft das Großsegel ganz geborgen und nur unter Fock und Besan gesegelt.

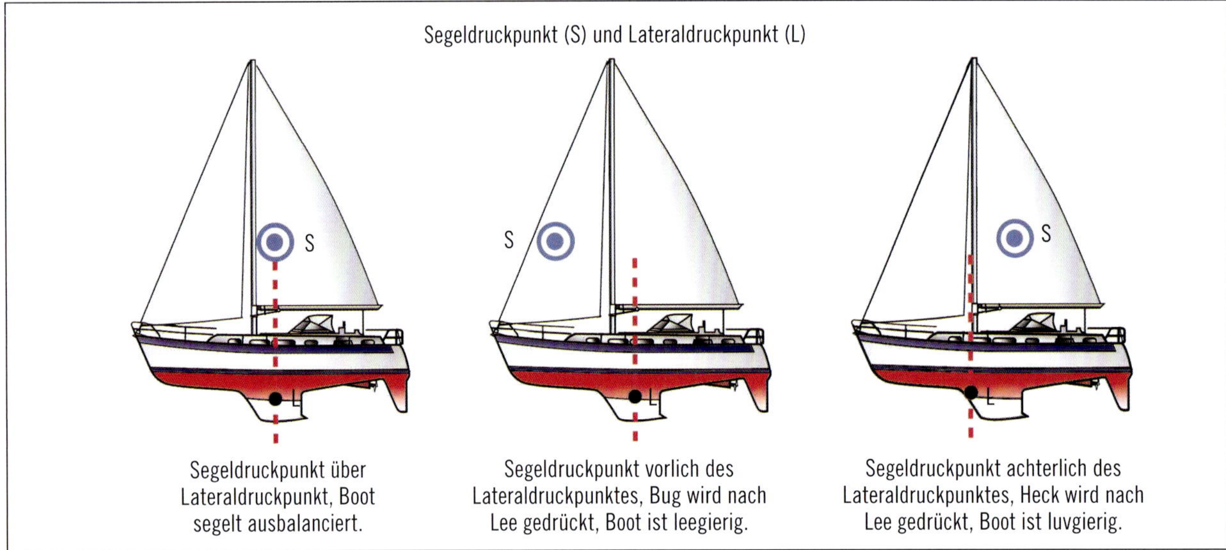

Luvgierigkeit und Leegierigkeit

Sturmklar an und unter Deck

Ausrüstung an Deck

Alles muss festgelascht werden: Der Anker wird an den Bugbeschlag gelascht, auch Spinnakerbaum, Rettungsinsel und Beiboot müssen gesichert werden. Rettungsinseln in festen Containern haben einen Schnellverschluss an den Gurten. Das kann ein Pelikanhaken sein mit oder ohne hydrostatischen Auslöser. Die schwere Rettungsinsel muss trotzdem an Deck oder an ihrer Aufnahme noch gesichert werden. Feste Beiboote müssen gut verzurrt werden, bei Schlauchbooten lässt man am besten die Luft ab und staut sie unter Deck. Bootshaken und Bürstenstiele können an Deck am Handlauf mit Gummizeisingen festgemacht werden.

Luken

Überprüfen Sie, ob alle Luken geschlossen und verriegelt sind. Vielleicht hat ein Mitsegler die Vorschiffsluke noch in der Lüfterstellung belassen, und sie ist deshalb noch einen kleinen Spalt weit geöffnet. Besser ist es, die Luke nochmals zu überprüfen, als die Crew später in nasse Kojen schicken zu müssen.

Steckschotten

Bei den Steckschotten am Niedergang sollte man sich klare Regeln setzen. Wann die Steckschotten eingesetzt werden, hängt allerdings vom Boot und dem Kurs zum Wind ab. Eine Yacht mit Achtercockpit, die in Verdrängungsfahrt vor starkem Wind abläuft, wird den Niedergang ganz verschlossen haben, falls eine Welle über das Heck einsteigt. Dagegen kann eine Yacht mit Mittelcockpit, die bei gleichem Wetter aufkreuzt, den Niedergang unter Umständen ganz offen lassen. Es ist jedoch immer besser, auf der sicheren Seite zu sein, wenngleich es sehr umständlich ist, jedes Mal die Steckschotten herauszunehmen, wenn man an oder unter Deck gehen möchte. Auf manchen Booten hat der Niedergang nur ein einziges Steckschott, oft sind es zwei, manchmal sind es mehrere schmale Steckschotten. Einsetzen muss man die Steckschotten nur, wenn die Gefahr besteht, dass eine Welle über den Bug oder das Heck bricht und im Cockpit landet.

Rettungswesten

Sicherheitsrichtlinien empfehlen, grundsätzlich immer eine Rettungsweste zu tragen. Nur in Situationen, die man als absolut sicher einstuft, kann darauf verzichtet werden. Letztendlich liegt die Verantwortung beim Segler selbst. Das steht auch damit im Einklang, dass man von offizieller Seite lieber an die Eigenverantwortung der Segler appellieren, anstatt auf strikte Vorschriften setzen möchte. Eines versteht sich jedoch von selbst: Eine Rettungsweste, die nicht am Körper getragen wird, ist im Notfall nutzlos.

Lifelines

Um nicht über Bord zu fallen, ist es in erster Linie wichtig, sich gut festzuhalten. Zur Sicherheit kann man sich mit einer Lifeline einpicken. Ich trage eine Rettungsweste, an der die Lifeline festgemacht ist, andere tragen nur einen Sicherheitsgurt mit einer Lifeline. Als Einhandsegler mitten auf dem Ozean braucht oder möchte man eventuell keine Rettungsweste tragen, wohl aber muss man sich mit einer Lifeline am Boot sichern. In diesem Fall wird oft ein Sicherheitsgurt bevorzugt.

In der Regel sind die Lifelines zu lang. Meine Lifeline war ursprünglich knapp zwei Meter lang. Würde ich mich damit an ein auf Deck gespanntes Strecktau oder an eine Sicherheitsleine einpicken, würde die Lifeline über die Reling bis auf die Wasseroberfläche reichen. Mit meinem Gewicht an der Leine wäre mein Kopf vollständig unter Wasser. Wird man an der Lifeline mit sechs Knoten neben der Bordwand durchs Wasser gezogen, dauert es bis zum Ertrinkungstod nicht allzu lang. Deshalb sollte die Lifeline so kurz wie möglich sein. In meinem Fall sind das 93 Zentimeter – gerade lang genug, um am Mast aufrecht stehen zu können. Ich habe meine Lifeline mit einem Knoten entsprechend verkürzt, damit sie sich nicht so weit dehnen kann und ich nicht unter Wasser gezogen werden kann, sollte ich über die Reling stürzen.

Man benötigt zwei einzelne Lifelines oder eine Drei-Punkt-Lifeline mit zwei Enden zum Einpicken, um stets gesichert zu sein, wenn man sich von Anschlagpunkt zu Anschlagpunkt bewegt.

Bei starkem Seegang sollte man sich auch im Cockpit anleinen. Überprüfen Sie, wie weit Sie an der Lifeline über Bord fallen können, wenn die Lifeline beispielsweise an einem D-Ring am Cockpitboden eingepickt ist. Kürzen Sie die Lifeline, falls Gefahr besteht, daran außen an der Bordwand durchs Wasser gezogen zu werden. In einem Achtercockpit ohne Sprayhood fühlt man sich den Elementen so ausgesetzt, dass man schnell die Notwendigkeit erkennt sich anzuleinen. Unter der Sprayhood in einem gut geschützten Mittelcockpit entsteht leicht ein trügerisches Gefühl von Sicherheit. Allzu leicht kann man auch dort bei plötzlichem Überholen des Bootes im Seegang aus dem Cockpit geschleudert werden.

Anschlagpunkte und Strecktaue

Überprüfen Sie die über das Deck gespannten Sicherungsgurte oder Strecktaue auf Reck und Abnutzung. Je weniger sie sich dehnen, umso besser. Überprüfen Sie auch die anderen Anschlagpunkte für die Lifelines, sie alle müssen hohe Last aufnehmen können, wenn eine Person über Bord stürzt.

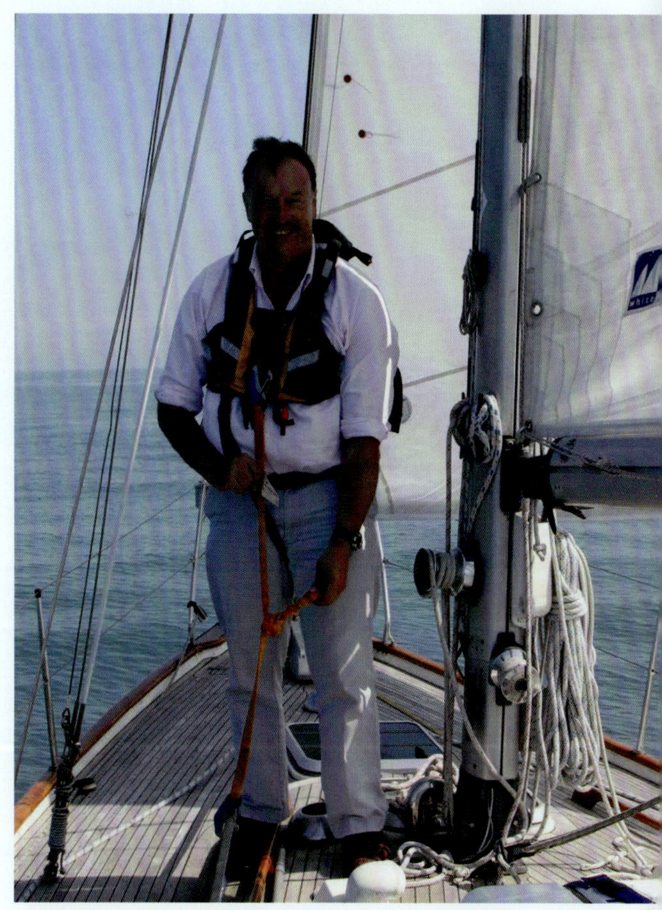

Mit dieser verkürzten Lifeline kann ich am Mast noch aufrecht stehen.

Handläufe

Hat ihr Boot stabile Handläufe an Deck, und zwar dort, wo man sie braucht? Ich kenne Boote, auf denen man sich zwischen Cockpit und Mast nirgends vernünftig festhalten kann. Auf meinem Boot vermisse ich einen Griff zum Festhalten seitlich an der Windschutzscheibe. Bei einem Rundgang über Deck in bewegter See wird schnell klar, wo man sich noch einen Handlauf oder eine Möglichkeit zum Festhalten wünscht.

Bereiten Sie Sturmfock und Trysegel vor

Überprüfen Sie die Sturmsegel und die zugehörige Ausrüstung bereits am Liegeplatz. Setzen Sie zur Probe die Sturmfock und das Trysegel. Wer alles am Liegeplatz bereits einmal ausprobiert hat, kann die Ausrüstung wahrscheinlich auch auf See einsetzen, wenn es nötig wird. Im nächsten Schritt kann man bei 30 Knoten Wind üben.

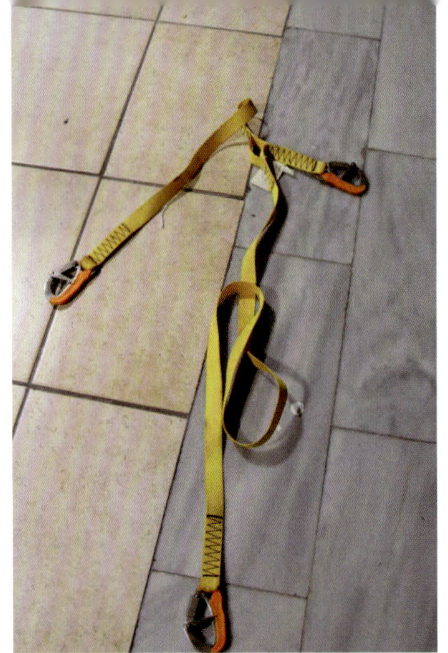

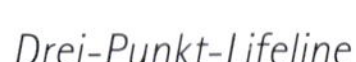

Drei-Punkt-Lifeline

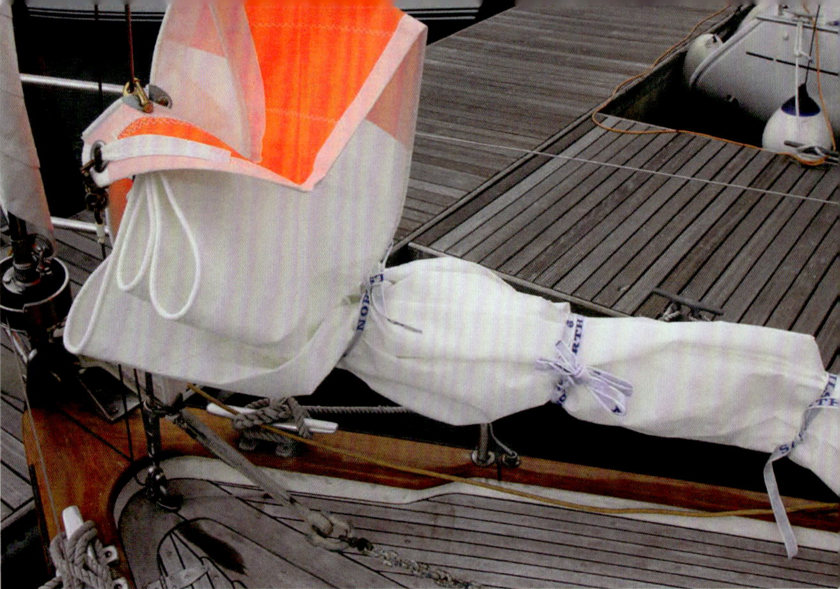

Setzen Sie die Sturmfock zur Probe am Liegeplatz.

Unter Deck

Alles muss ordentlich verstaut sein. Stellen Sie sich vor, dass das Boot stark überholt und auf der Seite liegt. Können Gegenstände aus den Schapps und Staufächern fallen? Falls ja, müssen sie gesichert werden.

- **Staufächer und Schränke:** Können mit einem Kreuz aus starkem Klebeband gesichert werden.
- **Schubladen:** Können mit Zeisingen oder einem Expander gesichert werden.
- **Türen:** Können mit einem Riegel gesichert werden, damit sie nicht auffliegen.
- **Bodenbretter:** Ich kenne keine Fahrtenyacht, auf der sich die Bodenbretter sichern lassen, aber Blauwassersegler machen die Bodenbretter immer fest.
- **Stauräume unter Kojen:** Blauwassersegler sichern solche Stauräume mit Gurten.
- **Herd:** Überprüfen Sie, ob der Herd durch eine Stange gesichert ist oder ob er aus der kardanischen Aufhängung fallen kann. Die meisten Herde können aus den Lagern fallen, wenn das Boot auf der Seite liegt, ganz zu schweigen, wenn es kieloben auf dem Kopf steht.
- **Leesegel:** Bei starkem Seegang muss man auch sich selbst in der Koje sichern können. Deshalb sollten Leesegel an den Salon- und Lotsenkojen angebracht werden.

Kleidung

Sobald man einmal durchnässt ist und friert, wird es bei stürmischem Wetter unglaublich schwierig, an Bord wieder trocken zu werden und sich aufzuwärmen. Je länger man sich vor Nässe und Kälte schützen kann, desto besser, doch dafür benötigt man die richtige Kleidung. Ich habe sogar eine Taucherbrille an Bord – nicht weil ich gegen den Wind um Kap Hoorn segeln will – sondern weil es bei fliegender, salziger Gischt oder stürmischem Regen viel angenehmer für die Augen ist, wenn man am Ruder stehen muss. Damit werde ich zwar keinen Modepreis gewinnen, aber was macht das schon, mich sieht ja niemand.

Essen

Wer möchte schon unter Deck am Herd stehen und kochen, wenn das Boot über die Wellen tanzt? Deshalb sollte so viel Essen wie möglich vorbereitet werden, bevor man in Schwerwetter gerät. Heißgetränke und Suppen in Thermoskannen sind immer willkommen, wenn es auf See ungemütlich wird.

Eine Anmerkung noch zu Getränken aus Thermosflaschen: Füllen Sie die Getränke nicht zu heiß ab, denn die

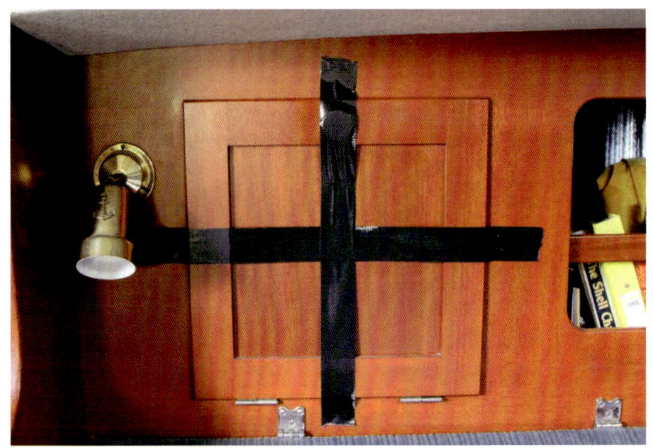

Mit Klebeband gesichertes Staufach

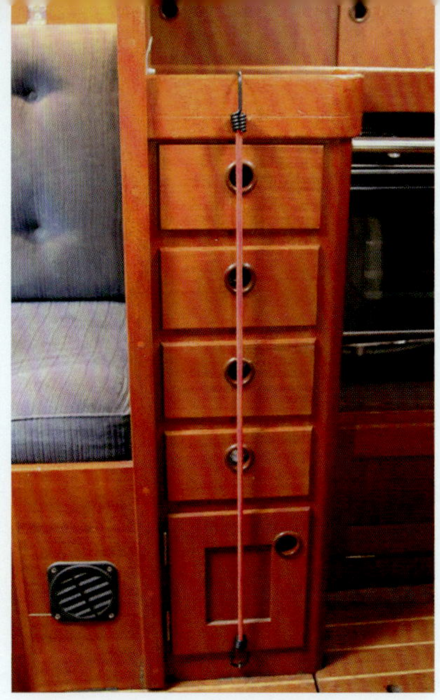

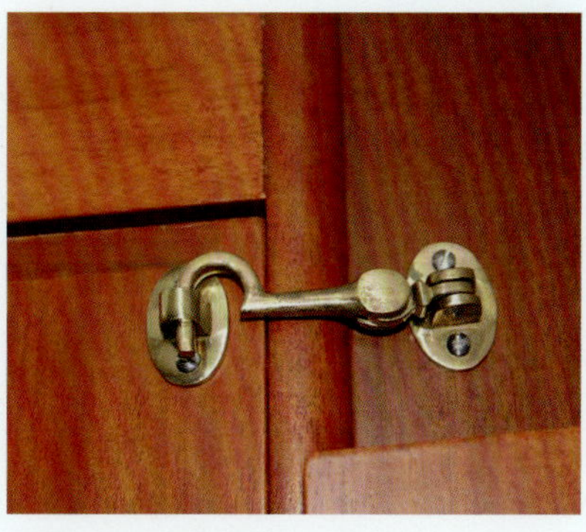

▲ Schranktür mit Riegel

◀ Mit einem Expander gesicherte Schubladen

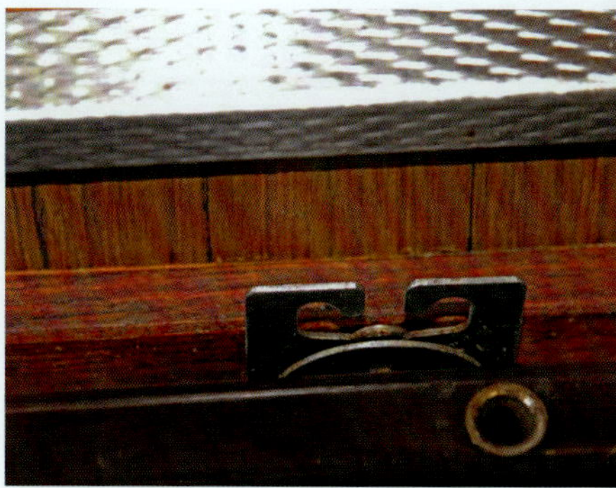

▲ Durch die Öffnung in der Mitte des Führungsblechs kann der Herd aus seiner Lagerung herausfallen, wenn das Boot kopfüber steht.

Filter

i

Durch starke Bewegung im Seegang werden Ablagerungen in den Tanks aufgewirbelt und können die Filter der verschiedenen Pumpen verstopfen. Man sollte daher wissen, wie die Filter gereinigt oder gewechselt werden. Das lässt sich viel einfacher in Ruhe am Liegeplatz ausprobieren als auf See.

Thermosflasche hält die Temperatur, und es gibt nichts Unangenehmeres als sich mit einem kräftigen Schluck den Mund zu verbrennen. Bei starken Bootsbewegungen kann man eine Tasse zum Abkühlen nur schlecht abstellen. Deshalb ist es besser, dass man sich seine Tasse füllen und gleich daraus trinken kann.

Ermüdung

Schweres Wetter ist sehr ermüdend. Daher ist es wichtig, jede Gelegenheit zu nutzen, um sich auszuruhen, damit man bei Kräften ist, wenn es an Deck etwas zu tun gibt.

Navigation

Navigatorische Aufgaben erledigt man so weit möglich, bevor schlechtes Wetter einsetzt. Auch hier gilt, dass man nicht unter Deck Almanache wälzen, Wegepunkte programmieren oder Kartenarbeit verrichten möchte, wenn das Boot im Seegang herumgeworfen wird.

Freier Seeraum

Bei rauer See stellt das Land oft die größte Gefahr für ein Boot dar. Man darf nicht vergessen, dass man draußen auf See zwar beunruhigend und unangenehm herumgeworfen wird, es aber immer noch sicherer ist, als in Landnähe zu geraten. Denn meist ist es das Land, an dem ein Boot Schiffbruch erleidet. Deshalb braucht man freien Seeraum, um mit Strom und Wind ablaufen zu können.

Häfen besser in Luv als in Lee

Wer nicht in schlechtes Wetter geraten möchte, wird bei angekündigtem Starkwind im Hafen bleiben. Läuft man jedoch aus und das das Wetter verschlechtert sich stärker als vorhergesagt, sollte eine Rückkehr in den Hafen wohlüberlegt sein. Viele Häfen können zwar bei jedem Wetter angelaufen werden, aber das ist nicht immer ungefährlich. Einen Hafen in Luv anzusteuern ist sicherer, als auf einen Hafen an einer Leeküste zuzuhalten. Zunächst ist es zwar anstrengender gegen den Wind aufzukreuzen, aber je näher man dem Land kommt, umso mehr wird die Küste Schutz bieten.

Werkzeuge

Halten Sie eine Werkzeugtasche mit einem Messer, Schlitz- und Kreuzschlitz-Schraubendrehern und anderen nützlichen Werkzeugen parat. Kontrollieren Sie, ob der Bolzenschneider an seinem Platz ist. Nach einem Mastbruch muss das stehende Gut gekappt werden. Manchmal geht das mit einem Bolzenschneider besser, manchmal ist ein Schraubendreher zum Lösen der Wantenspanner und Bolzen praktischer.

Sturm

Was ist zu tun, wenn man in einen Sturm gerät? Jeder Segler sollte sich mit Sturmtaktik befassen und es gibt einige ausgezeichnete Bücher, die diese Thematik im Speziellen behandeln. *Schwerwettersegeln* von Peter Bruce beschreibt die Erfahrungen zahlreicher Segler sowie den unterschiedlichen Erfolg der angewandten Strategien bei schwerem Wetter.

Mit einer Regattayacht wird man es meist vorziehen, bei Sturm abzulaufen. Man befindet sich in einem Rennen und möchte das Boot weiter aktiv steuern. Die Crew ist in der Regel zahlreich und körperlich fit. Das muss sie auch sein, denn es ist harte Arbeit, ein Boot in hohem Seegang auf Kurs zu halten. Nach jeder halben Stunde muss der Mann am Ruder abgewechselt werden. Andere Yachten lenzen vor Topp und Takel, bringen Treibanker oder lange Leinen aus, um die Fahrt durchs Wasser abzubremsen oder lassen dazu sogar die gesamte Ankerkette samt Anker ab.

Jeder so, wie er meint. Um vor einem Sturm abzulaufen, braucht man neben einer starken Crew auch ausreichend freien Seeraum und verliert zudem all die mühsam nach Luv gewonnenen Meilen. Noch dazu besteht die Gefahr querzuschlagen oder gar über Kopf zu gehen, wie es bekanntermaßen den Smeetons auf Tzu Hang passiert ist.

Wer unter blanken Masten beiliegt, muss nichts tun, sondern überlässt das Boot Wind und Wellen, die seitlich einfallen, das Boot zum Kentern bringen können und äußerst unangenehme Bewegung im Seegang mit sich bringen.

Ich bin mir nicht sicher, was das Nachziehen von Leinen oder Ankerkette betrifft. Nach den Aussagen von Seglern, die Huntertausende Meilen auf den Ozeanen zurückgelegt und Erfahrung im Abwettern von Stürmen haben, komme ich zu dem Schluss, dass es zwei ausgezeichnete Strategien gibt, um mit wirklich schwerem Wetter fertig zu werden:

1. Der Jordan-Schleppanker, der aus vielen aneinander gereihten, kleinen Segeltuchkegeln besteht. Donald Jordan hat diesen Reihentreibanker erfunden. Er wird mit einem doppelten Stropp an beiden Seiten am Heck belegt und ausgebracht. Nach einem kurzen Vorlauf beginnen die 100 bis 200, etwa 12 cm großen Kegel, und am Ende dient eine Kette als Gewicht zum Absenken. Die genaue Länge wird der Verdrängung der Yacht angepasst. Der Jordan-Schleppanker vermindert die Bootgeschwindigkeit auf zwei bis drei Knoten. Die Crew kann unter Deck bleiben und den Sturm abwettern. Einigen Berichten zufolge ist der Jordan-Schleppanker zwar leicht auszubringen, aber nur sehr schwer wieder einzuholen. Der Hersteller weist darauf hin, dass der Schleppanker mit einer Hilfsleine wieder eingeholt werden kann. Bei dieser Sturmtaktik ist es wichtig, dass die Steckschotten stabil und dicht sind und dass Wasser aus dem Cockpit schnell lenzen kann, denn die ein oder andere Welle wird bestimmt über das Heck einsteigen.

2. Beidrehen mit einem Fallschirm-Treibanker wie ihn Lin und Larry Pardey einsetzen und in ihrem Buch *Storm Tactics* beschreiben, das für mich die Bibel des Schwerwettersegelns ist. Allerdings darf diese Methode nicht mit dem normalen Gebrauch eines Fallschirm-Treibankers verwechselt werden. Die Pardeys drehen bei und richten ihr Boot schräg zur Zugrichtung des Treibankers aus, sodass eine Blasenbahn entsteht, die die Brecher entschärft. Es ist dabei von größter Wichtigkeit, dass das Boot in der Blasenbahn bleibt und fast keine Fahrt mehr macht. Für ihr neun Meter langes Boot verwenden sie einen zweieinhalb Meter großen Fallschirm-Treibanker, der über den Bug ausgebracht wird. Bei einer Länge von ungefähr 75 Metern befindet sich der Treibanker eine Wellenlänge vom Boot entfernt, sodass Boot und Treibanker gleichzeitig auf einem Wellenkamm liegen. Dann wird ein Block auf die Leine gesetzt und mit einer Hahnepot nach achtern zu einer Cockpitwinsch geführt, sodass das Boot schräg gestellt werden kann. Das Boot hält somit die Position in der Blasenbahn, und die Wellen verlieren ihre Kraft, noch bevor sie das Boot erreichen. Auf diese Weise wettern die Pardeys Stürme vergleichsweise angenehm ab und treiben dabei mit weniger als einem Knoten nach Lee.

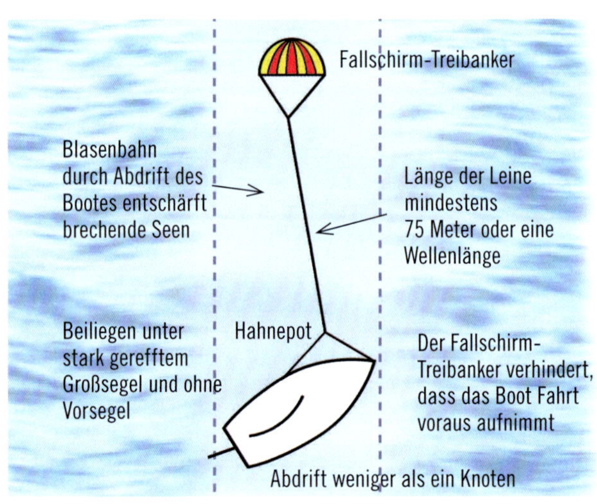

▲ *Beiliegen mit einem Fallschirm-Treibanker*

Die Pardeys berichten, dass das Ausbringen und Einholen des Fallschirm-Treibankers keine Schwierigkeiten bereitet. Sie verwenden weder Gewichte zum Absenken noch eine Trippleine zum Einholen. Der Fallschirm-Treibanker wird einfach über die Winsch eingeholt, wenn sich das Wetter wieder beruhigt hat. Sie berichten außerdem, dass mit dieser Methode selbst bei Sturm kein Wasser an Deck kommt. Ich habe gehört, dass diese Methode besser für Langkieler als für Kurzkieler geeignet sei. Kurzkieler sollten besser einen Reihentreibanker wie den Jordan-Schleppanker verwenden.

Ich war bis jetzt noch nie in einem wirklich schweren Sturm, aber wenn ich auf große Fahrt gehen sollte, dann mit einem Fallschirm-Treibanker an Bord, mit dem ich zuvor ausgiebig üben werde.

Wann beidrehen?

- **Hart am Wind:** Wenn die Wellen über den Bug kommen und es ungemütlich wird, ist es Zeit beizudrehen.
- **Bei halbem Wind:** Auch hier gilt es beizudrehen, sobald der Wellenschlag zu ungemütlich wird.
- **Vorwindkurs:** Wenn die Wellen unter dem Heck brechen und es sich anfühlt, als werde das Boot nach vorn katapultiert und man dabei keine Ruderwirkung mehr hat, ist es Zeit beizudrehen. Vorsicht ist aber nötig, denn zum Beidrehen muss man anluven, wobei das Boot quer zu den Wellen kommt. Da heißt es den richtigen Moment abzupassen. Bergen Sie das Vorsegel, und luven Sie an, unmittelbar nachdem ein Brecher unter dem Kiel durchgerollt ist. Holen Sie dabei die Großschot dicht, und vermeiden Sie es, einer hohen See ihre Breitseite zu präsentieren.

Tipp

Müssen Sie ohne fremde Hilfe in den Mast? Verwenden Sie Steigklemmen. Im Bergsport-Fachhandel finden Sie verschiedene Ausführungen und weitere Beratung.

Einer meiner Segelschüler, der beruflich Führungskräfte berät, erfand folgendes Akronym zum Schwerwettersegeln: RESTWRAK

R = Reffen vor dem Auslaufen
E = Essen vorbereiten
S = Schutzhafen festlegen
T = Törnplan festlegen
W = Warme Kleidung und Ölzeug
R = Rettungswesten und Lifelines
A = Alles sturmfest machen und Bilge überprüfen
K = Küstenwache oder Kontaktperson an Land über Törnplan informieren

Wenigstens hatte die Klasse ihren Spaß …

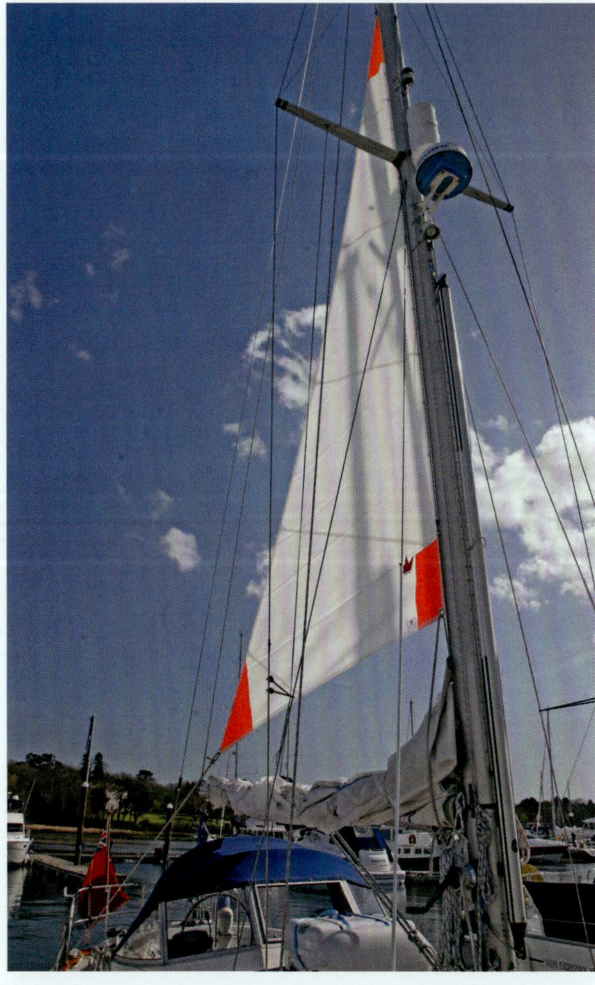

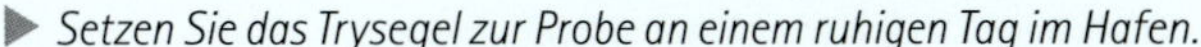

Setzen Sie das Trysegel zur Probe an einem ruhigen Tag im Hafen.

11 Navigation

Ein Einhandsegler muss die gesamte Navigationsarbeit allein erledigen, und auch bei einer Zweiercrew können die Aufgaben nur mit einer einzigen Person geteilt werden. Bei der Navigation in einem engen Fahrwasser müssen neben dem Steuern noch Seezeichen identifiziert und die Tiefe im Auge behalten werden. Die Ansteuerung in einen Hafen muss bereits im Voraus geplant werden.

Selbstverständlich verwendet man immer einen GPS-Kartenplotter. Es wäre verrückt, darauf zu verzichten. Man hat rund um die Uhr die eigene Position auf bis zu zwei Meter genau – das ist fantastisch.

Doch egal, was auch immer der Kartenplotter anzeigt – man muss in der Lage sein zu überprüfen, ob das angesteuerte Seezeichen auch wirklich das ist, das man ansteuern möchte. Am Kartenplotter kann man Abstand und Peilung zu einem Objekt ablesen oder man verwendet dazu eine Papier-Seekarte, aber es gibt eine Reihe altbewährter Methoden, um sehr einfach Winkel und Distanzen zu bestimmen. Einige dieser praktischen Verfahren möchte ich hier vorstellen.

Auch bei der Navigation ist eine gute Vorbereitung der Schlüssel zum Erfolg. Steuern Sie niemals in enge Fahrwasser, ohne zuvor einen Plan im Kopf zu haben. Ich bin nicht der erste und werde auch nicht der letzte sein, der darauf hinweist. Eine Ansteuerung in einen fremden Hafen ist wesentlich entspannter, wenn man einer zuvor festgelegten Strategie folgt. Natürlich verfolgt man stets die eigene Position auf dem Kartenplotter. Wer aber die Entfernungen und den Kurs zum nächsten Seezeichen im Voraus kennt, weiß, was der Plotter als Nächstes anzeigen wird. Und sollte der Plotter einmal ausfallen, wird man nicht orientierungslos auf die nächste Untiefe auflaufen. Im folgenden werden diese einfachen Navigationstechniken näher betrachtet:

Messungen mit Körpereinsatz

Der eigene Körper kann an Bord als Messinstrument eingesetzt werden.

Peilung mit ausgestrecktem Arm

In Relation zum Boot bin ich immer in der gleichen Position, wenn ich hinter dem Rad stehe. Strecke ich den Arm in Richtung zu einem anderen Boot oder Schiff aus, kann ich feststellen, ob es in einer stehenden Peilung liegt und ich auf Kollisionskurs bin oder nicht. Wandert die Peilung vorlich zu meinem Arm aus, wird das andere Boot meinen Bug kreuzen, wandert die Peilung achterlich aus, kreuze ich vor seinem Bug. Man kann auch eine Relingsstütze oder eine Winsch als Peilmarke verwenden. Steht man hinter dem Steuerkompass, kann man den Arm in jede gewünschte Kompasspeilung ausstrecken. Sollte ein bestimmtes Seezeichen laut Karte in 135° auftauchen, lese ich 135° an der Kompassrose ab und strecke meinen Arm in dieser Richtung aus. Dort sollte das Seezeichen liegen.

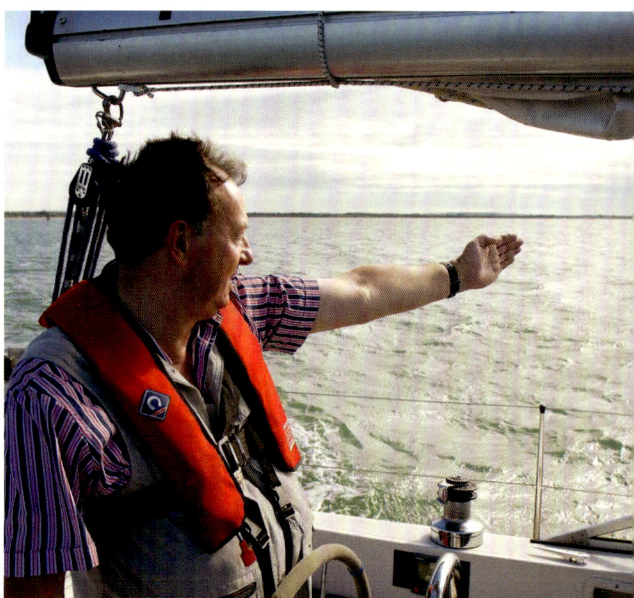

Peilung eines Objekts mit ausgestrecktem Arm

Winkelmessung mit bloßer Hand

Eine Fingerbreite am ausgestreckten Arm entspricht zwei Grad am Horizont. Steuert man auf ein Kap zu und möchte wissen, wie weit man den Kurs ändern muss, um das Kap in ausreichendem Abstand zu passieren, kann man mit bloßer Hand Winkel zwischen zwei und 20 Grad ablesen. Um den Kurs zum Passieren einer Boje zu bestimmen, die nicht am Horizont, sondern in geringerem Abstand liegt, biegt man den Arm etwas ab, um die Hand näher ans Auge zu bringen. Je näher das Objekt, umso näher muss die Hand zum Auge gebracht werden. Das alles geht bei mir schneller, als ich den Cursor am Kartenplotter bewegen kann, um eine ganz genaue Peilung abzulesen. Diese Methode stellt natürlich nur eine grobe Abschätzung dar.

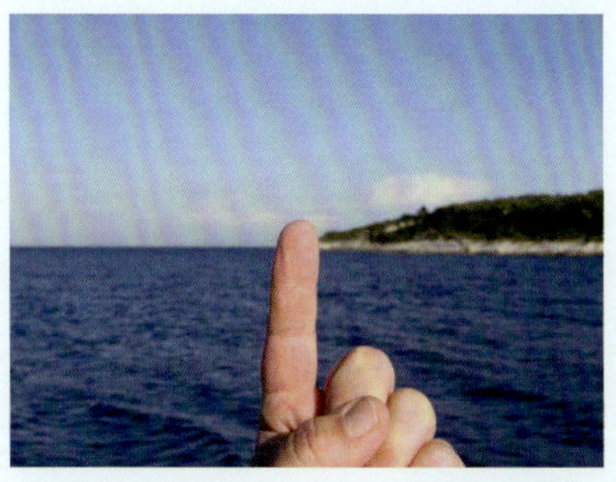

▲ 1 Finger = 2°

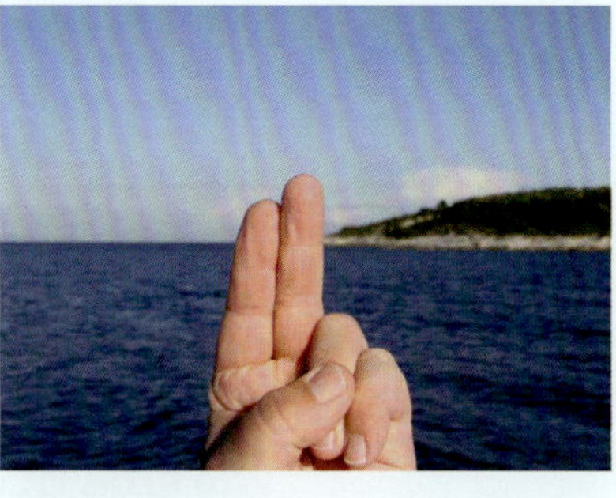

▲ 2 Finger = 4°

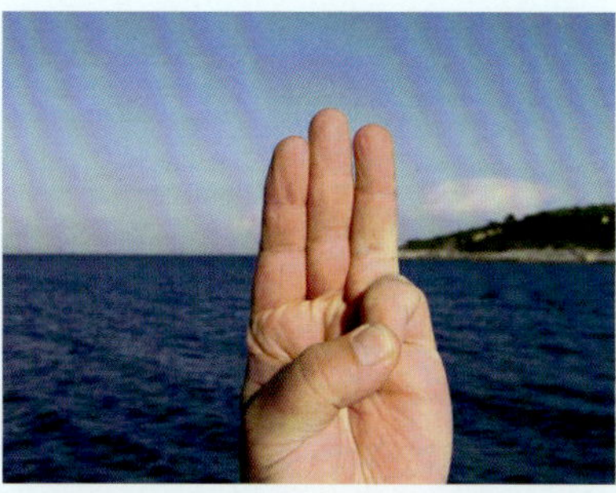

▲ 3 Finger = 6°

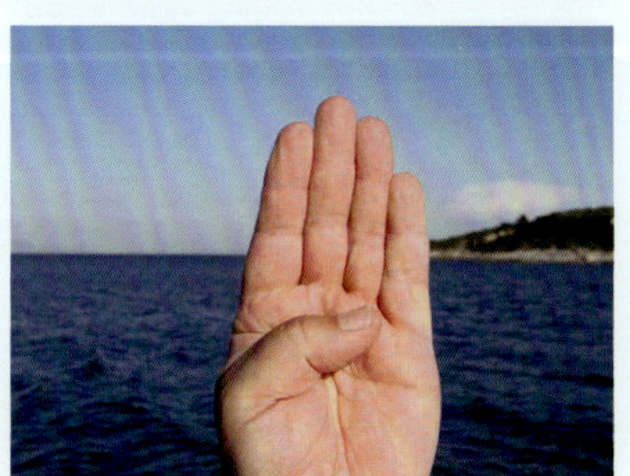

▲ 4 Finger = 8°

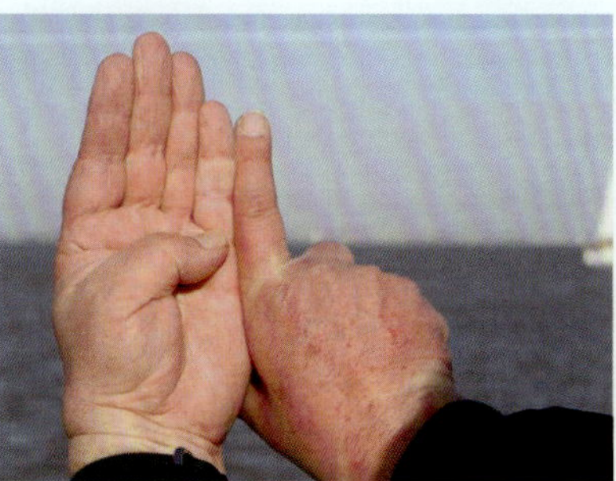

▲ 5 Finger = 10°

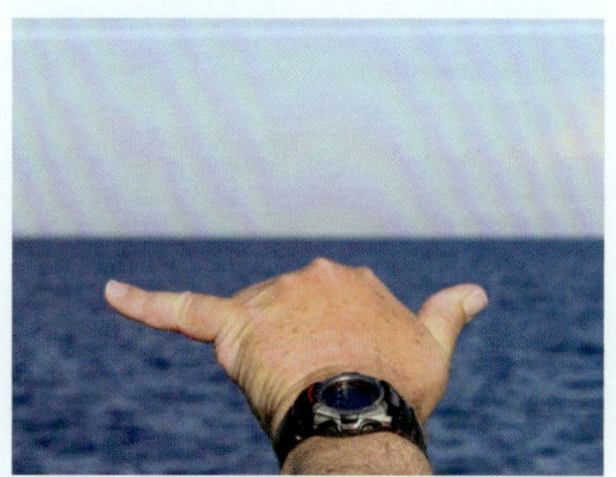

▲ Das sind 20°

Tipp

Zurren Sie die Fallen fest. Dies verhindert Geräusche und vermindert deren Verschleiß durch weniger Reibung.

Beobachten Sie das Land im Hintergrund

i

Achten Sie auf das Land hinter einem anderen Boot, um eine mögliche Kollisionsgefahr zu erkennen. Erscheint immer mehr vom Land vor dem Bug des anderen Bootes, und sein Heck verschlingt das Land im Hintergrund, wird man selbst vor dem Bug des anderen Bootes kreuzen. Verschlingt aber der Bug des anderen Bootes das Land im Hintergrund, das dann an seinem Heck wieder auftaucht, kann Kollisionsgefahr bestehen. Genauen Aufschluss gibt nur eine Kompasspeilung zum anderen Boot. Bei stehender Peilung läuft man auf Kollisionskurs.

Entfernungen

Steht man im Cockpit einer zehn Meter langen Segelyacht, beträgt die Entfernung zum sichtbaren Horizont ungefähr dreieinhalb Seemeilen. Das lässt sich wie folgt berechnen:

- Wurzel aus Augenhöhe über dem Wasser in Meter x 2,08 = Entfernung zum sichtbaren Horizont in Seemeilen.

Angenommen die Augenhöhe über dem Wasser beträgt 2,7 Meter, so ergibt √2,7 m x 2,08 = 3,42 sm. Da ich im Kopf weder die Wurzel aus 2,7 ziehen noch problemlos mit 2,08 multiplizieren kann, vereinfache ich die Berechnung etwas. Als Konstante verwende ich 2 anstelle von 2,08 und bei der Höhe weiß man vielleicht, dass 1,4 die Wurzel aus 2 ist. So kann man mit etwas Interpolation inklusive Sicherheitsfaktor die Entfernung zum Horizont relativ gut abschätzen.

Die Eins-zu-sechzig-Regel

Die Zahl 60 spielt in der Navigation eine wichtige Rolle. Als Zeitmaß ergeben 60 Sekunden eine Minute und 60 Minuten eine Stunde. Als Winkelmaß auf der Seekarte ergeben 60 Minuten ein Grad geographischer Länge oder Breite.

Die Eins-zu-sechzig-Regel gilt für rechtwinklige Dreiecke, die eine sehr lange und eine sehr kurze Kathete haben. Ist die lange Kathete 60 Einheiten – sagen wir 60 Seemeilen – lang, so ist die kurze Kathete so viele Seemeilen lang wie der ihr gegenüberliegende Winkel in Grad. Allerdings ergibt die Eins-zu-sechzig-Regel lediglich einen Näherungswert und gilt nur bei kleinen Winkeln.

Beträgt der Winkel gegenüber der kurzen Kathete zwei Grad, so ist auch die kurze Kathete zwei Seemeilen lang, sofern die lange Kathete 60 Seemeilen lang ist. Das bedeutet: Legt man 60 Meilen in eine Richtung zurück und weicht um drei Grad vom Kurs ab, verfehlt man sein Ziel um drei Meilen beziehungsweise hat einen seitlichen Versatz von drei Meilen. Das kann durch Interpolation auch für andere Distanzen angewendet werden. 30 zurückgelegte Meilen und fünf Grad Abweichung vom Kurs bedeuten zweieinhalb Meilen Querabweichung oder XTE (Cross Track Error). Hätte man 60 Meilen bei fünf Grad Abweichung vom Kurs zurückgelegt, wären es fünf Meilen XTE. Man ist aber nur halb so weit gesegelt, nämlich 30 Meilen, und muss daher auch die fünf Meilen XTE halbieren, was zweieinhalb Meilen ergibt.

Wie groß ist der Abstand?

Die Eins-zu-sechzig-Regel kann auf vielerlei Arten angewendet werden. Segelt man an einem Seezeichen oder einem Landvorsprung vorbei, kann man den Abstand bestimmen. Nehmen Sie eine Peilung des Seezeichens, wenn es querab liegt. Angenommen es wird mit 90° gepeilt.

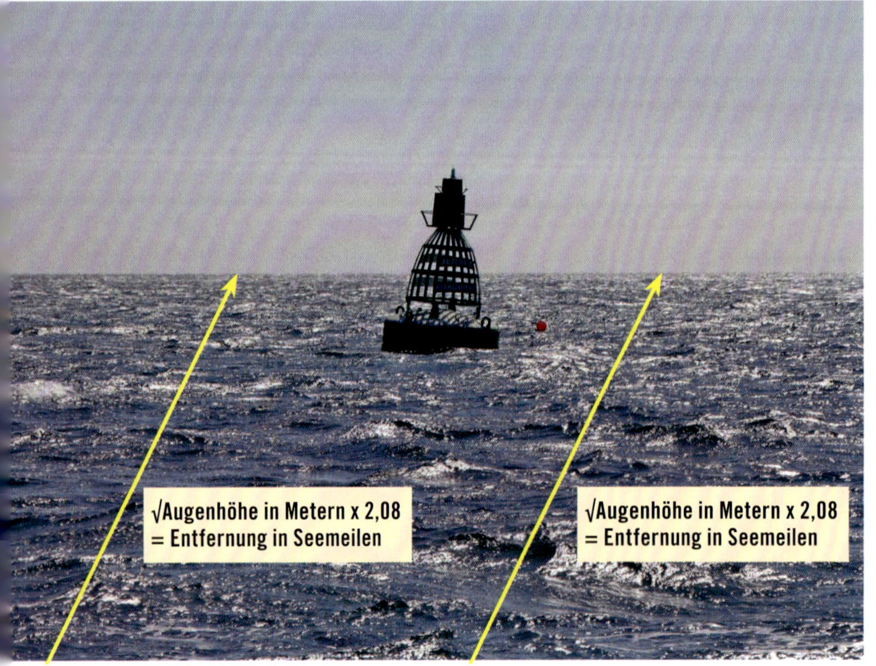

Tipp

Halten Sie die Navigationslichter sauber

Man verliert schnell zehn Prozent der Leuchtkraft, wenn die farbigen Gläser der Navigationslichter vergilben oder verschmutzt sind. Halten Sie die Gläser sauber, um bei Nacht besser gesehen zu werden.

◀ *Entfernung zum sichtbaren Horizont*

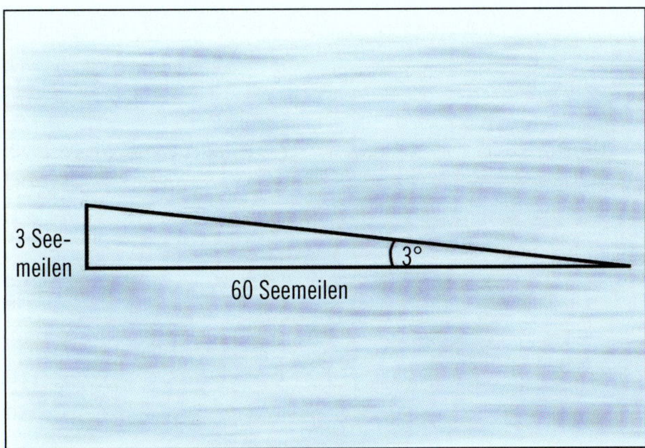

Die Eins-zu-sechzig-Regel

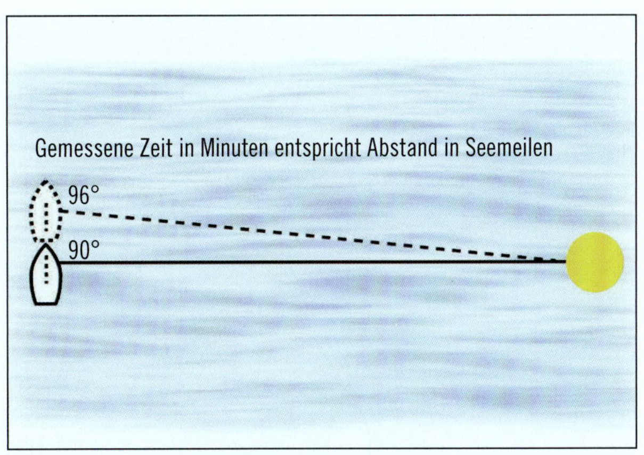

Wie groß ist die Entfernung?

Halten Sie Kurs und stoppen Sie, wie viele Minuten vergehen, bis die Peilung so viel Grad abweicht, wie Ihre Geschwindigkeit in Knoten beträgt. Die gestoppten Minuten entsprechen dem Abstand zum Seezeichen in Seemeilen. Angenommen man segelt mit sechs Knoten über Grund, und es dauert zwei Minuten und 30 Sekunden, bis sich die Peilung des Seezeichens von 90° auf 96° geändert hat, so beträgt der Abstand zum Seezeichen zweieinhalb Seemeilen. Das ist eine praktische Formel, die man gut im Kopf anwenden kann. Man benötigt lediglich einen Handpeilkompass und eine Uhr.

Wahrer und scheinbarer Wind

Nicht jeder hat vernetzte Windinstrumente an Bord, um auf Knopfdruck wahre Windgeschwindigkeit und wahren Windeinfallswinkel ablesen zu können. Meine Bordinstrumente zeigen beispielsweise nur den scheinbaren Wind an. Man weiß, dass der scheinbare Wind immer vorlicher einfällt als der wahre Wind und dass der scheinbare Wind stärker als der wahre Wind ist, sofern es kein achterlicher Wind ist.

Der wahre Wind lässt sich geometrisch auf einem Blatt Papier genau bestimmen.

Deviation

i

Brillenträger sollten überprüfen, ob es durch ein metallisches Brillengestell zu Ablenkungen am Handpeilkompass kommt. Es ist wichtig, korrekte Werte am Handpeilkompass abzulesen, wenn man bedenkt, dass man mit dem Handpeilkompass in der Regel auch den Steuerkompass auf Deviation überprüft.

Das ist ohnehin ein wichtiger Punkt: Überprüfen Sie auf jedem Boot, das Sie segeln, den Steuerkompass. Sehr oft habe ich schon Ablenkungen von bis zu 30° festgestellt, weil der Eigner neue elektronische Geräte zu nah am Steuerkompass installiert hatte.

▶ *Eine Brille kann zu Ablenkungen am Handpeilkompass führen.*

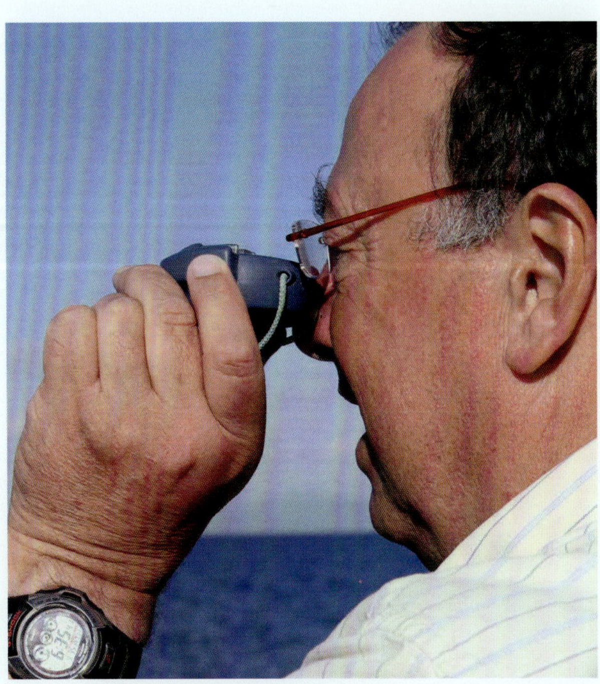

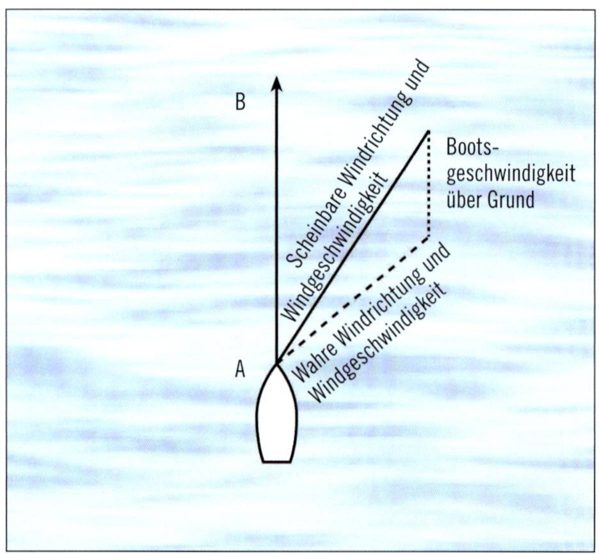

Wahrer und scheinbarer Wind

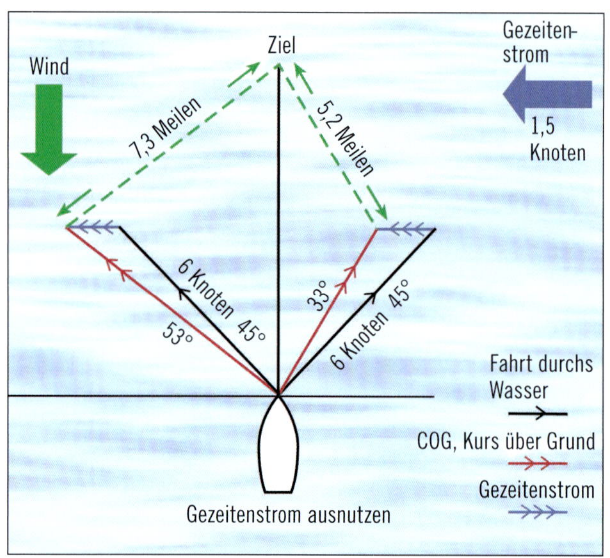

Gezeitenstrom ausnutzen

Ziehen Sie eine Linie von A nach B. Das Boot ist bei Punkt A. Die Strecke AB stellt den Kurs des Bootes dar. Zeichnen Sie eine Strecke von Punkt A im Winkel des scheinbaren Windes zu AB. Die Länge dieser Strecke sollte der scheinbaren Windgeschwindigkeit entsprechen. Angenommen die scheinbare Windgeschwindigkeit beträgt zehn Knoten, so könnte die Strecke zehn Zentimeter lang gezeichnet werden. Durch den Endpunkt dieser Strecke zeichnet man eine Parallele zu AB und misst den Wert der Bootsgeschwindigkeit in der gleichen Einheit, also Knoten in Zentimeter, in Richtung zu Punkt A ab. Bei sechs Knoten Fahrt über Grund sind das sechs Zentimeter. Den abgemessenen Punkt auf der Parallele verbindet man mit Punkt A und erhält so den wahren Wind. Der Winkel entspricht dem wahren Windeinfallswinkel, und die Länge in Zentimeter entspricht der wahren Windgeschwindigkeit in Knoten. Um von wahrem auf scheinbaren Wind zu schließen, kehrt man die Herleitung um. Natürlich ist es praktisch, den wahren Wind direkt ablesen zu können, aber durch die zeichnerische Herleitung versteht man die Zusammenhänge besser.

Gezeitenstrom ausnutzen

Bei einem Kurs nach Luv in Gezeitengewässern sollte man den Effekt des Leebugs ausnutzen.

- Bei Leebug drückt der Strom auf die Leeseite des Bootes. Das Boot wird nach Luv geschoben.
- Bei Luvbug drückt der Strom auf die Luvseite des Bootes. Das Boot wird nach Lee geschoben.

Angenommen man kreuzt gegen den Wind, so ist es immer vorteilhaft, auf Leebug zu segeln, da der Strom das Boot so versetzt, dass man näher an einem direkten Kurs zum Zielpunkt segelt. Das Boot kann entweder mehr Höhe laufen oder man behält den Kurs bei, kann die Schoten fieren und schneller segeln, da der scheinbare Wind achterlicher einfällt. Der Unterschied zu einem Kurs auf Luvbug ist oft beträchtlich.

Ich gehe davon aus, dass man ohne seitlichen Tidenstrom 45° zum Wind kreuzen kann. Bei Strom von der Seite läuft man auf Leebug aber 10° mehr Höhe und somit 35° zum Wind. Auf Luvbug sind es durch den Stromversatz 10° weniger an Höhe und somit 55° zum Wind.

Man muss immer auf Winddreher und Änderungen des Tidenstroms achten, aber durch den Vorteil, auf Leebug zu segeln, nähert man sich seinem Ziel auf direkterem Kurs und treibt nicht so weit nach Lee ab. Ein Ziel sollte man immer etwas in Stromluv ansteuern. Es ist leichter, das Boot vom Gezeitenstrom etwas versetzen zu lassen, als gegen den Strom Strecke gutzumachen.

Mit Luvgeschwindigkeit wird die direkt nach Luv gutgemachte Geschwindigkeit bezeichnet, sie kann auch mit VMG für »velocity made good« angegeben werden. Strenggenommen ist VMG aber nicht auf die Windrichtung bezogen, sondern stellt die Geschwindigkeit dar, mit der man sich einem definierten Wegepunkt nähert.

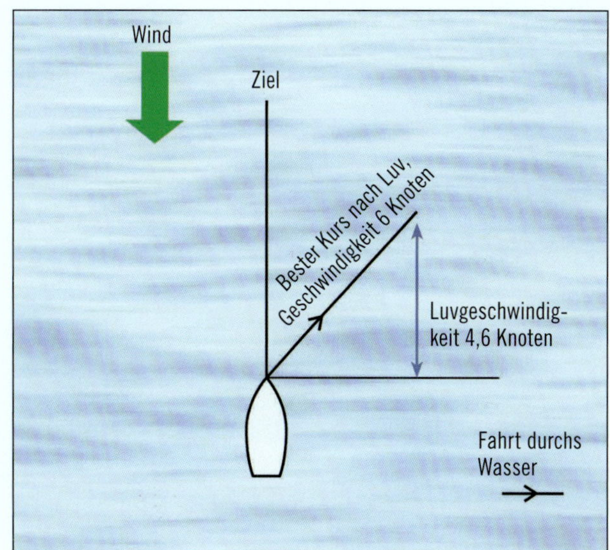

Gutgemachte Geschwindigkeit nach Luv

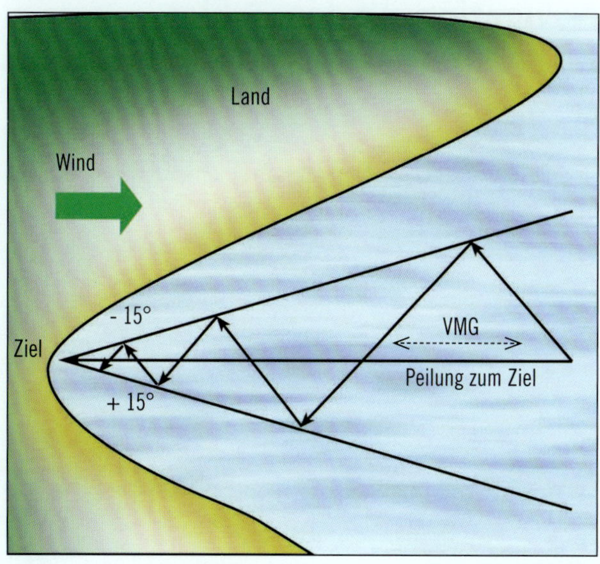

Aufkreuzen zu einem Zielpunkt

Aufkreuzen

Liegt das Ziel genau in Luv, muss man aufkreuzen. Anstatt mit zwei langen Schlägen aufzukreuzen, ist es besser, in einem Sektor zu bleiben, der beiderseits zur Windrichtung mit 15° begrenzt ist. So ist man weder allzu weit von der direkten Kurslinie entfernt noch kann man nach einem langen Schlag zu einer Seite von einem ungünstigen Winddreher überrascht werden. Günstige Winddreher sollte man dagegen sofort nutzen und außerdem bei seitlich setzendem Gezeitenstrom möglichst auf Leebug segeln.

Mondphasen

Es ist sehr praktisch, wenn man mit einem Blick zum Mond auf die Tide schließen kann. Hat der Halbmond die Form eines »D«, ist der Mond zunehmend, das heißt er entwickelt sich von einem Neumond mit Springtide zu einem Vollmond mit Springtide. Bei Halbmond herrscht Nipptide. Hat der Halbmond die Form eines »C«, ist der Mond abnehmend.

Fast überall auf der Welt tritt Springhochwasser immer zur gleichen Zeit auf, plus/minus eine Stunde. Nipphochwasser tritt ungefähr sechs Stunden versetzt auf, ebenfalls plus/minus eine Stunde. In Southampton tritt Springhochwasser immer gegen 12:00 Uhr und 00:00 Uhr auf. Nipphochwasser dementsprechend immer gegen 06:00 Uhr und 18:00 Uhr. In Plymouth dagegen ist immer gegen 07:00 Uhr und 19:00 Uhr Springhochwasser und Nipphochwasser gegen 01:00 Uhr und 13:00 Uhr.

Das liegt daran, dass sich die Gezeit innerhalb von 24 Stunden nicht genau wiederholt, sondern pro Tag um ungefähr 50 Minuten hinterherhinkt. Ist heute um 11:00 Uhr Hochwasser, so ist morgen um ungefähr 11:50 wieder Hochwasser. Nun muss ich nicht auf den Tidenkalender schauen, ich sehe einen Vollmond, also ist Hochwasser in Southampton gegen 12:00 Uhr, weil es Springhochwasser ist. Drei Tage später wird Hochwasser gegen 14:30 Uhr sein (3 x 50 = 150 Minuten). Sieben Tage später wird sich Hochwasser, dann natürlich Nipphochwasser, um sechs Stunden zum Springhochwasser verschoben haben, also minus sechs Stunden zu 00:00 Uhr ist 18:00 Uhr für Southampton. Sehe ich von zu Hause einen vollen Mond am Himmel stehen, weiß ich gleichzeitig, wann Hochwasser in meiner Marina ist. Genauso kenne ich die Zeit des Hochwassers, wenn Halbmond und damit Nipptide ist. Auch kann man bei einem Blick in den Himmel auf den Luftdruck schließen. Ein klarer Himmel deutet auf höheren Luftdruck hin und somit auf nördlicheren Wind. Ist der Himmel bei Tiefdruck bedeckt, ist mit südlicheren Winden zu rechnen. So verfüge ich bereits über viele Informationen, noch bevor ich das Haus verlasse.

Wer im Solent segelt, kann davon ausgehen, dass der Strom eine Stunde vor Hochwasser Portsmouth kentert. Das bedeutet, dass ein Tagestörn bei Springzeit am besten nach Westen führt, um den Gezeitenstrom auszunutzen. Informationen dieser Art sind in allen Revieren von Nutzen, und ein Blick zum Mond kann sehr aufschlussreich sein.

Navigation mit dem Tablet

Jeder verwendet elektronische Navigationsgeräte an Bord, aber es ist wichtig, die Angaben und Anzeigen auch genau zu verstehen. Mein Buch „Stressfrei Navigieren“ behandelt diese Thematik ausführlich. Keinesfalls darf man der Elektronik blind vertrauen, sondern muss die Angaben laufend gegenprüfen.

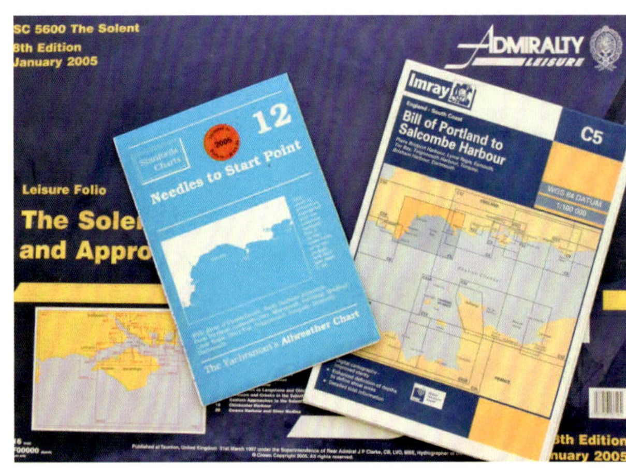

Ich führe immer auch Papierseekarten an Bord mit, um Kurs und Position einzutragen.

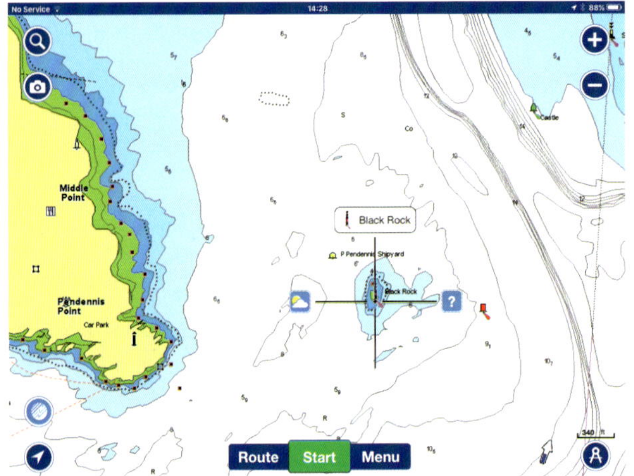

Bei einer Vektorkarte kann man zwischen verschiedenen Auflösungen zoomen. Hier sieht man Details der Einzelgefahrenstelle »Black Rock«.

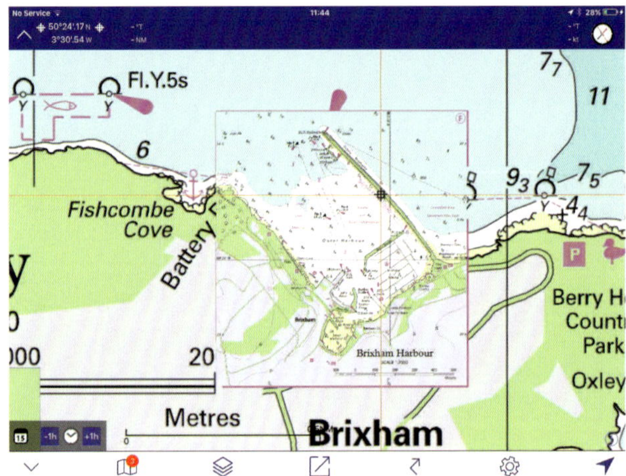

Eine Rasterkarte ist dagegen eine genaue Kopie einer Seekarte mit allen Informationen in einer Ebene. Beim Zoomen kann sich eine andere Karte öffnen, wie hier der Hafenplan von Brixham Harbour in großem Maßstab.

Navigationslichter auf kleinen Booten

Auf Booten unter sieben Meter Länge, die weniger als sieben Knoten Fahrt machen, genügt ein weißes Rundumlicht. Besser als eine Taschenlampe mitzuführen, ist diese clevere Idee: Ein Rundumlicht, das auf dem Kopf getragen werden kann.

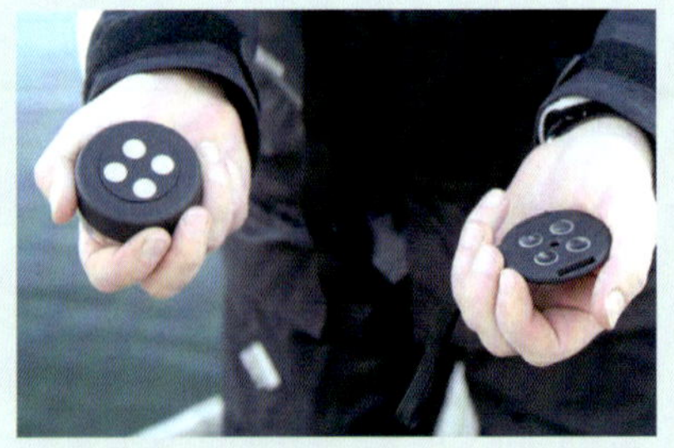

Mit Magnetkraft kann das Rundumlicht an einer Kappe befestigt werden.

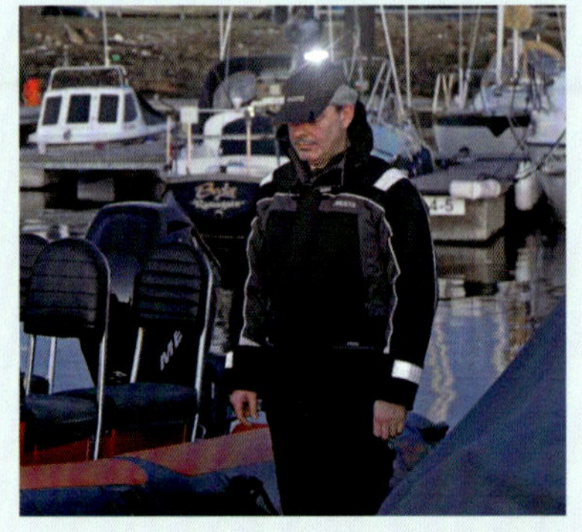

Navigation mit drei Bleistiften

Man kommt sehr selten in die Situation, absolut keine Ahnung zu haben, wo man sich befindet. Immer ist man von einem bekannten Ort aufgebrochen, und selbst wenn das GPS ausfällt, hat man die eigene Position stündlich auf Papier mitgekoppelt. Man befindet sich also irgendwo im Umkreis dieser letzten Position. Im allerschlimmsten Fall kann man jedoch drei Bleistifte aneinanderbinden, den unteren auf den Horizont richten und den oberen im Winkel auf den Polarstern ausrichten. Jetzt gilt es, nach Ost oder West zu segeln und dabei den Polarstern immer im gleichen Winkel zu halten, bis man auf Land stößt.

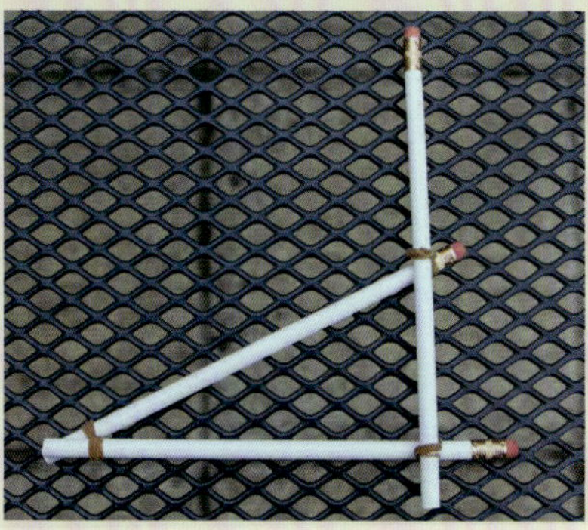

▲ Drei Bleistifte als Navigationsinstrument

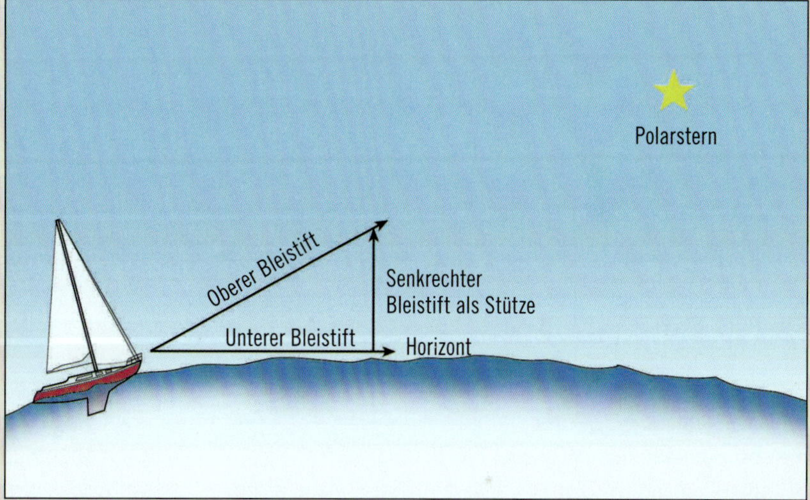

▶ Navigation mit drei Bleistiften

Sterne und Planeten

Sterne funkeln, Planeten funkeln nicht. Ganz so eindeutig ist der Unterschied zwar nicht, aber im Großen und Ganzen stimmt es. Sterne sowie Planeten, sogar die Sonne und der Mond, funkeln zu einem gewissen Grad. Ihr Licht erreicht die Erde durch die Luftschichten der Atmosphäre, die immer in Bewegung sind. Dadurch kommt es zu unterschiedlicher Brechung des Lichts, und so entsteht ein Flimmern oder, wie es in der Astronomie heißt, eine Szintillation. Je weiter ein Himmelskörper entfernt ist, desto stärker ist das Flimmern. Die Sterne sind viel, viel, viel weiter entfernt als unsere Planeten, die Sonne oder der Mond, weshalb sie stärker funkeln oder szintillieren.

Warum heißt es Spring- und Nipptide?

Diese Begriffe scheinen angelsächsischen Ursprung zu haben. »Springan« heißt anschwellen und »nep« bedeutet absenken bzw. vermindern.

12 Mensch-über-Bord-Manöver

Als Allererstes muss gesagt werden, dass man auf keinen Fall über Bord fallen sollte. Das ist das Wichtigste, und man muss sich zu jeder Zeit gut festhalten. Man sollte auch gar nicht erst auslaufen, wenn man sich nicht im Detail darüber im Klaren ist, wie man eine Person aus dem Wasser zurück an Bord holen kann. Sollte trotz allem eine Person über Bord fallen, dann:

- sollte jemand ununterbrochen mit ausgestrecktem Arm auf die Person im Wasser (MOB) zeigen, bis die Person wieder in Sicherheit ist.
- sollte jemand einen Rettungskragen und eine Markierungsboje über Bord werfen.
- sollte jemand die MOB-Taste am Kartenplotter drücken.
- sollte jemand den Motor starten.
- sollte jemand dem MOB eine Wurfleine zuwerfen.
- sollte jemand die Distress-Taste am DSC-Funkgerät drücken und einen Mayday-Ruf absetzen.
- sollte jemand die Bergevorrichtung einsatzbereit machen.
- sollte jemand das Boot zum MOB zurücksteuern.

Das macht insgesamt acht Personen!

Sie segeln jedoch zu zweit, und eine Person ist jetzt im Wasser – Sie müssen die Bergung also ganz allein schaffen. Es ist von allergrößter Wichtigkeit, den MOB durchgehend in Sicht zu behalten. Sie müssen aber auch die MOB-Taste auf dem Kartenplotter drücken. Der Kartenplotter muss folglich im Cockpit montiert sein. Ebenso müssen Sie einen Mayday-Ruf absetzen. Also muss auch das UKW-Funkgerät vom Cockpit aus bedienbar sein. Da Sie den MOB durchgehend in Sicht behalten müssen, können Manöver, wie sie manchmal in Segelschulen gelehrt werden, nicht durchgeführt werden. So wird mitunter gelehrt, dass man auf einen Raumschotkurs abfallen, dann wenden und zum MOB zurück segeln soll. Das ist eine gute Strategie für ein Boot mit voller Besatzung nicht jedoch für eine einzelne Person an Bord.

Fällt eine Person über Bord, sollte unverzüglich ein Mayday-Ruf abgesetzt werden, um die Rettungskräfte so schnell wie möglich zu informieren. Man versucht mit allen Mitteln sich selbst zu helfen, aber Hilfe von außen sollte ohne Zeitverzug ebenfalls eingeleitet werden. Unter Umständen wird man auch medizinischen Rat benötigen.

Bedenken Sie, dass die ersten 15 Minuten bei Rettungsmanövern oft ausschlaggebend für den Erfolg sind.

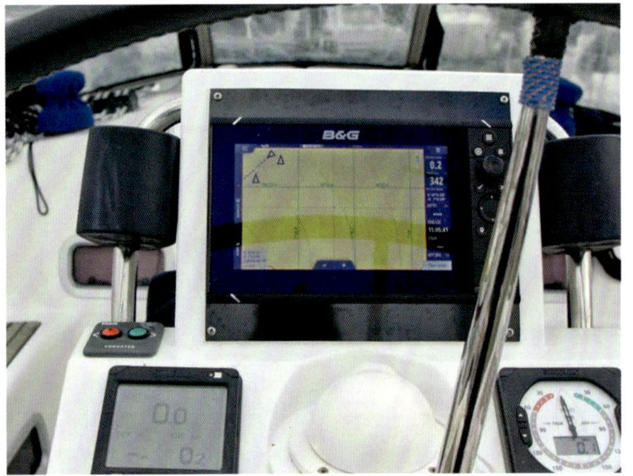

◀ *Kartenplotter am Steuerstand im Cockpit.*

▶ *UKW-Tochtergerät an der Steuersäule.*

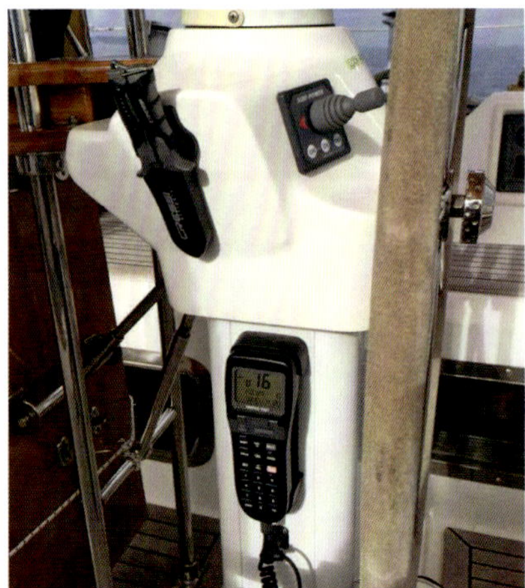

Zurück zum MOB

Amwindkurs

Das Boot muss sofort herumgedreht werden. Der MOB ist wahrscheinlich in dem aufgewühlten Kielwasser nicht mehr als sechs Meter achteraus.

Holen Sie die Wurfleine aus der Backskiste, und werfen Sie sie dem MOB zu. Im Idealfall kann sie der MOB greifen und sich zum Boot zurückziehen. Ist der MOB dazu nicht in der Lage, muss man die Rettung und Bergung allein schaffen.

In Kapitel 6 wurde beschrieben, wie man das Boot herumdreht. Bei vollem Ruderausschlag segelt das Boot fortlaufend im Kreis und bleibt in der Nähe des MOB, während man das eingeübte Bergemanöver vorbereitet. Wenn alles bereit ist, nähert man sich dem MOB und dreht in Luv bei. Aus der Nähe kann man dem MOB etwas zurufen und damit auch Zuversicht spenden.

Es erfordert ein wenig Übung, um das Boot während des Beiliegens auf der Stelle zu halten, ohne Fahrt voraus zu machen. Die Segel müssen gegeneinander ausbalanciert werden, und es gilt, den richtigen Ruderwinkel zu finden. Wenn das Log null Knoten zeigt, hat man es geschafft. Eventuell muss mit der Maschine etwas Schub zurück gegeben werden. Ich habe die Erfahrung gemacht, dass man bei modernen Booten mit hohem Freibord und geringer Verdrängung das Vorsegel weit einrollen oder komplett wegnehmen kann, da der Bug genug Windwiderstand hat, um das Boot nur unter Großsegel und passendem Ruderwinkel beigedreht zu halten.

Tipp

Beim Einsatz eines Suchscheinwerfers oder einer Taschenlampe sollte man diese nah am Auge halten. Die reflektierenden Stellen an Rettungswesten werfen das Licht am stärksten in direkter Linie zurück zur Lichtquelle, sodass die Reflexion so viel stärker sichtbar ist, als wenn man die Taschenlampe weiter vom Auge entfernt hält.

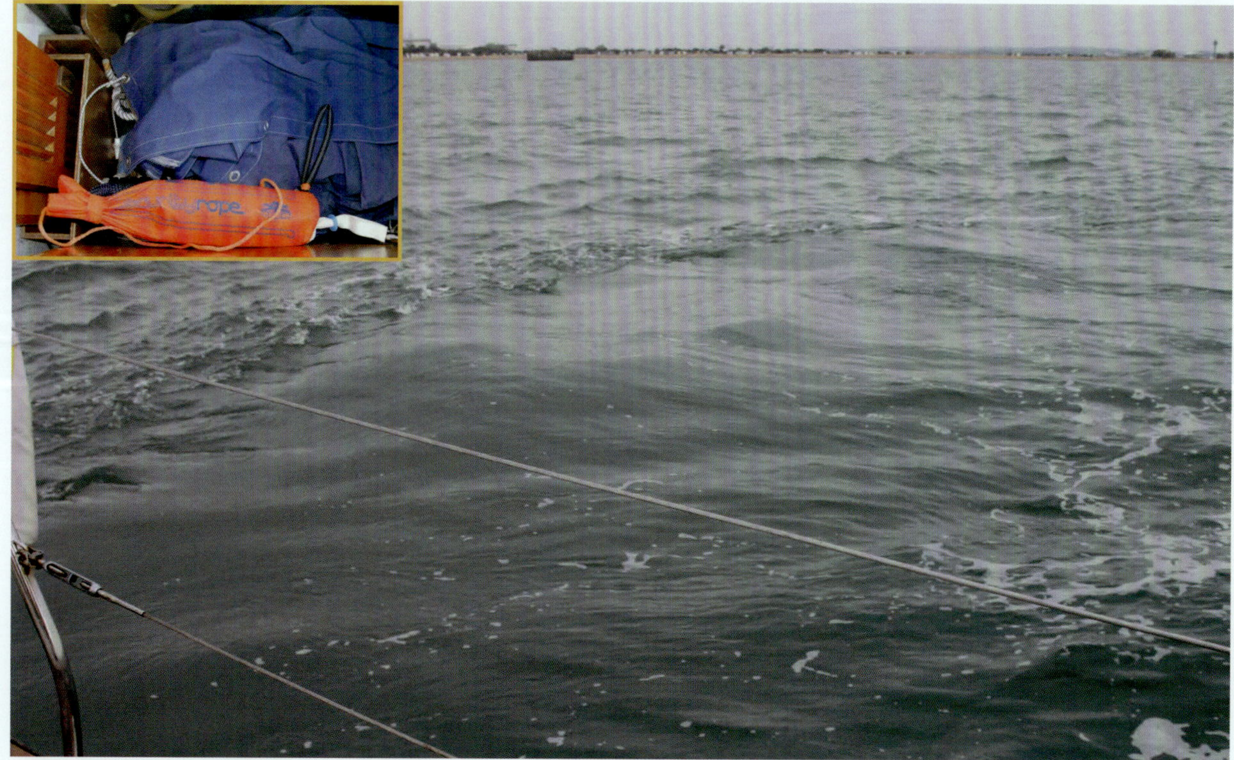

Hier im Kielwasser, nicht weit vom Boot entfernt, wird der MOB irgendwo sein.

Notruf absetzen

Mayday-Ruf mit DSC-fähigem UKW-Funkgerät

Halten Sie die Distress-Taste gedrückt, bis der automatische DSC-Notruf abgeschickt ist. Sie werden wahrscheinlich sofort eine Bestätigung durch die Küstenwache erhalten, sofern Sie sich in Reichweite befinden. 15 Seekunden nach Aussenden des automatischen DSC-Notrufs setzen Sie einen Mayday-Ruf auf Kanal 16 wie folgt ab:
Als Eselsbrücke kann man sich die Abkürzung MIRPDANIO merken.

Abk.	Bedeutung	Sie sagen
M	Mayday	Mayday, Mayday, Mayday
I	Identifikation	Hier ist Segelyacht Dorothy Lee, Dorothy Lee, Dorothy Lee, MMSI-Nummer 235 086183
		Rufzeichen: Zulu India Sierra November Eight

Kurze Pause, damit jeder, der mithört, schreibbereit ist.

R	Repeat (Wiederholen)	Mayday hier ist Segelyacht Dorothy Lee, MMSI-Nummer 235 086 183 Rufzeichen: Zulu India Sierra November Eight
P	Position	Meine Position ist 50° 33,5'N und 001° 42,5'W
D	Distress	Eine Person ist über Bord gefallen.
A	Assistance	Ich benötige sofortige Hilfe.
N	Number	Ich bin die einzige Person an Bord, eine Person ist im Wasser.
I	weitere Informationen	Ich werde versuchen die Person zu bergen. Ich habe eine Bergevorrichtung.
O	Over	Over

Die Positionsangabe wird wie folgt gesprochen: fünf null Grad drei drei Komma fünf Minuten Nord und null null eins Grad vier zwei Komma fünf Minuten West.

Die angegebene MMSI-Nummer und das Rufzeichen sind die meiner Yacht Dorothy Lee. Die Position dagegen ist frei erfunden, dort war ich noch nie.

Mensch-über-Bord-Manöver üben

Halbwindkurs

Fällt eine Person während eines Halbwindkurses über Bord, muss man mit einer sogenannten Crash-Wende sofort durch den Wind drehen, ohne sich um die Vorsegelschot zu kümmern. Dann wird der Motor gestartet sowie Großschot und Vorsegelschot dichtgeholt. Ein backstehendes Vorsegel dichtzuholen kann sehr kraftraubend sein. Deshalb ist es oft klüger, die Vorsegelschot schon vor der Crash-Wende ganz dichtzuholen. Das muss jedoch in der Praxis geübt werden. Motorsegelnd nähert man sich dem MOB und dreht in Luv des MOB bei.

Motorfahrt?

Fährt man ohne gesetzte Segel nur mit Motor, während eine Person über Bord fällt, legt man sofort Ruder, um das Boot herumzudrehen und stoppt das Boot in Luv des MOB auf.

Rettungswesten

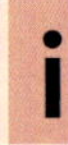

Rettungswesten sollten folgende Anforderungen erfüllen:

- mindestens 150 Newton Auftrieb
- ohnmachtssicher (dreht eine Person innerhalb von fünf Sekunden in Rückenlage)
- ausgerüstet mit Bergeschlaufe
- ausgerüstet mit Beingurten.

Zusätzlich empfehle ich folgende Ausstattung:

- Spraycap – schützt vor Gischt und Wasser, erleichtert die Atmung, vermindert die Auskühlung des Kopfes und verbessert die Sicht.
- Rettungslicht – erleichtert die Ortung des MOB bei Nacht oder schlechter Sicht.
- MOB-Lifesaver – erleichtert es, eine Leinenverbindung vom Boot zum MOB herzustellen und ermöglicht die Bergung des MOB zurück an Bord.

Rettungswesten mit 275 Newton Auftrieb drehen eine Person auch dann in die sichere Rückenlage, wenn sie mit schwerem Ölzeug bekleidet ist. Diese Westen sind für extreme Bedingungen konzipiert.

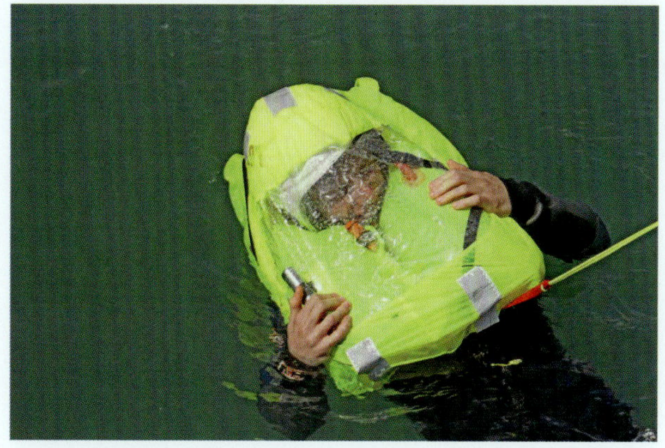

▲ Rettungsweste mit Spraycap und MOB-Lifesaver.

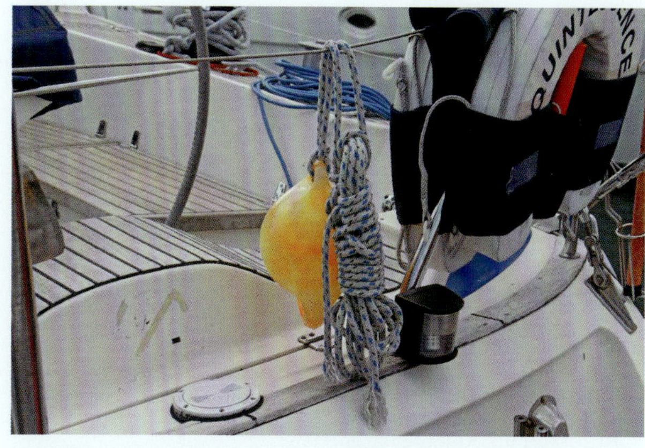

▲ Eine kleine Boje an einer aufgeschossenen Leine kann als Übungsobjekt für ein MOB-Manöver dienen. Befestigen Sie auch noch einen MOB-Lifesaver.

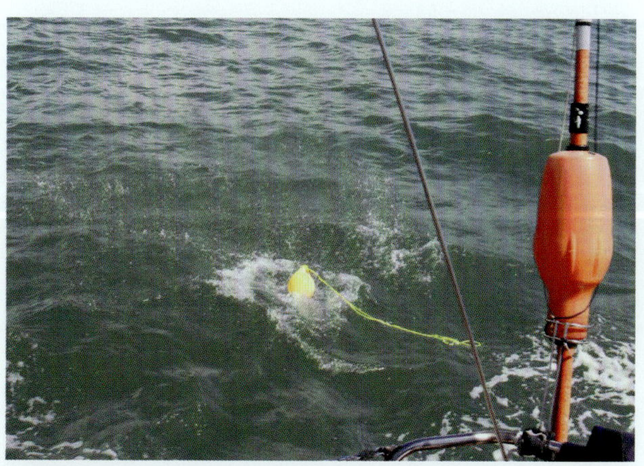

▲ Das Übungsobjekt wird über Bord geworfen.

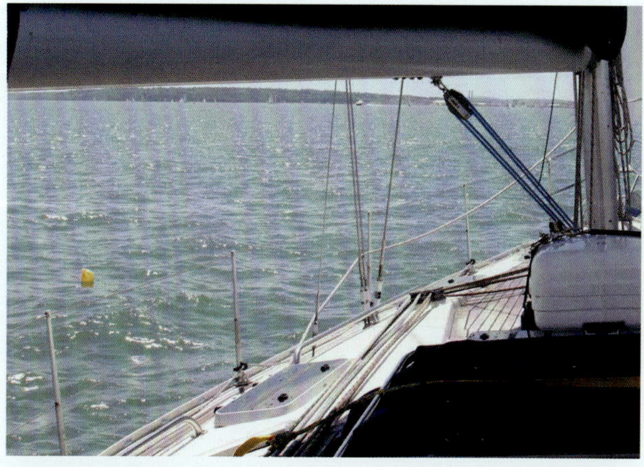

▲ Das Boot wird herumgedreht, um in Luv beizudrehen.

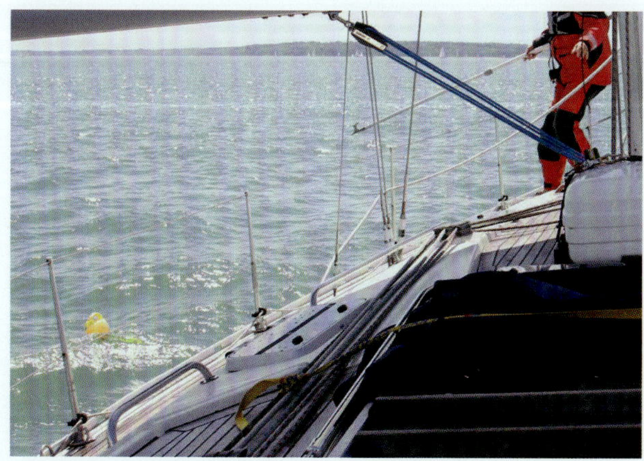

▲ Mit dem Bootshaken …

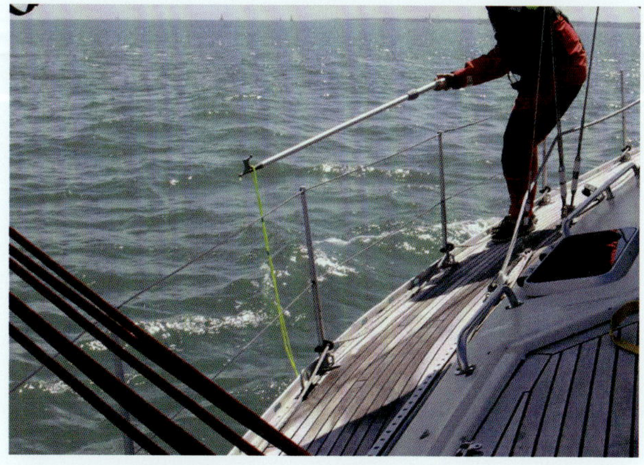

▲ … kann der MOB-Lifesaver aufgenommen werden. Dann kann die Bergung eingeleitet werden.

Vorwindkurs

Bei Vorwindsegeln wie einem Spinnaker (Hals des Segels am Spibaum angeschlagen) oder einem Gennaker oder Blister (Hals des Segels am Bug oder Gennakerbaum bzw. Bugspriet angeschlagen) muss bei einem Mensch-über-Bord-Manöver als Erstes der Druck aus dem Segel genommen werden, um es bergen zu können. Ein Bergeschlauch oder ein Furler (Rollanlage) machen die Sache einfacher. In jedem Fall bleibt man zunächst auf Vorwindkurs.

Spinnaker – Bergeschlauch

1. Autopilot an, Kurs beibehalten.
2. Fieren Sie den Achterholer, bis das Vorliek in die Abdeckung des Großsegels dreht.
3. Ziehen Sie den Bergeschlauch nach unten.
4. Vergewissern Sie sich, dass alle Leinen an Deck sind.
5. Lassen Sie den Bergeschlauch gesetzt, und sichern Sie das untere Ende an Deck.
6. Starten Sie den Motor, schoten Sie das Großsegel mittig und motoren Sie zurück zum MOB.

Gennaker oder Blister – Bergeschlauch

1. Autopilot an, Kurs beibehalten.
2. Fieren Sie die Halsleine, bis das Vorliek in die Abdeckung des Großsegels dreht.
3. Ziehen Sie den Bergeschlauch nach unten.
4. Vergewissern Sie sich, dass alle Leinen an Deck sind.
5. Lassen Sie den Bergeschlauch gesetzt, und sichern Sie das untere Ende an Deck. Später kann er durch das Vorluk unter Deck gezogen werden.
6. Starten Sie den Motor, schoten Sie das Großsegel mittig, und motoren Sie zurück zum MOB.

Gennaker oder Blister – Furler

1. Autopilot an, Kurs beibehalten.
2. Fieren Sie die Schot, und rollen Sie das Segel mit der Reffleine ein.
3. Starten Sie den Motor, schoten Sie das Großsegel mittig, und motoren Sie zurück zum MOB.

Spinnaker ohne Bergeschlauch – Segel bergen hinter Großsegel oder hinter Großsegel und Vorsegel

1. Autopilot an, Kurs beibehalten.
2. Es kann vorteilhaft sein, ein Vorsegel als zusätzliche Abdeckung für den Spinnaker zu setzen.

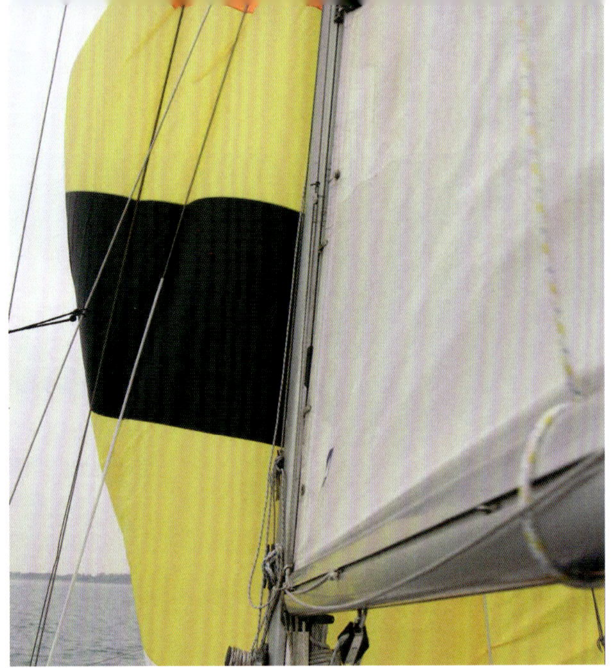

▲ Ein gegen den Mast gedrückter Blister kann an Deck gezogen oder mit dem Bergschlauch geborgen werden.

3. Fieren Sie den Achterholer, setzen Sie den Niederholer durch, sodass der Spibaum bis an das Vorstag dreht, aber nicht steigt.
4. Holen Sie die Schot ein. Jetzt ist der Druck aus dem Segel, und der Spinnaker ist in der Abdeckung des Großsegels sowie, falls gesetzt, des Vorsegels.
5. Schlagen Sie die Luvschot vom Spibaum ab.
6. Fieren Sie das Spifall, holen Sie die Schot ein, und ziehen Sie den Spinnaker unter dem Großbaum zum Niedergang und unter Deck oder unter dem Vorsegel zu einem Vorluk und dort unter Deck. Fieren Sie das Fall nur so schnell, wie der Spinnaker eingeholt werden kann. Das ist nicht ganz leicht, wenn man allein ist.
7. Starten Sie den Motor, schoten Sie das Großsegel mittig, und motoren Sie zurück zum MOB.

Gennaker oder Blister – Segel bergen hinter Großsegel

1. Autopilot an, Kurs beibehalten.
2. Vergewissern Sie sich, dass das Fall, die Schot und die Halsleine klar zum Ausrauschen sind.
3. Lassen Sie ein oder zwei Wicklungen auf der Schotwinsch, und nehmen Sie die Schot nach vorn zum Bug.
4. Fieren Sie die Halsleine, um den Druck aus dem Segel zu nehmen.
5. Fieren Sie das Fall.
6. Ziehen Sie den Gennaker oder Blister am Unterliek oder am

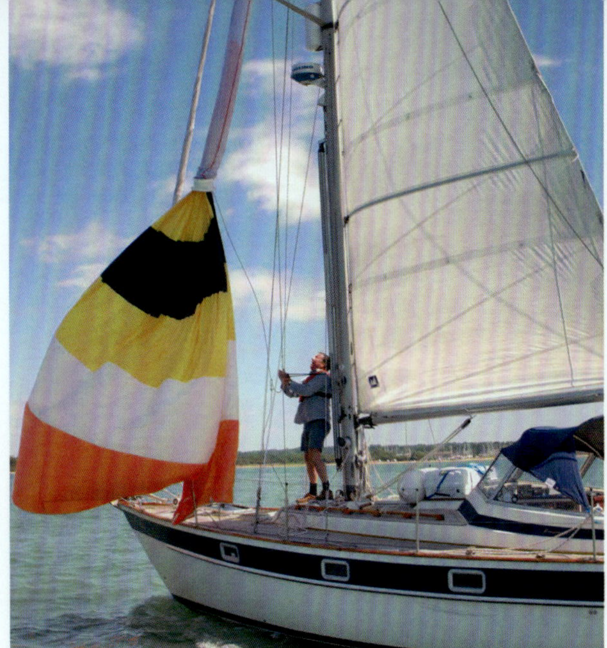

▲ Für Einhandsegler und kleine Crews empfehle ich grundsätzlich einen Bergeschlauch oder ein System zum Einrollen der Vorwindsegel.

Schothorn nach unten und durch das Vorluk unter Deck. Bei ins Cockpit umgelenkten Leinen kann das Manöver ausgeführt werden, ohne nach vorn zu gehen. Das Segel wird in diesem Fall unter dem Großbaum zum Niedergang und dort unter Deck gezogen.

7. Starten Sie den Motor, schoten Sie das Großsegel mittig, und motoren Sie zurück zum MOB.

Gennaker oder Blister – Segel bergen mithilfe eines Vorsegels

Diese Methode kann auch bei einem Spinnaker funktionieren.

1. Autopilot an, Kurs beibehalten.
2. Rollen Sie ein Vorsegel aus, und holen Sie es mit der Luvschot dicht.
3. Schoten Sie das Großsegel mittig.
4. Autopilot aus. Halsen Sie ohne die Schot des Gennakers oder Blisters zu lösen. Autopilot ein.
5. Fieren Sie das Fall. Der Gennaker oder Blister legt sich an das Vorsegel und kann geborgen werden.
6. Starten Sie den Motor, und motoren Sie zurück zum MOB.

Spinnaker – Fall loswerfen

1. Autopilot an, Kurs beibehalten.
2. Schoten Sie das Großsegel mittig, um die Bootsgeschwindigkeit zu verringern.
3. Werfen Sie das Spifall los.
4. Der Spinnaker kommt vor dem Boot herunter.
5. Holen Sie das Segel vom Unterliek her ein, und stopfen Sie es durch das Vorluk.
6. Starten Sie den Motor, und motoren Sie zurück zum MOB.

Spinnaker – Segel komplett loswerfen

1. Autopilot an, Kurs beibehalten.
2. Schoten Sie das Großsegel mittig.
3. Werfen Sie die Spischot los. Das nimmt den Druck aus dem Segel. Lassen Sie die Spischot durch alle Blöcke ausrauschen.
4. Lösen Sie den Achterholer, während das Segel nach vorn ausweht, und lassen Sie ihn durch alle Blöcke ausrauschen.
5. Starten Sie den Motor.
6. Drehen Sie in den Wind.
7. Lösen Sie das Spifall. Der Spi sollte hinter dem Boot oder in Lee im Wasser landen.
8. Lassen Sie den Spibaum auf das Vordeck ab.
9. Motoren Sie zurück zum MOB.

Tipp

Stressfreies Segeln hat viel mit Vorbereitung, Planung und Übung zu tun. Vorwindsegel müssen von der Crew beherrscht und die Segelfläche muss schnell verkleinert werden können.

Bei diesen beiden Riggvarianten kann die Segelfläche schnell verkleinert werden:

1. Doppelte Vorsegel. Diese können mit zwei Spibäumen ausgestellt werden oder mit nur einem Spibaum und die zweite Schot wird mit der Nock des Großbaums ausgestellt. Das Großsegel kann dabei gesetzt werden oder auch nicht.
2. Twizzle-Rigg. Damit meine ich zwei identische Vorsegel, die mit »Twizzle-Spieren« ausgebaumt werden. Die Enden dieser Spieren sind innenbords an einem Gelenk vor dem Mast angeschlagen, das sich unabhängig von den Bootsbewegungen verstellen lässt. Dadurch wird das Rollen vermindert, auch wenn das Großsegel nicht gesetzt ist.

Mit beiden Riggs kann von Vorwindkursen bis auf Amwindkurse angeluvt werden. Wird die Luvschot gefiert, kommt das luvseitige Segel auf die andere Seite und legt sich dort gegen das andere Vorsegel.

Bei gesetztem Großsegel kann man sogar beidrehen. Dazu kann man die Vorsegelschot entweder belegt lassen, sodass das eine Segel nach der Wende backsteht und das andere in Lee frei herunterhängt oder man belegt beide Schoten, sodass beide aneinander liegenden Vorsegel nach der Wende backstehen.

Auskühlung und Gefahr in kaltem Wasser

Stadien der Auskühlung im Wasser

1. Kälteschock

Der Kälteschock dauert etwa eine Minute an und gliedert sich in drei Phasen:

I. Durch die Kälteeinwirkung an der Haut entsteht im ersten Moment der Reflex nach Luft zu schnappen. Befindet sich der Kopf unter Wasser, besteht dabei die Gefahr, Wasser in die Lunge zu atmen und zu ertrinken. Eine Rettungsweste kann das verhindern, da sie den Kopf über Wasser hält.

II. Im kalten Wasser beginnt man für kurze Zeit zu hyperventilieren. Bei einer Panikreaktion kann diese übermäßige Atmung länger anhalten und zur Ohnmacht führen. Man sollte versuchen, so gut es geht kontrolliert zu atmen.

III. Die Schockwirkung des kalten Wassers kann einen Herzstillstand verursachen. Da sich die Arterien durch die äußere Kälte verengen, muss das Herz stärker pumpen, was bei einem schwachen Herzen zum Infarkt oder Herzstillstand führen kann.

2. Lähmung

Nach fünf bis zehn Minuten in kaltem Wasser kommt es zu ersten Lähmungserscheinungen. Um die Kerntemperatur im Körper zu erhalten, verengen sich die Arterien in den Gliedmaßen, bis es dort zu einer Unterversorgung der Muskeln und Nerven kommt. Nach fünf bis fünfzehn Minuten kann man erst die Finger, später auch Arme und Beine, nicht mehr bewegen. Das ist ein weiterer Grund, warum eine Rettungsweste so wichtig ist. Sie hält den Kopf über Wasser, wenn man sich nicht mehr bewegen kann.

3. Unterkühlung

Es dauert überraschend lang, bis die Kerntemperatur des Körpers abnimmt und es zur Unterkühlung oder Hyperthermie kommt. Die Zeitdauer hängt von der Wassertemperatur und der Körpermasse ab. Selbst in Eiswasser dauert es bei einem Erwachsenen etwa 30 Minuten, bis es zu einer milden Unterkühlung kommt.

4. Schock und Kollaps nach der Rettung

Bei einem Kampf ums Überleben sind alle Sinne in Alarmbereitschaft, während die vermehrte Ausschüttung von Stresshormonen die Widerstandskraft des Körpers erhöht. Sobald man der eigenen Rettung gewahr wird oder nach bereits erfolgter Rettung kommt es zu einer Entspannung, bei der die Ausschüttung der Stresshormone zurückgeht. In diesem Stadium kann der Blutdruck so weit absinken, dass es zur Muskellähmung und im Extremfall sogar zum Herzstillstand und Tod kommen kann.

Es ist wichtig zu wissen, dass die Herzfunktion stark davon abhängt, in welcher Position der MOB aus dem Wasser geborgen wird. Der MOB sollte während der Bergung und danach so waagerecht wie möglich gelagert werden.

Für Daten und Informationen zum Thema Auskühlung in kaltem Wasser bedanke ich mich bei Professor M. Tipton, Portsmouth University, Mario Vittone, USA, Cold Water Boot Camp, USA.

Stadium	Körpertemperatur	Dauer im Wasser	Symptome
Milde Hyperthermie	35 °C	>30	Muskelzittern
Mittelgradige Hyperthermie	32 °C	30–120 Minuten	Bewusstlosigkeit – führt ohne Rettungsweste zum Ertrinken
Schwere Hyperthermie	28 °C	90–180 Minuten	Herzstillstand

▶ Die Tabelle stammt vom »Beyond Cold Water Boot Camp«, das sich ausführlich mit der Unterkühlung in kaltem Wasser beschäftigt.

Oder wäre es möglich, mit gesetztem Spinnaker oder Gennaker in den Wind zu drehen? Man würde sich nicht so weit vom MOB entfernen, aber der Spinnaker oder Gennaker würde gegen das Rigg drücken. Nur bei ganz leichtem Wind ließe er sich vielleicht noch mit einem Bergeschlauch einholen.

Für ein sicheres MOB-Manöver müssen die genannten Techniken unter allen Bedingungen so lange geübt werden, bis sie anfangen, in Fleisch und Blut überzugehen. Vielleicht bevorzugen Sie aber auch eine andere Technik, die für Sie besser funktioniert. Das Wichtigste ist, dass das Manöver immer wieder geübt wird. Bei Leichtwind ist das alles kein Problem, aber sobald der Wind auffrischt, sieht es ganz anders aus.

Bewusstloser MOB

Ich gehe davon aus, dass der MOB bei seiner Rettung und Bergung nicht aktiv mithelfen kann. Ich gehe ebenfalls davon aus, dass der MOB eine Rettungsweste trägt. Trägt der MOB keine Rettungsweste ... Dazu komme ich gleich noch.

Äußere Umstände wie Windstärke und Wellenhöhe haben sehr starke Auswirkungen auf die Rettung. Je geringer diese Faktoren sind, desto besser. Je stärker sie ausfallen, desto größer wird die Gefahr, den MOB beim Manövrieren mit dem Boot zu verletzen.

MOB an Bord holen

Sobald man nah genug am MOB ist, muss er sicher mit dem Boot verbunden werden, während man geeignete Vorbereitungen trifft, ihn an Bord zu ziehen. Wie aber kann man eine bewusstlose Person mit dem Boot verbinden? Selbst wenn man die Rettungsweste mit dem Bootshaken fassen kann: Was macht man dann? Der D-Ring der Rettungsweste liegt nahezu unerreichbar unter dem aufgeblasenen Auftriebskörper. Ist es mit der Lasso-Technik möglich, eine Leine um den MOB herumzulegen? Bedenken Sie, dass er ohnmächtig ist und nicht mithelfen kann. Von Deck aus ist es zu hoch, um den MOB mit ausgestrecktem Arm zu erreichen. Meine Hallberg Rassy 352 hat beispielsweise eine Freibordhöhe von einem Meter – zu hoch, um den MOB von Deck aus packen zu können. Andere Boote haben oft einen noch höheren Freibord. Bei einer Dufour 375 beträgt er beispielsweise 1,2 Meter. Wie aber kann man eine Leine am MOB befestigen, wenn man ihn nicht erreichen kann?

Effekt des Wasserdrucks

i

Wird ein unterkühlter MOB aus dem Wasser gezogen, fällt der von außen auf den Körper wirkende Wasserdruck schlagartig weg. Dadurch erweitern sich die Blutgefäße und das warme Blut aus der Körpermitte strömt zurück in die Gliedmaßen. Bei einer vertikalen Bergung des MOB sackt dabei so viel Blut in die unteren Extremitäten, dass es zu einer Unterversorgung der lebenswichtigen Organe in der Körpermitte kommen kann. Aus diesem Grund ist es außerordentlich wichtig, den MOB in einer möglichst horizontalen Lage zu bergen.

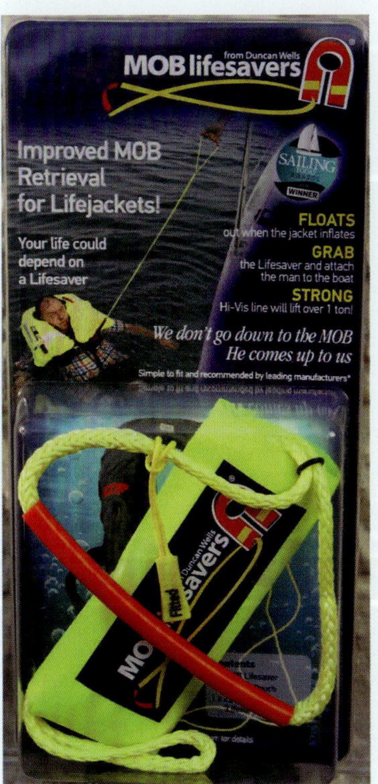

MOB Lifesavers von Duncan Wells

Aufgrund dieser Problematik habe ich den Lifesaver erfunden.

Als ich mir vorstellte, auf dem Deck zu stehen und auf eine Person im Wasser hinunter zu blicken, wurde mir klar, dass der MOB eine Möglichkeit, an ihm festzumachen, bereits bei sich tragen sollte. Über dem Auftriebskörper der Rettungsweste sollte eine kurze Leine aufschwimmen, die man mit dem Bootshaken aufnehmen und an Bord belegen kann, während man das Bergesystem vorbereitet. Dies leistet der Lifesaver.

Ein MOB-Lifesaver besteht aus einer sehr starken Leine aus Hochmodul-Fasern (HMPE, high-modulus-polyethylene). Der Markenname Dyneema dürfte bekannt sein, und dieses Material schwimmt im Wasser. Der MOB-Life-

MOB-Lifesaver im Einsatz

Eine Person fällt über Bord, die Rettungsweste löst aus, der Liefesaver schwimmt auf und kann vom Retter mit dem Bootshaken aufgenommen werden.

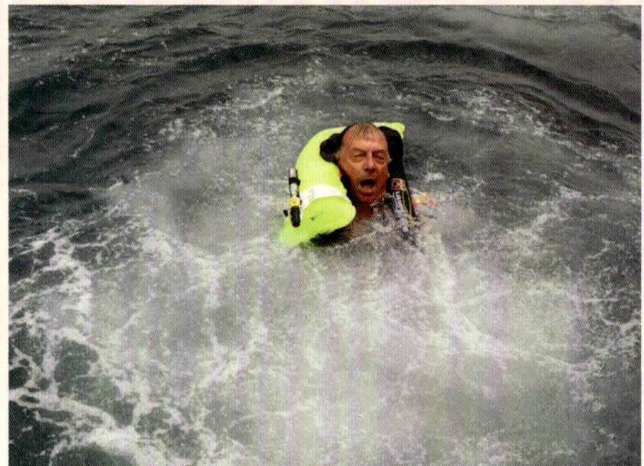

Mensch über Bord! Die Rettungsweste hat ausgelöst.

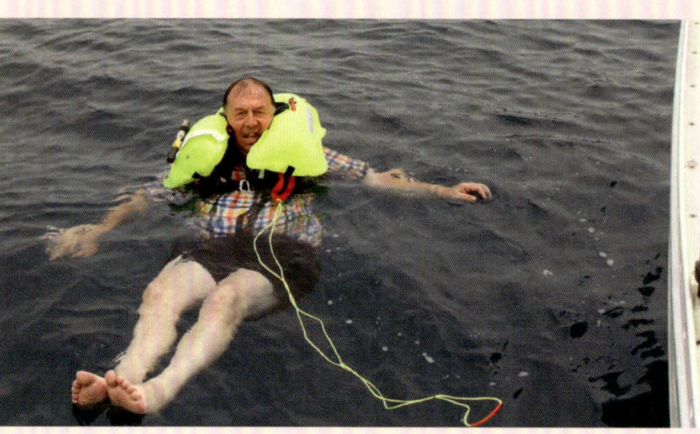

Der MOB-Lifesaver schwimmt auf dem Wasser auf.

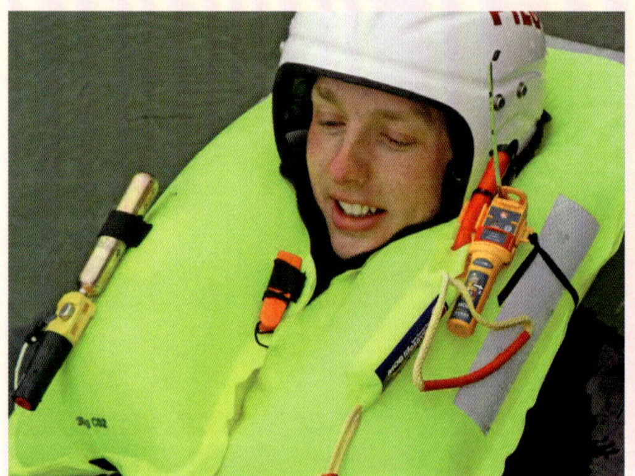

Man kann den Lifesaver auch in einer Tasche am Auftriebskörper der Weste verstauen, von wo er vom Retter aufgenommen werden kann.

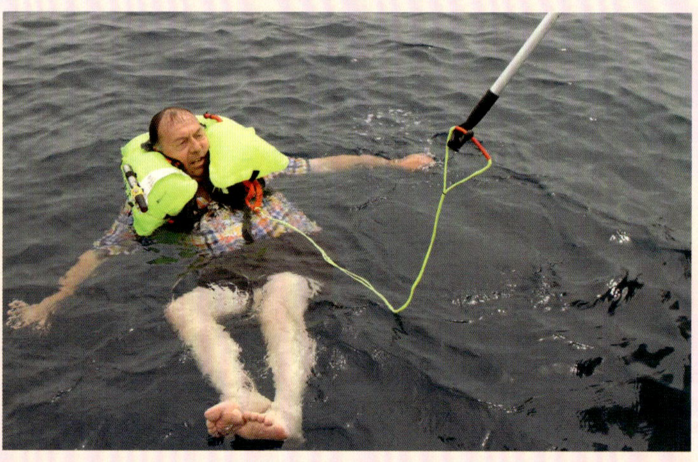

Der Lifesaver wird vom Retter mit dem Bootshaken aufgenommen.

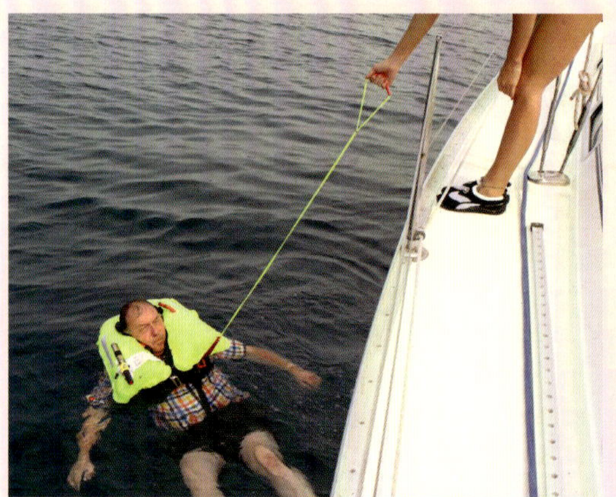

Der Retter hält den MOB am Lifesaver fest.

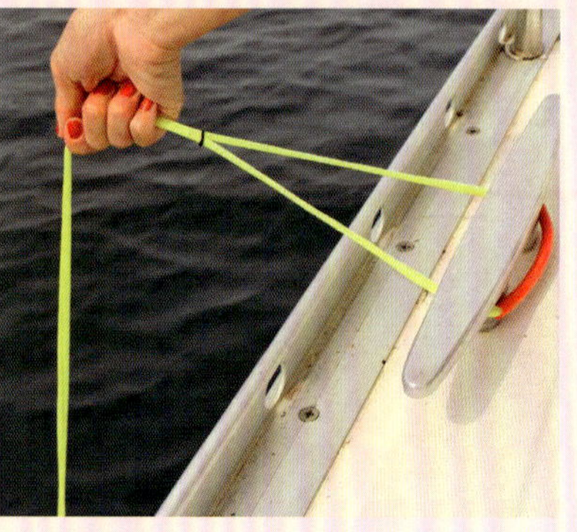

Der MOB ist fest mit dem Boot verbunden, während der Retter das Bergesystem einsatzklar macht.

Sobald der MOB am Boot gesichert ist, wird die Bergevorrichtung einsatzklar gemacht. Bei stärkerem Seegang sollte man den MOB mit einer Verlängerungsleine des Lifesavers sichern, bis man ihn an Bord hievt. So bleibt er außerhalb des durch Stampfen des Bootes hervorgerufenen Gefahrenbereichs.

saver wird an der Bergeschlaufe der Rettungsweste eingeschlauft. Er kann entweder in einer kleinen Tasche über den Schlauch zum Nachfüllen der Rettungsweste gehängt oder am Auftriebskörper festgeklebt werden, wenn er nach dem Auslösen an der Weste bleiben soll. Oder man legt den Lifesaver einfach lose aufgeschossen in die Weste, sodass er nach dem Auslösen auf dem Wasser aufschwimmt.

Bergesysteme

Ich möchte nochmal darauf hinweisen, dass man sich als Skipper nur auf See begeben sollte, wenn man sich im Klaren darüber ist, wie man eine Person, die nicht in der Lage ist, sich selbst zu helfen, aus dem Wasser zurück an Bord bekommen kann. An Bord meiner Dorothy Lee habe ich ein Bergesystem, das sich bewährt hat und in das ich viel Zeit und Mühe gesteckt habe, um es zu perfektionieren.

Ich verwende eine 6:1-Talje, die ich mit einem Ratschenblock bestückt habe. Dadurch kann man die Last sehr leicht halten, sodass auch eine zierliche Person eine wesentlich schwerere Person aus dem Wasser heben kann, da die Talje praktisch eine Rücklaufsperre hat.

Die 6:1-Talje wird am Spinnakerfall vorgeheißt. Ich habe eine Markierung am Spifall, an der ich genau erkennen kann, wie weit ich die Talje vorheißen muss, damit der untere Block der voll ausgefahrenen Talje auf Deckshöhe ist. So kann der Lifesaver eingehängt werden, und die Hubhöhe der Talje ist ausreichend, um den MOB über die Reling zu heben.

Ich belege das Fall zur Sicherheit an einer Klampe. Bei einem ins Cockpit zurückgeführten Fall sollte es nach dem Fallenstopper auch auf der Winsch belegt bleiben.

Hinweis zu Karabinern

Ich verwende bei einer Bergevorrichtung ausschließlich Karabiner und keine Schnappschäkel. Einen Schnappschäkel kann ich mit kalten Fingern kaum bedienen und allzu oft wurde schon berichtet, dass ein Verunglückter zurück ins Wasser gestürzt ist, weil sich ein Schnappschäkel von allein geöffnet hat. Deshalb empfehle ich ausnahmslos, Sicherheitskarabiner zu verwenden. Diese kann man sehr schnell an einem beliebigen Befestigungspunkt einschnappen, und sie sind zudem zuverlässiger als Schnapp- oder Patentschäkel.

Der obere Block der Talje sollte nicht am Schnappschäkel des Spifalls angeschlagen werden. Sicherer ist es, einen Palstek am Ende des Falls zu machen und den Karabiner dort einzusetzen.

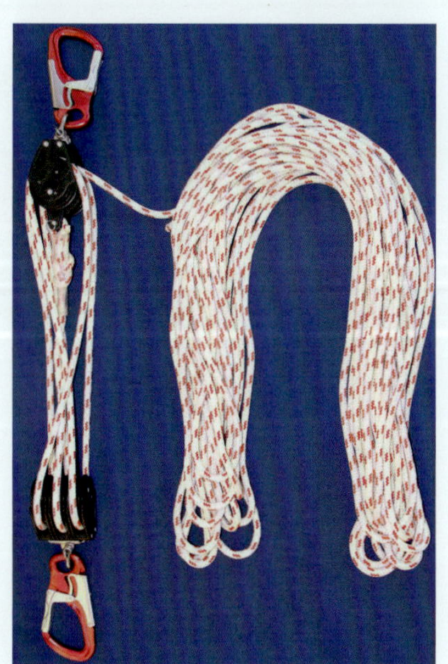

▲ *Die sechsfach geschorene Talje mit Ratschenblock und Sicherheitskarabinern.*

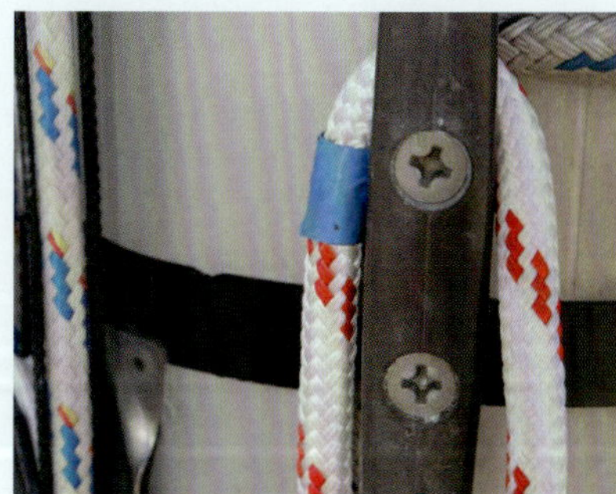

▲ *Markierung an einem Fall.*

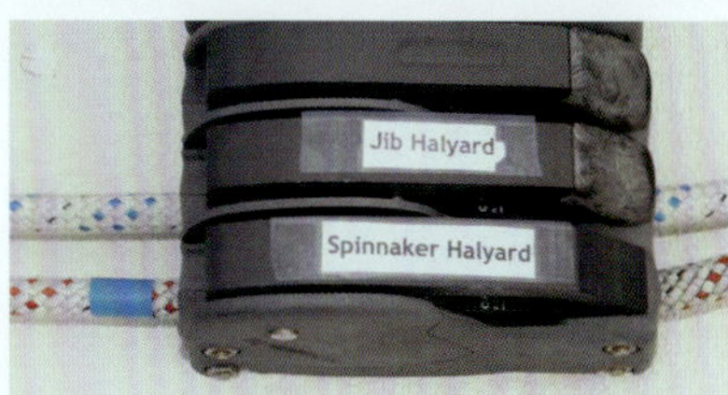

▲ *Markierung an einem Fall, das zum Cockpit zurückgeführt und dort belegt wird.*

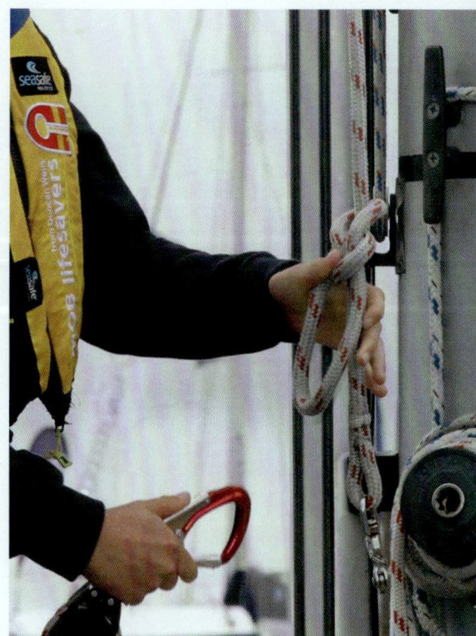

▲ *Markierung an einem ins Cockpit zurückgeführtem Fall.*

Ich befestige den Karabiner am unteren Block des Griffs vom Lifesaver. Zusätzlich füge ich eine Rettungsschlinge unter die Knie des MOB hinzu, um ihn horizontal nach oben zu ziehen. Die Schlinge ist eigentlich ein Schwerlastgurt. Aber natürlich muss alles, was zum Heben eines Menschen genutzt wird, getestet werden. Meine Rettungsschlingen sind für eine sichere Arbeitslast von 250 kg ausgelegt. Ich verwende moderne Hochmodulfasern, die es ermöglichen, die Länge der Rettungsschlinge zu verstellen. Verschiedene Rettungswesten haben unterschiedliche Bügellängen, wodurch sichergestellt wird, dass der MOB waagerecht und nicht mit den Beinen in der Luft geborgen wird. Anderenfalls müssen Sie ggf. die Länge der Rettungsschlinge anpassen.

Hängen Sie die Rettungsschlinge zusammen mit dem Lifesaver in den Karabiner, bevor Sie sie unter die Beine des MOB führen, für den Fall, dass Sie alles zusammen fallenlassen. Das Gesamtpaket ist durch dessen Gewicht nämlich schneller unten auf dem Meeresgrund, als Sie »Ups!« sagen können.

Die komplette Bergeausrüstung mit der auf volle Länge ausgezogenen und aufgeschossenen 6:1-Talje und der Beinschlaufe sollte sicher und einsatzklar unter Deck gestaut werden.

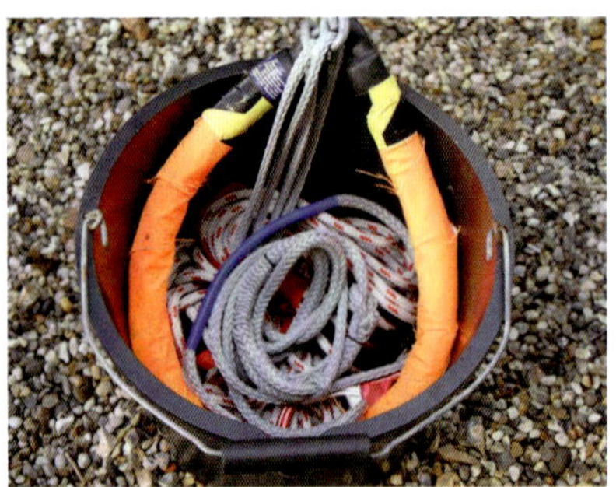

▲ *Die Bergeausrüstung lässt sich gut in einem Eimer stauen. Die Talje kann auch für andere Arbeiten, wie Anheben von schweren Batterien oder Außenbordmotoren, dienen. Auf See sollte sie zusammen mit der Beinschlaufe einsatzklar unter Deck gestaut sein.*

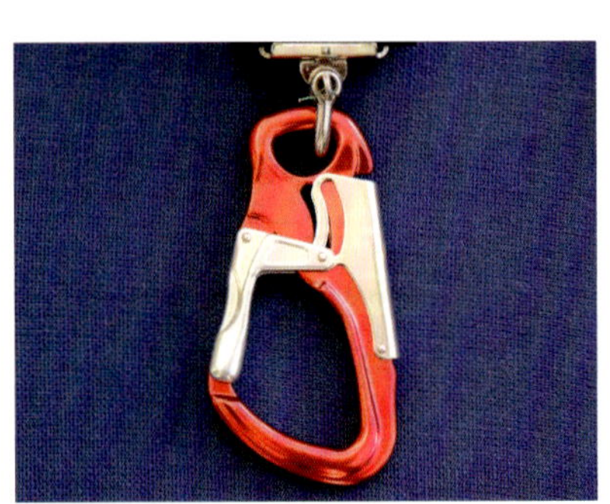

▲ *En Palstek am Ende des Spinnakerfalls bietet mehr Sicherheit als der Schnappschäkel.*

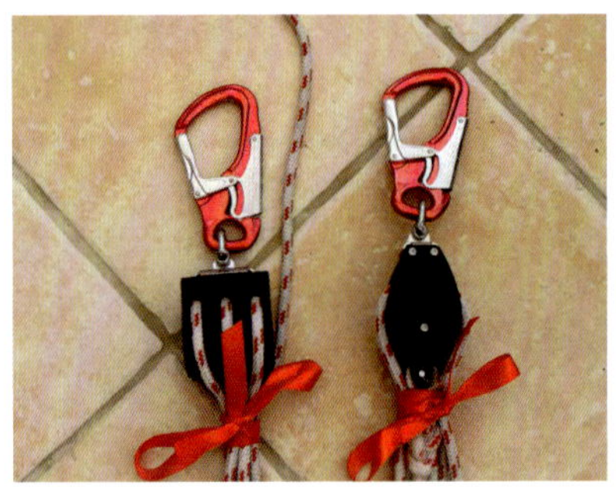

▲ *Die auf volle Länge ausgezogene Talje ist an den Blöcken abgebunden, um eine Wuhling beim Stauen zu vermeiden.*

Bergung einer großen Person durch eine klein

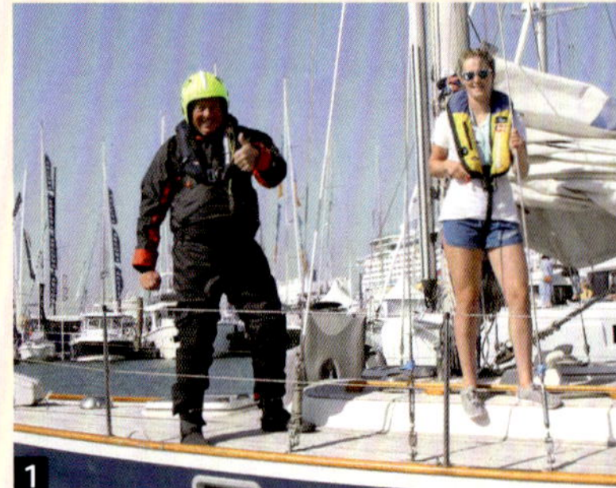

Kleiner Retter, großer MOB.

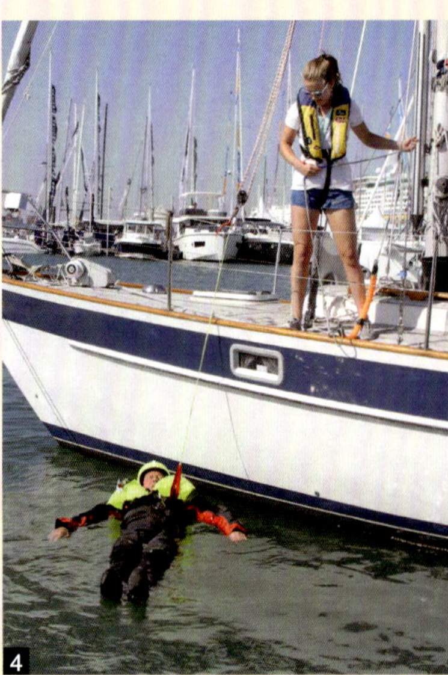

Der Lifesaver wird am Karabiner der 6:1-Talje eingehängt.

Hinweis: Emily Walters und Tim Holgate halfen mir auch bei Vorführungen auf der Southampton Boat Show, wie sich eine Person aus dem Wasser bergen lässt.

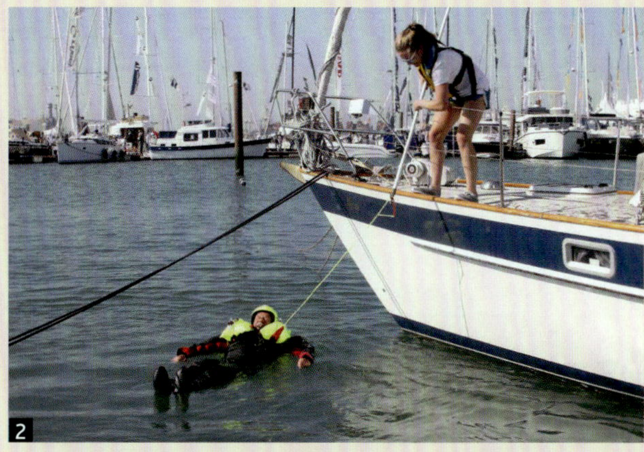

2

Der Retter nimmt den Lifesaver mit dem Bootshaken auf.

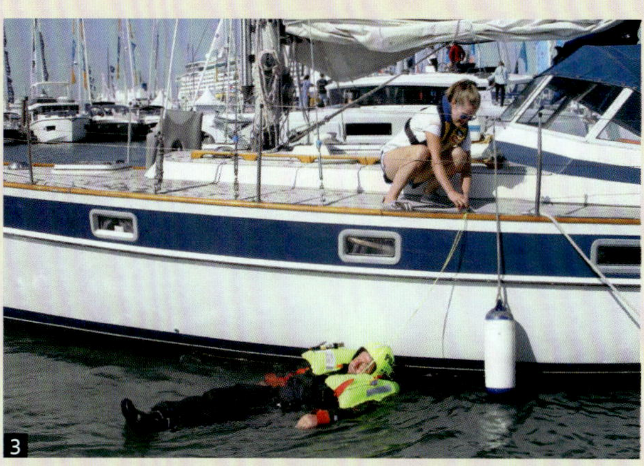

3

Der MOB wird am Boot gesichert.

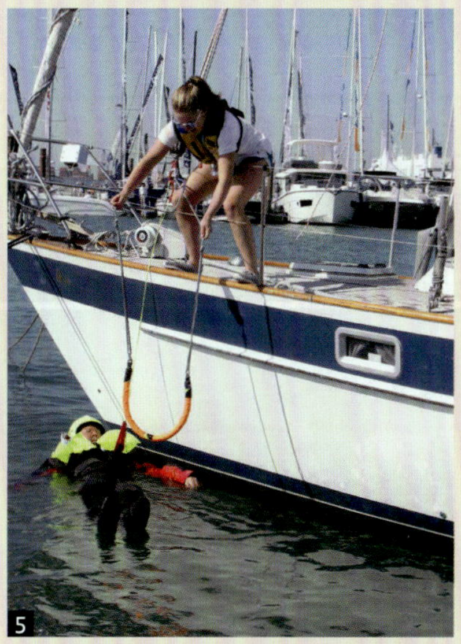

5

Die Beinschlaufe wird unter den MOB gelegt, um ihn waagerecht hochzuziehen.

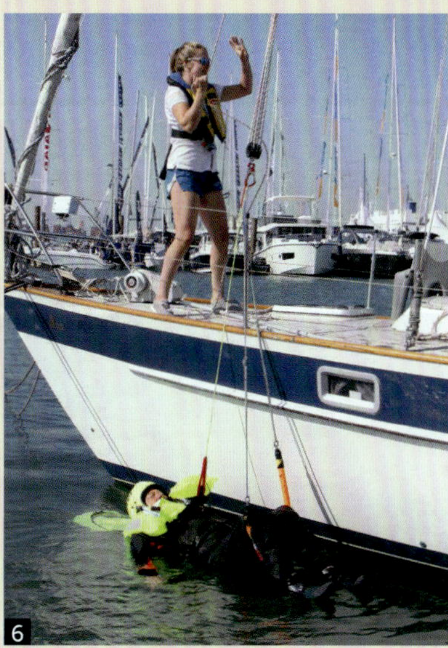

6

Der MOB wird angehoben.

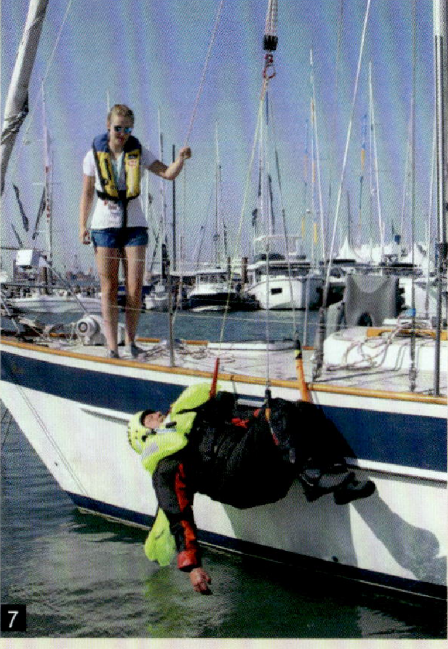

7

Emily kann mein Gewicht mit zwei Fingern problemlos halten, da die Talje mit einem Ratschenblock ausgestattet ist. Falls nötig, könnte sie die holende Part auch vorübergehend belegen.

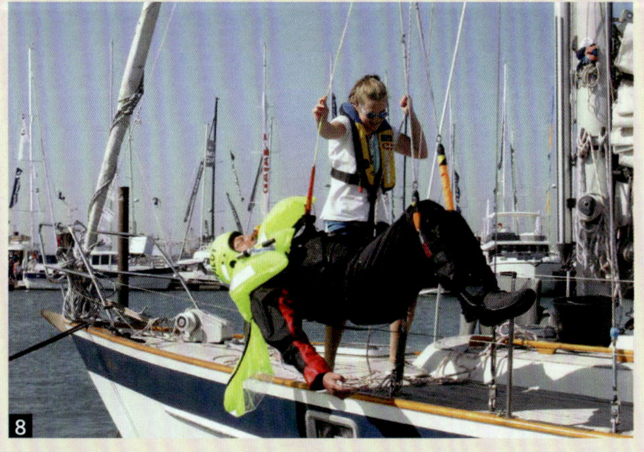

8

Fast geschafft. Man sollte nahe am MOB stehen, um ihn abhalten zu können. Der MOB kann leicht mit der Rettungsweste an Reling oder Wanten hängenbleiben oder gegen die Bordwand schlagen.

Dann wird der untere Karabiner am Griff des Lifesavers eingehängt.

Um den MOB in waagrechter Position aus dem Wasser zu ziehen, wird eine zusätzliche Bergeschlaufe unter die Knie des MOB gelegt. Dazu kann ein kräftiger Tauwerksstropp verwendet werden. Hier verwende ich eine längenverstellbare Seilschlaufe aus modernem Hohlgeflecht mit einer sicheren Arbeitslast von 250 Kilogramm. Da Rettungswesten oft unterschiedlich lange Bergeschlaufen haben, ist es vorteilhaft, wenn man die Länge der Beinschlaufe verstellen kann. So kann der MOB optimal in eine waagrechte Position gebracht werden.

Die Beinschlaufe wird zusammen mit dem Lifesaver in den Karabiner eingehängt. Das sollte geschehen, bevor man die Beinschlaufe unter den Knien des MOB platziert. Denn verliert man die Beinschlaufe kurz aus den Händen, würde sie – da sie beschwert ist – schneller absinken, als man gucken kann.

Selbstverständlich können unterschiedliche Arten von Taljen verwendet werden. Wichtig ist, dass die Talje schnell einsatzbereit ist und dass es auch einer kleinen Person damit möglich ist, eine schwerere Person aus dem Wasser zu ziehen.

Bergesystem Hypo Hoist

Wichtig ist, dass der MOB schnell aus dem Wasser geborgen wird. Im Wasser kühlt der Körper nämlich fünfmal schneller aus als bei gleicher Temperatur an der Luft. Der Hypo Hoist ist ein ausgeklügeltes Bergesystem und eine Weiterentwicklung

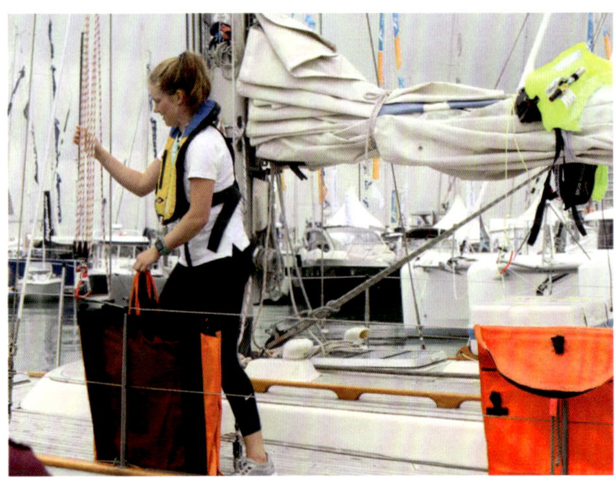

▲ Emily bereitet die MobMat vor, die einsatzbereit an der Reling gestaut werden kann.

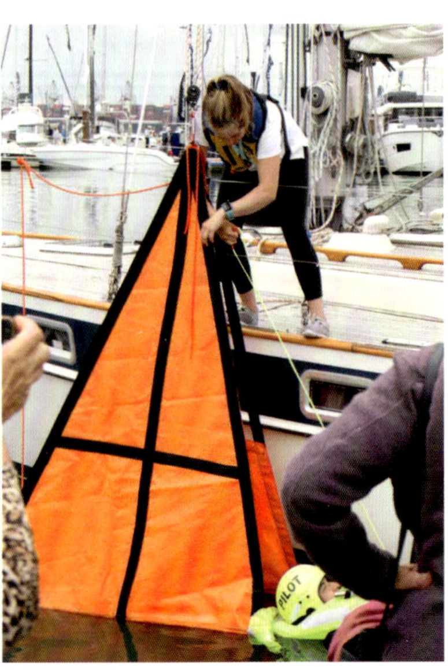

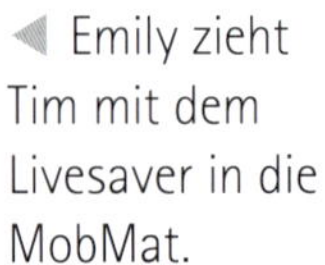

◄ Emily zieht Tim mit dem Livesaver in die MobMat.

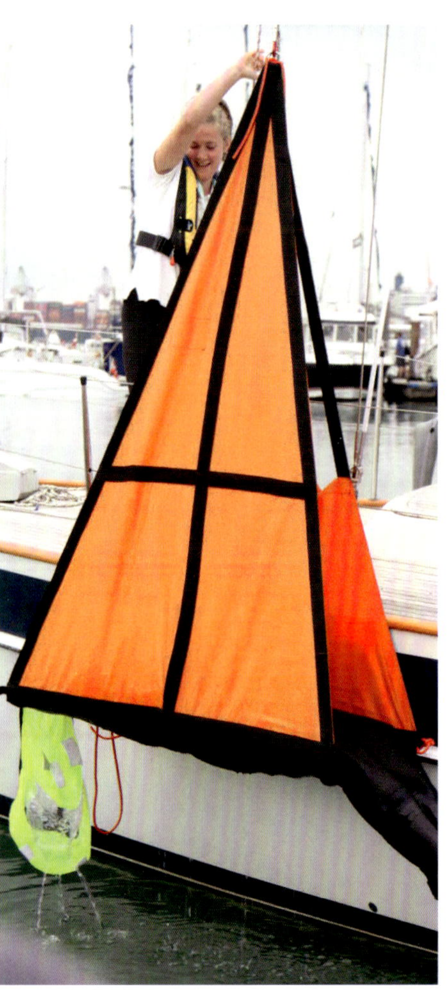

▲ Mit der MobMat wird der MOB in horizontaler Lage geborgen.

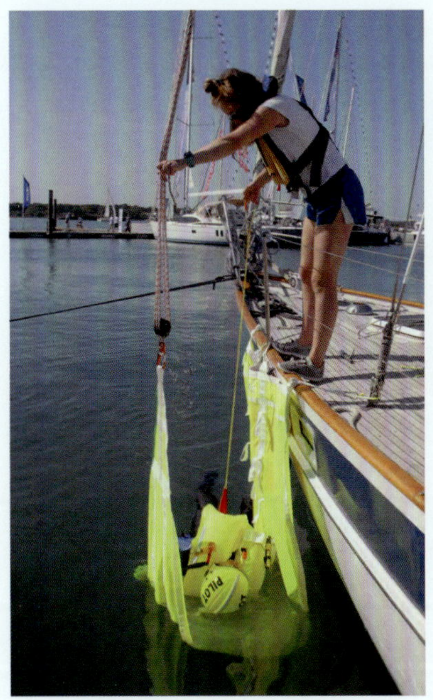

▲ Emily bugsiert Tim in den Hypo Hoist. © Steve Dunning

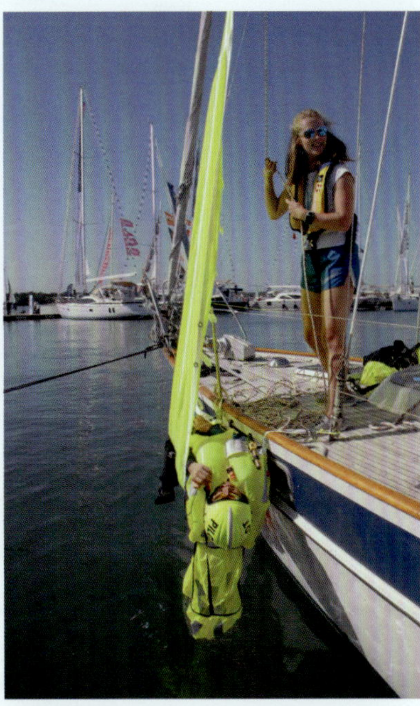

▲ Mit dem Hypo Hoist wird Tim aus dem Wasser gezogen. © Steve Dunning

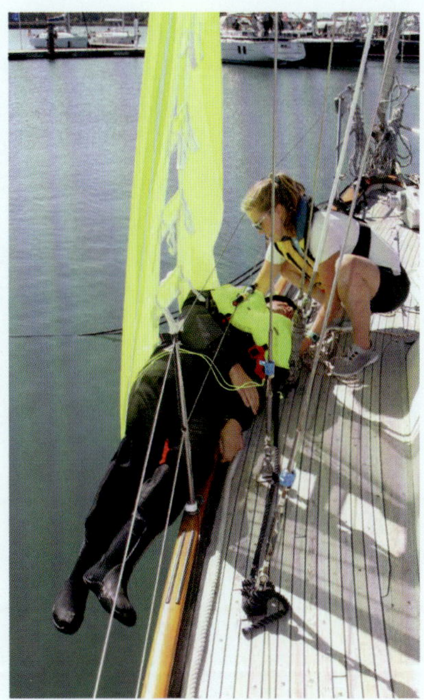

▲ Tim wird unter der Reling hindurch an Deck geborgen.

der Methode, den MOB mit einer Sturmfock an Deck zu rollen. Dabei wird der MOB unter dem unteren Relingsdurchzug an Deck gebracht. Man könnte den unteren Relingsdraht auch kappen, um mehr Platz zu schaffen.

Den oberen Relingsdraht würde ich nur ungern kappen, da er Halt bietet, während man das Bergesystem einsatzbereit macht.

Als ich einmal die Reling abgebaut hatte, weil sie repariert werden musste, habe ich gemerkt, wie unsicher man sich auf einem Deck ohne Reling fühlt.

Ob ein MOB in horizontaler oder vertikaler Lage geborgen werden sollte, hängt von mehreren Faktoren ab. Entscheidend dabei ist, ob der MOB unterkühlt ist oder nicht und wie lange er in vertikaler Lage während der Bergung verbringen muss. In den meisten Fällen ist die unmittelbarste Gefahr der Tod durch Ertrinken. Dabei gilt: Je schneller der MOB aus dem Wasser kommt, desto besser, besonders wenn er dabei nicht für lange Zeit in vertikaler Lage verbleibt. Falls man den MOB jedoch ohne viel Zeitverlust in horizontaler Lage bergen kann, würde ich diese Methode vorziehen.

Beachten sollte man auch, dass die Bergeschlaufe mancher Rettungswesten relativ weit unten angebracht ist, sodass der MOB, wenn er mit dem Lifesaver an dieser Bergeschlaufe hängt, bereits eine annähernd horizontale Lage einnimmt. Probieren Sie das aus, während das Boot im Hafen liegt.

Verhaltensregeln für einen nicht ohnmächtigen MOB

1. Treiben lassen, nur ans Überleben denken.
2. Atmung kontrollieren, Panik vermeiden.
3. Sofort Spraycap über den Kopf ziehen, um kein Wasser in den Mund zu bekommen.
4. Nicht schwimmen, sondern nur in der Rettungsweste treiben lassen. So kann sich das Wasser zwischen Körper und Kleidung erwärmen, und man kühlt weniger schnell aus.

Bei Schwimmbewegungen strömt immer neues kaltes Wasser zwischen Körper und Kleidung nach. Diesen Effekt spürt man sehr deutlich bei einem Neoprenanzug. Strömt dort kaltes Wasser nach, weil er beispielsweise am Hals nicht richtig abschließt, wird das bereits aufgewärmte Wasser zwischen dem Neoprenanzug und der Haut, das den Körper warmgehalten hat, verdrängt, und man spürt, wie kalt es eigentlich ist.

Auffinden des MOB

PLB-Funkboje (Personal Locator Beacon) wird am Körper oder an der Rettungsweste getragen. Es ist die kleinere Version der Epirb (Emergency Position Indicating Radio Beacon). Das PLB sendet ein Notsignal zu Satelliten, das der Küstenwache die Position des Verunglückten übermittelt.

AIS MOB (Automatic Identification System) ist ein Notsender, der auf Ultrakurzwelle die Position des Verunglückten zu allen im Umkreis mehrerer Seemeilen befindlichen Schiffe, die über einen AIS-Empfänger verfügen, aussendet.

AIS/DSC ist ein Notsender, der einen DSC-Notruf (Digital Selective Calling) zu mehreren einprogrammierten Schiffen mit der Position des Verunglückten sendet. Der DSC-Notruf erfolgt zusätzlich zu einer Alarmierung inklusive Positionsdaten über AIS.

MOB ohne Rettungsweste

Das ist in der Tat eine sehr schwierige Situation.

Beiboot einsetzen

Hat man ein einsatzbereites Beiboot zur Hand, kann es mit einer festen Leinenverbindung zu Wasser gelassen werden. Man kann versuchen, den MOB ins Beiboot zu rollen.

Rettungsinsel einsetzen

Das ist eine Möglichkeit, obwohl es schwer ist, in die Rettungsinsel zu gelangen. Die Verbindung zum Boot sollte mit einer anderen Leine als der Festmacherleine der Rettungsinsel erfolgen. Die Leine der Rettungsinsel ist an einer aufgesetzten Verstärkung befestigt, die sich bei einer festgelegten Last ablöst. Man möchte aber nicht in die Situation geraten, dass weder der MOB noch man selbst mit dem Boot verbunden ist.

Zum MOB ins Wasser steigen

Das ist extrem gefährlich. Selbstverständlich wird man alles unternehmen, um seinen Partner zu retten. Im Sommer und bei langsamer Fahrt durchs Wasser mag es möglich sein, zur Rettung eines bewusstlosen MOB mit einer Leine gesichert ins Wasser zu springen und eine Rettungsschlinge oder eine Leine am MOB festzumachen.

Zum MOB ins Wasser zu steigen, ist äußerst riskant, doch wenn ein Familienmitglied bewusstlos im Wasser treibt und zu ertrinken droht, würde ich sofort ins Wasser springen – besser jedoch, nachdem ich mich mit einer langen Leine am Boot gesichert habe.

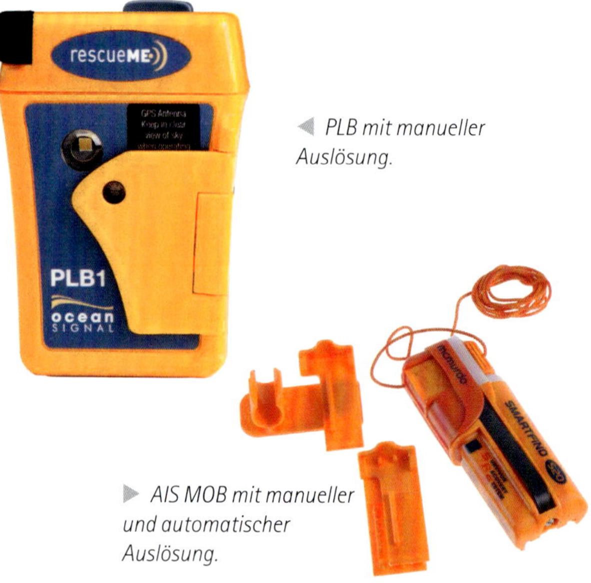

◀ *PLB mit manueller Auslösung.*

▶ *AIS MOB mit manueller und automatischer Auslösung.*

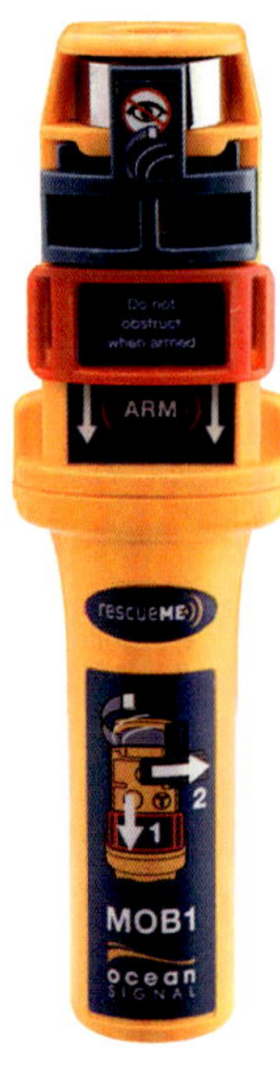

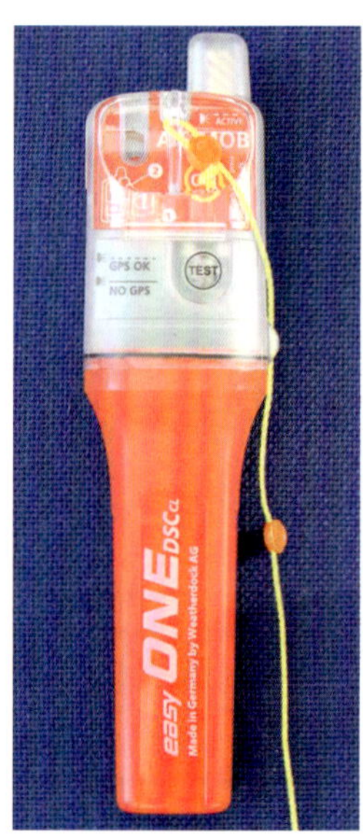

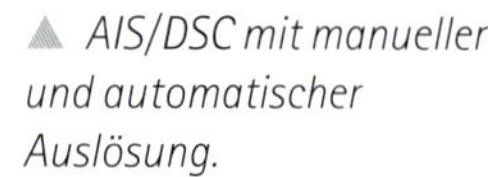

▲ *AIS/DSC mit manueller und automatischer Auslösung.*

▲ *AIS/DSC mit manueller und automatischer Auslösung.*

Im Kern kommt es immer darauf an, nach einer klaren Strategie vorzugehen und das Mensch-über-Bord-Manöver und die Bergung regelmäßig zu üben. So hat man sein Bestes getan, um auf eine Situation vorbereitet zu sein, die hoffentlich nie eintritt.

Ich habe hier gezeigt, für welche Methoden ich mich entschieden habe. Jeder muss aber im Vorfeld selbst überprüfen, welche Strategie im Notfall eingesetzt werden soll.

Unterkühlung

Die Tabelle rechts zeigt die Auswirkung unterschiedlicher Temperaturen auf den menschlichen Körper. Erstaunlich ist, dass die Wassertemperatur im Solent bei unseren Tests der Lifesavers mit Alan und Liam vom Hamble Rettungsboot 21 °C betrug. Das war im Sommer 2014, und das Wasser war viel wärmer als normal – doch dagegen war nichts einzuwenden. Auch ich bin bei den Tests zweimal im Wasser gewesen, schließlich konnte ich keinen anderen um etwas bitten, auf das ich selbst kaum vorbereitet war.

Warum zittert man bei Kälte?

Man zittert, wenn die Haut unterkühlt ist.
Das Gehirn sendet daraufhin Impulse an die Muskeln, sich schnell anzuspannen und wieder zu entspannen. Diese schnellen Muskelkontraktionen produzieren Körperwärme, um die äußeren Körperschichten aufzuwärmen.

Wasser- und Körpertemperatur	
Normale Körpertemperatur	37 °C
Unterkühlung setzt ein	35 °C
Klares Denken unmöglich	34 °C
Bewusstlosigkeit	30 °C
Tod	27 °C
Kaltes Wasser, Definition	< 25 °C
Minimale Wassertemperatur Nordsee (Februar)	5 °C
Maximale Wassertemperatur Nordsee (August)	19 °C

Scannen Sie diesen QR-Code, um ein Video zu sehen, wie man zum MOB zurücksteuert.

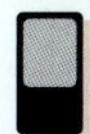

Scannen Sie diesen QR-Code, um ein Video über die Lifesavers zu sehen.

Fachbegriffe	
Backstehen	Ein Segel steht back, wenn es zur Luvseite geschotet wird.
Crash-Wende	Eine sofortige Wende, ohne die Vorsegelschot zu bedienen, sodass das Vorsegel nach der Wende back steht.
DSC	Digital Selective Calling ist ein Standard im Seefunk, um vorprogrammierte digitale Nachrichten über Mittel-, Kurz- und Ultrakurzwelle zu senden.
Anluven	Die Pinne wird nach Lee bewegt oder das Steuerrad nach Luv gedreht, um das Boot zum Wind hin zu drehen.
Abfallen	Die Pinne wird nach Luv bewegt oder das Steuerrad nach Lee gedreht, um das Boot vom Wind weg zu drehen.
Vorwindsegel	Das können konventionelle oder asymmetrische Spinnaker wie Gennaker, Blister, MPS, Drifter, Reacher, Runner, Code Zero etc. sein.

Epilog

Ich hoffe, dass Sie in diesem Buch einige Techniken finden konnten, um Ihre Zeit auf dem Wasser stressfreier und damit angenehmer zu gestalten. Niemand möchte beim Boot ankommen und das Ablegen vom Liegeplatz als Belastung empfinden. Wer die ein oder andere der gezeigten Methoden einübt, kann seine eigene Anspannung beträchtlich reduzieren. Hat man erst das Vertrauen, einhand abzulegen und auch allein wieder am Liegeplatz anzulegen, ist viel gewonnen, und in so mancher Marina werden sonntagabends weniger aufgeregte, laute Stimmen zu hören sein.

Neben der Beherrschung einzelner Techniken ist gute Vorbereitung der Schlüssel zum Erfolg bei allen Unternehmungen auf dem Wasser. Kennt man den Ablauf eines Manövers im Vorhinein und ist alles am rechten Platz, läuft das Bordleben reibungslos.

Es zahlt sich wirklich aus, wenn man sich die nötige Zeit nimmt, um einzelne Abläufe zu trainieren. Ich weiß, dass die Zeit auf dem Wasser knapp bemessen und wertvoll ist. Dennoch oder gerade deswegen lohnt es sich, das An- und Ablegen zu üben, das Segeln im Kreis, das Beidrehen, Reffen und das Festmachen an einer Boje. Ich bin ein ziemlich routinierter Autofahrer. Warum? Weil ich jeden Tag mit dem Auto fahre. Zum Segeln komme ich bestenfalls einmal die Woche, meistens ist es sogar noch weniger. Deshalb muss ich üben.

Sehr wichtig ist es auch, sich Gedanken zu machen, wie man eine Person aus dem Wasser holen kann, die über Bord gefallen ist. Entscheiden Sie sich für eine Methode, rüsten Sie sich entsprechend aus, üben Sie den Ablauf, und stoppen Sie dabei die Zeit. Sollte jemals ein derartiger Notfall eintreten, sind Sie vorbereitet.

Segeln bietet so viel Freude und Vergnügen. Gelingt es, beim Segeln weniger Anspannung und Stress zu empfinden, kann man die Zeit auf dem Wasser umso mehr genießen.

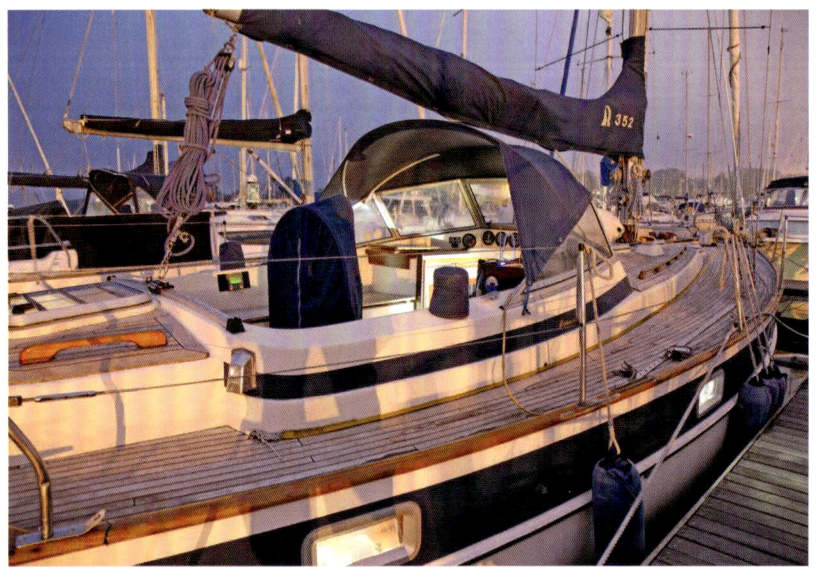

Zurück im sicheren Hafen, Zeit für einen Gin.

Tipp

Auch wenn Sie nach der Lektüre dieses Buches mit zahlreichen Techniken gewappnet sind, die Sie unabhängig machen, gibt es doch Situationen, in denen die Hilfe eines Mitmenschen höchst willkommen ist. Zögern Sie deshalb nicht, nach einer helfenden Hand zu fragen. Hafenmeister werden Ihnen stets gern helfen.

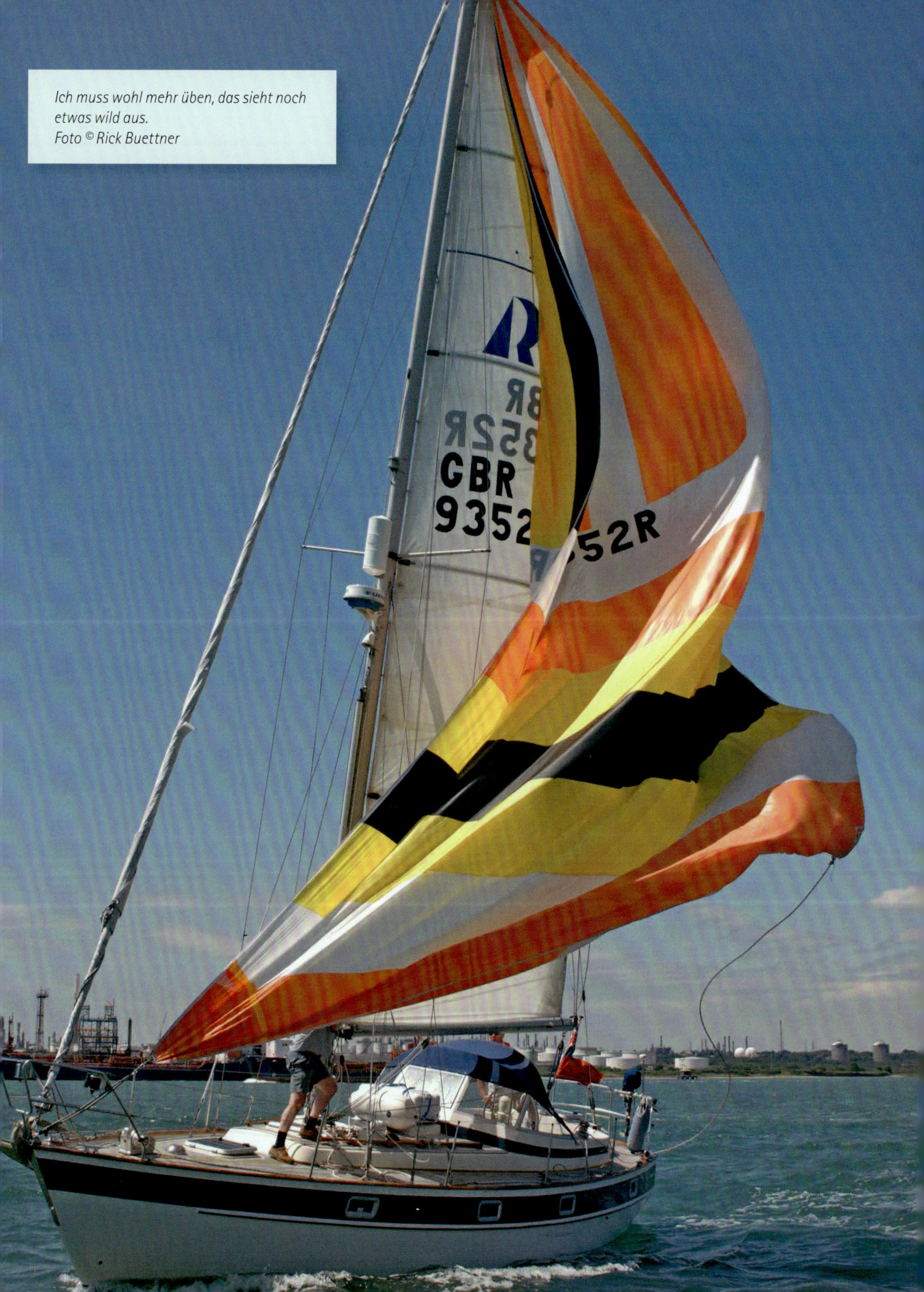

Ich muss wohl mehr üben, das sieht noch etwas wild aus.
Foto © Rick Buettner

Stichwortverzeichnis

Jederzeit
online
lernen

Bootsführerscheine & Funkzeugnisse

Einfach online zum Schein

• SBF Binnen • SBF See • UBI • SRC
www.bootsfuehrerschein-portal.de

Fragen-App

So klappt´s mit der Prüfung

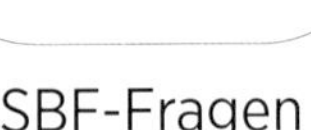

SBF-Fragen

Knoten & Spleissen-App

Wie ging der nochmal?!?

Knoten&Spleißen

DELIUS KLASING

www.delius-klasing.